김성우 평전

金成雨 評傳

〈일러두기〉

1. 각종 문헌사료, 문집, 금석문 등을 바탕으로 김성우의 보령 토왜(討倭)를 고증하였다.
2. 현존하는 토왜유적을 중심으로 김성우의 보령 왜구토벌을 분석하였다.
3. 필요한 경우 원문을 번역문과 함께 수록하였다.
4. 인명과 지명은 우리말 표기를 원칙으로 하되 필요한 경우 괄호안에 한문으로 표기하였다.
5. 본문의 설명으로 부족할 경우 주해를 사용하여 부언 설명하였다.
6. 독자의 편의를 위해 토왜 유적 등의 자료를 사진으로 첨부하였다.
7. 김성우의 보령전적 고증에 필요한 자료를 부록으로 하였다.
8. 호칭은 본문의 전개에서 일반 독자들을 고려하여 '김성우 장군'이나 '장군'이 아닌 '김성우'로 표기함을 원칙으로 하였다.

김성우 평전

金成雨 評傳

발행일 2017년 12월 25일 발행인 오덕성 지은이 김영모
펴낸곳 궁미디어(충남대학교출판문화원) 주소 대전광역시 유성구 대학로 99
전화 042-821-6045 홈페이지 www.cnupress.co.kr E-mail cnupress@cnu.ac.kr

ISBN 978-89-7599-645-0 93910
정가 32,000원

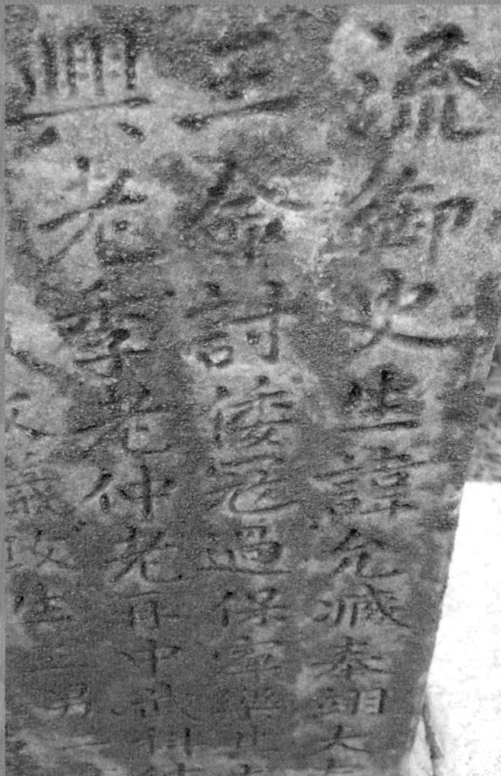

김성우 평전

김영모

궁미디어

책 머리에

보령은 걸출한 역사인물과 유적이 많은 곳이다. 이 가운데 고려 말 보령지역에 침입한 왜구를 크게 물리쳐 보령을 수호한 김성우가 있다. 그리하여 보령의 곳곳에는 김성우가 왜구와 맞서 싸운 전적지가 산재해있고, 김성우에 대한 일화도 많이 전해오고 있다.

김성우는 고려 말 왜구를 토벌하라는 왕명을 받고 내려와 백성을 괴롭히던 왜구를 섬멸했으나 이성계의 조선 개창에 반대하여 보령시 청라면 스무티 고개에서 자결(自決)한 불사이군(不事二君)의 고려충신(高麗忠臣)으로 전해지고 있다. 이처럼 김성우는 누란의 위기에서 보령의 땅과 백성을 지켜내 만세보령의 터전을 마련한 보령의 자랑스러운 역사인물로 평가된다.

이러한 김성우의 공적을 기리기 위해 매년 11월 1일 속칭 고려향(高麗鄕)으로 불리는 충남 보령시 청라면 나원리 발산 소재의 김성우 묘소에서는 군악대의 진혼곡이 울려 퍼지는 가운데 육군 제8361부대 장병들의 조총발사[1]를 시작으로 김성우의 충절을 기리는 '고려충신 도만호 김성우 장군 추모제향'이 성대하게 열린다. 이날의 추모제향은 보령시가 주최하고 보

1 육군 제8361부대는 1980년 대 말부터 김성우의 묘소를 관리해오고 있으며, 추모제향 당일 조총례 및 군악대의 의전을 비롯하여 부대장 이하 장교 및 장병들이 추모제향에 참석하여 김성우의 충절을 기리고 있다.

령문화원이 주관하고 있다. 따라서 이날의 추모제향에는 보령시장을 비롯한 내외귀빈 및 많은 시민 학생 군인들이 참석하여 김성우의 충절(忠節)을 기린다.

무엇보다도 매년 11월 1일 김성우의 추모제향을 보령시와 보령문화원이 주최하고 주관한다는 것은 보령시민들이 김성우의 충절을 높이 기리고 있다는 반증이 아닐 수 없다. 이것은 김성우가 왜구의 침구(侵寇)로부터 보령을 지켜낸 보령 최초의 역사인물임을 대내외에 천명하는 중요한 일로 여겨진다. 따라서 매년 11월 1일 민 · 관 · 군이 하나가 되어 김성우의 추모제향을 성대하게 치르는 것은 당연한 일일 것이다.

하지만 이러한 김성우에 대한 예우가 행해지는 한편 일부에서는 김성우가 전설속의 허구의 인물이라는 주장을 제기하고도 있다. 왜냐하면 김성우의 행적이 관찬사서의 기록에서 찾을 수 없기 때문이라는 것이다.

이처럼 김성우 사후 650 여년이 지나고 있는 오늘 날까지도 김성우의 보령전적은 계속하여 논란이 되고 있다. 이것은 그동안 김성우의 보령전적이 체계적으로 연구되지 못하였다는 방증이기도 하다. 따라서 김성우의 보령전적과 충절을 조명하는 작업은[2] 그동안 조선 개창과 더불어 약

---

2 지난 2010년 9월과 2011년 11월 두 차례에 걸쳐 김성우의 보령 토왜활동을 재조명하는 '김

650여 년 동안 역사에 묻혀온 김성우를 재평가하는 일이며 이것이 바로 이 책의 집필 동기이다.

역사의 뒤안길로 사라진 한 인물을 재평가하는 일이 참으로 힘들다는 사실을 지난 20여 년 동안 이 작업에 매달리면서 뼈저리게 절감했다. 많은 문제 중에서도 다음의 두 가지가 가장 큰 난제였다. 하나는 사서에 김성우의 행적이 서술되어있지 않아 김성우의 보령전적을 고증할 수 있는 자료가 절대적으로 부족하다는 점이었다. 다른 하나는 김성우의 왜구토벌 행적이 조선전기의 금석문을 포함한 묘비명이나 조선후기 지리지 및 전적 지명에 한정된다는 점이었다. 따라서 이처럼 오랫동안 사람들의 무관심 속에서 역사에 완전히 묻혀버린 김성우의 보령전적을 조명하기 위해 다음의 두 가지 원칙을 설정해야했다. 첫째, 각종 사료(史料)를 중심으로 김성우의 보령 토왜활동을 철저하게 고증하는 것이었고, 둘째, 자료의 검토를 통하여 고증된 김성우의 보령 토왜를 보령에 산재해있는 토왜의 유적을 통하여 확인하는 것이었다.

이렇게 김성우의 보령전적에 관한 연구방향을 설정한 후 제일 먼저 시

성우 장군 추모기념 학술대회'가 개최된 바 있다. 부록의 '김성우 장군 추모기념 학술대회'를 참조.

작한 것은 천하의 명당으로 알려진 보령시 청라면 나원리 소재의 김성우 묘소와 그 주변을 답사하는 일이었다.[3] 왜냐하면 청라면은 김성우의 전적지명이 현재까지도 가장 많이 남아있는 지역으로 김성우의 묘소뿐만 아니라 김성우 관련 전적지명이 전승되는 지역이기 때문이었다. 무엇보다도 개경 출신으로 알려진 김성우의 묘소가 왜 보령시 청라면 나원리 발산에 위치하는지에 대한 의문을 푸는 것이 김성우의 보령입성 및 보령전적을 고증하는 첫 번째 단서로 여겨졌기 때문이다.

이를 위해 김성우의 토왜의 흔적이 배인 곳이라 생각되는 보령 곳곳을 찾아 누비는 전적지 답사가 시작되었다. 답사의 여정은 김성우 묘소를 출발하여 청라면, 대천 독정리, 주포면, 고정리 송도해안, 진당산, 오서산, 대천어항, 대천해수욕장, 월전리 해안, 무창포, 웅천만구, 마량진, 고남포(웅천읍), 남포읍성, 옥마산, 성주사를 거쳐 김성우의 자취가 가장 많이 남아있는 청라면의 의평리, 복병리, 성주산 장군봉으로 돌아오는 발품이었다. 하지만 왜구방어용 성(城)을 비롯하여 옛 치소(治所)나 읍성 등과 같은 유적이 대부분 훼손되거나 유실되어 확인할 수 없는 지경에 부닥치기 일쑤였다.

3 김성우 묘소는 우리나라 10대 명당 중의 하나로 알려져 풍수를 연구하는 사람들이 찾는 묘소 중의 하나이다.

또한 그 많은 전설과 전적지명을 고증하는 현장의 채록 등도 어려웠지만 찾고 또 찾아야했던 보령 곳곳의 전적지 답사여행은 시간이 흐를수록 하나 둘씩 김성우의 전적 자료가 되어 겹겹이 쌓여가고 있었다. 이렇게 지난 20여 년 동안 주말과 방학을 담보로 찾고 또 찾아 나선 김성우의 보령 전적지 답사의 결과물이 바로 이 책이다.

보령지역에 산재해있는 김성우와 관련된 전승설화 및 여러 전적지명은 김성우의 보령지역 왜구토벌을 고증하는 역사적 산물이었다. 그러므로 이 책이 무엇보다도 그동안 김성우 사후 650여 년 동안 역사에 묻혀있던 김성우가 객관적으로 평가되어 올바른 역사 정립의 한 축, 말하자면 유구한 보령의 역사에서 잊혀진 여말선초의 보령 지역사 복원의 한 계기가 되었으면 한다. 아울러 이 연구가 한 개인 또는 특정 문중의 차원을 넘어 보령의 역사를 새로 조명하는 계기가 되길 바란다.

이 책은 모두 4개의 장으로 구성되어있다. 제1장은 서론의 장으로 김성우의 토왜(討倭) 기록에 관한 검토이다. 이를 위해 먼저 김성우의 토왜에 관한 각종 지리지와 문집 등의 문헌사료와 금석문 등을 중심으로 김성우의 토왜 기록의 특징과 이들 사료의 의의를 살펴보았다. 이어서 사서 및 왜구침구에 관한 선행연구와 윤이 · 이초 사건(1390)을 비롯한 고려 말의 정치상황의 검토를 통하여 김성우가 왜 사서의 기록에서 빠져있는지 그

배경을 추적하였다.

제2장은 김성우의 선계와 행적에 관한 분석이다. 이 장에서는 김성우의 가계와 생애를 살펴봄으로써 보령과 전혀 연고가 없는 전라도 도만호 김성우가 어떻게 보령에 입향하게 되었으며, 그의 내외후손들이 보령에 세거하여 오늘에 이르게 되었는지를 살피었다.

제3장은 전적지를 중심으로 한 김성우의 보령 왜구토벌에 관한 분석이다. 특히 이 장에서는 고려 말 보령지방의 왜구침구 상황을 비롯하여 김성우의 보령입성 배경과 그 시기를 살펴보고 전적지의 지리·지형학적 분석을 통해 김성우의 보령 토왜의 의의를 살피었다.

제4장에서는 김성우의 보령 토왜에 대한 역사적 평가, 즉 김성우 사후 650여 년이 흐른 오늘날에도 김성우가 불사이군의 고려충신이자 보령의 수호신으로 추앙받는 이유를 결론으로 제시하였다.

마지막으로 이 책이 나오기까지 물심양면으로 도와주신 모든 분들께 이 자리를 빌어 진심으로 감사드린다.

먼저 문학적 사고에서 벗어나 역사학적 관점에서 접근할 수 있도록 본 연구의 방향타 역할을 해주신 충남대학교 최근묵 교수님께 감사드린다. 최근묵 교수님께서는 각 항의 제목부터 내용에 이르기까지 마치 박사학위 논문을 지도하듯 예리한 지적과 조언을 아끼지 않으셨다.

아울러 김성우의 보령토왜의 학술적 고증을 위해 학술대회를 주최 및 주관해주신 박찬인 충남대 인문학연구원장님을 비롯하여 이재 국방문화재연구원장님과 이성무 한국역사문화연구원장님 그리고 학술발표 및 토론에 참여해주신 모든 교수님들께도 감사드린다.

또한 김성우의 보령전적지 관련 간접자료를 수집하도록 적극 협조해주신 육군 제8361 부대장님을 비롯한 장병들과 고려충신 김성우 장군 추숭회와 광산김씨판도판서공파 문중회에도 이 자리를 빌어 감사드린다.

그리고 올바른 충남향토사 정립을 위해 이 책의 출간을 선뜻 받아주시고 독려해주신 충남대학교출판문화원 민경택, 김정태 전 · 현 원장님 그리고 양광준 과장님과 편집부 김보라 선생께도 감사드린다.

이 책의 집필과정에서 물심양면으로 도와주신 모든 분들을 이 일일이 다 열거할 수 없기에 그 아쉬움이 더욱 크다. 이 모든 분들의 뜨거운 애정과 격려 그리고 절대적인 후원 속에서 이 작업이 완성되어 그동안 650여년 동안 역사에 묻혀있던 김성우의 행적이 드디어 세상의 빛을 보게 되어 참으로 기쁘기 그지없다. 김성우의 보령전적 조명작업에 협조를 아끼지 않으신 모든 분들께 다시한번 진심으로 감사드린다.

마지막으로 이 책의 발간을 끝내 보지 못하고 세상을 뜨신 어머님께 평생 져온 마음의 빚을 대신하여 이 책을 어머님 영전에 감히 바친다. 이 책의 출간은 사랑하는 가족의 배려와 협조가 있었기에 전적으로 가능하였다. 잊혀진 역사의 궤적을 찾기 위해 주말이면 어김없이 찾아간 보령이었기에 그동안 가족에게 진 빚은 이루 다 말 할 수 없다. 오늘 이 순간까지 아무런 불평불만 없이 이 작업에 전념할 수 있도록 배려해준 아내, 그리고 곁에서 든든한 지원군이 돼준 사랑하는 아들 도익과 예쁜 딸 유진에게도 그동안 함께하지 못한 매 주말의 미안함을 이 책으로 대신하고 싶다.

2017년 10월

이로재(履露齋)에서

저자

목차

제1장

자료(資料)의 검토

1. 문헌사료
2. 금석문
3. 자료의 검토를 통해 본 역사적 사실
4. 사서(史書)에서의 김성우

| 제1장 |

자료(資料)의 검토

김성우의 행적이 기록되는 것은 조선전기와 조선후기로 크게 구분된다. 조선전기 김성우의 행적은 묘비를 비롯한 금석문 등에 기록되어있다. 특히 조선후기 지리지에서 비교적 상세하게 기록되어 있는 그의 행적을 살필 수 있다. 이 두 시기의 기록은 김성우의 보령에서의 토왜활동을 고증하는 중요한 자료이다. 따라서 이 자료들의 사료적 가치를 검토하여 그의 보령 토왜활동의 역사적 사실의 입증이 선행되어야 한다. 아울러 그의 행적이 왜 사서의 기록에 빠져있는지의 원인 규명이 또한 필요하다.

따라서 이 서론의 장에서는 각종 문헌사료, 금석문, 사서기록 등의 자료의 검토와 고려 말의 정치상황 등을 중심으로 김성우의 보령 토왜활동의 역사적 사실과 그의 행적을 살펴보기로 하자.

1. 문헌 사료(史料)

1) 지리지

김성우의 보령 토왜활동을 기록하고 있는 지리지는 관찬지리지와 사찬지리지로 구분된다. 관찬지리지는 『고려사』「지리지」(1451-1454)[1], 『세종실록』「지리지」(1454)[2], 『신증동국여지승람』(1530)[3] 등 전기 관찬지리지와 『여지도서(輿地圖書)』, 『1872년 지방도』(보령부지도) 등 후기 관찬지리지(도)로 나눌 수 있다. 사찬지리지로는 『동국여지지』(1656-1673), 『신안읍지(新安邑誌)』(1748) 등이 있다.

(1) 관찬지리지

김성우의 행적은 전기 관찬지리지인 『고려사』「지리지」, 『세종실록』「지리지」, 『신증동국여지승람』에 서술되어 있지 않다. 이 전기 관찬지리지가 편찬된 시기는 조선이 개창된 지 62년 밖에 되지 않는 아주 짧은 시간이다. 이 기간은 고려멸망의 당위성과 조선개창을 합리화하는 시기였

---

1 『고려사』 137권 중에서 56-58권의 3권으로 고려건국 918년에서 고려멸망 시기인 1392년까지 약 500여년의 각 군현의 연혁을 일정한 형식에 구애받지 않고 나열해 놓은 지명 일람표이다. 이 지리지에는 보령현의 연혁만이 간략하게 실려 있다.

2 『세종장헌대왕실록(世宗莊憲大王實錄』의 148~155권의 8권 8책으로 8도의 경제, 사회, 군사, 산업, 지방제도를 수록하고 있다. 이후 간행되는 모든 지리지 편찬의 모범이 되었다.

3 이행(李荇) 등의 『동국여지승람』(1481) 증보에 의해 완성된 지리지로 55권 25책으로 구성되어있다. 이 지리지는 조선 전기의 실태와 전모를 엿보는 데 절대적 가치를 지니며, 특히 당시 경제외적 수탈을 일삼던 봉건 국가의 위정자들에 있어서는 필요 불가결의 서적이 되었다.

음은 재론의 여지가 없다고 본다.

①『여지도서(輿地圖書)』

김성우의 행적이 기록되는 관찬지리지는『여지도서』이다.『여지도서』는 1757년(영조 33) 홍양한(洪良漢, 1724-1802)[4]이 영조에게 건의하여 영조의 명에 의해 1765년 홍문관에서 각 지역의 읍지를 바탕으로 책임 편집한 관찬지리지로 55책으로 구성돼있다. 이 지리지는 간행된 지 270여 년이 지난 정확성이 떨어진『신증동국여지승람』을 다시 고쳐 쓴 관찬지리지로『신증동국여지승람』이후 최고의 지리지로 평가된다. 김성우는『여지도서』보령현 '인물조'에 다음과 같이 기술되어 있다.

> 본관은 광주이다. 시중(侍中) 김주정의 증손이며, 판도판서(版圖判書) 김윤장의 아들이다. 고려 말에 도만호초토사로서 임금의 명령을 받들어 왜적을 공격했다. 군대가 보령을 지나갈 때, 보령은 오래도록 왜구의 소굴이 되어 있었다. 김성우 공이 그들을 모두 무찔러 없앴다. 전투를 벌일 때 신령스러운 말이 저절로 왔기 때문에 그 봉우리의 이름을 옥마봉이라고 했으며, 칼이 저절로 나왔기 때문에 그 골짜기의 이름을 비도동이라고 했다. 군대가 바닷가 포구로 들어오니 군입포라는 이름이 있게 되었으며, 병사들이 화애에 숨어있어서 복병평이라는 이름이 있게 되었다. 포구의 바위에 갓을 벗어 놓은 까닭에 관암이라는 이름이 있게 되었다. 지금까지 사람들이 기적이 일어난 일을 이야기한다. 김성우 공이 이 땅을 좋아하여 청라에 가계를 꾸렸고, 자손들과 세상 사람들이 이 땅의 주

4 자는 한사(漢師), 호는 이계(耳溪)로 양호(良浩)로 개명했다. 1747년 진사시에 합격하고, 1752년 정시문과에 병과로 급제해 사헌부 지평, 대제학 등을 지냈다. 학문과 문장이 뛰어나『영조실록』등 각종 편찬사업을 주관하였고,『이계집』37권 등 많은 저술을 남겼다. 시호는 문헌(文獻)이다.

인이라고 여긴다.[5]

이 지리지는 이전의 지리지와는 달리 역사적 의의가 중시되는 역사 인물과의 관련성을 강조하는 특징이 있다.

> 첫째, 종전의 역사유적과 관련된 자료를 발굴하는데 관심을 두고 보완한 것이 바위지명 같은 것이다. 바위와 같은 자연물의 경우도 인물과 관련된 것만을 대상으로 삼고 있으며, 신화적 사유를 보여주는 것은 배제되고 있다. 이로써 볼 때 『여지도서』는 자료의 역사적 의의가 중시되는 가운데 역사인물과 관련성을 강조하여 추가하려는 경향을 보여주고 있다. 둘째, 인물 담을 대폭 수록하고 있다는 점이다. 특히 지금까지 사람들의 기적 같은 사실이 일어난 일을 기록한 것이 그 특성이다.[6]

이처럼 김성우의 보령에서의 토왜활동은 관찬지리지인 『여지도서(輿地圖書)』에 기록되면서 조선 후기에 공론화되기 시작하였다.

②『1872년 지방도』「보령부지도」

임진왜란과 병자호란 이후 조선후기 사회는 서세동점기로 또 다시 커다란 혼란을 겪는다. 이 과정에서 국방과 치안을 위한 지방의 실정 파악은 시급한 과제였고 이를 위해 1871년에는 전국적인 읍지 편찬사업을 이듬

---

5 『여지도서』 12, 「충청도」V(김우철 역), 전주대출판부, 2009, 133쪽.
高麗 金成雨 光州人 侍中周鼎之曾孫版圖判書允藏之子 麗末以都萬戶 招討事奉命 討倭師過保寧時 保寧 久爲倭寇巢穴 公盡 剿滅之戰時神馬自來 故峯 稱玉馬 寶劍自出 故洞稱飛刀 軍入海門而 有軍入浦之名 伏兵花庢而有伏兵坪之號 浦石 卸冠故 有冠巖 賊屍 屯蟻故 有蟻坪至今 人誦爲蹟公樂其土 家于青蘿 故子孫 世人以爲玆土之主人.

6 최근묵, 「고려절신 김성우 장군과 보령」, 『고려절신 김성우 장군 재조명』, 제1회 김성우 장군 추모기념 학술대회, 충남대 인문학연구원, 2010, 31쪽.

해인 1872년에는 전국 단위의 지도제작 사업을 추진하였다. 이렇게 해서 만들어진 지도가 『1872년 지방도』인 「보령부지도(保寧府地圖)」이다. 보령부는 현재의 보령시 주포면, 청라면, 청소면, 주교면, 오천면 일대와 충청도 해안 방어 기지인 충청수영(水營)이 있던 지역으로 1871년(고종 8)에 수영에 합속되면서 겸부사(兼府使)로 승격되었다. 이 지도는 조선시대의 마지막 관찬지도로 평가되며 총 459매이다.

이 지도의 특징은 지도의 상단에 보령부와 충청수영에 대한 연혁을 비롯한 몇 가지 지지 항목이 주기되어 있고 각 면에는 소속 동리명과 인구수도 기재되어 있다. 동서남북의 글자로써 방위를 표시하였으며 동쪽을 지도의 상단으로 배치하였다. 산지는 청색의 담채를 사용하여 서로 연결시켜 그렸으며 점을 찍어 수목을 나타내기도 하였다. 하천과 바다는 황색을 사용하여 채색한 점이 독특하다. 고을의 남쪽에는 대천, 북쪽에는 광천의 옹암포 등의 장시가 형성되어 있는데 노란색의 지붕을 그려 가옥이 밀집해 있음을 나타내었다. 주변 지역의 사창(社倉), 제안 등도 상세히 그렸는데 이 지역 자체가 해안 방어와 관련된 요충지의 성격을 지니므로 누정, 사찰 등과 관련된 문화 유적은 드문 편이다.

하지만 이 지도는 복병리, 군입포, 관암, 의평, 고만산, 왕대산 등과 같이 역사적 사건과 관련이 있는 지명은 그 지명의 유래를 옆에 주기한 특징을 보인다.

> 의평은 청라면에 소재하며 현에서 25리의 거리에 있다. 의평이란 지명은 고려 때 김성우 장군이 왜구를 격퇴할 때 적의 시체가 개미떼처럼 쌓였다는 데서 유래한다.
>
> 복병리는 현에서 17리의 거리에 있다. 고려 때 김성우 장군이 군대를 이곳에 매복하여 왜구를 대파했다. 이런 연유로 이 동리의 이름이 복병

리로 불린다.[7]

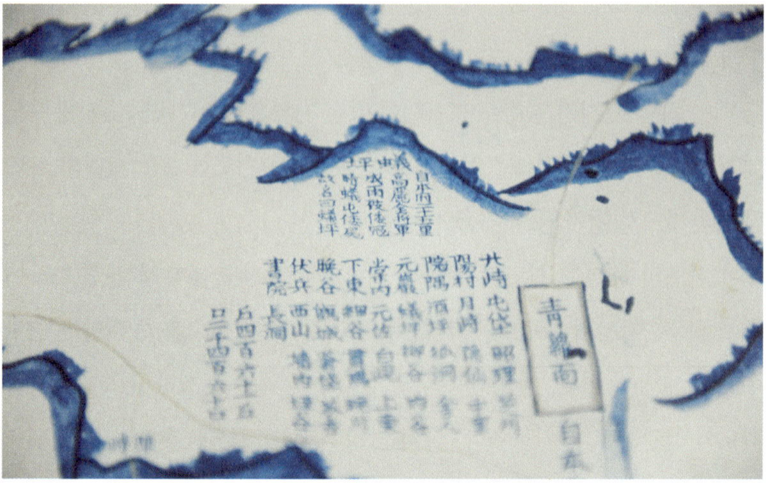

『1872년 지방도』「보령부지도」의 '의평리'

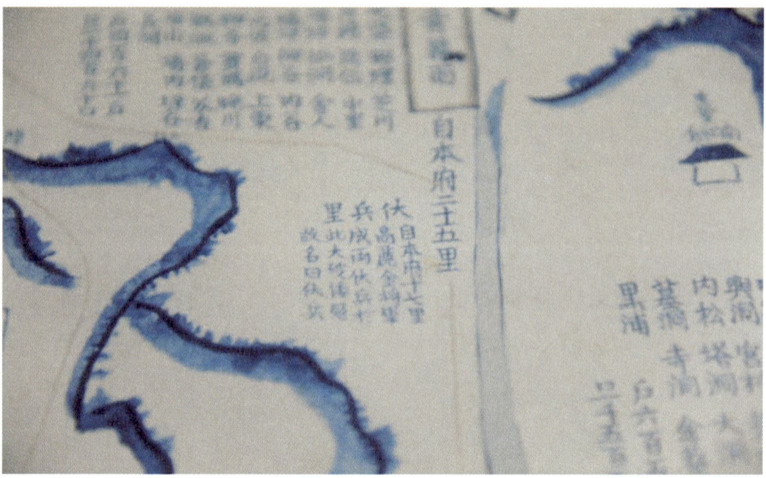

『1872년 지방도』「보령부지도」의 '복병리'

7 『1872 지방도』, 「보령부지도」, 서울대 규장각.
蟻平. 自本府二十五里高麗金將軍成雨破倭寇時蟻屯倭死故名曰蟻平, 伏兵里. 自本府二十五里高麗金將軍成雨伏兵於此大破倭寇故名曰伏兵.

이 외에도 '군입포', '관암' 등의 지명이 고려 말 김성우의 보령지역에서의 토왜활동에서 유래하는 전적지명이라는 설명이 주기되어있다.

(2) 사찬지리지

사찬지리지는 각 도의 효율적인 관리를 위해 군 · 현의 체계를 새로이 정비하면서 1413년(태종 13)부터 편찬되기 시작하였다. 『세종실록』「지리지」는 1425년 발간된 『경상도지리지』를 비롯한 8도의 지리지를 모아 편찬한 『신찬팔도지리지』를 수정 보완한 지리지이다. 『경상도지리지』의 편찬연대가 1425년임을 고려할 때, 이미 1425년 이전에 경상도 각 현의 현황을 담은 지리지가 존재했고 『경상도지리지』는 경상도 각 현의 읍지를 토대로 작성된 것으로 보인다. 그러므로 『신찬팔도지리지』 편찬을 위한 충청도 지리지의 기초자료는 충청도 각 현의 지리지였다는 추정이 가능하다. 따라서 보령현의 경우 1413년(태종 13)부터 보령현에 현감이 상주했음을 고려할 때 이 시기부터 보령현 지리지가 보령현감의 책임하에 편찬되었을 것이라는 추정도 가능하다고 본다.

① **『동국여지지(東國輿地志)』**

『동국여지지』(1656-1673)는 유형원(柳馨遠)(1622~1763)[8]이 편찬한 전국 지리지로 9권 10책으로 구성된 필사본이다. 보령현은 이 지리지의 권3에 수록되어있다. 이 지리지 '인물조'에 김성우가 왜구토벌의 공로가 있어 사패

8 자는 덕부(德夫), 호는 반계(磻溪)로 통정대부 호조참의 겸 세자시강원찬선에 증직되었다. 경세제민(經世濟民)의 정책론인 『반계수록(磻溪隨錄)』 26권이 그의 사후 97년 만에 영조의 명에 의해 편간되었다. 유형원의 실학사상은 이후 이익, 안정복 등으로 이어졌고 다산 정약용(丁若鏞) 등에 의해 집대성되었다.

지(賜田)를 받아 보령 땅에 들어와 그 후손들이 가계를 꾸린 배경을 다음과 같이 설명하고 있다.

> 인물 조선 김맹권은 광주인이다. 증조는 도만호 김성우 장군으로 고려말 왜구토벌의 공으로 사패지를 받아 보령에 자손이 세거하게 되었다.[9](...)

이 지리지의 편찬 동기는 우리나라 지리지의 부족함과 『동국여지승람』의 내용이 해당지역을 사실적으로 알려주고 기술하기 보다는 시문 위주로 기술되어있다는 불만이었다. 이 지리지의 중요성은 17세기의 실학사상에 의거하여 역사 지리적 측면을 강조했고, 지역의 실상에 접근하는 지지를 편찬하려 했다는 점이다. 따라서 유형원은 이 지리지에서 실학사상을 바탕으로 각 지방의 역사적 사실을 재현하는 계기를 마련하였다고 본다. 특히 유형원은 조선시대의 인명기술에 있어 본관지만이 기록하는데 대하여 생거지(生居地)의 기록을 중심으로 하여야 한다고 주장하였다.

> 유형원은 지역 위주로 문제를 인식하고 지지를 편찬하여 지역의 실상과 실정에 접근하는 지지를 편찬하고, 지역의 사실을 정확하게 파악하고 체계화하려 하였다. 유형원은 실학의 선구자로 지지의 편찬에서도 실학적인 바탕에서 지방의 사실을 기록한 것이다.[10]

9 유형원, 『동국여지지』, 인물조.
人物 本朝 金孟權 其光州人 曾祖 都萬戶成雨 麗季有征倭功 賜田 保寧 子孫因家焉(...)

10 최근묵, 앞의 논문, 31쪽.
이 외에도 박인호, 『한국사학사대요』, 이회, 1996 & 양보경, 「반계 유형원의 지리사상 - 동국여지지와 군현제의 내용을 중심으로-」, 『문화역사지리』 4, 1992를 참조.

이처럼 유형원은 현실성과 실용성의 측면을 중시하여 『동국여지승람』의 시문 예속중심의 지지에서 행정, 군사, 경제, 지역 중심적인 성격의 지지로 변화시켰다.

② 『신안읍지(新安邑誌)』[11]

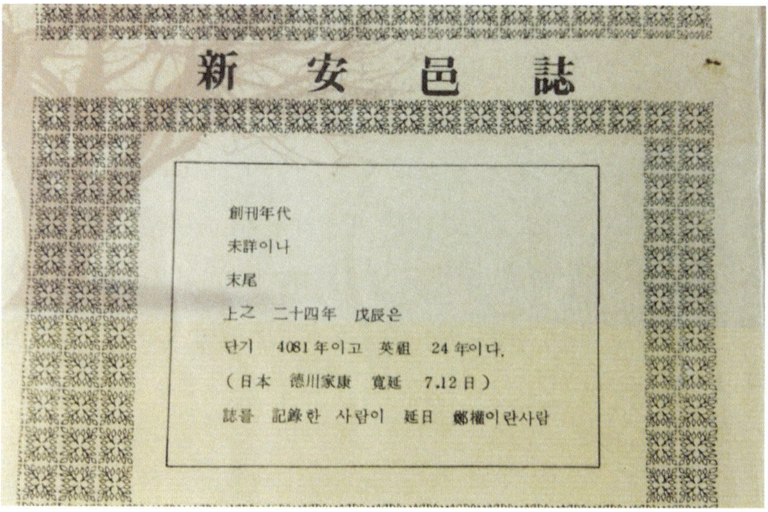

新 安 邑 誌

創刊年代
未詳이나
末尾
上之 二十四年 戊辰은
단기 4081年이고 英祖 24年이다.
(日本 德川家康 寬延 7.12日)
誌를 記錄한 사람이 延日 鄭權이란사람

『신안읍지』 표지(1748)

보령현 읍지는 1895년 이후 필사본으로 추정되는 하버드대학 엔칭도서관 소장의 『보령군지』(『신안현지(新安縣誌)』)(서지정보: TK3492.7/5423.2)와 1910년대 초의 필사본으로 추정되는 『신안읍지(新安邑誌)』가 현전한다. 그런데 보령현 읍지의 원래 명칭은 『신안지(新安誌)』로 보인다. 이것은 정권(鄭

11 이하 이 책에서는 『신안읍지』라 부르기로 한다. 보령현 읍지에 대한 고찰은 또 다른 연구를 필요로 하므로 차후의 연구과제로 남겨두기로 한다.

權)(1692-1757)[12]의 『명고집』(권6)에서 확인가능하다. 정권은 그가 재직한 일부 지방의 읍지(邑誌)를 편간하면서 다음과 같은 몇 개의 발문을 남기고 있다: '제원지발(濟原誌跋)'(1733년 제원도찰방), '청무지병풍소발(靑武誌屛風小跋)'(1737년 청양현감), '증보신안지발(增補新安誌跋)'(1747년 보령현감). '청무' 와 '신안'은 각각 청양현과 보령현의 옛 지명이다. 이로 미루어 청양현과 보령현에 『청무지』와 『신안지』라는 읍지가 존재하였음을 알 수 있다. 특히 『신안지』의 '증보'라는 말에서 알 수 있듯이, 1748년 편간된 『신안지』가 정권이 기존의 읍지를 증보하여 편간한 보령현 읍지라는 사실을 입증한다. 이후 이 『신안지』가 계속하여 필사되면서 『신안현지』, 『신안읍지』, 『보령군지』로 불리게 된 것으로 보인다. 비록 명칭의 차이는 있지만 필사본의 내용은 대동소이하다. 단지 『신안읍지(新安邑誌)』에 수록된 254명의 인물에 덧붙여 『보령군지』의 인물조에서 철종조까지 153명이 추가되며, 편집서차 등의 차이를 보인다.

12 자는 도중(道中) 호는 명고(鳴皐)로 정간(鄭幹)으로도 불린다. 문과에 급제하여 청양현감, 보령현감(1747년 6월10일-1748년 6월 13일)를 거쳐 우부승지 등을 지냈다. 동래부사 재직 시 선덕을 베풀어 왜인들이 그의 공덕을 추앙하는 청덕목비를 세웠다. 승지로 재직 중 66세로 병사하자 왕이 친히 제문을 지어 왕세자를 보내 "왜인이 새긴 청풍비와 함께 청백리로서 공의 인품을 표현하도다"라고 청렴결백한 정신을 칭찬하고 물금령(勿禁令)을 내려 장사 지내게 하였다. 그의 묘갈명은 채제공(蔡濟恭)이 지었다. 문집으로 『명고집』(9권 3책)이 있다.

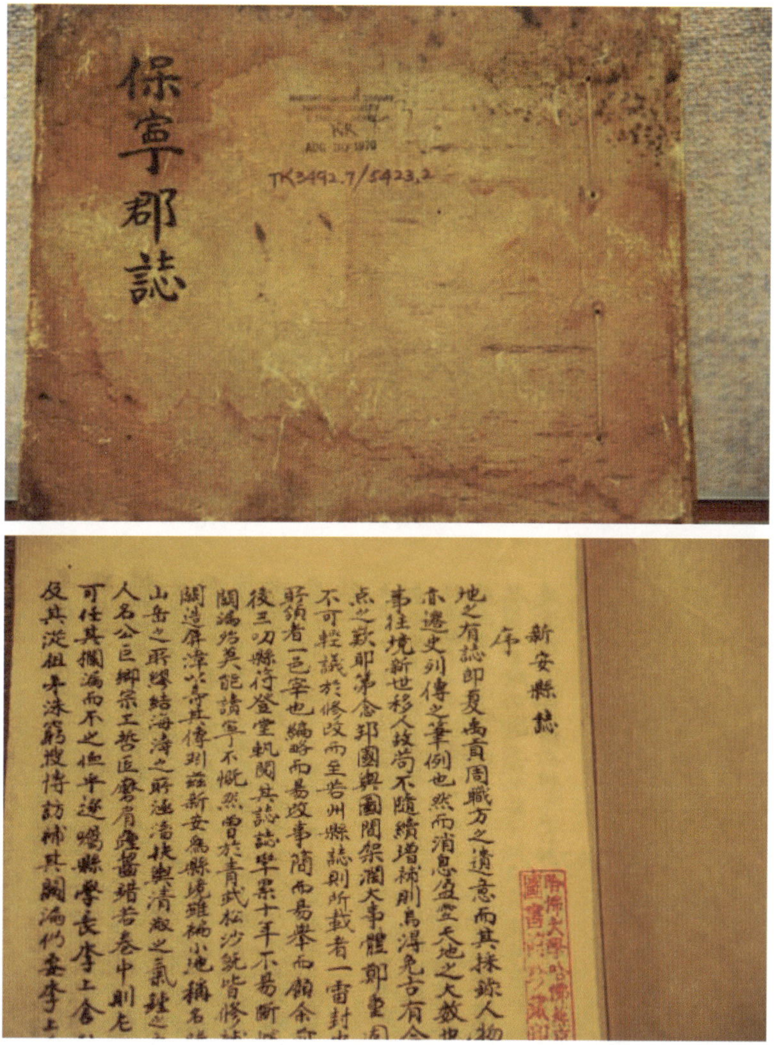

『보령군지』(표지와 서문)(미국 하버드대 엔칭도서관 소장)

『신안읍지』는 보령현감을 지낸 정권이 우부승지로 승진하여 한양으로 올라가 편찬한 현전하는 최고의 보령현 지리지로 1400년대에 창간된 것으로 보인다.[13] 이 지리지에는 고려 말에서 조선 영조조에 이르는 약 250여 명의 보령현의 인물이 시대 순으로 기술되어 있다. 김성우는 이 지리지 인물조에 보령에서 왜구를 토벌한 보령현 최초의 역사인물로 다음과 같이 소개되어있다.

> 고려 말 전라우도 도만호 초토사로서 왜구를 치라는 명을 받아 왜구 토벌 차 이곳 보령을 지날 때 이곳이 왜구의 소굴이 되어 있었다.(....) 또 그의 군사가 들어온 곳을 군입포라 이름 하였고, 그가 병사를 매복시켰던 곳은 복병이라 하며, 소탕한 왜구의 시체가 개미처럼 운집한 곳은 의평리라 한다고 전해온다. (...) 그리하여 사람들이 김성우의 후손 광산김씨들을 보령 땅의 주인이라고 한다.[14]

위의 내용은 앞의 『여지도서』와 유사하다. 따라서 관찬지리지인 『여지도서』가 사찬지리지인 『신안읍지』를 바탕으로 편간되었음을 알 수 있다. 따라서 김성우의 토왜행적이 구체적으로 기록되는 『신안읍지』의 편찬과정과 목적을 비롯한 자료적 가치에 대한 평가가 필요하다.

---

13 『충남의 서원, 사우』, 충청남도, 1999, 대문사, 196쪽.
"(....) 예컨대 태종 이래 창간되고 선조조에 중간된 보령현지인 『신안읍지』와 ....."

14 정권, 『신안읍지』, 인물조, 1748.
高麗 金成雨 光州人 侍中周鼎之曾孫版圖判書允臧之子 麗末以都萬戶 招討事奉命 討倭師過保寧時 保寧 久爲倭寇巢穴 公盡 剿滅之戰時神馬自來故峯曰玉馬 寶劍自出 故洞稱飛刀 軍入海門而 有軍入浦之名 伏兵花厓而有伏兵坪之號 浦石 卸冠故 有冠巖 賊屍 屯蟻故 有蟻坪至今 人誦異蹟公樂其土 家于靑蘿 故 子孫世居 人謂玆土之主人.

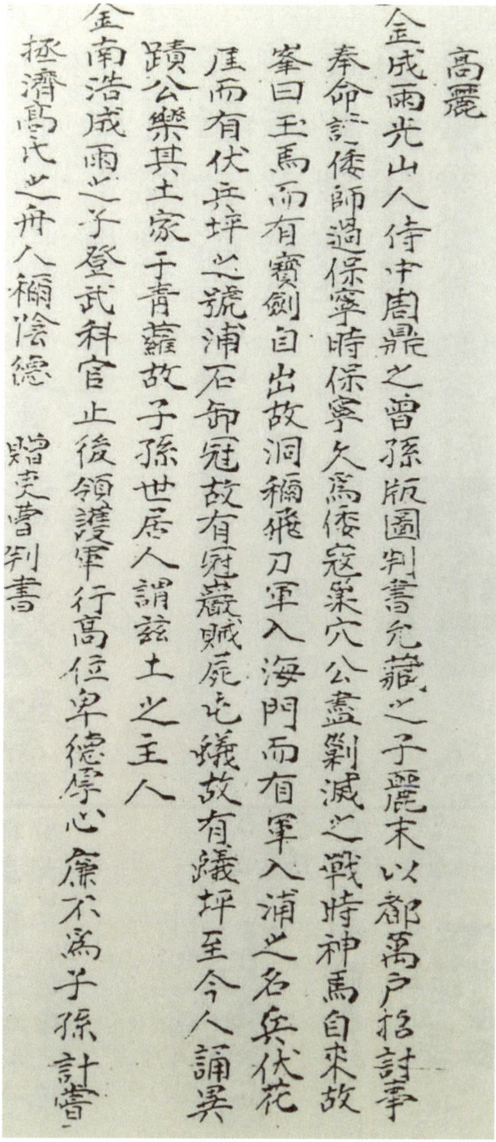
高麗
金成雨光山人侍中周鼎之曾孫版圖判書允藏之子麗末以都萬戶招討事
奉命討倭師過保寧時保寧久爲倭寇巢穴公盡剿滅之戰時神馬自來故
峯曰玉馬而有寶劍自出故洞稱飛刀軍入海門而有軍入浦之名兵伏花
崖而有伏兵坪之號浦石卸冠故有冠巖賊屍屯蟻故有蟻坪至今人誦異
蹟公樂其土家于青蘿故子孫世居人謂玆土之主人
金南浩成雨之子登武科官止後領護軍行高位卑德厚心廉不爲子孫計營
拯濟高氏之舟人稱陰德　贈吏曹判書

『신안읍지』 김성우조(1748)

무엇보다도 주목되는 것은 『신안읍지』 편찬과정의 객관성이다. 이것은 이 지리지의 편찬에 참여한 인물의 분석으로 확인된다. 『신안읍지』의 자료수집 및 편집 책임위원은 이융(李瀜)(1683-?)[15], 교정책임위원은 이형운(李亨運)(1679-?), 이광운(李匡運)(1695-1787) 형제들이다.[16] 그런데 자료수집, 편집, 교정을 책임지고 있는 세 사람 모두가 당시 보령현에서 사마시에 합격한 한산이씨라는 특이점을 보인다. 그 이유는 무엇일까? 이것은 『신안읍지』의 성격을 이해하는데 결정적 요소로 이 읍지가 편찬될 당시 한산이씨가 18세기 보령현을 대표하던 사족(士族)이었기 때문이다.[17] 다음은 『신안읍지』 편찬에 참여한 인물들이다.

호칭	상사(上舍)	군(君)
자료 수집 및 편집	이 융	이 수
교정	이형운 이광운	류정기, 김계업, 이진강, 이진경
글씨		김세숙

위 표에서 알 수 있듯이, 정권은 『신안읍지』 편찬의 객관성을 위하여

15 1711년 생원시에 합격한 진사로 토정 이지함의 5세손이다. 부친은 이정린(李禎麟)으로 효행이 지극했고 경사에도 능통했다고 전해진다.

16 1691년 문과 증광시에 합격하여 정언을 지낸 이효근(李孝根)의 두 아들이다. 형 이형운은 1733년 진사시에 동생 이광운은 1738년 식년시에 각각 합격했다. 이 두 형제의 6대조가 영의정을 지낸 아계 이산해이다.

17 이것은 향권에 절대적 영향력을 행사하는 사마시 급제자에서도 쉽게 확인된다. 영조조 보령현 사마시 급제자 16명 중 한산이씨 6명, 전주이씨 3명, 광산김씨, 한양조씨, 안동김씨, 연안김씨, 청주한씨, 고령신씨, 원주원씨가 각각 1명이다. 이것은 『신안읍지』가 편간되던 시기 보령현의 향권을 한산이씨가 주도하였음을 보여주며, 『신안읍지』가 편찬되던 영조조의 보령현에서 한산이씨의 위상이 어떠했는지 가늠할 수 있다. 아울러 『신안읍지』의 곳곳에서 인용된 이산해와 그 후예들의 시구 또한 이와 무관하지 않다고 본다. 인용된 총 60여 편의 시문 중 11수가 한산이씨로 이산해 '고만로중' 등 4수, 이경전 '지정헌 8영' 등 4수, 이지천, 이무, 이인빈이 각 1수이다. 광산김씨의 경우 김태국의 '만취당 8경' 서문과 김영후와 이행진이 함께 지은 '옥계정 8영'이다.

자료수집, 편집, 교정 책임위원으로 사마시급 이상의 과거 급제자를 위촉하여 '상사'란 호칭을 사용하고, 이 책임 편집위원을 곁에서 돕거나 글씨를 쓴 사람은 '군'이란 호칭을 사용하고 있다: 李**上舍**瀜, 李**上舍**亨運; 柳**君**鼎基, 金**君**世塾.

당시 보령현감이었던 정권은 『신안읍지』의 객관성을 확보하기 위해 사마시 합격(1700~1740년)을 기준으로 편집책임자를 위촉하여 역할을 분담했던 것으로 보인다. 왜냐하면 위 세 사람 중 이융은 1711년, 이형운은 1733년, 이광운은 1738년에 각각 사마시에 합격했기 때문이다. 따라서 정권은 이 시기 보령현에서 사마시에 가장 먼저 합격하여 학덕을 갖춘 진사 이융을 편집위원장으로 위촉하고 종제인 이수의 도움을 받아 편집하였다. 아울러 사마시에 합격하지는 못했지만 당대 보령현의 유학 류정기[18] 등으로 하여금 1차 교정을 보게 한 후 사마시에 합격한 이형운, 이광운 형제로 하여금 최종 교정을 부탁하여 감수한 후 편간한 것이다.

> (...) 그래서 이 고장의 학장, 현감께 위촉 하였는바, 그 인물에 이진사 융과 그의 재종 수가 다 이것을 더 확장하여 빠진 부분을 편집했고, 진사 형운, 광운 형제들과, 유정기, 김계업, 이진강, 이진경 형제에게 더 세밀하게 교정시켜 한 책자를 만들었고, 김세숙을 시켜 글씨를 쓰게 했다(...).[19]

18 교정을 도운 사람들 중에서 유정기(柳鼎基)는 보령현감을 지낸 유탁연(柳卓然)의 후예로 1735년(영조11) 식년시 문과에 급제하여 병조정랑 지낸 유억기(柳億基)(1699- ?)와 친족관계가 있는 것으로 추정되지만 이진강, 이진경, 김세숙은 파악되지 않는다. 김계업(金啓業)(1685-1760)만이 『광산김씨족보』에서 파악된다.

19 정권, 『신안읍지』, 서문, 1748.
앞에서 언급했듯이, 정권의 『명고집』에 「증보신안지발(增補新安誌跋)」이란 제목으로 동일한 내용이 실려 있다.

『신안읍지』의 편찬목적은 기존의 읍지를 수정 보완하여 시대의 변천에 따라 새로운 내용을 추가로 기록하는 것이다. 이러한 편찬목적은 다음의 발문에서 확인할 수 있다.

> (...) 내가 전후 3번 각 고을의 현감의 직에 있었으나, 대략 여기저기 군지 기록을 살펴보면 수 십 년간 바꾸지 않아 누락되어 읽기조차 힘들었다. (...) 중간에 책(기록)이 누락되었다. 찢어져 볼 수 있는 것이 많지 않다. 누락된 것이 아깝지 않은가? 그래서 (...) 이것을 더 확장하여 빠진 부분을 편집했고 (...)[20]

이를 반증하듯이, 정권은 『신안읍지』를 쓰면서 새로 증보한 사항을 '신증'이란 단어를 추가한 후 계속하여 덧붙여 설명하고 있다.[21]

다음은 『신안읍지』의 내용을 요약하여 도표화한 것이다.

순서	제목	내용	비고
1	지도	8개면 및 형승산천 표기	호서읍지(1781)지도
2	서언	신안현지 편찬 동기	정권의 발문
3	제목	증보『신안현지』, 보령현	『신안현지』의 증보판
4	위치	청양, 홍주목, 남포, 한양과의 거리 수록	인근 현과의 위치 및 거리 표기
5	건치연혁	백제이후 조선중기까지의 연혁	〈신증〉 수록
6	군명	신촌, 신읍	〈신증〉축성, 신안
7	형승	보령현의 형승소개	

20 정권, 앞의 책.

21 이 책에는 기존의 『신안읍지』의 내용에 새로운 사실을 덧붙였음을 뜻하는 '신증'이란 표현이 11회 등장한다. 이같은 편집원칙은 『신안읍지』의 마지막 장까지 계속된다. 따라서 『신안읍지』는 이미 존재해왔던 읍지를 바탕으로 증보한 것임이 확인된다.

8	성씨	장, 최, 이, 임, 진, 유,나, 김씨	토성과 촌성
9	산천	당산, 오서산, 백월산 등	군입포, 관암 등 산천 설명
10	토산	지치, 상어, 홍어 등 토산물	보령현 토산물
11	성곽	읍성의 소개	봉당성 및 읍성
12	관방	수군절도사의 소개	
13	궁실객관	정대의 '동헌기'	보령관아 건축기
14	봉수	조침산의 봉수 소개	
15	누정	어풍정, 영보정 등 보령현 누정	누정을 읊은 시
16	8영	이경전, 김영후의 8영시	
17	4시율	이무, 조구석 등의 4율시	
18	학교	향교 및 화암서원	〈신증〉화암서원
19	역원	청연역, 우수현역 등	
20	불우	금나사, 성당사, 보현사 등	〈신증〉보현사
21	사묘	사직단, 문묘, 성황사 등	
22	고적	봉황성, 현하부곡, 보원부곡 등	〈신증〉
23	제영	유원당, 이산해의 시	
24	총묘	김성우 부부, 이지번, 이지무 3형제	청라 발산 소재의 김성우 묘소
25	읍재	이의정, 유지발 등 보령현감	선정을 베푼 현감
26	인물	고려 말의 김성우를 시작으로 조선의 이인기 등 254명	고려 말에서 조선 영조조 인물
27	효자	서한경, 신광제 등	
28	열녀	김씨(구익수 처), 이씨, 정씨 등	
29	안	전안, 이안, 병안, 재곡, 호안 등	관아의 재정 등
30	제언	지내제방, 가오개 제방 등	보령현의 제방
31	교량	주교, 대천교 등	보령현 소재 교량
32	방면	장척면, 금신면, 주포면, 청라동면 등 8개면	8개면의 동리 이름

위 내용 중에서 주목되는 것은 고려 말에서 조선 영조조[22]에 이르는 약 250여 명의 보령현 인물을 수록하고 있다는 점이다. 다음은 『신안읍지』에 수록된 보령현 인물의 성씨를 분석한 것이다.

▶ 『신안읍지』의 보령현 인물조 성씨 분석표

<table>
<tr><th>성씨</th><th>본관</th><th>인원수</th><th>총 인원수</th></tr>
<tr><td rowspan="6">김씨</td><td>광산</td><td>44</td><td rowspan="6">57</td></tr>
<tr><td>안동</td><td>7</td></tr>
<tr><td>전주</td><td>2</td></tr>
<tr><td>김해</td><td>1</td></tr>
<tr><td>원주</td><td>1</td></tr>
<tr><td>미확인</td><td>2</td></tr>
<tr><td rowspan="10">이씨</td><td>한산</td><td>59</td><td rowspan="10">102</td></tr>
<tr><td>수원</td><td>20</td></tr>
<tr><td>경주</td><td>5</td></tr>
<tr><td>용인이씨</td><td>1</td></tr>
<tr><td>연안</td><td>4</td></tr>
<tr><td>전주</td><td>6</td></tr>
<tr><td>청해</td><td>1</td></tr>
<tr><td>우봉</td><td>1</td></tr>
<tr><td>당성(이여송 후손)</td><td>3</td></tr>
<tr><td>미확인</td><td>2</td></tr>
<tr><td rowspan="2">조씨</td><td>양주</td><td>15</td><td rowspan="2">19</td></tr>
<tr><td>한양</td><td>4</td></tr>
<tr><td rowspan="2">채씨</td><td>평강</td><td>11</td><td rowspan="2">12</td></tr>
<tr><td>인천</td><td>1</td></tr>
</table>

22 그런데 인물조의 마지막 3인은 양주조씨로 철종조의 조병흥(1806~?)과 그의 두 아들 용희, 장희 형제들이다. 그런데 『보령군지』에는 이들이 '신증인물조'에 추기되어있다. 이것은 이 두 필사본의 연대를 추정할 수 있는 결정적 자료로 보여진다.

최씨	양천	5	10
	해주	2	
	경주	3	
신씨	고령	5	10
	거창	3	
	평산	1	
	미확인	1	
원씨	원주	6	6
류씨	진주	5	5
	미확인	1	
윤씨	파평	5	5
구씨	능성	4	4
성씨	창녕	4	4
정씨	광주	2	3
	미확인	1	
한씨	청주	4	4
박씨	밀양	1	3
	함양	1	
	미상	1	
송씨	여산	1	2
	미확인	1	
민씨	여흥	2	2
손씨	평해	2	2
남씨	의령	1	1
여씨	함양	1	1
임씨	미확인	1	1
인씨	교동	1	1
경씨	청주	1	1
맹씨	온양(신창)	1	1
권씨	안동	1	1
총계			254

위 보령현 인물조의 성씨 분석표에서 다음의 사실을 확인할 수 있다.

첫째, 『신안읍지』에 수록된 총 254명의 인물 중에서 한산이씨(총 59명)가 가장 많으며, 그 다음으로 광산김씨(44명) 순이다. 이것은 보령현의 사마시 합격자의 분포와 비례하고 있음을 알 수 있다.[23]

둘째, 이 두 성씨 다음의 서열을 차지하고 있는 수원이씨(20명)의 경우 고려 말 정승을 지낸 이자송의 후예가 일찍이 조선 초에 보령현에 입향한 것으로 파악되며, 양주조씨(15명)의 경우 이몽규의 원외손으로 임진왜란을 피해 보령으로 입향한 조존성의 후예라는 점이다.

마지막으로 『신안읍지』에 기록된 소수 성씨들은 대부분의 경우 임진왜란과 병자호란 이후 처변이나 외변을 통해 보령에 입향한 성씨라는 점이다. 따라서 당시 보령의 사족으로 자리잡았던 광산김씨, 한산이씨, 수원이씨, 양주조씨에 비해 사마시에 합격한 인물이 적었기 때문으로 풀이된다.

이처럼 『신안읍지』는 편찬과정의 객관성은 물론 그 내용 또한 당대 보령현의 생생한 문화와 역사를 포함하는 보령현 최고의 지리지로 평가된다.[24]

> 1748년에 편찬된 『신안읍지』는 호서지역에서 드물게 보는 사찬읍지로 지역실정을 상세하게 정리하고 특히 인물편이 아주 상세한 것이 특징이다. 그런 점에서 『신안읍지』의 편찬, 그리고 수록된 내용들은 우리에게 보령지역의 역사나 성씨, 인물, 사적과 관련하여 매우 중요한 자료를 제공하고 있음을 인정해야한다.[25]

---

23 앞의 주17) 참조.

24 『신안읍지』에는 보령현 역사와 문화 그리고 이 지역의 인물뿐만 아니라 이곳을 거쳐 간 많은 명사들의 시문이 수록되어있다. 특히 고려의 문인 최해(1287-1340)와 조선전기의 천재시인 박은(1479-1504)을 비롯하여 임진왜란 당시의 명나라 유격장군 장량상(張良相)과 장선징(1614-1678) 등 17세기말까지 보령에서 살았거나 거쳐 간 시인묵객들이 보령의 풍광을 노래한 60여 편의 시문이 실려 있다. 김영모, 「보령광산김씨의 유적과 유물」, 『김성우 장군의 왜구토벌과 보령』, 제2회 김성우 장군 추모기념학술대회, 2011를 참조.

25 이해준, 「다시 챙겨야 할 보령의 선비들」, 『애향』 19호, 2015, 보령문화원.

이 외에도 『충청도읍지(忠淸道邑誌)』[26], 『호서읍지』[27], 『조선환여승람(朝鮮寰輿勝覽)』[28]을 비롯하여 최근에 출간된 『보령군지(保寧郡誌)』[29], 『대천시지』, 『보령향교지(保寧鄕校誌)』[30], 『충청남도지』[31], 『보령시지(保寧市誌)』[32]에도 김성우의 보령전적이 실려 있다.

다음은 김성우의 보령전적을 고증하는 조선후기 지리지 등의 자료를 정리한 것이다.

---

26 『충청도읍지』는 영조-정조조에 편찬된 읍지로 총 51책으로 구성되어있다. 이 읍지는 현존하는 충청도 최고의 읍지로 충청도 제읍의 지방사 연구에 귀중한 자료로 평가받고 있다.

27 『호서읍지』는 1871년(고종8)과 1895년(고종32)에 전국읍지를 간행할 목적으로 충청도 군현에서 상책한 읍지를 모은 책이다. 1871년 판본은 17책으로 구성되어있으며, 보령현은 15책에 수록되어있다. 1895년 판본은 7책으로 구성되어있으며, 보령현은 제4책에 수록되어 있다. 이 책은 『동국여지승람』 이후 각 읍지를 기본으로 하고 있다.

28 이병연(1884-1977)이 1910년부터 12년 동안 전국 129개 군을 직접 조사하여 엮은 책이다. 특히 이 책은 『신증동국여지승람』, 『대동지지』를 바탕으로 49개 항목에 걸쳐 조사 편찬한 국내 최대의 지리서로 군 건치연혁, 신구속현, 군명, 산천 등 지리 관련 항목을 비롯하여 유현, 학행, 명신, 문행, 청백, 충신 등 인문관련 내용을 포함하고 있다. 이 책에서는 김성우가 고려 '충신(忠臣)'으로 분류되어 있다.

29 1991년 보령군에서 각계각층의 전문가로 편찬위원회를 구성하여 간행한 책으로 석기시대 이래 현재에 이르기까지 보령시의 지리, 역사, 행정, 교육, 문화, 인물, 문화유적, 민속, 지명유래 등의 전반에 걸쳐 방대한 자료를 싣고 있는 보령시의 백과사전이다. 이 책에서 김성우는 '인물'편의 '충의'의 장에 수록되어있다.

30 1998년 보령시 유림들이 성균관을 중심으로 구성된 편집위원회에서 보령시에 산재해있는 향교관련 자료를 집대성해 놓은 책으로 평가받고 있다. 이 책에서는 김성우의 행적을 비롯하여 『여지도서』에서 발췌한 김성우의 사적문(史蹟文)을 싣고 있다.

31 2006년-2010년 충청남도지편찬위원회에서 간행한 책으로 김성우를 보령의 역사인물로 분류하고 김성우의 보령전적과 토왜활동을 기록하고 있다.

32 2010년 보령시지편찬위원회에서 상, 중, 하의 3권(총 2700여 쪽)으로 편찬한 고대에서 현대까지 보령의 역사와 문화를 아우르는 보령시의 백과사전이다. 이 책에서도 김성우의 보령지역에서의 왜구토벌과 만세보령의 터전을 마련한 보령현 최초의 역사인물이라고 기록하고 있다.

▶ 김성우의 보령전적 문헌자료

서지명	출간년도	보령토왜활동	김성우 전적지명			비고
			군입리	관암	의평리	
『동국여지지』	1656-1673	O				사찬지리지
『신안읍지』	1748	O	O	O	O	〃
『여지도서』	1757-1765	O	O	O	O	관찬지리지
『충청도읍지』	영조-헌종	O	O	O	O	〃
『호서읍지』	1871	O	O	O	O	〃
『1872년 지방도』	1872	O	O	O	O	관찬지도
『호서읍지』	1895	O	O	O	O	관찬지리지
『조선환여승람	1910	O	O	O	O	사찬지리지
『보령군지』	1910년초	O	O	O	O	사찬지리지
『보령군지』	1991	O	O	O	O	보령군
『대천시지』	1994	O	O	O	O	〃
『보령향교지』	1998	O	O	O	O	〃
『보령향사』	1999	O	O	O	O	〃
『충청남도지』	2006	O	O	O	O	충청남도지
『보령시지』	2010	0	0	0	0	보령시지

2) 문집 및 족보

김성우의 보령에서의 토왜활동이 기록된 문집과 족보는 다음과 같다.

▶ 김성우의 보령 토왜활동이 기록된 문집 및 족보

	문집명	저자	발간년도	비고
1	『우정집』	김극성(1474-1540)	1860	김극성 〈행장〉(글: 이언적)(1540)
2	『만사고』	심지원(1593-1662)	1759	김극성 〈시장〉

3	『규남집』	하백원(1781-1844)	1977	'관암'을 노래한 시
4	『사가집』	유호근(1853-1925)	1925	김성우 실기
5	『가승』	광산김씨문중	1600년대	김성우 행적
6	『광산김씨족보』	광산김씨문중	1842	김성우 행적

(1) 『우정집(憂亭集)』(김극성)[33]

김극성의 『우정집』(1860)

김극성의 『우정집』은 오래도록 편차되어 전하지 못하던 것을 김극성의 8대손인 진사 김계환(金啓煥)(1729-1789)[34]이 김극성 사후 245년 만인 1785

33 김극성(1474-1540)의 문집이다. 김극성의 자는 성지(成之), 호는 우정(憂亭) 또는 청라(靑蘿)로 시호는 충정(忠貞)이다. 만취당 김맹권의 차자이자 김성우의 현손으로 사마시와 별시에 장원급제하여 성균관전적, 사간원헌납 등을 거쳐 우의정을 역임했다.

34 자는 사명(士明), 호는 오은(烏隱)으로 1783년 생원시에 합격하였고 동몽교관(童蒙敎官)에 추증되었다. 김극성의 양자로서의 부귀영화를 거절한 채 평생을 학문과 부모봉양에만 전념한 효자로 1893년(고종 29) 정려(旌閭)를 명하였다. 그의 정려각이 보령시 청소면 성연리에

년에 온양의 민가에서 습득하여 적손 김양흠(1763-1820)에 전달하였으나 간행에는 이르지 못하였다. 그 후 김양흠의 손자인 영수, 헌수와 유고를 발견한 김계환의 4대손인 김건수가 정구석(鄭龜錫)[35]에게 교정을 부탁하여 시 600여 수와 글 7편을 4권으로 편집하고 부록 2권을 붙여 3책으로 정교한 후 송래희(宋來熙)(1791-1867)[36]의 서문을 붙여 1860년 목활자로 간행한 문집이다. 그의 문집에서 특히 주목되는 것은 부록 2권에 수록되어 있는 회재(晦齋) 이언적(李彦迪)(1491-1553)[37]이 지은 다음의 김극성의 〈행장〉이다.

> 공의 이름은 극성이요 자는 성지이며 광주인이다. 몇 세대를 지나 고려시중을 지난 김주정을 거쳐 문임랑 감찰어사를 지낸 김류가 봉익대부 김윤장을 낳았다. 봉익대부 판도판서공 김윤장이 절충장군 전라우도 도만호 김성우를 낳았으니 공의 고조이시다. 김성우는 왜구를 토벌하라는 왕명을 받고 보령을 지나다가 그 땅이 좋아서 그곳에 집을 짓고 살게 되어 드디어 보령 사람이 되었다(...)[38]

김극성 〈행장〉의 의의는 성균관 대사성으로 재직하던 회재 이언적이 지은 글이라는 점이다. 이언적은 예가 아니면 행하지 않았고 학문은 사도(斯道)에 기초하고 덕이 행실에 부합되며 문장이 붓끝에서 나오면 교훈되

위치하며, 정혁신(鄭赫臣)의 『성당집(性堂集)』에 그의 행실이 전한다.

35 생졸연대는 미상으로 1865년에 전라도도사(全羅道都事)를 지냈다.

36 자는 자칠(子七), 호는 금곡(錦谷)으로 경연관(經筵官), 사헌부 장령(掌令) 등을 거쳐 뛰어난 학행을 인정받아 성균관좨주(成均館祭酒)에 천거되었고 대사헌 등을 지냈다. 저서로 『금곡문집(錦谷文集)』이 있다.

37 자는 복고(復古) 호는 회재(晦齋), 자계옹(紫溪翁)으로 좌찬성 등을 지냈으며, 영의정에 추증되었다. 김안로의 등용을 반대하다가 쫓겨나 경주 자옥산에 들어가 성리학을 연구하여 조선시대 성리학 정립에 선구적 역할을 하였고 퇴계 이황과 성호 이익으로 그의 학통이 이어졌다. 동국 18현으로 문묘에 배향되었다. 시호는 문원(文元)이다. 저서에 『회재집』이 있다.

38 김극성, 『우정집』, 1860.

는 말이 후세에 전해져 동방에서 비견할 사람이 없는 인물로 평가된다.[39] 그러면 이언적이 김극성의 〈행장〉을 지은 시기는 언제일까? 이것은 이언적의 행력에서 확인된다. 이언적은 김극성이 사헌부 대사헌일 때 사헌부 장령이었고[40], 김극성이 우의정일 때 시강관(侍講官)으로 경연에 함께 참여하였다.[41]

이언적은 김극성이 타계한 1540년 4월 21일에 예조참판에 제수되었고 7월 16일에는 성균관 대사성에 11월 21일에는 사헌부 대사헌에 각각 제수되었다.[42] 김극성은 4월 4일에 타계하여 그 해 8월 충남 보령현 청소면 재정리 능동에 장사지냈다.[43] 따라서 이언적이 김극성의 〈행장〉을 지은 시기는 그가 성균관 대사성으로 재직하던 1540년 7월 16일에서 11월 20일 사이임이 확인된다.

---

39 『명종실록』 명종 8년 11월 30일 임신조, 이언적 졸기.

40 『중종실록』 중종 24년(1529) 1월 6일 계묘조.

41 『중종실록』 중종 33년(1538) 1월 21일 병신조.

42 『중종실록』 중종 35년(1540) 4월 21일 임오조, 7월 16일 을사조, 11월21일 무신조.

43 이언적의 김극성 <행장>, 『우정집』을 참조.

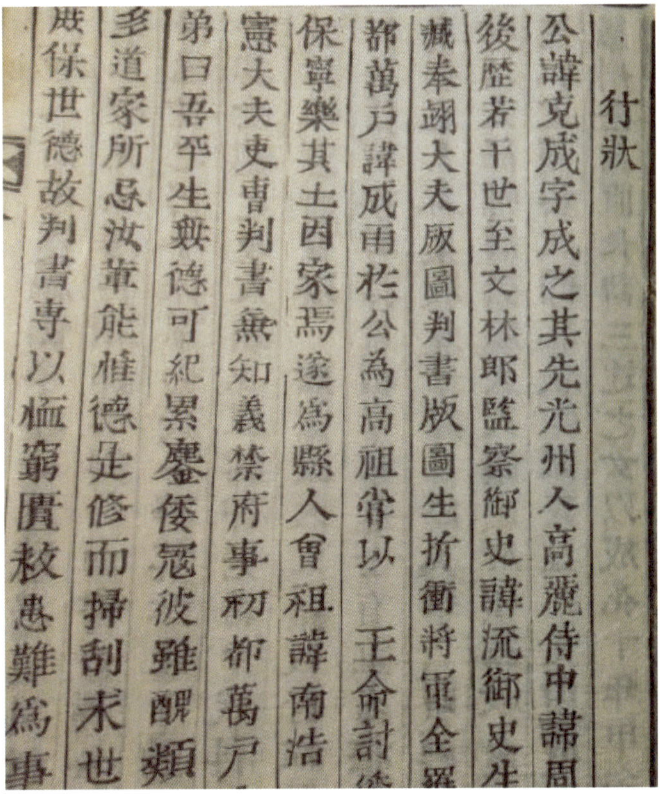

行狀
公諱克成字成之其先光州人高麗侍中諱周
後歷若干世至文林郎監察御史諱流御史生
藏奉翊大夫版圖判書版圖生折衝將軍全羅
都萬戶諱成雨於公爲高祖嘗以 王命討倭
保寧樂其土因家焉遂爲縣人曾祖諱南浩
憲大夫吏曹判書兼知義禁府事初都萬戶
弟曰吾平生無德可紀累鏖倭寇彼雖醜類
多道家所忌汝輩能植德是修而掃刮末世
戕保世德故判書專以恤窮賑救患難爲事

김극성의 '행장' 『우정집』(글: 회재 이언적)(1540)

하지만 그동안 이 〈행장〉은 이경탁(李慶卓)(1572-1612)[44]이 지은 것으로 호도되어왔다.[45] 〈행장〉의 말미에 이언적의 이름이 없고 이어지는 〈후지(後識)〉에 이경탁의 이름이 기록되어있기 때문이다. 그러면 어떻게 이 〈행장〉이

44 자는 덕여(德餘) 호는 반금(伴琴)이다. 1606년 문과에 합격하여 시강원사서, 정언 등을 지냈다. 이 '후지'는 이경탁이 타계하기 한 해 전에 지었다.

45 이러한 오류는 『광산김씨족보』(임인보, 임신보) 등을 비롯하여 최근의 기록 등에서 발견된다. 이것은 아마도 김극성의 <행장> '후지(後識)'의 마지막에 기록된 이경탁의 이름을 보고 이 <행장>을 지은 사람이 이경탁이라고 판단한 것으로 큰 오류가 아닐 수 없다.

이언적의 글이라는 것을 입증할 수 있을까? 이것은 다음의 사실로 확인된다. 무엇보다도 이경탁은 〈행장〉 '후지'에서 행장의 문체 등이 대사성 이언적이 지은 글이 틀림없다고 다음과 같이 고증하고 있기 때문이다.

> (...) 그리고 생원공(生員公)은 한 시대의 영걸(英傑)로 알려진 인물이며 실제로 상공(相公)의 상례를 주관하였으니, 그 글을 회재 선생이 지었다고 알고 있는 것을 의심할 것이 없겠소. 하물며 그 당시 만사(輓詞)와 제문을 상고해 보면 선생은 모두 자신을 대사성(大司成)이라 했으니 선생이 지은 것을 더욱 의심할 여지가 없소. 또 제문에서 말하길, '큰 재목과 큰 덕을 가지고 학업을 연마하여 풍부하면서 순수하다.'고 하여, 사의(詞意)가 행장과 더불어 칭송하는 것이 서로 표리가 되니 선생이 찬술 한 것을 더욱더 의심할 것이 없소."(...)[46]

또한 〈행장〉의 말미에 기록된 다음의 가계의 내용을 통해서도 확인된다.

> "(...) 공이 어모장군행 충무위 부사직 이문충의 딸과 결혼하여 1남3녀를 두었다. 아들은 인사로 군기시주부이며, 장녀는 별좌 이좌명에게 차녀는 충의위 여산교위 윤지양에게 막내는 생원 이몽규에게 시집갔다.... 주부 인사는 충의위 권준에게 장가들었으나 무후이며, 현감 이삼의 딸과 결혼하여 1남1녀를 낳았다. 별좌는 1남 4녀를 여산교위는 2녀를 생원은 1남1녀를 낳았다. 이 모두를 감히 기록하노라. 〈후지〉 공이 돌아가신지 72년이 되었다(...)[47]

---

46 김극성, 『우정집』, 1860.
而生員公, 以一時英傑聞人, 實主相公之喪, 則知其文之爲先生, 無疑矣. 況考其時輓詞及祭文, 先生皆爲大司成, 則其爲先生撰, 又無疑矣. 且祭文有曰, '宏材碩德, 學富而醇.' 詞意與行狀所稱, 相爲表裏, 則其爲先生撰, 尤無所疑矣.

47 김극성, 앞의 책.

김극성이 사망한 1540년 당시 그의 외아들 김인사는 음직으로 양근군수를 지냈으며, 5남 3녀를 두었다. 또한 84세의 수를 누려 통정대부에 추증되었다. 그런데 위의 행장을 자세히 살펴보면, 이언적이 김극성의 행장을 지을 당시 김인사는 종6품의 '군기시주부'의 벼슬에 있었고, 1남1녀를 두었다고 기록되어있다. 여기에서 1남 1녀는 누구인가? 1남은 김인사의 5남 중 장남인 돈용교위(敦勇校尉)를 지낸 김내륜이다. 김내륜은 1536년에 태어나 1595에 타계하였다. 김인사의 장남 김내륜은 김인사가 28살에 얻은 아들이다. 이처럼 늦은 나이에 김인사가 왜 첫 아들을 얻었을까? 이것은 김인사가 초배인 안동권씨에서 자녀를 얻지 못했기 때문이다.[48] 김인사는 이참(李叅)의 딸을 재취하여 첫 아들인 김내륜을 28세의 나이에 낳았다. 그리고 1녀는 후일 청원도정 이간(李侃)에게 시집갔다.

김극성 신도비 후면 음기(글: 보령현감 최응천)(1662)

48 김인사의 초배는 우의정을 지낸 영창부원군 권균(權鈞)(1464-1526)의 외동아들인 권준(權準)의 외동딸이다. 묘소는 보령시 청라면 장산리에 있다.

마지막으로 이 행장이 이언적의 글이 분명한 것은 보령현감 최응천이 지은 다음의 신도비 음기에서도 확인된다.

> 충정공 김극성이 죽은 후 회재 이언적 선생이 공의 행장을 지었고, 그 행장을 바탕으로 월사 이정구가 신도비명을 지어 묘 아래에 세웠다.(...) 이러한 사실을 대략 서술하여 보령현감 최응천이 약술하노라."[49]

이상에서 알 수 있듯이, 김극성의 〈행장〉은 이언적이 1540년 7월에서 11월 사이에 지은 글이 확실하다.

그런데 이언적이 김극성의 〈행장〉에서 주목되는 것은 김성우의 토왜행적에 대한 다음의 기술이다.

> (...) 증조 휘 남호는 증 자헌대부 이조판서 겸 지의금부사(吏曹判書兼知義禁府事)인데, 전에 도만호공께서 자제들에게 타이르기를, "내 평생 기록할만한 덕이 없구나. 여러 차례 왜구를 무찔렀으니, 저들이 비록 추한 무리라 하나 살육을 너무 많이 하였구나. 살육은 도기(道家)에서는 꺼리는 것이니 너희들은 오직 덕을 수행하여 출세할 뜻을 깨끗이 없애면 대대로 덕을 보전할 수 있을 것이다."라 하였다(...).[50]

---

49 公之沒也晦齋李先生狀其行月沙李相公銘其墓道是足以不朽(...)後略敍其始末焉行縣監崔應天識.
이 외에도 심지원이 지은 김극성의 '가장'과 '시장'에서 김극성의 행장이 이언적의 글임을 확인하고 있다: 公之沒 今百有十餘年 而其操履之確 樹立之卓 器業之洪 文學之美 赫赫在人耳目 晦齋李先正 嘗記其行蹟. 심지원의 『만사고』 참조.

50 이언적, <김극성 행장>, 『우정집』. 1860.
都萬戶公, 戒子弟曰, "吾平生無德可紀. 累鏖倭寇, 彼雖醜類, 殺戮過多. 道家所忌汝輩能惟德是修, 而掃刮求世之念, 則庶保世德." 故判書, 專以恤窮匱救患難爲事.

위 〈행장〉에서 "장군이 왜구를 너무 많이 살육했기 때문에 후손들은 비록 왜적이라고는 하나 도가에서 꺼리는 일이니 덕을 베풀며 살 것을 아들 김남호에게 부탁했다"는 내용은 김성우의 보령 토왜활동의 고증에서 절대적 가치가 있다. 말하자면 김성우 자신의 왜구살상 행위가 떠벌리며 자랑할 것이 되지 못하니 후손들이 늘 경계하며 자중해줄 것을 부탁하는 유훈으로 김성우 자신의 토왜활동에 대한 의중을 반영한 글로 해석할 수 있다. 왜냐하면 이언적이 김극성의 행장을 지으면서 김성우의 토왜를 윤색하거나 과장하여 지었다고 볼 수 없기 때문이다.

> 김성우 장군의 자제에 대한 언급에서 보여준 그의 정치관은 다분히 자신이 겪은 현실 정치에 대한 회의를 나타내고 있다. 그것은 그가 고려 왕조 말, 권력을 장악한 신흥 유신들의 '혁명'에 대하여 부정적 입장을 가지고 보령에 터를 잡았던 그의 행적과 정확히 일치하는 것이기도 하다. 이 행장의 자료는 전후 문맥 등으로 보아 의도적으로 만들어진 문장이라고 보기는 어렵다. 김성우 장군 당대의 자료는 아니지만, 극히 생생한 내용을 담고 있다는 점에서 매우 중요하다. 그리고 이점에서 김성우 장군이 고려 말의 혼란기에 여러 차례 왜구 격퇴에 공을 세운 인물이었다고 하는 것을 부인하기 어려운 것 같다. 또 이같은 맥락은 김성우 장군에 의한 보령에서의 왜구 격퇴에 대한 후대의 기록에 대해서도 긍정적으로 파악할 수 있는 근거가 된다.[51]

특히 이 행장의 내용 중 "너희들은 오직 덕을 수행하여 출세할 뜻(救世之念)을 깨끗이 없애라"는 김성우가 조선 개창세력과 대척점에 있었다는 사

---

51 윤용혁, 「고려 말 보령지역의 왜구와 김성우 장군」, 『고려절신 김성우 장군 재조명』, 제1회 김성우 장군 추모기념 학술대회, 충남대 인문학연구원, 2010, 126쪽.
이 행장의 내용은 김성우의 보령 왜구토벌이 역사적 사실이라는 <제1회 김성우 장군 추모기념 학술대회>의 종합적인 결론의 결정적인 자료로 평가되었다.

실과 고려왕조에 대한 자신의 절의를 우회적으로 표현한 것으로 해석할 수 있다.

> 김성우 장군이 만년에 정치와 인연을 끊고 보령에 터를 잡은 것은 조선왕조 개창세력과 대척적 관계에 있음을 증명하는 것이고, 친족 김종연이 이성계 세력에 의하여 죽임을 당한 사실을 염두에 둔다면 김성우 장군에 대한 기록은 의도적으로 배제되었을 가능성이 많은 것으로 생각된다. 이같은 그의 처지는 김성우 장군이 자제들에게 남긴 가르침, "너희들은 오직 덕을 닦고, 출세할 뜻(救世之念)을 깨끗이 없이하라"는 가르침과 일치하는 것이기도 하다. 이성계의 신왕조는 김성우 장군을 배척하였고, 김성우 장군도 신왕조와는 마음의 담을 높게 하고 있었던 것이다.[52]

또한 김극성의 『우정집』에서 주목되는 것은 중종이 내린 사제문(賜祭文) 두 편과 육조(六曹)를 비롯한 대부분의 아문(衙門)의 관료들이 지어올린 제문(祭文)과 만사(輓詞)의 내용이다.[53] 영의정 윤은보(尹殷輔), 우의정 홍언필(洪彦弼), 좌찬성 소세양(蘇世讓), 호조판서 조계상(曺繼商), 도승지 송순(宋純) 등은 김극성이 조정에서 평소 교유한 인물들로 당시 조정에서의 그의 위상을 확인할 수 있을 만큼 그가 명망있는 재상으로 손꼽혔음을 알 수 있다. 이들이 지은 제문과 만사에는 김극성을 학문의 종사와 사림의 종사로 칭하고 있다. 이것은 당대 그가 사림을 대표하는 인물이었음을 보여준다.[54] 이언적 또한 김극성의 〈행장〉 이외에도 그의 제문과 만사를 지었다. 김극

---

52 윤용혁, 앞의 논문, 126-127쪽.

53 제문은 총 21편으로 영의정 윤은보 등 99명이고, 만사는 총 41수에 판윤 김안국(金安國) 등 37명이다.

54 이처럼 김극성이 사학(斯學) 진흥에 앞장섰다는 사실은 송래희와 정구석이 쓴 『우정집』의 서문과 발문에서도 확인된다. 김극성의 『우정집』 참조.

성의 장례가 8월에 치러졌고 이언적이 성균관대사성으로 재직하던 시기를 고려할 때, 제문과 만사 또한 1540년 7월에서 8월 사이에 작성된 것이 확실하다. 다음은 이언적이 지은 김극성의 제문이다.

> 유년월일(維年月日)에 성균관대사성 이언적[55]
>
> 오직 영령께서는 천지의 빼어난 기가 길러지고 봉황과 기린이 나타나는 상서로운 시대에 넓은 재질과 큰 덕을 타고나셨으니 누가 공과 비교될 수 있겠습니까? 넓고 깊은 그 도량은 끝을 볼 수 없습니다. 학문이 풍부하고 깊어 이른 나이부터 명성을 날리셨습니다. 사마시에 장원에 오르고 거듭 과거에도 장원을 하셨습니다. 외직의 어려운 업무를 시험해 봐도 사방으로 통하여 막힘이 없었습니다. 탁월한 행실 또한 세밀한 것을 자랑할 만합니다. 고명한 식견은 남들이 가릴 수 없었습니다. 요직을 두루 역임하며 벼슬이 올라도 뜻은 오히려 더욱 모질었습니다. 어려운 시대를 형통하게 한 큰 공으로 대려의 맹세에 참여했습니다. 오랫동안 훌륭한 명성을 차지하시어 군소배들이 흘겨보더니, 한 번 남쪽 지방에 배척되시어 유폐된 곳에서 명만 믿게 되었습니다. 나쁜 세력이 다 사라지고 밝은 해가 맑게 개이니, 조정으로 들어와 정승의 지위에 오르고 중망(衆望)이 모두 공에게 쏠렸습니다. 병부에서 매우 잘 다스려 도가시대와 합치하였습니다. 큰 복을 누리시고 길이 쇠하지 않으시길 바랐는데, 하늘은 어찌하여 어진 이를 남겨두지 않으시어 갑자기 돌아가게 한단 말입니까? 애통합니다. 못난 우리들은 욕되게도 벼슬자리에 있으면서 사문(斯文)에서 두터운 정을 돌아보며 난초와 혜초의 향을 함께했습니다. 위로는 공을 위해 통곡하고 아래로는 사사로이 눈물을 흘리니, 영령께서

---

55 김극성, 『우정집』, 1860.
이언적 이외에도 사성(司成) 안수량(安秀良), 김백순(金伯醇), 사예(司藝) 김한로(金漢老), 이공색(李公穡), 이현충(李顯忠), 학관(學官) 전승개(田承漑), 직강(直講) 안세호(安世豪), 이약빙(李若氷), 김정(金鼎), 김희성(金希聖), 전적(典籍) 장응량(張應梁), 김충준(金忠俊), 박사(博士) 안공신(安公信), 학정(學正) 안홍(安鴻), 김세헌(金世憲), 학록(學錄) 류희춘(柳希春) 등의 이름이 보인다.

는 이르시어 우리의 변변찮은 제수를 흠향하소서. 상향!

이처럼 김극성의 『우정집』은 당대의 김극성의 사림에서의 위상은 물론 김성우의 토왜행적을 고증하는 이언적이 지은 〈행장〉 등이 수록된 귀중한 자료이다. 왜냐하면 이언적이 조선 6대 성리학자 중의 한 사람으로 퇴계 이황에게 학문적으로 큰 영향을 준 유학자라는 점을 주목할 필요가 있기 때문이다.

(2) 『만사고(晩沙稿)』(1759)(심지원(沈之源))[56]

심지원(1593-1662)은 이언적이 지은 김극성의 〈행장〉과 이정구가 지은 김극성의 〈신도비문〉 등을 바탕으로 1619년 김극성의 〈가장(家狀)〉을 지었다. 심지원은 36년 후인 1655년에 김극성의 시호(諡號)를 청하는 다음의 〈시장(諡狀)〉을 지었다.

> 분의정국공신 대광보국숭록대부 의정부 우의정 겸영경연 감춘추관사 광성부원군 김공 시장.
>
> 공의 이름은 극성이며, 자는 성지, 호는 라헌으로 성은 김씨로 광주인이다. 고려조에 김주정이란 인물이 있었으니 벼슬이 시중에 이르렀고 공의 선조이다. 몇 대에 이르러 판도판서인 김윤장을 낳았고, 김윤장이 전라우도 도만호 즉 수군통제사 김성우를 낳았으니 공의 고조이다. 김성우는 왜구를 토벌하라는 왕명을 받들고 보령 땅을 지나다가 이 땅을 좋아하여 가계를 이루었고 보령인이 되었다.(....)[57]

56 자는 원지 호는 만사(晩沙)다. 병자호란(1636) 때 강화도를 수비했으며 정조사로 청나라에 다녀와 이조 판서 등을 거쳐 영의정을 지냈다. 경북 영천의 송곡서원에 배향되었으며, 『만사고(晩沙稿)』 5권이 전한다.

57 심지원, 『만사고』 권3, 한국문집총간.

위의 〈시장〉에서도 이언적이 지은 김극성의 〈행장〉과 마찬가지로 김성우가 보령에 오게 된 동기는 왜구를 토벌하라는 왕명을 수행하기 위해서이며, 그 이후 후손들이 보령 땅에 정착하였음이 확인된다.

김극성 가장(家狀)(글: 심지원)(1619)

심지원이 지은 '시장'의 의의는 자신이 지은 김극성의 '가장'을 바탕으로 김극성의 시호를 청하기 위해 지은 글이라는 점이다. '시장'은 재상이나 유현 등의 공덕을 기리는 시호를 임금에게 건의하는 글이다. 따라서 시장은 아무나 그 대상이 될 수도 지을 수도 없다. 그러므로 시장을 지을 때 해당 인물의 가계 및 행적에 대한 거짓이나 위선이 있을 수 없다고 본다. 심지원은 1619년(광해군 11) 10월에 김극성의 가장을 지었다. 이후 우의정으로 있던 1655년 자신이 예전에 지은 김극성의 가장을 바탕으로 시장을 다시 지어 영돈녕부사였던 김육(金堉)(1580-1658)[58]에게 김극성의 시호를 청했고 효종은 1658년 10월에 김극성에게 '충정(忠貞)'이란 시호를 내렸다.[59]

(3) 『규남문집(圭南文集)』(하백원(河百源))[60]

하백원(1781-1845)은 『규남문집』에서 "배가 관암에 이르렀다. 관암은 바로 김성우 장군이 왜구를 정벌할 때 투구를 벗어 둔 곳이다(舟到冠巖. 巖是金將軍成雨, 征倭時, 免冑處)"라는 비교적 긴 제목의 다음 시를 통하여 김성우의 전적지명인 '관암'을 노래하고 있다.

> 풍파가 몹시 성내어 낮인데도 어둑한데,
> 바위엔 장군이 투구 벗어둔 흔적 남아있구나.
> 저 멀리 섬 하늘에 신기루가 어슴푸레하고
> 흰 모래는 어촌 옆의 벼랑을 감싸고 있네.
> 조각할 완악한 뼈에 귀신의 기교 수고로웠는데
> 삼킬 듯한 큰 파도는 해문에 출렁이네.

---

58 자는 백후 호는 잠곡(潛谷) 시호는 문정(文貞)이다. 효종, 현종 연간에 대동법의 시행을 추진했다. 기묘명현(己卯名賢)의 한 사람인 김식(金湜)의 현손으로 한성부 우윤 등을 거쳐 영의정을 지냈으며 실학자 유형원에게 큰 영향을 끼쳤다. 『구황촬요』, 『잠곡필담』 등의 저서가 있다.

59 '충정'이란 시호에서 알 수 있듯이, 김극성은 문무겸전의 인물로 평가된다. '충정'이란 시호를 전달한 유사시관(遺賜諡官)은 이조좌랑 조구석(趙龜錫)이다.

60 자는 치행(穉行) 호는 규남(圭南)으로 형조좌랑 등을 역임하고 「동국지도(東國地圖)」(1811)를 완성했다. 1842년 보령으로 유배를 와 4월 15일 지역 선비들인 평천 이병중, 광헌 이우명 등과 배를 타고 솔섬, 고만을 거쳐 황학루를 완상하고 한산사에서 일박한 후 영보정까지 선유하였다. 이 때 지은 시와 그림이 호접식 기행화첩인 『해유시화첩(海遊詩畵帖)』이다. 이에 관한 설명은 이해준, 「충청수영의 역사 문화적 가치」, 『충청수영의 역사와 문화』, 보령문화연구회, 2009 & 하성래, 「광헌 이우명의 시세계」, 『보령문화』 제14집, 보령문화연구회, 2005를 참조.

태평성대인 지금 세상은 전쟁 잊은 지 오래니
영령께 한 잔 술 따르며 애달파하네.[61]

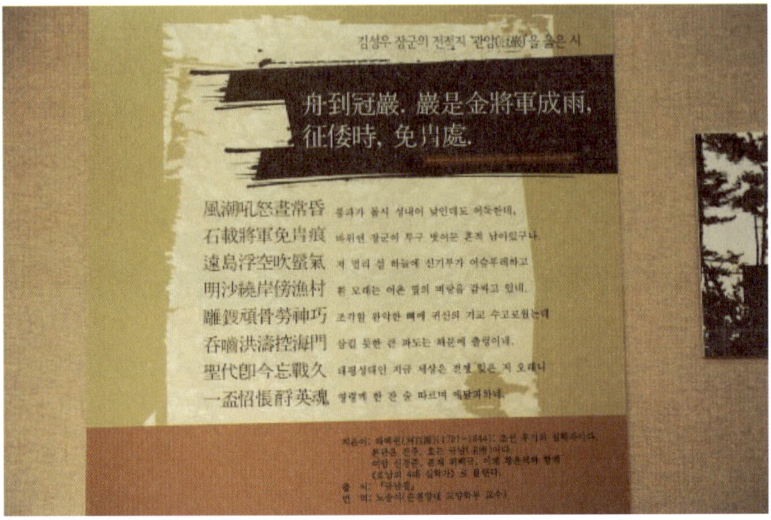

하백원의 시 '관암'[62]

위 시는 조선 후기 실학자이며 자동 양수기인 자승거(自升車)를 발명한 하백원이 석성현감에서 물러나 보령에 유배 왔을 당시 지었다. 하백원은 "배가 관암에 이르렀다. 관암은 바로 김성우 장군이 왜군을 정벌할 때 투구를 벗어 둔 곳이다"라는 제목으로 '관암'이 김성우의 왜구토벌에서 유래하고 있음을 강조하고 있다. 아울러 당시는 태평성대였기 때문에 고려말 보령 땅을 유린했던 왜구를 물리친 김성우의 공훈이 현세에서 점점 희

61 하백원, 『규남문집』, 경인문화사, 1977, 97쪽.
風潮吼怒晝常昏 石載將軍免冑痕 遠島浮空吹蜃氣 明沙繞岸傍漁村 雕?頑骨勞神巧 呑嚙洪濤控海門 聖代卽今忘戰久 一盃惆悵酹英魂,
62 제1회 김성우 장군 추모기념 학술대회 특별전(2010.9.3.-9.10)을 촬영한 것이다.

미해지고 있음을 애석해하는 심정을 토로하고 있다.

하백원이 성리학에 치우치지 않고 이론과 실천을 통한 학문인 실학을 연구하는데 주력한 학자라는 사실은 김성우의 보령 전적지명인 '관암'을 노래한 위의 시의 평가에서 주목된다.

(4) 『사가집(四可集)』(유호근(柳浩根))[63]

유호근(1853-1925)의 『사가집(四可集)』에는 「고려초토사김공성우급기증손만취당맹권이공기실(高麗招討事金公成雨及其曾孫晩翠堂孟權二公記實)」이라는 제목으로 다음과 같은 글이 실려 있다.

> 김공 성우는 태어날 때부터 기품이 특수하고 힘이 뛰어났다. 고려말기에 전라우도 도만호로 초토영전사를 겸임하였다. 이때에 왜적들이 전라도 지역에 몰려 들어와서 침략을 자행했는데 공은 임금의 명을 받고 이를 토벌 평정하였다. 신성 남쪽에 지금도 군포, 복병 등의 땅 이름이 있다. 이것은 공이 전투하던 장소를 기념하기 위한 명칭이다. 또한 신마와 보검이 구한 일도 없이 공 앞에 저절로 들어왔다는 전설도 있으니 이는 하늘이 공을 도와서 그렇게 된 것이라 할 것이다. 공은 사태를 관찰하는데 밝았다. 왜적들을 평정하고 나서는 당연히 개경으로 개선해야할 것이나 돌아가지 않고 마침내 신성 남쪽에 있는 감암이란 곳에 은거하였으니 이곳을 좋은 곳으로 생각해서 그런 것이 아니라 심상치 않은 시국을

63 보령시 내항동 녹문에서 1853년에 태어났다. 이이, 송시열, 한원진(1682-1751)의 학설에 심취하여 보령에서 남당학파의 학맥을 이은 유학자로 사서삼경과 제자백가의 전집을 달관하고 교학에 출중했던 선비이자 항일 위정척사의 정신으로 항일운동을 했던 유학자다. 유호근은 구한 말 항일운동에도 적극 가담하였고, 나이 55세에 윤석봉, 김상덕, 채광묵 등의 유림과 함께 홍주성에서 의병활동에도 참여했다. 그의 문집인 『사가집(四可集)』 3책 6권이 전한다.
『사가집』에 관해서는 황의천, 「사가 휴호근 선생과 『사가집』」, 『보령문화』 제12집, 2003을 참조.

예감하고 하루라도 더 벼슬에 있고 싶지 않았기 때문이다. 얼마 후에 조선 태조는 혁명을 일으켰다. 평소부터 공의 용맹을 꺼려하여 여러 번 부르기를 그치지 아니하였다. 공은 어쩔 수 없이 말을 타고 칼을 차고 떠나서 스무재(甘峙)에 이르렀는데 이곳은 집에서 두어 마장 거리에 있는 곳이다. 공은 비장한 마음으로 말에서 내려서 말에게 이르기를 "나와 네가 이제 어디로 간단 말이냐? 구차하게 살고 싶지 않구나!"하였더니 말도 눈물을 흘리며 땅을 발로 후비적거렸다. 공은 마침내 칼을 뽑아 말을 베고 공도 자결하였다. 말은 그 길옆에 묻고 공은 살던 곳인 감암 뒷산에 안장 하였다. 이 뒤로 신성과 옥산 등 수개 고을의 군수가 새로 부임하여 내려오다가 스무재 고개(甘峙)에 와서는 관원이 갑자기 죽던가 말이나 노복이 죽곤 하였다. 이런 일이 여러 번 있은 후에는 서로 경계하고 스무재를 넘어 다니지 못한 것이 400여 년에 이르렀다. 자손들이 공의 사당에 제사를 지내는 밤에는 번번이 호랑이가 내려와 사당문 밖에서 잤으며 잔을 세 번 올리자마자 술잔의 술이 말라버렸다. 충의에 넘치는 공의 혼령이 오래도록 사라져 없어지지 않았으니 위대한 그의 정기는 이렇게 두려울 만큼 위력을 나타낸 것이다. 제사를 지내는 세대가 끝나서 신주를 땅에 묻으려할 때 별안간 천둥과 벼락이 크게 일어나서 자손들이 감히 제사를 중지하지 못하고 따로 사당을 지어 수십 대 동안 제사를 받들어 오다가 1894년 갑오 동학혁명이 일어났을 때 산 아래에 살던 후손이 황급히 신주를 땅이 묻었는데 이후부터는 공의 영혼이 다시 나타나지 않았다. 아마도 공의 영혼도 세대가 오래되어 흩어져 그런 것이 아닌가 생각한다.[64]

64 유호근, 『사가집』 권4, 잡저.
金公成雨生質奇偉勇力絶倫當麗季爲全羅右道都萬戶兼招討營田事時海寇交斥湖右公奉命討平之新城之南迄今有軍浦伏兵之名盖誌公戰我之所也公嘗有神馬寶刀不求而自得者盖亦有天相者然也公明於知幾旣平海寇不振女還京遂屛處新城南嵁巖之間非爲樂土也蓋介石之志不候終日故也未幾太祖革命素憚公之雄勇屢召不置公不得己乘馬佩刀行到甘峙離家數里也公慨然下馬而謂馬曰吾與爾去將安之毋苟生爲也馬亦不淚跑地公因拔佩刀斬馬旋卽自處馬則葬于其路傍葬公于所處堪巖之後自後新城玉山等數邑之宰新除下來到得甘峙則官或經斃馬瘏僕痛如是者屢度矣相戒不敢踰甘峙者行且四百有餘年矣子孫奉祀公

유호근은 『우정집』의 〈행장〉과는 달리 김성우의 행적 및 전적지명 등을 보다 구체적으로 기술하고 있다. 이처럼 김성우 행적의 기술에서 차이가 나는 것은 유호근이 유형원의 『동국여지지』 이후 지리지 등에 기록된 김성우의 행적, 예컨대 『신안읍지』, 『여지도서』 등의 자료와 전해져 내려오는 이야기 등을 바탕으로 김성우의 행적을 기술했기 때문으로 풀이된다.

하지만 유호근의 『사가집』에서 다음의 사실이 주목된다. 무엇보다도 유호근이 평생을 학문과 정의의 실천이란 선비의 덕목을 지키며 꿋꿋한 삶을 살았던 보령의 유학자라는 점이다. 특히 유호근은 이이, 송시열, 한원진으로 이어진 호서학파의 맥을 이은 학자로 호서학파의 유종(儒宗)으로 불렸던 지산 김복한을 비롯하여[65], 화서학파 삼희당 윤석봉과 면암 최익현, 옥재 백관형 등 당대의 유학자들과 교류하며 유교적 가치관을 몸소 실천했던 학자였다.[66]

廟將事之夕有虎輒來宿于廟門之外三尊之酌旋獻旋乾忠魂義魄久而不散精來之可畏有如是矣及親盡將祧雷震大作子孫不敢奉出因建別廟以亨之數十世至于甲午動賊之亂山下所居之後孫倉皇埋主而更無靈之現示者豈亦公之精靈久及渙歟.

65 유호근은 구한말 유림양성 및 독립운동에 큰 공헌을 김복한, 이설, 조구원 등과 함께 『남당연보(南塘年譜)』(1901)를 발행하기도 했다. 유호근이 지은 오륜가(五倫歌)와 권학가(勸學歌)는 김복한의 학당에서 제창되었다. 또한 유호근이 웅천의 집성당 향사를 비롯하여 화암서원 중건 상량문기를 썼다는 사실과 『조선환여승람』에 문원(文苑)으로 분류되어 있다는 점 또한 주목된다. 김상기, 「남당학파의 형성과 위정척사운동」, 『한국근대사연구』 10, 1989를 참조.

66 다음은 유호근과 교류하거나 활동했던 주요 유학자들이다.

	이름	생몰	출생	주요관직 및 활동
1	전 우	1841-1922	전주	사헌부 장령, 이이의 학설계승, 유호근 스승
2	김복한	1860-1924	홍성	김상용 후손, 문과급제, 남당학파 종장, 호서유림 영수
3	이 설	1850-1906	홍성	문과급제 승지, 의병활동, 남당학파
4	조구원	1851-1911	보령	남당연보 간행, 의병활동, 집성당
5	심의덕	1845-1910	보령	남당학파
6	윤석봉	1842-1910	보령	남당학파, 집성당 창건, 위정척사운동
7	송병선	1836-1905	대전	송시열 9대손, 을사조약 반대상소, 자결

이『사가집』은 제자인 김노동이나 이웅규가 말하는 바와 같이 도가 실려있는 문장이며, 내용은 모두 경전에서 연유하지 않은 것이 없다고 할 만큼 유호근의 뛰어난 문장과 심오한 유교적 학문을 보여주고 있다. 또한 충, 효, 예 등을 핵심으로 하는 유교의 가치관이 내면화되고 이것을 실천하려는 한말 유학자의 한 단면을 적나라하게 보여주고 있으며, 당시 유호근과의 관련있는 인물들을 통하여 남당학파와 위정척사사상을 가진 유림들의 활동을 알 수 있는 중요한 자료이다.[67]

이처럼 그의『사가집』은 사서삼경과 제자백가의 경전을 바탕으로 하는 충, 효, 예라는 그의 유교사상이 근간을 이룬다.

또한『사가집』에는 김성우의 가계, 보령입성 배경, 토왜행적과 전적지명, 즉 군입리, 복병리, 감암, 스무재[68] 등의 유래와 김성우의 충의가 비교적 상세하게 기술되어 있다. 김성우가 이성계의 회유에도 불구하고 고려왕조에 대한 불사이군의 절의를 지킨 고려충신이란 사실과 김성우 관련 전승설화를 포함하고 있다. 관원이 부임하면서 김성우가 자진한 스무티 고개에서 번번이 사고를 당하고, 김성우의 제삿날엔 호랑이가 그의 사당

8	최익현	1833-1906	포천	화서학파 종장, 강화조약 반대, 의병활동, 대마도 순절
9	백관형	1861-1928	남포	최익현, 윤석봉 제자, 홍주의병, 집성당 창건 유사.
10	김상덕	1852-1924	천북	문과급제, 대사성, 홍주의병, 남당학파
11	이상구	1859-1926	공주	홍주의병, 대마도유배
12	이응규	1974-1959	청라	납세거부운동, 남당학파
13	김노동	1899-1958	청라	김복한 차자, 유호근 제자
14	채홍묵	1850-1906	청양	홍주의병

67 황의천, 앞의 논문, 306쪽.

68 김성우가 자신의 백옥마와 함께 자처했다는 현재의 보령과 청양 경계에 위치한 스무티 고개를 일컫는다. 이곳에 1991년 추모위원회에서 <고려의마암갈(高麗義馬巖碣)>이란 비를 세웠다. 부록 참조.

을 지키곤 했다는 김성우의 넋을 기리는 구전설화가 실려 있다. 또한 지금은 없어진 사당의 역사를 고증하고 있다.[69]

이처럼 유호근의 인물론과 그의 사상 그리고 그의 교유인물 등으로 볼 때 보령의 유학자 유호근이 김성우 사후 600여 년이 지난 시점에서 아무런 근거도 없는 이야기를 갑자기 창작하여 자신의 문집에서 신격화했다고 볼 수 없는 까닭이다.

(5) 『가승(家乘)』

『가승』(1600년대)은 보령 『광산김씨족보』와 더불어 김성우의 보령전적 및 보령입향을 기록하고 있는 자료이다. 이 자료에는 김성우의 아들 김남호의 묘비문[70]을 비롯하여 김맹권의 만사[71], 그의 부인 나주전씨 묘지명, 김성우의 6대손 김백간(1516-1582)의 묘지문, 7대손 김태정(1541-1588)의 묘지석, 7대손 김태국(1556-1624)의 '자지(自誌)' 등의 다양한 자료가 수록되어있다. 이 자료 중에서 특히 주목되는 것은 금산군수를 지낸 김태국이 지은 안산군수 김백간, 형조참판 김태정의 묘지문과 김태국 자신에 대한 기록인 '자지(自誌)'이다. 이들 자료에는 김성우가 전라우도 도만호로 호서일대에 출몰한 왜구를 섬멸하고 보령 청라동에 거처를 마련하여 가계를 꾸렸다는 내용이 다음과 같이 기록되어있다.

---

69 사당은 일제강점기 일제에 의해 훼철되었다. 사당이 훼철되기 전까지 사당에는 갑옷, 수저, 신발 등 김성우의 유품이 보관된 문갑이 있었으나 사당 훼철 당시 일본군이 강제로 빼앗아 갔다고 한다.

70 김남호의 묘비문에 대해서는 다음 장의 금석문에서 상세하게 살펴볼 것이다.

71 김성우의 증손 김맹권이 죽자 그의 죽음을 애도하는 최숙생((崔淑生), 소세량(蘇世良), 김세필(金世弼) 등 21명의 만사(輓詞)가 실려 있다.

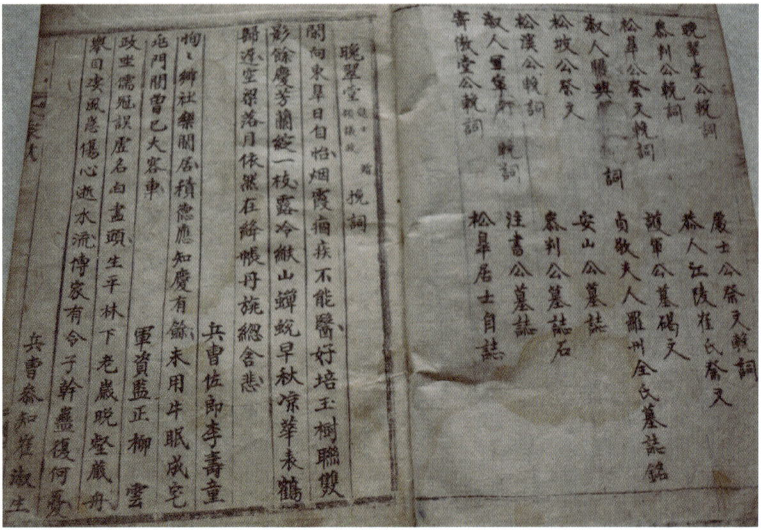

『가승(家乘)』

▶ 『가승(家乘)』에 실린 김성우 행적

1	「김백간 묘지문」	1582	麗運將窮島夷侵凌湖西一帶爲賊淵藪六代祖全羅右道都萬戶諱成雨奮義殲滅因卜築于保寧縣靑蘿村子孫世居焉
2	「김태정 묘지석」	1588	麗祚將替卉眼陸梁湖右一帶爲賊窟穴七代祖都萬戶諱成雨奮義剿滅師過保寧樂其土因家于靑蘿里松山之陽寧之有金又如此焉
3	「김태국 자지(自誌)」	1619	有諱成雨爲全羅右道都萬戶剿滅倭寇樂其山水始卜居于保寧靑蘿村子孫世家焉

이상의 내용은 이미 앞에서 살펴본 김성우의 토왜활동의 기술에서 크게 벗어나지 않는다. 특히 김백간의 묘지문(1582)과 김태정의 묘지석(1588)은 김남호 묘비(1501), 김홍로 묘비(1511), 이언적의 김극성 〈행장(1540)〉과 더불어 조선전기인 1500년대에 씌어진 김성우의 토왜활동에 관한 기록이라는데 그 의의가 있다. 아울러 김백간과 김태정이 광산김씨 보령입향조 김성우의 7대와 8대 후손이라는 가계를 분명하게 기록하고 있다는 점 또한 주목된다.

(6)『광산김씨족보(光山金氏族譜)』

광산김씨 족보(임인보)

보령광산김씨는 '판도판서공파'라고 불리는데 김성우의 아버지 김윤장의 관직인 '판도판서'에서 그 명칭이 유래한다. 보령의 광산김씨는 김윤장의 아들 김성우가 보령에 입향한 이래 보령에 뿌리를 내린 김성우 후예들의 가계에 관한 기록이다. 현존하는 가장 오래된 보령광산김씨 족보는 1842년에 간행된 『광산김씨족보』(3권)이다.[72] 다음은 족보에 기록된 김성우의 토왜행적이다.

고려 때에 공은 전라우도 도만호로 초토 영전사를 겸임하였다. 이 때

72 이후 지금까지 임신보(1872), 무술보(1898), 병인보(1926), 을미보(1955), 정사보(1977), 임신보(1992)가 간행되었다. 가장 오래된 광산김씨 활자본 족보는 1747년 간행된 『광산김씨족보 정묘대보』17권이다.

에 왜적들이 전라우도 지방에 가득히 침입하여 공은 왕의 명령으로 이들을 토벌 평정하고 보령을 지나다가 그 고장을 좋아하여 가계를 꾸렸고 자손이 이곳에서 대대로 살았다. 부인은 진원 박씨이며 두 아들을 두었다. 장남 남호는 후령호군이요 차남 남염은 청단찰방으로 있다가 그대로 황해도 장연에 거주하여 자손들이 대대로 그곳에 살고 있다. 공이 전투할 때 신마가 저절로 들어왔다 하여 옥마봉이 있고 보검이 저절로 나왔다하여 비도동이란 마을이 있고 바다 어귀에 군대가 들어왔다 하여 군입포가 있고 화애에 병졸을 잠복시켰다하여 복병평이 있고 바닷가의 돌위에 갓을 벗어놓았다 하여 갓바위(관암)가 있고, 적의 시체가 개미떼처럼 널렸다하여 개미뜰(의평)이라는 땅 이름들이 있다. 조선조에 들어와 이성계가 불렀으나 나아가지 않았다. 따로 세운 공의 사당이 산소 앞에 있었는데 제사를 모실 세대가 지나서 신주를 땅에 묻으려 했더니 별안간 벽력이 크게 일어나서 옮기지 못했다. 이런 일이 두 번이 있은 뒤에 사당을 그대로 모시고 있으며 사람들은 이상한 일이라 하고 모두 말하기를 이런 분은 나라에서 영구히 제사를 받들도록 해야 할 터인데 그렇지 못했기 때문에 이런 일이 있다고 하였다.[73]

위의 김성우의 가계 및 행적은 앞에서 살펴본 『사가집』의 내용과 비슷하다. 김성우의 보령입성 배경, 토왜행적, 불사이군의 충절 등이 확인된다.[74]

그러면 보령광산김씨 족보의 근원은 언제부터일까? 보령 광산김씨의

---

73 『광산김씨족보』, 임인보.
麗朝公爲全羅右道都萬戶兼招討營田事時倭蒲湖右以王命討平之過保寧樂其土仍家焉如斯文句不知公實事而理沒忠義之語子孫世居之配珍原朴氏有二男長南浩護軍次南淦以青丹察訪因居長淵子孫世居之公之戰時神馬自來故峯曰玉馬寶劍自出故洞號飛刀入軍海門而有軍入浦伏兵花崖而有伏枰浦石御冠故有冠岩賊屍蟻屯故有蟻枰地名入我朝不仕公之別廟在墓前親盡當祧而將埋安則霹靂大作不得奉遷如如是者在度尙今權奉人稱異事咸曰當血食而不得故也.

74 이와 같은 내용은 '김성우 묘우 유허비'에도 반복되어있다.

족보는 1500년대에 제작된 것으로 보인다. 왜냐하면 김성우의 5대손으로 낙안현령을 지낸 김문서(金文瑞)(1489-1546)의 묘소 상석 아래에 있는 〈광산김씨족보함〉(光山金氏族譜函)이 이를 입증하고 있기 때문이다.[75] 〈광산김씨족보함〉의 건립연대는 이 묘소의 묘비에서 확인된다. 김문서의 묘비와 석물의 건립연대는 황보 만력 17년(皇甫萬曆十七年)(1589년(선조17년))으로 표기되어있다. 김문서의 묘소의 석물과 〈광산김씨족보함〉은 같은 해에 건립되었다. 따라서 이 족보함의 건립연대 또한 1589년(선조17년)으로 보아야 할 것이다.

---

75 이 족보함은 2011년 한국족보박물관개관 1주년 특별전에서 사진으로 전시되었고, 2016년 12월 대전역사박물관개관 3주년기념 특별전 <한국의 명가, 광산김씨>에 사진으로 전시되었다. 또한 문화재청에서 발간하는『문화재사랑』10월호(2013)에 소개되기도 하였다. 이 족보함은 2016년 8월에 보령시 향토유적 제7호로 지정되었다.

광산김씨 족보함(1589)(보령시 향토유적 제7호)(낙안현령 김문서 묘소 상석 하단)

광산김씨 족보함 내부

보령 광산김씨 족보의 기원을 1500년대로 보는 또 다른 이유는 김성우의 현손 김극성이 아버지 김맹권의 명을 받들어 1501년에 지은 김성우의 아들 김남호의 묘비문을 통해서이다. 이 묘비문에는 보령광산김씨 족보의 계보, 즉 김주정 - 김류 - 김윤장 - 김성우 - 김남호 - 김중로 - 김맹권으로 이어지는 가계와 김성우의 장남 김남호 이후 4대가 보령에 정착하여 이사하지 않아 보령사람이 되었다는 보령광산김씨의 연원과 김성우가 보령입향조라는 사실이 기술되어 있다. 같은 해 지은 김극성의 모친 나주전씨의 묘비음기 또한 마찬가지이다. 이 시기에 김극성의 주도로 광산김씨족보가 만들어지고 족보함의 건립이 그의 유시에 의해 추진되었음이 확인된다.[76] 김극성의 형인 김극신의 현손 김태정(1541-1588)이 전라도관찰사가 되

76 『광산김씨천년사』, 광산김씨대종종, 2014, 934쪽.

어 1585년 광산김씨의 발원지인 광주 평장동을 방문하여 족보첩을 세밀하게 베껴갔다는 내용의 '평장동세승(平章洞世乘)' 또한 이를 뒷받침한다.[77]

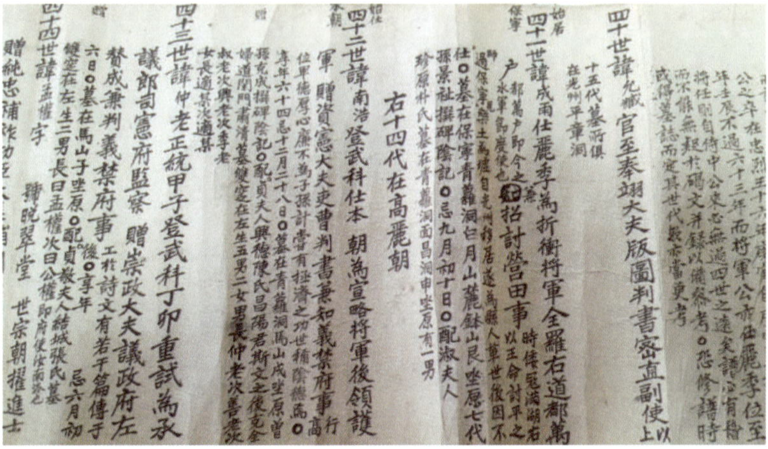

四十世諱 官至奉翊大夫版圖判書密直副使

四十一世諱成雨仕麗季爲折衝將軍全羅右道都萬戶 招討營田事

右十四代在高麗朝

四十二世諱南浩登武科仕本朝爲宣略將軍後領護軍 贈資憲大夫吏曹判書兼知義禁府事

四十三世諱仲老正統甲子登武科丁卯重試爲承議郎司憲府監察 贈崇政大夫議政府左贊成兼判義禁府事

四十四世諱孟權字 世宗朝擢進士

〈족보첩〉(1600년대)[78]

즉 김극성의 주도로 1500년대에 광산김씨의 족보가 만들어지고 전라도 관찰사로 재식하던 김태정이 1585년에 평장동을 방문하여 이곳에 보관중이던 족보첩을 필사하여 가져와 보완작업을 한 후 1589년에 김문서 묘비를 건립하면서 족보함을 만들어 이곳에 보관했던 것이다. 위 사진의 족보

77 "噫 壬辰亂前 居京金泰廷, 爲全羅監司時 巡到光州 郎詣平章洞 大會姓族 大開族會之宴取見族帖 曰 前世 相公之墓山 皆在於長湍詳書 細騰書而...)"(『족첩(族帖)』(1660년대 필사본)). 이 족첩에는 김심의 '행장'(1662)이 실려있어 족첩의 필사연대가 1660년대라는 사실이 확인된다. 이 족첩은 '김씨본원(金氏本源)', '제안사 김이 광산김씨서'(광산현제영시서)(提按使金珥 光山 金氏序 (光山縣提詠詩序)), '충숙공 김심 행장'(忠肅公 金深 行狀 (忠肅公 金深墓誌銘), '김감찰 현뢰지증손 기 칭감찰야 평장동 종회연석 증순상 김태정운서 순상차왈(金監察 賢賚之曾孫 璣 稱監察也 平章洞 宗會宴席 贈巡相 金泰鼎韻序巡相次曰(金泰廷의 詩賦)), 왕세계(王世界), 계보(系譜)' 에 이어 '평장동세승'으로 구성돼있다.

78 <족보첩>에서도 김성우대부터 '보령에서 살기 시작했다(始居保寧)'라는 기록이 확인된다.

함 내부에서 확인할 수 있듯이, 족보함은 방형의 구덩이로 이 족보함에 광산김씨족보가 보관되어왔음을 알 수 있다. 하지만 족보함은 도굴당해 이 족보함에 보관되었던 옛 족보는 현재 확인할 수 없다.

2. 금석문

김성우의 행적을 명문(銘文)한 현존하는 금석은 김남호 묘비를 비롯하여 다음과 같다.

▶ 김성우 행적을 명문한 금석문

번호	금석문	건립년도	찬자, 서자
1	김남호 묘비	1501	김극성
2	김흥로 묘비	1511	김극성
3	김백간 묘지석[75]	1582	김태국
4	김태정 묘지석[76]	1588	김태국
5	김성우 묘비	1607	김경지, 김섭
6	김극성 신도비[77]	1662	이언적, 최응천
7	김해수 묘갈	1666	송시열, 송준길, 김만기
8	김여남 묘비	1707	윤증

79 앞의 『가승』 참조.
80 앞의 『가승』 참조.
81 비문은 1613년 월사 이정구가 지었다.

보령시 최고의 묘비인 김남호 묘비(1501년)〈보령시 향토유적 제7호〉

1) 김남호 묘비

김성우의 토왜활동 고증에서 가장 중요한 금석문은 장남 김남호의 묘비명이다. 이 묘비는 김성우의 현손 김극성이 1499년에 모친이 타계하자 보령으로 내려와 시묘생활을 할 때 지어 건립했다. 김극성은 당시 정6품인 사헌부 감찰로 재직하던 중 모친의 상을 당해 보령으로 내려왔고, 1501년에 부친 김맹권의 명으로 아래의 증조 김남호의 비문을 지었다.

> 아하! 나의 증조 선략장군 후령호군 부군 김공의 묘라! 황명 홍치14년(1501년) 9월 일 증손 모가 아버지의 명을 받들어 선대의 덕을 약술하여 묘표에 새겨 이르기를 증조의 휘는 남호이고 자는 모이며 광주인이라. 시중 휘 주정의 후손이며 광주가 본이다. 시중으로부터 약간의 세계를 지나 문림랑감찰어사인 휘 류가 있다. 어사는 봉익대부 판도판서 휘 윤장을 낳았고 판서는 절충장군 전라도우도 도만호 휘 성우를 낳았으니 왕명으로 해구를 토벌하러 장수로써 군사를 거느리고 보령을 지날 때 폐허가 된 좋은 터전을 발견하여 가계를 꾸린 연유다.
>
> 도만호공이 증조를 낳았고 증조 이래 4세가 이사하지 않았으니 김씨가 드디어 보령인이 된 것이다. 증조는 하는 일에 비해 벼슬은 낮았고 후덕하고 마음이 넓었으며 위엄으로 가정을 화목하게 이끌었다. 간혹 사람들이 자손을 위해 재화를 꾀하라고 권하면 반드시 대꾸하여 말하기를 "부는 즉 교만이고 교만은 즉 많은 원망이니 부는 많은 원망을 사게 되고 화를 모으는 길인 것이다." 아하! 자손들아 증조의 법을 능히 가져라! 바라건대 영원히 보존할 가업이라. 향년 64세에 청라리 집에서 질환으로 임종하였고 목충리 마산[82] 언덕에 장사하였다. 좌측 무덤에 이르기를

82 목충리는 보령현의 옛 지명으로 김성우의 장남 김남호의 묘소가 위치한 현재의 충남 보령시 대천동 독정리 일대를 가리킨다.

창양군 휘 사문의 후손인 모친 홍덕진씨의 묘라.[83] 부도에 모두 능했고 규문을 맑게 했다. 아들이 다섯이니 장남은 나의 조부이신 휘 중로이며 갑자에 무과와 정묘 중시에 급제하여 사헌부 감찰을 지냈고 나머지 아들들은 모두 드러나지 않았다. 딸이 둘이니 모두 선비에게 시집갔다. 조모 및 모친은 조부와 함께 마산 언덕[84]에 모두 장사 지냈다. 묘소에 올라 바라보니 종묘에 차례가 있구나. 흙과 나무가 서로 만나니 대장부는 그 느낌을 탄식하노라! 증손 극성은 비록 선덕을 칭찬할 수도 후손에게 드리어 보일 수 없어 그것을 돌에 새겨 잊혀 지지 않게 그 사실을 서술하노라!

홍치14년 9월 일 증손 선무랑 수사헌부 감찰 극성이 삼가 기록하다.[85]

김남호의 묘비는 무엇보다도 김성우의 관향과 선계를 비롯한 계보를 알 수 있는 자료이다. 또한 김성우 이하 4대의 이름과 묘산(墓山)의 위치를 정확하게 기술하고 있어 김성우가 광산김씨 보령입향조이며 광산김씨의 보

---

83 김남호의 배위 흥덕진씨는 창양군 진사문(陳斯文)의 후손으로 진사문은 김성우의 증조인 문숙공 김주정의 사위 진석(陳錫)의 아들이다. 따라서 김남호의 배위 흥덕진씨는 김성우의 증조 김주정의 외예(外裔)이다.

84 충남 보령시 대천동 독정리 소재의 산의 이름으로 이곳에 김남호 이하 광산김씨 김성우 후손들의 묘소가 밀집해 있다. 바로 인근에 김극성의 사위로 보령에 입향한 경주이씨 보령입향조 이몽규의 묘산(墓山)과 신도비가 위치한다.

85 김극성,『우정집』, 한국문집총간 18집, 민족문화추진위원회.
嗚呼 我 曾祖 宣略將軍後領護軍府君金公之墓 皇明弘治十四年 九月 日曾孫某 奉父命 略述世德 刻諸墓表曰 曾祖 諱 南浩 字某 光州人 侍中 諱 周鼎之後 世居光州 由 侍中 若干世 有 諱流 官卒文林郎監察御史 御史 生 奉翊大夫 版圖判書 諱允臧 判書 生 折衝將軍 全羅道右道 都萬戶 諱 成雨以王命討海寇 師過保寧見樂土爲墟因家焉 萬戶 實生 曾祖 由 曾祖 以下 凡四世 不遷 金氏 遂 爲保寧人 曾祖 行高位卑 德厚心廣 處家和以嚴 人或勸其殖貨爲子孫計者 必對曰 富則驕 驕則多怨 富而多怨 取禍之道 嗚呼 若子若孫 有能法曾祖者庶幾永保家業矣 享年六十四 以疾終于靑蘿里第 葬于睦忠里之馬山原 塋于墓左曰 妣興德陳氏之墓 昌陽君 諱斯文之後 克全婦道 閨門肅淸 男五人 長我顯祖考 諱仲老 中甲子武科丁卯重試官至司憲府監察餘皆未顯女二人皆歸爲士人妻 我祖考與祖妣及我先妣皆葬馬山原登原而望昭穆有序壤樹相接吁其有所感也夫曾孫克成雖不敢稱道先德亦無以垂示後昆其刻石也敍其事而無銘焉 弘治十四年九月日 曾孫 宣務郞 守司憲府 監察 克成謹誌

령세거를 입증한다.

그런데 위 묘비명 중 "全羅道右道 都萬戶 諱 成雨 以王命討海寇 師過保寧 見樂土爲墟 因家焉"은 "전라도우도 도만호 휘 성우를 낳았으니 해구를 토벌하러 장수로써 군사를 거느리고 보령을 지날 때 폐허가 된 좋은 터전을 발견하여 가계를 꾸린 연유다"라고 해석된다. 이러한 묘비의 어의적 해석에서는 김성우의 '도만호'라는 관직명이 확인될 뿐 후대의 기록에서 보이는 김성우의 보령토왜 행적은 전혀 확인되지 않는다. 왜 김극성은 증조인 김남호 비문을 지으면서 고조인 김성우의 토왜행적을 후대의 기록과는 달리 이렇게 묘사하고 있는가? 이것은 김극성이 부친 김맹권의 명으로 비문을 지을 당시가 김성우 사후 3대가 채 지나지 않은 시기로 김성우의 토왜활동은 모두가 아는 일반화된 사실로 상세하게 기록할 필요가 없었고 또한 왜구토벌 과정에서 살상을 지나치게 한 사실을 알리고 싶지 않았던 김성우의 의중을 반영한 것으로 보인다.[86] 이를 뒷받침하는 것은 앞서 살펴본 이언적이 지은 김극성 〈행장〉 중 김성우가 자식들에게 행한 다음의 유훈에서 그 단서가 확인되기 때문이다.

> (...) 전에 도만호공께서 자제들에게 타이르기를, "내 평생 기록할만한 덕이 없구나. 여러 차례 왜구를 무찔렀으니, 저들이 비록 추한 무리라 하나 살육을 너무 많이 하였구나. 살육은 도가(道家)에서는 꺼리는 바이다. 너희들은 오직 덕을 쌓아 후손에 전하라"라 하였다(...).[87]

86 이해준, 「보령광산김씨 사적과 그 문화 사적 성격」, 『제1회 김성우 장군 추모기념 학술대회』, 2010, 충남대학교 인문학연구원, 206쪽.

87 이언적, <김극성 행장>, 『우정집』. 1860.
都萬戶公, 戒子弟曰, "吾平生無德可紀. 累?倭寇, 彼雖醜類, 殺戮過多. 道家所忌汝輩能惟德是修, 而掃刮求世之念, 則庶保世德." 故判書, 專以恤窮?救患難爲事.

김극성은 이러한 김성우의 의중을 받들어 증조인 김남호의 비문을 지으면서 김성우의 토왜활동과 보령입성을 "以王命討海寇 師過保寧 見樂土爲墟 因家焉"으로 함축하여 김성우가 토왜활동을 한 고려의 장군으로 보령입성 배경이 바로 왜구토벌에 있음을 설명한 한 것으로 풀이된다. 물론 여기에는 조선전기의 금석문이 대체로 간략하게 서술되는 특징 또한 배제할 수 없다.

따라서 위 비문을 "전라우도 도만호 김성우는 해구를 토벌하는 왕명을 받들어 장수로 보령을 지나다가 낙토가 폐허가 된 것을 보고 보령에 터전을 마련했다"라고 단순하게 어의적인 해석할 경우 김성우의 보령토왜를 입증할 수 없으며, 후대에 기록되는 김성우의 토왜행적의 신빙성에 문제가 제기되는 것이다. 하지만 위의 이언적이 지은 김극성의 행장에 근거하여 비문을 해석하면 문제가 달라진다. 묘비의 "全羅道右道 都萬戶 諱 成雨 以王命討海寇" 즉 "전라우도 도만호 김성우가 왜구를 토벌하라는 왕명을 받았다"는 무슨 의미인가? 전라도만호부가 왜구방비를 위해 설치되었고 도만호가 이 만호부의 총사령관이라는 사실은 김성우가 고려 말 전라도와 충청 서해안을 침구하던 토왜활동에 전라도 도만호로 참여했음을 입증한다.[88] 김극성은 위 행장의 "전라우도 도만호 김성우가 여러 차례에 걸쳐 왜구를 많이 살육했다"라는 사실을 "全羅道右道 都萬戶 諱 成雨 以王命討海寇"로 우회하여 표현한 것이다. 도만호 김성우가 왜구를 토벌하라는 왕명을 받았으면 토왜활동에 참여하여 왜구를 살상하는 것은 당연한 일이 아닌가? 그러면 "師過保寧 見樂土爲墟 因家焉"은 어의 그대로 장수인 김성우가 보령을 지나다가 낙토가 폐허가 된 것을 보고 입성하여 가

88 이 점에 관해서는 다음 장의 김성우의 행적 및 왜구토벌에서 상세하게 살펴볼 것이다.

계를 꾸렸을까? 김성우의 입향지는 보령 청라동이다. 청라동은 군입리 해안에서 10여 km를 대천천을 거슬러 올라가야만 도달하는 곳으로 외부에 은폐되어 해안에서는 결코 그 위치를 파악할 수 없는 곳에 위치한다. 더욱이 썰물일 경우 배를 이용하여 대천천으로의 진입이 전혀 불가능하다. 이처럼 청라동은 지리, 지형학적으로 전략적 요충지임이 입증된다. 그런데 어떻게 보령을 지나던 김성우가 해안에서 전혀 그 위치를 알 수 없는 청라동에 입성할 수 있었을까? 또한 어떻게 보령을 지나던 김성우가 보령이 폐허가 된 것을 알 수 있었을까? 고려 말 거듭된 왜구의 침구로 인하여 해안가 30-40리에는 사람들의 거주가 금지되었다. 병수처가 있던 고만수영과 보령현 치소 인근에 사람들이 거주했을 것으로 추정된다. 따라서 "김성우가 보령을 지나다가 폐허가 된 낙토를 발견하여 가계를 꾸렸다"라는 비문의 단순한 해석으로는 김성우의 보령입향을 전혀 설명할 수 없다. 그렇다면 어떻게 보령을 지나던 김성우가 폐허가 된 보령을 발견하여 가계를 꾸린 것일까? 이것은 김성우가 전라도 도만호로 전라도와 고만수영을 오가며 조운선 보호와 토왜활동에 참여하면서 청라동의 지리를 익히 잘 알고 있었기 때문에 가능하였다는 사실을 입증한다. 그렇지 않고서는 어떻게 도만호 김성우가 폐허로 변한 더욱이 아무런 연고가 없던 보령에 입성하게 되었는지를 증명할 수 없기 때문이다.

이처럼 김남호의 묘비 "全羅道右道 都萬戶 諱 成雨 以王命討海寇師過保寧 見樂土爲墟 因家焉"에는 "전라우도 도만호 김성우는 해구를 토벌하는 왕명을 받들어 장수로 보령을 지나다가 낙토가 폐허가 된 것을 보고 보령에 터전을 마련했다"라는 단순한 어의적 해석을 넘어 이언적이 지은 김극성 〈행장〉에서의 김성우의 행적, 즉 보령토왜와 보령입성 배경이 함축되어있는 것이다. 따라서 김남호 묘비에 기술된 김성우 행적의 정확한 이해를 위해서는 이언적이 지은 김극성의 〈행장〉의 이해가 선행되어야한다. 왜냐하면 김극성이 지은 김남호 묘비의 김성우 행적은 이후 김성우 행적의 기술에서 하나의 전형이 되어 그 기술의 범위가 크게 벗어나지 않기 때문이다. 이것은 김남호 묘비 이후 김성우 가계의 자료 즉, 다음의 김백간 묘지문(1582), 김태정 묘지석(1588), 김극성 신도비(1613), '가장' 및 '시장'(1619), 김태국 '자지'(1619) 등에서 확인할 수 있다.

순서	년대	제목	출처	내용
1	1501	김남호 묘비명	『우정집』	全羅道右道 都萬戶 諱 成雨以王命討海寇。師過保寧。見樂土爲墟。因家焉
2	1582	김백간 묘지문 『안산공묘지문』	『가승』	全羅右道都萬戶諱成雨奮義殲滅因卜築于保寧縣青蘿村子孫世居焉
3	1588	김태정 묘지석	『가승』	都萬戶諱成雨奮義剿滅師過保寧樂其土因家于青蘿里松山之陽寧之有金又如此焉
4	1607	김성우 묘비	『광산김씨족보』	嘗以王命討倭寇 過保寧 樂其土 因家焉 遂爲縣人
5	1613	김극성 '신도비'	『월사집』	嘗奉命討倭過保寧樂其土因家焉遂爲保寧人
6	1619	김극성 '가장','시장'	『우정집』	嘗奉命討倭。過保寧。樂其土。因家焉。遂爲保寧人。
7	1619	김태국 자지	『가승』	全羅右道都萬戶剿滅倭寇樂其山水始卜居于保寧青蘿村子孫世家焉
8	1666	김해수 묘갈명	『송자대전』	都萬戶成雨。樂保寧土俗。遂居于青蘿洞。以討倭功。號稱將軍。自是世居青蘿。青蘿之金

마지막으로 김남호 묘비의 또 다른 의의는 현존하는 보령시(보령현, 남포현을 포함하여) 최초이자 최고의 묘비라는 점이다.

▶ **17세기 말까지의 보령현 · 남포현의 금석**

순서	비 명	건립년도	위치	본관	글
1	김남호	1501	보령현	광산	김극성
2	나주전씨(김맹권 처)	1501	〃	나주(광산)	홍귀달
3	임명신	1562	남포현	풍천	
4	김맹권	1588	보령현	광산	
5	김극신	1589	〃	〃	
6	김문서	1589	〃	〃	
7	김태정	1591	〃	〃	
8	김중로	1604	〃	광산	
9	김성우	1607	〃	〃	
10	김태국	1651	〃	〃	
11	이준발	1657	〃	한산	
12	김인수	1658	남포현	경주	
13	김극성	1662	보령현	광산	신도비 이정구
14	김정준	1662	〃	〃	
15	김신행	1664	〃	〃	
16	김해수	1666	〃	〃	묘갈 송시열
17	김해수	1678	〃	〃	윤증

위 표에서 알 수 있듯이, 보령현의 묘비는 1501년 김남호 묘비부터 1678 김해수 묘비까지 광산김씨의 묘비, 묘갈, 신도비가 주도적으로 건립되었음을 알 수 있다. 16~17세기 초에 건립된 광산김씨가 아닌 다른 성씨의 금석문은 남포현(현재의 주산면)의 임명신 묘비(1562)가 유일하며, 17세기 말까지 신도비는 김극성이 유일하다. 이것은 보령광산김씨가 보령현에서 가

장 뿌리깊은 재지사족이었음을 입증하는 자료로 해석된다.[89]

마지막으로 이 묘비는 김성우의 행적에 관한 또 다른 암시를 내포하고 있다. 김극성은 "증손 극성은 비록 선덕을 칭찬할 수도 후손에게 드리어 보일 수 없어 그것을 돌에 새겨 잊혀 지지 않게 그 사실을 서술하노라!" 라고 기술함으로써 사헌부 감찰로 있던 김극성 자신이 선대의 행적을 공개적으로 내보일 수 없음을 우회적으로 설명하고 있다. 여기에서 말하는 "선덕(先德)"이란 김성우와 김남호가 행한 덕 즉, 고려왕조에 대한 절의와 토왜활동을 우회적으로 표현한 것으로 해석할 수 있다.

이처럼 김남호 묘비는 김성우의 관직명인 '도만호(都萬戶)'를 비롯하여 보령토왜활동과 보령입성 배경 등을 최초로 기록하고 있는 금석문으로 평가된다.[90]

2) 김흥로 묘비

김흥로(1430-1485)는 김성우의 막내손자이다. 김흥로는 아들을 두지 못해 김극성의 큰형인 김극화를 양자로 들였으나 요절하였다. 1511년 김극성은 아버지 김맹권의 상을 당하여 보령으로 내려왔다. 김극성은 아버지의 장례를 치른 후 종조 김흥로가 살아생전에 자신에게 부탁한 말을 떠올리며 김흥로의 비문을 지었다. 김극성은 그 묘비에서 가계의 연원을 설명하면서 김성우가 왜구로 인해 북으로 올라와 보령에 뿌리를 내렸음을 다음과 같이 설명하고 있다.

89 보령의 금석문에 관한 보다 상세한 설명은 『보령의 금석문』(2010, 대천문화원)을 참조.
90 김남호 묘비는 2016년 8월에 보령시 향토유적 제7호로 지정되었다.

김씨는 광주(光州)에서 나왔는데, 판도판서(版圖判書) 휘(諱) 윤장(允臧)이 있어서 도만호(都萬戶) 휘 성우(成雨)를 낳았다. 왜구(倭寇)로 인해 북쪽 보령(保寧)으로 이사하여 지금이 5대째이다. 도만호공은 호군(護軍) 휘 남호(南浩)를 낳았다. 호군은 아들 5명을 두었는데, 공이 가장 끝으로 우리 선군의 계부(季父)이다. 공은 한가한 놀이를 일삼으면서 벼슬에 나아가길 기꺼워하지 않았다. 향리에 살면서 남들과 잘 어울려 지내고 피리 부는 것을 즐거워하여 술을 마시면 번번이 연주하곤 했는데, 향리 사람들이 환히 알았다. 자녀가 없어서 일가 사람들이 뛰어난 이를 택해 후사를 삼았는데, 바로 죽은 형 극화(克和)이다.(...)[91]

위 비문에서 주목되는 것은 "왜구로 인해 북쪽인 보령으로 이사하여 지금이 5대째이다"라는 대목이다. 이것은 전라도 도만호 김성우가 왜구토벌을 위해 전라도 만호부를 떠나 북쪽인 보령으로 올라오게 된 배경에 대한 설명으로 풀이된다. 따라서 이 묘비는 김성우의 보령입향의 배경이 처변이나 외변이 아닌 왜구토벌에 있음을 기록하는 명문으로 해석된다.

3) 김성우 묘비

김성우의 묘소는 충남 보령시 청라면 라원리 발산(鉢山) 일명 '고려향'에 위치한다. 이곳은 장자인 김남호와 손자 및 내외후손들의 묘산이 위치한 독정리와 격리되어 있고 오히려 그의 청라동 전적지인 의평리와 그가 자처한 스무티 고개와 지리적으로 가깝다. 따라서 발산에 위치한 김성우의

91 김극성, 앞의 책.
金出於光州 有版圖判書諱允藏 生都萬戶諱成雨 因倭寇 北徙家保寧 今五世 萬戶生護軍諱南浩 護軍有子男五人 公最末 於吾先君季父 公事燕遊 不樂仕進 居於鄉 不與人忤 喜吹笛 酒酣輒奏 鄉人達之 無子女 擇宗人堪爲後者得吾亡兄克和

묘산(墓山)은 그의 보령 전장(田莊)의 범위를 알 수 있게 하는 결정적 요소이다. 왜냐하면 이 일대에 김성우의 후손들의 묘산을 비롯하여 광산김씨와의 혼연을 통하여 처변으로 입향한 외손들이 후손들과 함께 오늘날까지 세거해오고 있다는 것이 이를 입증하기 때문이다.

김성우의 묘비는 김성우 사후 215년 만인 1607년(선조 40년)에 관청의 협조로[92] 김성우의 7대손 김경지(金景祉)(1545-1613)가 글을 짓고 김섭(金涉)[93]이 글씨를 써 세운 묘비로 그 내용은 앞의 김남호 묘비명과 유사하다. 김성우의 묘비명은 김극성이 지은 김남호의 비문, 즉 "왜구를 토벌하라는 왕명을 받고 장수로써 군사를 거느리고 보령을 지나다가 낙토가 폐허가 된 것을 보고 터를 삼아 가계를 꾸렸다(王命討海寇師過保寧見樂土爲墟 因家焉)"를 전거로 하고 있음을 알 수 있다.

> (...)고려 말에 전라우도 도만호를 역임하였으니 지금의 수군절도사이다. 일찍이 왕명을 받들어 왜구를 토벌하고 보령을 지나다가 보령 땅을 좋아하여 가계를 꾸리니 보령현의 사람이 되었다.(...)[94]

단지 김남호 묘비와는 달리 "海寇"에서 "倭寇"로 "師過保寧"에서 "過

92 이것은 김성우의 묘비가 건립되던 1607년 외예인 충청도관찰사 이홍로(李弘老)가 직접 협조 출력했다는 묘비의 기술로 확인된다.

93 김경지는 김극성의 제3손인 양근군수를 지낸 김인사의 3남이다. 자는 군석(君錫)으로 1545년에 태어났으나 사망연대는 미상이다. 하지만 김경지가 이언적이 지은 김극성의 행장을 들고 이정구를 찾아가 김극성의 신도비를 청한 것이 1613년으로 미뤄볼 때 그의 사망연대는 1613년 이후가 확실하다. 김섭의 호는 나곡(蘿谷)으로 김극양의 손자이자 상의원주부(尙衣院主簿)를 지낸 김준수(金浚壽)의 아들로 문장이 뛰어났다. 이 두 사람이 김극성에 이어 김성우의 보령전적을 비문으로 남겼지만 『광산김씨족보』에서는 이들에 대한 상세한 기록이 발견되지 않는다.

94 앞의 책, 30쪽.

保寧"으로의 글자의 변형이나 탈자가 있을 뿐 그 내용에서는 큰 변화가 없다: "嘗以王命討倭寇 過保寧 樂其土 因家焉 遂爲縣人". 이것은 앞에서 설명한 바와 같이 이 묘비가 김극성이 지은 김남호의 묘비명을 전거(典據)로 김경지가 조부인 김극성의 유지를 받들어 지은 비문이라는 사실을 보여준다.

김성우 묘비 전면(1607)

김성우 묘비 후면

조선중기의 유교사회에서 묘비를 세우는 것 또한 객관적인 자료를 근거로 하고 중앙관청의 엄격한 통제가 있었다. 그런데 김성우의 묘비는 두

가지 의문을 제기한다. 하나는 그의 관직명이다. 부언하자면 김성우 묘비 전면의 '절충장군 전라우도 도만호 지 초토영전사(折衝將軍 全羅右道 都萬戶 知 招討營田事)'에서 '절충장군'이라는 관직명의 문제이다.[95] 고려시대에 존재하지 않았던 이 관직명은 김극성이 김남호의 묘비문에서 김성우의 도만호라는 관직이 당시의 조선 무관직 품계인 '절충장군'에 해당되기에 김극성이 처음으로 사용하여 표기한 것이다. 이것은 『우정집』「소원록」'김성우조'의 "김성우는 광산김씨 17세로 조선의 절충장군에 해당되는 고려의 장군으로 조선의 수군절도사의 직책인 전라우도 도만호 겸 초토영전사를 역임했다(十七世 金成雨 麗朝 折衝將軍 全羅右道都萬戶 卽今之水使兼招討營田事)"는 설명으로 확인된다.[96] 또 다른 의문은 이 묘비에 김성우 사후 200년이 훨씬 지나 묘비를 세우면서 후대의 기록과는 달리 김성우의 보령에서의 토왜활동에 대한 구체적인 설명이 없다는 점이다. 그 까닭은 앞의 김남호 묘비에서 설명한바와 같다. 김극성은 왜구토벌 과정에서 살상을 심하게 하여 그 사실을 세간에 알리고 싶지 않았던 김성우의 의중을 담아 김남호의 묘비에서 "全羅道右道 都萬戶 諱 成雨 以王命討海寇 師過保寧 見樂土爲墟 因家焉"라고 간결하게 표현하였고, 손자인 김경지가 이를 전거로 김성우의 비문을 지었다는 것이 확인되기 때문이다. 이것은 김경지가 조부 김극성의 유지를 받들어 김성우의 묘비를 건립하면서 조부가 지은 김성우의 행적을 임의로 윤색(潤色)하거나 분식(粉飾)하지 않았다는 사실을 보여준다.

그런데 왜 김성우의 묘비가 그의 사후 215년이 지나서야 건립되었을까?

95 이 문제는 다음 장 '관직의 제문제'에서 상세하게 살펴볼 것이다.

96 심지원이 지은 김극성의 <가장>에는 '수차절도사(卽今之水車節度使)'로 <시장>에는 '수군절도사(卽今之水軍節度使)' 설명하고 있다.

이것은 김성우 묘비명 중 "그 옛날 나의 조부 광성부원군께서 이 상석을 판출하고 묘갈은 그 뜻을 이루지 못하고 졸하여 이제 어린 손자가 조부의 뜻을 받들어 추술하고자...(昔祖光城君辨誠床喝未成而卒今乎小孫追述祖意方謀有...)"[97]라는 대목에서 그 단서를 찾을 수 있다. 왜 김성우의 현손인 김극성은 상석만 놓고 김성우의 묘비를 건립하지 않았을까? 김극성이 증조인 김남호의 비문을 지었고 그의 식견과 명망을 고려할 때 이것은 쉽게 납득하기 어렵다. 하지만 당시의 김성우 가계와 김극성의 행력을 보면 이러한 의문이 밝혀진다. 무엇보다도 주목되는 것은 고려 말 개경의 권문세가였던 김성우 가계가 조선 초 보령의 한미한 집안으로 전락하였고[98] 김극성이 김성우 사후 100년이 채 안된 시점에서 조선조에 처음으로 출사였지만 당시의 정치상황 등으로 인해 자신의 행동에 많은 제약이 따랐다는 점이다.[99]

97 김경지가 '광성부원군'을 이란 호칭을 사용한 것은 묘비를 건립할 당시 '충정'이란 시호를 받기 이전이었기 때문이다. 이 때 김극성이 김성우의 묘소에 놓은 상석은 김남호의 묘비와 같은 재질의 대리석이라는 점 또한 참고가 된다.

98 『중종실록』 71권(1531), 10월 26일조 & 10월 28일조 & 『중종실록』 중종35년(1540), 4월 5일 병인조, 김극성의 '졸기' 참조: 右議政金克成卒 上命別賻, 輟朝三日 克成, 保寧人 初魁司馬, 繼捷甲科, 然未有知者.

99 또한 전라도 재지사족과의 혼연을 맺어오던 김성우 가계가 그의 사후 3대후인 김극성의 형 김극신(金克愼)(1469-1521) 대에 이성계의 전주이씨와 혼연을 맺는 파격이 주목된다. 김극신의 부인은 세종의 이복동생인 혜령군(惠寧君) 이지(李祉)의 손자인 축산군(笠山君) 이효식(李孝植)(1452-1497)의 딸이다. 이효식은 세종의 장인이자 소현왕후의 아버지 심온의 증손자인 심미(沈湄)의 사위이기도 하다.

심덕부 ─ 심 온 ┬ 심 준 ─ 심 미 ┬ 심 분
　　　　　　　　└ 4女세종
　　　　　　　　　　　　　　　　└ 5女이효식(笠山君 李孝植)
　　　　　　　　　　　　　　　　　　　└女 김극신

김극신의 장인 이효식이 진포대첩의 심덕부 고손서이고 더욱이 세종이 처의 증조인 심온의 사위이다. 따라서 김극신이 조선왕실과 통혼하고 김극성이 과거를 통해 조선사회에 출사하는 것은 우연의 일치가 아니며, 이 시기부터 김성우 가계가 조선사회에 동화되기 시작했다고 볼 수 있다.

왜냐하면 무엇보다도 김극성이 관료로 활동했던 시기가 정치 · 사회적으로 매우 혼란스런 시기였기 때문이다.

> 우정 김극성이 관료로 살았던 시기(1474-1540)는 무오사화 · 갑자사화 · 기묘사화 등 3대사화가 있었고, 또 을사사화를 목전에 두고 있던 암울한 사화기(士禍期)였다.[100] 또한 이 시기는 대외적으로 북로남왜(北虜南倭)가 호시탐탐 국경을 유린하고 침략을 일삼아 국가적 사회적 불안이 점증되고 있던 시기였다. 이 시기는 그야말로 내우외환(內憂外患)이 그치지 않았던 정치 · 사회적 혼돈기였다.[101]

특히 김극성의 행력에서 병조판서로 재직하던 1531년에 권신 김안로(金安老)(1481~1537)[102]의 모함으로 7년간 홍덕으로 유배되는 사건이 또한 주목된다.[103] 따라서 이같이 김극성이 처했던 시대적 · 정치적 상황에서 그가 김성우의 고려왕조에 대한 절의 등 김성우의 행적을 묘비에 명문화하여 세

100 조선의 4대 사화는 연산군-명종 대에 일어난 무오사화(1498), 갑자사화(1504), 기묘사화(1519), 을사사화(1545)를 총칭하는 말이다.

101 한기범, 「김성우 장군의 후예 - 우정 김극성의 관료생활과 경세관」, 『고려절신 김성우 장군 재조명』, 제1회 김성우 장군 추모기념 학술대회, 충남대 인문학연구원, 2010, 159쪽.

102 자는 이숙 호는 희락당이다. 1506년(중종1) 문과에 장원급제하여 정언 등 청환직(淸宦職)을 역임했다. 아들 희가 효혜공주와 결혼해 중종의 부마가 되자 권력을 남용하다가 1524년 영의정 남곤 등의 탄핵을 받고 경기도 풍덕에 유배되었다가 복직되어 실권을 장악해 여러 차례 옥사를 여러 차례 일으켰다. 정광필, 이언적, 이행 등 많은 인물들이 이들에 의해 유배 또는 사사되었다. 1537년 문정왕후의 폐위를 기도하다가 발각되어 또 다시 유배되었다가 사사되었다. 허항, 채무택과 함께 정유삼흉으로 불린다. 저서로는 『용천담적기』, 『희락당고』 등이 있다.

103 『중종실록』 중종25년 7월 14일 신축조, 중종 26년 10월25일 을사조, 중종31년 5월24일 정미조.
물론 이성계 제거 음모의 주동자로 몰려 김성우의 6촌 김종연을 죽음으로 몰고 간 윤이 · 이초 사건(1390)이 김극성이 관료로 활동하던 중종대에 7회나 거론되고, 그 때마다 김종연의 이름이 회자된다는 것 또한 참고할만한 일이다. 윤이 · 이초사건은 이어지는 장에서 상세하게 살펴볼 것이다.

상에 드러내는 일은 불가능하였다고 본다.[104]

그럼 왜 지손인 김경지가 1607년에 김성우의 묘비를 건립했을까? 이것은 16세기~17세기 초의 보령광산김씨 역사와 그 맥을 같이한다. 이의 이해를 위해서는 묘비 건립 당시 김성우의 가계를 주목할 필요가 있다.

▶ **16세기-17세기 초 김성우 가계도**

세대	이름	관직	이름	관직	이름	관직
20	김맹권 (1435-1511)	성균진사				
21	김극신 (1469-1531)	좌통례	김극성 (1474-1540)	우의정	김극양 (?-?)	순창군수
22	김문서 (1489-1546)	낙안현령	김인사 (1508-1592)	양근군수	김준수 (?-?)	상의원주부
23	김백간 (1516-1582)	안산군수	김경지[100] (1545-1611)	유학	김 섭 (?-?)	유학
24	김태정 (1541-1588)	형조참판	김정준 (1555-1594)	부사과	김명원 (?-?)	진사
	김태국 (1556-1624)	금산군수	김정열 (1586-1656)	어모장군	김서익	진사

위 표에서 확인되듯이, 김성우의 증손 김맹권은 세 아들을 두었다. 비문을 지은 김경지는 김맹권의 차자로 우의정을 지낸 김극성의 손자이며, 글씨를 쓴 김섭은 순창군수를 지낸 3자 김극양의 손자이다. 김극성의 문과급제 후 71년만인 1569년에 장손인 김태정(金泰廷)(1541-1588)[106]이 문과에

104 이것은 앞서 설명한바와 같이 김극성이 증조 김남호, 종조 김흥로의 비문만 지었을 뿐 김성우와 김맹권의 비문을 짓지 않았다는 사실로도 유추가 가능하다. 아울러 보령에 유학의 뿌리를 내리고 식견이 높았던 김맹권이 증조인 김성우에 대한 그 어떤 기록도 남기고 있지 않다는 사실 또한 참고가 된다.

105 김경지(1545-1613)는 김극성의 제3손으로 김내륜(1536-1595)의 둘째 동생이다.

106 자는 형언, 호는 송암(松巖)이다. 김성우의 8대손이자 김맹권의 현손이다. 1569년 알성시 합격하여 제주목사, 형조참판 등을 지냈다. 부친인 김백간이 편찬한『사송유치(詞訟類聚)』를

급제하여 보령광산김씨를 현양시킬 좋은 기회를 갖게 된다. 하지만 김태정은 후사를 잇지 못한 채 형조참판직을 끝으로 1588년에 47세의 일기로 타계하였다. 차손인 김태국(金泰國)1566-1624)[107]이 종사를 이끌어가지만 임진왜란으로 인해 보령광산김씨는 또 다시 큰 위기에 직면하였다.[108] 하지만 임진왜란 이후 일어난 사회적 변화와 왜구에 대한 경각심은 그동안 금기시돼온 김성우 추숭의 공론화로 자연스럽게 이어졌다. 그런데 김성우의 묘비를 건립하던 1607년은 김태국이 보령광산김씨 유일의 관료로 금산군수의 직에 있었다. 김태국은 1590년 음직으로 평시서령(平市署令)으로 관직에 나가 평양판관, 고부군수[109], 금산군수를 거쳐 전주진관병마동첨절제사를 지냈다. 따라서 김성우 가계의 제일 어른이면서도 향리의 유학이었던 62세의 김경지가 조부 김극성이 이루지 못한 유지를 받들어 김성우의 묘비건립에 적극 앞장섰던 것이다. 이것은 김경지가 김성우의 묘비 건립에 앞서 1604년 고조인 김중로의 묘비를 건립하였다는 사실로도 확인된다.[110] 1604년은 김태국이 고부군수로 재직할 때이다.

1585년 전라도관찰사 시절 전주에서 『결송지남(決訟指南)』으로 간행하였다.

107 자는 형경, 호는 송고(松皐)이다. 형조참판을 지낸 김태정의 동생으로 음직으로 금산군수 등 네 고을의 수령을 지냈다. 전주진관병마동첨절제사로 근무하던 김태국은 1610년 광해군의 생모 공빈김씨를 사당에 들이는 일에 반대 상소를 올린 후 보령으로 낙향하였다. 『광산김씨족보』 참조.

108 임진왜란이 시작되면서 김성우 가계는 최대의 위기를 맞이하였다. 장손 김태정의 부인인 성주이씨가 순절하고 김극성의 아들 김인사가 1592년에 사망하며, 1594년에 종손자인 김정준이 39세의 나이로 손자인 김내륜 보다 한 해 먼저 사망하였다. 현손 김지선의 나이 겨우 2세였지만 설상가상으로 6세 때 부친 김정준이 39세로 요절하고 다음해인 1595년 할아버지 김내륜 마저 타계하는 상황에 직면하였다. 또한 김계로의 현손 김홍달, 김홍선, 김홍술 3형제와 사촌 김홍원이 순국하였다. 『임란공신록』, 『신안읍지』, 『광산김씨족보』 참조.

109 『선조실록』 선조 37년(1604), 7월 11일 경신조.

110 이어서 김경지는 1611년 이경탁을 찾아가 김극성의 <행장>이 이언적이 지은 것임을 확인하였고(김극성 <행장> '후지' 참조), 김극성의 신도비 건립을 추진하였다. 이처럼 보령광산김씨의 추숭은 김경지에 의해 주도되었음이 확인된다.

이처럼 16세기 말까지도 김성우 가계에서의 김성우 추숭의 공론화는 정치적 요인으로 여전히 어려웠던 것으로 보인다. 김성우 묘비건립 등의 추숭의 공론화가 임진왜란 이후인 17세기 초에 이르러서야 가능했다는 것은 다음의 김성우 가계의 묘비 건립연표에서도 분명하게 확인된다.

▶ 김성우 가계의 묘비건립 연표

순서	비 명	생몰	건립년도	글	글씨
1	김남호	? - ?	1501	김극성	김극성
2	나주전씨(김맹권 처)	1443-1499	1501	홍귀달	홍귀달
3	김맹권	? - 1510	1588	김태국	김 섭
4	김극신	1469-1521	1589	김태국	김태국
5	김극성[107]	1474-1540	1589	김인사	김경지
6	김문서	1489-1546	1589	김태국	김태국
7	광산김씨 족보함		1589		김경지
8	김태정	1541-1588	1591		김태국
9	김중로	? -1500	1604		김경지
10	김인사	1508-1592	1604	김경지	김경지
11	김성우	1327-1392	1607	김경지	김 섭

위의 표에 따르면, 보령광산김씨 최초의 묘비는 김극성이 1501년에 건립한 증조 김남호와 모친 나주전씨의 묘비이다. 이후 87년 후인 1588년에 김맹권의 묘비가 건립되고 다음해에 김극신, 김극성, 김문서, 광산김씨족보함이 동시에 건립되며 김태정의 묘비가 임진왜란 직전인 1591년에 건립된다. 그러나 이 시기까지도 김성우 묘비건립은 여전히 이루어지지 않

111 이 때 세워진 묘비는 훼손되어 적손 김양흠이 1804년에 개수하여 현재에 이른다.

았다. 김성우 묘비는 김극성이 김성우 묘소의 상석을 놓은 지 3대에 이르러 손자인 김경지에 의해 1607년에 비로소 완성된다. 이처럼 묘비건립의 선대추숭 과정에서 오랜 공백기가 확인되고 또한 김성우 묘비건립이 임진왜란 이후로 선대추숭에서 가장 늦게 이루어진 것은 앞서 살펴본 16세기 김성우 가계의 상황과 정확하게 맞물려 있음이 확인된다.

4)김극성 〈신도비〉

김극성의 신도비 전경(충남 보령시 청소면 재정리 능동)

예로부터 〈신도비〉는 임금이나 고관의 무덤 앞 또는 무덤으로 가는 길목에 세워 죽은 사람의 생전의 행적을 기리는 비석이다. 따라서 신도비명은 정3품 당상관 이상의 벼슬을 지낸 사람이 찬술하는 것이 예에 합당한 것으로 여겼다. 김극성의 신도비는 월사 이정구(李廷龜)[112]가 1613년에 지은 글을 보령현감 최응천(崔應天)(1615-1673)[113]의 글씨로 1662년(현종3) 김극성의 산소 아래 동 방향에 세운 비로 350여년의 풍상을 견디며 오늘날까지 그 위용을 자랑하고 있다. 이 신도비에는 김극성의 가계 및 행적 등이 아주 상세하게 기록되어있다. 이정구 또한 김성우가 고려 말의 장군으로 왜구를 토벌하라는 왕명을 받고 고향을 떠났으며, 김성우의 보령입성 배경이 왜구토벌이란 왕명수행에서 기인하고 있음을 이언적의 〈행장〉을 전거로 하여 분명하면서도 간결하게 기술하고 있다.

> (…) 고려 왕조에서 벼슬이 시중에 이르렀던 김주정이 바로 그 비조이고, 감찰어사를 지낸 김류를 거쳐 판도판서를 지낸 김윤장이 전라도 도만호를 지낸 김성우 장군을 낳으니 이 분이 바로 충정공의 고조이다. 일찍이 왜구를 치라는 명을 받들어 보령을 지나다 그 땅을 좋아하게 되어 자리를 잡고 마침내 보령 사람이 되었다(…)

김극성의 신도비가 김극성 사후 122년 후에 세워졌을지라도 그 가치를 인정받고 있는 것은 조선중기 4대 문장가중의 한 사람으로 추앙받는 이정구가 이언적이 지은 김극성의 〈행장〉을 근거로 비문을 지었기 때문이다.

112 자는 성징, 호는 월사(月沙), 시호는 문충(文忠)이다. 1590년 문과에 급제하여 승문원에 등용되고 예조판서 등을 역임했다. 이괄의 난 때 왕을 공주로 호종하고, 1627년 정묘호란 때 병조판서로 왕을 호종하여 강화에 피난하여 화의에 반대하기도 하였다. 1628년에 우의정에 이어 좌의정에 올랐다. 한문학의 대가로 글씨에도 뛰어났고 신흠, 장유, 이식과 더불어 조선 중기의 4대 문장가로 일컬어진다. 저서에『월사집』이 있다.

113 자는 호여(皞如) 호는 제촌(濟村)이다. 문과에 급제하여 보령현감(1661.2.20.-1664.12.19.), 진주목사 등을 역임했다. 시문과 명리학에 밝았으며『제촌유고(濟村遺稿)』가 전한다. 최응천이 보령현감으로 재직 시 지은 시편이『신안읍지』(1748)에 실려 있다. 송강 정철의 현손으로 영의정을 지낸 장암(丈巖) 정호(鄭澔)가 그의 사위이다.

김극성의 신도비가 이정구가 신도비문을 지은 지 49년이 지난 1662년에 건립된 배경에는 김극성 가계에 그 원인이 있는 것으로 보인다. 김극성은 부인 신평이씨와의 사이에 음직으로 양근군수를 지낸 아들 김인사를 두었다. 김인사는 6명의 아들을 두었지만 김인사 이후 그 후손들이 크게 현달하지 못하였다. 특히 임진왜란기인 1592-1595년 사이에 김극성의 아들 김인사(15078-1592), 손자 김내륜(1536-1595), 증손자 김정준(1555-1594)이 모두 사망하였고 현손 김지선(1588-1664)이 겨우 6세였다는 점이 주목되기 때문이다.[114] 김극성의 외손들은 크게 발복하여 조선 후기를 빛냈지만 정녕 본손에서는 음직으로 벼슬에 나간 후손을 두었을 뿐 과거에 급제하여 중앙의 요직으로 진출한 자손을 두지 못했다. 김극성의 신도비 건립은 1611년에 손자인 66세의 김경지가 이경탁을 찾아가 이언적의 행장을 바탕으로 '후지'를 부탁하면서 추진되었고, 1613년에 월사 이정구로부터 신도비명을 받음으로써 완성되는 듯 했으나 건립으로는 이어지지 못하였다. 아마도 장손가의 계속된 불안정과 추숭을 주도하던 김경지의 사망에 의한 것으로 보인다. 이런 여러 가지 이유로 인하여 김극성의 신도비가 뒤늦게 건립된 배경으로 보인다.

114 이 기간 동안 김극성의 『우정집』를 비롯한 보령광산김씨의 유물과 문집 등이 유실되었다. 『우정집』 유고가 발견된 것은 이로부터 153년 후인 1785년이다. 이러한 가계의 불안정과 임진왜란으로 인해 김극성의 신도비가 현손 김지선에 의해 1662년 뒤늦게 건립된 배경으로 보인다.

김극성 신도비(1662)(글: 이정구, 글씨: 최응천)

5) 김해수(金海壽)[115] 묘갈

김해수 묘갈(충남보령시 청라면 장산리)(1666)

다음은 김해수(金海壽)(1581-1640) 묘갈명의 일부로 김성우의 왜구토벌과 '장군동'이라는 지명의 유래 및 청라에 세거하게 된 배경 등을 기록하고 있다.

> 본관은 신라 김씨 3성중의 하나로 왕자공이 광주인이다. 후 8대에 걸쳐 평장사의 직에 올랐다. 평장동이란 이름은 바로 여기에서 연유하며,

115 호는 나촌(蘿村)이며 김성우의 9세손으로 사계 김장생의 문하생이었다. 사옹원 봉사, 청산현감과 아산현감을 지낸 후 고향인 보령 청라에 낙향하여 후학을 지도하며 여생을 보냈으며 후에 좌승지에 추증되었다. 17세기 보령유학의 진흥에 앞장섰고 화암서원 건립에 주도적 역할을 하였다. 『나촌유사(蘿村遺事)』가 전한다.

공도 평장동인이다. 문원공 선생과 본이 같으며, 공의 중시조가 된다. 도만호 김성우는 보령의 토속을 좋아하여 청라동에 거처를 정했고, 왜구를 토벌한 공로가 있으며, 그 동을 장군동이라 부른다. 장군이 청라에 거처하게 되어 청라김씨가 되어 그 이후 청라김씨라 부른다.(...).[116]

김해수는 이괄의 난 당시 사계 김장생과 더불어 인조의 어가를 호송하는데 참여하였다.[117] 김해수의 묘소는 김맹권의 동생 김공권의 세거지였던 보령시 청라면 장산리에 위치하고 있다. 김해수의 묘소에는 묘비와 묘갈이 건립되어있다. 묘비(1678)는 윤증(尹拯)(1629-1724)[118]이 글을 지었고 글씨는 박필성이 썼다. 1666년 건립된 김해수의 묘갈은 우암 송시열(宋時烈))[119]이 비문을 짓고 동춘당 송준길(宋浚吉)[120]이 글씨를 쓰고 전자는 서석 김만기(金萬基)[121]가 썼다. 송시열과 송준길은 동국 18현으로 문묘에 배향

116 송시열, 『宋子大全』, 175권.
송시열은 이 묘갈명의 마지막 부분에서 김성우가 보령광산김씨의 파조이며, 청라김씨로 불리는 연유를 설명하고 아산현감 김해수가 김성우의 9세손이라고 계속하여 기술하고 있다(金氏之先 其實羅王 及籍于光 世有平章 派別于保 是爲將軍 將軍九世). 묘갈 전문은 부록 참조.

117 김장생과 김해수와의 관계는 정묘호란(1627) 당시에도 김해수가 김장생의 의병단에 유사로 참여했다는 기록에서도 확인된다.
김장생, 『사계전서』 제44권, 제46권 '거의록(擧義錄)(1627)' 참조.

118 자는 자인 호는 명재(明齋)이다. 노론의 영수인 우암 송시열 문하에서 공부하여 예학에 정통한 학자로 우암과 대립한 소론의 영수이다. 특히 윤증은 현실과의 타협을 거부한 채 대의명분을 중요시한 학자로 『명재집』, 『명재의례문답』 등을 남겼다.

119 자는 영보 호는 우암(尤菴)이다. 성리학과 주자학의 대가로 노론의 영수이다. 효종과 현종의 스승이었으며, 한국의 유학자 가운데 도통을 이은 성인을 의미하는 자(子) 칭호를 받은 유일한 인물이다. 1787년 조선 왕실에서 『송자대전』을 편찬했다.

120 자는 명보 호는 동춘당(同春堂)이다. 우참판과 이조판서를 지냈으며 성리학과 예학에 능하였다. 저서로는 『동춘당집』, 『어록해』 등이 있다.

121 자는 영숙 호는 서석(瑞石)이다. 송시열의 문인이자 숙종의 장인으로 1653년 문과별시에 급제한 후 승문원 교리 등을 거쳐 대제학을 지냈으며, 광성부원군(光城府院君)에 봉해졌다.

된 인물이다.[122]

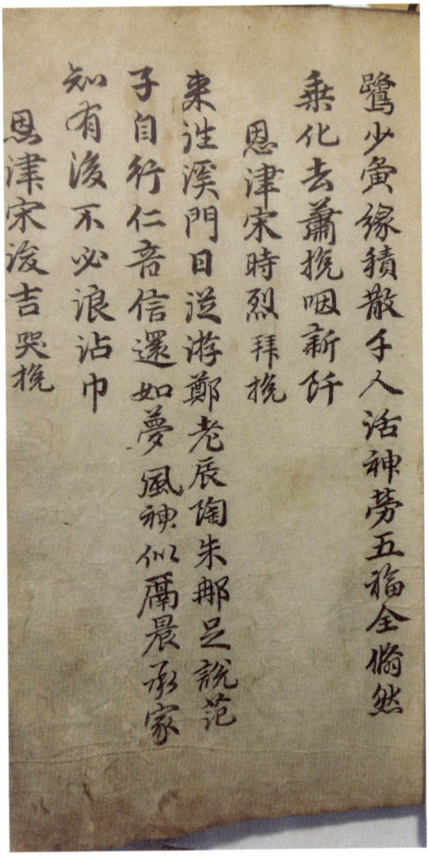

송시열과 송준길의 김해수 만사(『나촌유사(蘿村遺事』)(1692)

122 이 세 사람 이외에도 계곡(谿谷) 장유(張維), 백주(白洲) 이명한(李明漢), 동회(東淮) 신익성(申翊聖), 기암(畸菴) 정홍명(鄭弘溟) 등이 김해수의 문인으로 이들과 주고받은 시문이 전한다. 1640년 김해수가 타계하자 선조의 부마 금양군 박미(朴瀰)와 동양위(東陽尉) 신익성(申翊聖), 우부승지 김육(金堉), 대사헌 정홍명, 호조참판 윤이지(尹履之) 등 당대의 문사 20여 명이 만사를 지어 김해수를 추모하고 있다. 김해수, 『나촌유사(蘿村遺事)』(17세기 말) 참조.

송준길은 송시열과 더불어 노론의 거두로 성리학 및 예학에 능했던 문신이자 대학자였다. 또한 김만기는 대제학을 지냈을 정도로 학문이 뛰어났던 인물이다. 이처럼 김해수 묘갈문은 유학의 종장이자 대학자로 칭송되던 세 사람이 기술한 금석문이라는데 의의가 있다.

6) 김여남(金汝南)(1634-1702)[123] 묘비

다음은 김여남 묘비의 내용 중 김성우 관련 내용이다.

> 공의 이름은 여남이요 자는 여진으로 광주김씨이다. 고려명신 문숙공 김주정의 후손이다. 공의 10대조 김성우부터 보령에 살기 시작했으며, 그 이후 후손들이 보령에 거주하고 있다.(...)[124]

김여남의 묘비문은 명재 윤증이 지었다. 김여남의 비문 또한 보령광산 김씨의 연원을 기록하고 있다. 윤증은 이 비문에서 김성우의 가계 및 보령 입향을 설명함으로써 김성우가 광산김씨 보령입향조임을 고증하고 있다.

123 자는 여진, 호는 춘한당(春閑堂)이다. 아산현감 김해수의 손자이자 창릉참봉을 지낸 김영후의 아들로 김성우의 11세손이다. 북부참봉을 거쳐 장성도호부사를 지냈다.

124 윤증, 『명재선생유고』 권 40, 한국문집총간.

장성부사 김여남 묘비(충남 보령시 오천면 교성리)

여기에서 한 가지 특이한 점은 김여남 묘산의 위치이다. 김여남의 선대들, 예컨대 부친 김영후, 조부 김해수, 증조 김응천, 고조 김충서를 비롯한 선대의 산소는 김공권의 분재지역인 보령시 청라면 장산리 일대에 위치한다. 그런데 유독 김여남의 묘소를 비롯한 후대의 묘소가 보령시 오천면 교성리에 위치한다. 김여남이 1699년 12월 25일 타계하자 선대의 묘산이 있던 청라면 장산리에 임시로 매장했다가 1703년 이곳으로 이장하였다.[125] 김여남의 묘소가 위치한 교성리 일대는 한산이씨의 묘역이 조성돼있는 곳이기도 하다.[126] 이곳으로 김여남의 묘소가 이장된 것은 바로 이 일대가

125 윤증, 「장성부사 김여남 묘갈명」, 『명재유고』, 한국고전번역원.

126 고만수영 인근의 이 일대는 김성우의 사패지로 그 일부가 후일 김맹권의 사위인 한산이씨 이치에게 분재되었다. 이를 반증하듯, 현재 이곳 교성리 마을 입구에는 한산이씨 토정종친회에서 세운 토정의 5대손으로 좌승지를 지낸 이정익(李禎翼)의 신도비(2000)가 있다. 이처럼 이 일대는 토정 이지함과 그 후손들의 세거지임이 확인된다. 교성리 바로 너머인 고만수영에는 김맹권의 사위인 이치를 비롯한 한산이씨 묘산이 또한 위치하고 있다.

김성우의 사패지였기에 가능하였다.

김성우의 토왜행적을 기술하고 있는 김해수를 비롯한 그 후대의 묘비나 묘갈과 관련된 인물들과의 상호관계를 정리하면 다음과 같다.

▶ **김해수 가계의 묘산(墓山)의 위치**

이름	형태	건립년대	찬자	묘산 위치	비고
김응천 (? - 1591)	묘표			보령시 청라면 장산리	토정 이지함 문인
김해수 (1581-1640)	묘비	1678	글: 윤증 글씨: 박필성	보령시 청라면 장산리	사계 김장생 문인
	묘갈	1666	글: 송시열 글씨: 송준길 전액: 김만기		
김영후 (1601-1671)	묘비		글: 윤증 글씨: 이사상	보령시 청라면 장산리	신독재 김집 문인
김여남 (1634-1702)	묘비	1707	글: 윤증 음기: 김흥경	보령시 오천면 교성리	이조참판 이행진의 사위

3. 자료의 검토를 통해본 역사적 사실

1) 문헌사료

앞에서 살펴본바와 같이, 김성우의 보령전적 및 토왜활동은 1600년 이후 즉 유형원의 『동국여지지』(1656-1673)부터 기록되기 시작한다. 왜 시기적으로 1600년 이후부터 김성우의 행적이 지리지에 공식화되는 것일까?

이것은 무엇보다도 이 시기가 김성우 사후 약 260여 년이 흘렀기 때문에 김성우의 행적을 공론화할 수 있는 여건이 조성되었기 때문으로 볼 수 있다. 이 시기 이전까지는 조선개창 세력의 사관으로 쓴 사서와 새로 개창한 조선의 지방통치를 강화하기 위해 정리한 전기 관찬지리지에서 김성우 행적의 공론화는 시기상조였다고 보여진다. 왜냐하면 이 지리지의 편찬에 참여한 사람들의 정치관과 역사관을 결코 배제할 수 없기 때문이다.[127] 예컨대 최영의 경우 이성계 일파에 의해 죽임을 당했다가 이성계에 의해 신원이 복원돼 사후 8년 만에 무민(武愍)이라는 시호가 내려졌다. 또한 이방원에 의해 죽임을 당했던 고려충신 정몽주가 신원된 것은 조선중기에 이르러 주자성리학이 공론화되면서부터이며, 많은 논쟁 끝에 1517년(중종12)에 가서야 문묘배향이 겨우 이루어졌다. 그런데 김성우의 경우 최영이나 정몽주와는 달리 조선개창 세력에 의해 죽임을 당한 것이 아닌 스스로 선택한 죽음이라는 차이가 있다. 이것은 김성우가 역사에 묻히는 계기가 되었고, 따라서 김성우의 공론화는 조선사회에서 더 많은 시간을 필요로 했을 것이라는 예측 또한 가능하다고 본다.

아울러 1600년 이후의 모든 지리지에서부터 김성우가 공통적으로 등장하는 또 다른 이유는 임진왜란(1592년)의 영향이 깊게 작용한 것으로 보인다. 임진왜란은 조정을 대혼란에 빠트렸으며, 마침내 선조는 의주로 피난길에 올라야했다. 이처럼 엄청난 왜구의 피해를 겪은 조정과 백성들은 고려 말에 우리나라 전역을 침구하며 큰 피해를 입혔던 왜구에 대한 경각심을 다시 갖게 되었던 것으로 볼 수 있다. 따라서 그동안 역사 속에 묻혀있

127 『고려사』 등의 사서에서 김성우의 행적이 부재하는 원인은 이어지는 장에서 상세하게 살펴볼 것이다.

던 김성우의 보령전적이 자연스럽게 지역을 중심으로 공론화되었고 이때부터 지리지를 중심으로 기록되기 시작했던 것으로 판단된다.[128]

따라서 김성우의 왜구토벌 행적 또한 조선 후기 지방지의 편찬과정에서 김성우의 행적을 추적하면서 간략했던 행적이 구체적으로 밝혀지기 시작했다고 볼 수 있을 것이다. 김성우가 처음으로 기록되는 유형원의 『동국여지지』가 사찬지리지임에도 사료적 가치를 평가받는 것은 유형원이 당시 조선에서 일고 있던 지역문제와 사회현실을 있는 그대로 전달하려고 시도하였고, 나아가 읍지가 지닌 지역적 한계를 극복하여 전국단위로 격상시켜 국가차원에서 지역과 사회현상을 올바로 파악하고자 하였다는 점이다. 따라서 『동국여지지』에 서술된 김성우의 행적은 역사적 사실에 근거한 것으로 보아야 한다. 특히 김성우의 보령입성 배경이 처변(妻邊)이나 외변(外邊)이 아닌 왜구토벌의 공으로 받은 사패지에서 연유한다는 기록은 김성우의 보령 토왜활동의 고증에서 절대적 가치가 있다.

그런데 이 시기부터 시작된 김성우 행적의 공론화 작업에 김성우의 후손이 개입했다고 볼 수도 있을 것이다. 하지만 결코 그렇지 않았다는 것이 다음의 사실로 분명하게 확인된다.

첫째, 김성우의 행적의 공론화가 시작된 이 시기 광산김씨는 보령현에서 그 위세가 약화되어 향권을 주도하지 못했다는 점이다. 보령광산김씨는 1612년 김신행(金信行)(1579-1613)[129]의 문과 합격 이후 문과 급제자를 배출하지 못했고 1729년에 가서야 김계백(金啓白)(1689-1750)이 문과에 급제하였

128 이것은 1607년에 김성우 묘비가 건립되는 것과도 일맥상통한다고 볼 수 있다.

129 자는 사립(士立)으로 1612년 식년시 문과에 급제하여 승정원주서를 지냈다. 금산군수를 지낸 김태국의 장자로 숙부 김태정에 이어 문과에 급제했으나 1613년에 34세로 요절함으로써 보령광산김씨의 위상은 17세기 이후 보령에서 크게 위축된 것으로 보인다.

다. 더욱이 향권과 관계되는 사마시의 경우 『신안읍지』가 편간되던 시기엔 단 한 사람의 합격자도 배출하지 못하였다. 영조조의 보령광산김씨 사마시 합격자는 『신안읍지』(1748) 간행 후인 1756년 김성국(金聲國)(1730- ?)이 유일하다. 따라서 『신안읍지』 인물조의 김성우에 대한 기술이 이 시기 광산김씨가 주도하여 김성우를 신격화한 것으로 볼 수 없으며[130], 『신안읍지』 내용의 객관성 및 사료적 가치는 확실하다고 본다. 왜냐하면 만약에 『신안읍지』를 부정한다면 이 지리지를 편찬한 사람들을 비롯하여 당시 보령현의 재지사족 전체를 부정하는 일이며, 이것은 나아가 보령현의 정체성의 부정으로 이어지기 때문이다. 또한 『신안읍지』가 이후 간행되는 관찬지리지인 『여지도서』, 『1872지방도』(보령부지도), 『호서읍지』, 『충청도읍지』와 같은 관찬지리지의 기초자료로 사용되었다는 점이다. 따라서 『신안읍지』의 부정은 곧 조선후기 지리지 전체를 부정하는 결과를 초래하기 때문에 『신안읍지』의 사료적 가치는 충분하다고 본다.

둘째, 앞서 살펴보았듯이, 김성우의 전적지명이 구체화되어 기록되는 『신안읍지』의 자료수집 및 편찬의 객관성이다. 이것은 이 지리지에 등장하는 김성우의 보령전적이 인위적이 아님을 입증하는 것이다.

셋째, 이 시기 보령의 사족으로 급부상한 김성우의 외예인 한산이씨 이지함 등의 문집에서도 광산김씨에 대한 그 어떠한 기록이 발견되지 않는 것으로 보아 외가에 대한 윤색이 불가능하다는 점이다.

넷째, 김성우의 보령 전적지명과 토왜행적이 인위적으로 동시에 만들어

130 영조조 광산김씨 유일의 사마시 합격자인 김성국은 『신안읍지』가 편간된 이후인 1756년에 사마시에 합격하였다. 따라서 설령 김계업이 광산김씨라 하더라도 김계업이 편집책임자인 진사 이융 책임 하에 1차로 편집한 내용의 최종교정(최종 교정책임은 진사 이형운, 이광운 형제)에 앞서 그 내용을 검토하는 4명의 교정위원 중의 한 사람이었다는 사실이 『신안읍지』 내용의 객관성을 반증한다고 본다.

져 김성우를 신격화하는 것이 당시 보령현 향권의 구조상 불가능하다는 점이다. 따라서 김성우 후예의 위세로 이 시기에 간행된 지리지에 김성우의 행적을 윤색했다고 볼 수 없다. 이것은 지리지에 등장하는 해안선에서 청라동에 이르는 '군입리', '관암', '복병리'. '의평리' 등의 전적지명이 김성우의 우상화를 위해 동시다발적으로 이루어진 인위적인 조작이 아니라는 사실을 입증한다. 특히 『1872지방도』(보령부지도)에 표기된 김성우의 보령전적과 관련된 지명은 이 지도의 제작 동기가 다름 아닌 임진왜란과 병자호란의 교훈에서 국방의 중요성을 인식한 결과물임을 고려할 때 군사적 요충지로 국가에서 공인한 것으로 해석할 수 있다.

다섯째, 김극성의 『우정집』에 실린 김극성의 〈행장〉은 김성우의 토왜활동의 고증에서 결정적 자료로 평가되었다. 이 〈행장〉은 1540년에 회재 이언적이 지은 글로 김남호 묘비와 더불어 김성우의 보령전적 고증에서 사료적 가치가 절대적이라 할 수 있다. 특히 이언적이 조선전기의 명망있는 성리학자로 퇴계 이황(李滉()(1501-1570)[131], 서애 유성룡(柳成龍)(1542-1607)[132], 백사 이항복(李恒福)(1556-1618)[133] 등 명현들이 그의 행적을 글로 남기고 있을 정도로 선비로서의 책무와 도리를 다한 인물임을 고려할 때, 김극성의

---

131 자는 경호(景浩), 호는 퇴계(退溪)이다. 1527년 진사시에 합격하고, 1534년 문과에 급제하고 승문원부정자를 거쳐 성균관사성 등을 지냈다. 을사사화 후 고향 토계로 낙향하여 퇴계(退溪)라 개칭하고 자신의 아호로 삼았다. 주리론(主理論) 전통의 영남학파(嶺南學派)의 종조(宗祖)로, 『성학십도』 등이 있으며, 문묘에 배향되었다.

132 자는 이현(而見), 호는 서애(西厓)로 1564년 생원이 되고, 1566년 별시 문과에 병과로 급제해 영의정 등을 지냈다. 이황의 문인으로 임진왜란의 일등공신이며 『징비록(懲毖錄)』 등의 저술이 있다. 안동의 호계서원(虎溪書院)과 병산서원(屛山書院)에 제향되었으며 시호는 문충(文忠)이다.

133 자는 자상(子常), 호는 백사(白沙)로 1575년 진사가 되고 1580년 알성 문과에 병과로 급제해 영의정 등을 지냈고, 오성부원군(鰲城府院君)에 진봉되었다. 포천의 화산서원에 제향되었고, 『백사집(白沙集)』 등이 있으며, 시호는 문충(文忠)이다.

〈행장〉에 기록된 김성우의 토왜활동은 분명한 사실이다. 또한 『규남문집』, 『가승』, 『광산김씨족보』 등에 실린 김성우의 행적은 광산김씨가 보령에 세거하게 된 배경이 김성우의 왜구토벌에서 연원하고 있음을 묘산을 통하여 입증되었다. 아울러 유호근의 『사가집』에 수록된 '고려초토사김공성우급기증손만취당맹권이공기실(高麗招討使金公成雨及其曾孫晩翠堂孟權二公記實)'의 내용 또한 비록 근대의 기록이라고 할지라도 유호근이 보령의 유림을 대표하던 인물이었고 『사가집』의 내용 등을 고려할 때 김성우의 보령전적 및 토왜행적은 확실하다 하겠다. 따라서 이들 자료 또한 김성우의 보령지역 토왜활동과 김성우의 보령입향을 고증하는 결정적 자료로 볼 수 있다.

이처럼 김성우의 행적이 조선후기 각종 지리지와 문집 등에 실리면서 김성우가 보령의 인물로 등재되고 행적도 사실화되기 시작하였다. 특히 김성우의 행적 가운데 그가 왜구와 싸운 전적지명이 기록되는 것이 특징이다. 이같은 상황은 조선전기의 인물기술의 특징인 관직과 정치활동에 중심이 되어 기술되던 경향이 향리에서의 활동과 생활모습이 담겨진 설화 등 지방의 사실이 구체적으로 사실화되는 과정에서의 변화로 해석할 수 있다.[134] 이런 점에서 관찬지리지인 『여지도서』에 김성우가 보령현 최초의 역사인물로 기록된 것은 큰 의의가 있다. 황인덕은 충남 전설의 유형을 자연물, 인공물, 인물로 크게 구분하고 조선시대 문화지리지로 평가받는 『동국여지승람』과 이의 증보판인 『여지도서』를 중심으로 분석하고 있다.[135] 그에 따르면, 『여지도서』는 『동국여지승람』과는 달리 역사유적 관

134 최근묵, 앞의 논문, 54쪽.

135 황인덕, 「전설의 유형과 내용」, 『충청남도지』 권17, 2010, 충남도지편찬위원회.

련 자료를 발굴하여 총묘, 솥, 가마 등이 추가되었고 특히 인물의 경우 역사적 인물과 자료가 추가되는데 자료의 역사적 의의가 중요시 되는 가운데 역사 인물과의 관련성을 강조하고 있다.[136] 그는 백제시대의 인물로 성충, 계백, 홍수, 복신, 흑치상지, 지수신(이상 부여현), 고려시대의 인물로 이도(전의현), 우학유(목천현), 복지겸(면천현), 이자송(청양현)(이상 『동국여지승람』), 김성우(보령현)(『여지도서』), 조선시대의 인물로 서익(은진현), 김시습(홍산현)(『여지도서』)을 예로 들고 있다.[137] 이처럼 김성우는 고려 말의 무신으로 보령에서 토왜활동을 한 보령현 최초의 역사인물이다.

2) 금석문

앞에서 살펴본 문헌사료의 기록검토와 마찬가지로 금석문 기록의 검토 결과 김성우의 보령에서의 토왜활동에 관해 다음의 결론을 도출하였다.

무엇보다도 김남호의 묘비는 김성우의 토왜행적을 최초로 명문화한 조선전기의 묘비로 사료적 가치를 갖는 금석문이라는 점이다.

특히 이 묘비가 김성우의 보령입성 동기 및 김성우의 후예들이 보령에 터를 잡게 된 배경에 대한 최초의 기록이란 점에서 의의가 있다. 이 묘비에 김성우의 토왜활동이 간략하게 기술되어있는 것은 김극성이 김성우가 자신의 토왜활동에 대해 후손들에게 행한 유훈(遺訓)을 반영한 결과로 조선전기 묘비 서술의 특징인 인물행적의 약술이라는 점이 작용했기 때문이다.

또한 김홍로 묘비문을 통해 김성우가 전라도 만호부를 떠나 북으로 올

136 황인덕, 앞의 책.

137 황인덕, 같은 책.

라온 이유가 보령에서의 토왜활동이라는 사실을 확인하였다.

특히 김성우 묘비문의 검토 결과 묘비의 건립시기, 배경, 내용 등이 확인되었다. 무엇보다도 김성우의 묘비가 그의 사후 250여 년이 지난 1607년에 건립된 배경에는 16~17세기 초 보령광산김씨 가계의 내부적 요인에서 기인하였다. 왜냐하면 김성우 사후 16세기까지 보령광산김씨는 사족과의 혼연과 과거(科擧) 그리고 조선왕실과의 통혼(通婚)[138]을 통하여 고려에서 조선사회로 진입하여 재지사족으로서의 기반을 닦는 시기임이 확인되었기 때문이었다. 그러나 임진왜란 이후의 사회적 변화는 김성우의 추숭의 공론화로 이어져 마침내 묘비건립이 완성되었다. 이것은 보령광산김씨의 묘비건립 연표로 확인되었다. 또한 김성우 묘비가 지손인 김경지와 김섭에 의해 건립된 것은 이 시기 장손 가계의 불안정과 김극성 당대의 정치적 상황이 한 몫을 하였다. 또한 김성우 행적의 기술이 후대의 기록과 달리 김남호 묘비명과 큰 차이가 없는 것은 김경지가 조부인 김극성의 유지를 받들어 김남호 묘비를 전거로 하였기 때문이었다.

특히 김성우 묘비는 첫째, 김성우의 선계가 광산김씨로 고려의 권문세족이라는 가계의 기록, 둘째, 김성우의 보령지역 토왜활동, 셋째, 김성우가 광산김씨 최초의 보령현 입향조로 사족(士族) 기반이 없던 보령에 토착한 사실, 넷째, 김성우의 보령입향 후 그 후손들이 보령에 재지적 기반을 크게 형성하여 이후 자손과 외손 등이 보령의 사족의 주류를 형성하였음을 기록하고 있는 보령 최고(最古)의 금석문임이 확인되었다.

아울러 김극성의 신도비는 대제학 이정구가 김성우의 왜구토벌과 보령입성 사실의 기록이란 점에서 그 의의가 있었다. 비문의 기술에 있어 객관

138 이에 대한 보다 자세한 사항은 제2장 김성우의 생애 참조.

적 자료에 근거하지 않고 사적 의견을 기술한다는 것은 당시 조선의 유교사회에서 불가능한 일이었기 때문에 이정구의 김성우의 토왜행적의 기술은 더욱 설득력을 갖는다.

그리고 김해수의 묘갈명의 의의는 조선사회를 통틀어 최고의 문인이자 정치가로 알려진 송시열을 비롯하여 송준길, 김만기가 김성우의 보령지역에서의 토왜활동을 공인하고 있다는 점이었다. 따라서 유학의 종장이자 대학자로 칭송되던 세 사람이 김해수 묘갈에서 기술한 김성우의 보령입성 배경과 토왜활동은 조선후기 사회에서 공인된 것이었다.

특히 보령시 오천면 교성리 고만수영 인근에 위치한 김여남의 묘소는 김성우의 보령에서의 토왜활동 고증에서 결정적 자료로 평가되었다. 김여남 선대의 묘산(墓山)이 위치한 보령시 청라면 장산리와 교성리는 거리로 볼 때 가까운 지역도 아닌데 왜 김여남의 묘소를 청라면 장산리 선영에서 오천면 교성리로 이장했을까? 김여남의 묘소가 청라면의 장산리에서 이곳으로 자연스럽게 이장한 것은 고만수영 인근인 이 일대가 김성우의 사전(賜田)이었기에 가능하였던 것이다.

이상에서 알 수 있듯이, 금석문에 기록된 김성우의 토왜활동 또한 문헌사료와 마찬가지로 역사적 사실로 입증되었다. 왜냐하면 금석문의 내용이 1501년에 김극성이 지은 김남호 묘비명을 전거로 할지라도 김남호 묘비가 조선 전기의 묘비로 역사성을 갖는 사료적 가치로 인정되기 때문이다. 특히 조선 성리학의 태두로 조선사회의 정신문화사에 절대적 영향을 끼친 회재 이언적과 월사 이정구를 비롯하여 예학의 종장인 우암 송시열과 동춘당 송준길 그리고 명재 윤증의 글은 조선후기에 김성우의 보령입향 및 토왜활동을 사림에서 인정한 것으로 해석할 수 있다.

4. 사서(史書)에서의 김성우

지금까지 김성우의 보령 토왜의 유적에 관한 각종 지리지와 금석문 등의 자료검토를 통하여 김성우의 보령에서의 토왜활동이 역사적 사실임이 입증되었다. 그럼에도 불구하고 김성우의 행적은 『고려사』 등의 관찬사서의 기록에서 보이지 않는 한계가 있다. 따라서 사서기록 등의 검토를 통하여 김성우의 행적을 추적해보기로 하자.

1) 사서의 제문제(諸問題)

(1) 『고려사』 검토

고려의 전 시대를 기록하고 있는 『고려사』와 『고려사절요』는 조선개창을 정당화시키려는 사관이 깊숙이 개입되었거나 사실의 왜곡이 집필과정에서 행해졌을 것이라는 학계의 의견이 있다.

이 두 사서에 관한 연구는 변태섭(邊太燮)(1982)[139], 정구복(鄭求福)(1999)[140], 장동익(張東翼)(2016)[141] 등이 있다. 변태섭은 『고려국사』 편찬에서 제기된 문제를 다음과 같이 지적한다.

> 첫째, 이용한 편찬자료의 제약으로 내용이 소략(疎略)하여 유루(遺漏)된 사실이 많았고, 둘째 사실에 대한 필삭과 인물에 대한 포폄(褒貶)이 공

139 변태섭, 『고려사의 연구』, 삼영사, 1982.
140 정구복, 『한국중세사학사』(I), 집문당, 1999.
141 장동익, 『고려사 연구의 기초』, 경인문화사, 2016.

정치 않아 그 내용에 오류가 많았으며, 셋째 유교적이고 사대적인 역사관에 따라 참의지사(僭擬之事)를 낮춰 써서 당시의 사실을 매몰시킨 점 등이었다.[142]

이런 이유로 『고려국사』는 59년 동안 5차례의 개수작업을 통해 1452년(단종 2년 10월) 정인지의 이름 아래 『고려사』로 인쇄 반포되었다.[143] 조선건국을 합리화하는데 무려 60년이 걸린 것이다. 이것은 그만큼 『고려국사』가 많은 문제점, 특히 고려 말기인 공민왕이후 공양왕까지의 서술에 많은 문제가 있었다는 사실을 방증한다.[144]

또한 이같은 개수과정을 거쳐 『고려사』가 완성되었다는 것은 편찬과정의 엄격한 절차와 편찬에서 주관을 배제한 객관성의 유지가 한 몫을 했다고 볼 수 있다.[145] 이것은 『고려사』의 사료적 가치를 충분히 입증한다고 본다. 그런데 조선개창 직후에 편찬된 『고려국사』는 정도전을 중심으로 한

142 변태섭, 앞의 책, 9쪽.

143 『고려사전문』의 편찬자였던 권제(權踶)는 마음대로 내용을 감삭하거나 남의 청탁이나 자신의 이해관계에 따라 진실을 매몰시켰다. 이런 이유로 세종은 1499년(세종31년 2월) 『고려사』 편찬에 참여했던 권제, 안지, 남수문을 처벌하고 대신 김종서를 지춘추관사로 삼아 『고려사』를 개수하도록 하였다. 이처럼 고려국사의 개수과정에서 편찬자들의 이해관계가 개입되었음을 알 수 있다. 변태섭, 같은 책.

144 특히 『고려국사』는 공민왕 이후 여말사에서의 오류와 필삭불공(筆削不公)의 내용이 많았다. 예컨대 태종은 태조에 관한 기사가 매우 부실하다고 지적하였는데, 이 때 한상덕(韓尙德)은 자기도 조준(趙浚)이 공민왕 이후의 역사가 모두 오서(誤書)라고 말한 것을 들었다 하였을 정도로 공민왕 이후의 사실에 오류가 많았음을 알 수 있다(태종 14년 5월 임오조). 또한 세종은 "고려 말에 군왕에게 직언한 사람은 윤소종(개국공신으로 처음의 『고려국사』를 편찬) 한 사람 뿐이고, 주군을 잘 다스린 양리는 정운경(정도전의 아버지) 한 사람 뿐이 아니냐"며 『고려국사』의 내용을 비난하였다(세종12년 11월 경신조). 이에 관한 상세한 설명은 변태섭, 같은 책, 26쪽.

145 변태섭은 『고려사』에도 편찬자의 사관이 개입될 수밖에 없었다고 결론짓고 있다. 그 까닭은 『고려사』가 사료의 편집이라고 해도 하나의 작품이기 때문이라고 본다. 하지만 그는 『고려사』가 『삼국사기』나 『동국통감』보다 주관성이 배제되었다고 평가한다. 변태섭, 같은 책, 223쪽.

개국공신들이 혁명의 정당성을 합리화하고 고려멸망의 필연성을 강조하였다는 점이다.[146] 특히 몇 차례의 개수작업은 『고려국사』에서 소홀히 하였던 이성계에 대한 미화와 기록 첨가가 중심이 되었으며, 이것은 세종조에 편찬된 『용비어천가』의 영향이었다.[147]

그런데 『고려사』가 고려의 완전한 사료집, 즉 고려조의 모든 역사, 사건, 인물 등의 전 내용을 수록하고 있느냐는 점이다. 이 문제는 『고려사』를 편찬하면서 편찬자들이 가장 심혈을 기울였던 것으로 전해지는 '열전'의 내용 중 공민왕 이후 무반직(109명)에 비해 문반직(409명)의 압도적인 수에서 확인된다.[148] 변태섭은 이러한 불균형의 원인이 무엇보다도 고려시대 문반이 정치의 주도권을 장악하였고, 특히 『고려사』 편찬자가 열전 인물을 선발할 때 문신에게 더욱 큰 비중을 두었기 때문이라고 분석한다.[149] 이것은 『고려사』에 수록되지 못한 상당수의 무반 및 음서직의 인물이 있음을 짐작하게 한다.[150]

---

146 변태섭, 같은 책, 29쪽.

147 세종은(세종28년 10월) 집현전 직제학 이계전, 응교 어효담에게 말하기를 "『고려국사』에 아직도 유루된 사실이 많고, 태조가 승천부에 싸운 기록이 역사에 실려 있지 않으니 이를 찾아 아뢰라고 했다"고 한다. 변태섭은 『용비어천가』가 세종24-27년에 권제 등이 제진하고 수정하여 29년에 완성했으므로 이러한 제술과정에서 그 내용이 『고려사』 편찬에 이용되었음은 당연하다고 보고 있다.
『세종실록』 세종 31년 2월 계유조. 변태섭, 같은 책, 22 & 27쪽.

148 변태섭, 같은 책, 106쪽.

149 변태섭은 이 열전에 수록된 무신들은 태조 때 조선개창에서 활약한 무장과 무신란 후에 활약한 무장, 대몽항쟁기와 왜구, 홍건적 토벌에 공이 있는 무인이 주류를 이루고 있다고 분석한다. 특히 열전 26은 공민왕 이후 왜구, 홍건적 격파에 공이 있는 무신을 싣고 있는데, 공민왕 이후 약 300여 회의 왜구침구 사실이 사서에 기록되어 있음에도 불구하고 그 숫자가 단 8명에 불과하다. 이것은 무인의 경우 특별한 사람을 제외하고는 『고려사』 열전에 수록되지 못하는 차별을 받았다는 방증으로 보여진다.
변태섭, 같은 책, 107쪽.

150 음서나 무인은 특별한 경우를 제외하고 수록되지 못하는 차별을 받은 것은 『고려사』 편찬자들의 편찬태도에서 기인한다. 같은 책. 118쪽.

정구복 또한 사서의 문제점을 지적한다. 그에 따르면, 고려후기 무신정권 이후 문사가 도륙되는 폭정하에서 직필의 정신이 굽혀졌고, 권력 앞에 사필을 꺾어서는 안 된다는 사관의 신념은 찾을 수 없고 집정가에게 아부하거나 굴종하여 사실을 삭제하거나 곡필하였다고 한다.[151] 특히 정구복은 고려말기의 공민왕에서 공양왕까지의 실록이 조선조에 들어와 조선개창세력인 정도전, 정총, 윤소종 등에 의해 1398년경(태조7)에 완성되었다는 사실을 주목하면서,[152] 조선 개창세력에 의해 편찬된 이 시기의 실록에 정치적 입김이 개입했을 개연성을 지적한다.

> 무신집권 이후 무신 또는 집정무인이 관례를 깨고 사관의 총재직을 겸임했다는 사실은 역사기술에 정치적 간여가 작용하여 왜곡, 삭제 또는 날조까지도 행하여졌다고 생각된다. 이러한 정치적 간여는 공민왕 이후의 실록 편찬 및 이를 토대로 정리한 『고려국사』, 『고려사』, 『고려사절요』에도 영향을 주었다.[153]

더욱이 『고려국사』의 모태가 된 『고려실록』의 실체를 정확하게 파악할 수 없다는 점 또한 주목된다.[154]

또한 변태섭은 관찬사서의 이러한 사료의 한계를 극복하기 위해서는 문집, 묘지명 등 금석문을 십분 활용해야한다고 강조한다. 변태섭은 이들 문집과 금석문이 고려 후기의 역사를 복원하는데 크게 이바지할 것으로 보고 있다.
변태섭, 같은 책, 83-84쪽.

151 정구복, 같은 책, 110쪽.

152 『태조실록』 권 14, 태조 7년 병진 6월조.

153 정구복, 앞의 책, 110쪽.

154 정구복은 고려실록은 23대 고종까지 185책으로 총 400권, 충렬왕 이후의 실록까지 합치면 약 500권 내외의 분량이 될 것으로 추정하면서 이 실록이 현존하지 않아 생기는 자료의 한계를 피력하고 있다.
정구복, 같은 책, 144쪽.

장동익 또한 사서의 문제점을 크게 다음의 세 가지, 즉, 첫째, 채자(採字)・조판(組版)에 의한 오류, 둘째, 칭원법(稱元法)・체제(體制) 변경에 의한 오류, 셋째, 편집・서술에 의한 오류로 지적한다. 또한 장동익은 고려왕조의 실록을 축약하면서 발생한 잘못으로 인해 문장과 사실의 누락 그리고 인명과 지명 표기의 오류 등을 지적한다.[155] 특히 장동익은 『고려사』의 편찬과정에서 이 시기에 국가체계의 정비와 유교에 대한 숭상이 이루어지는 가운데서 무반(武班)에 대한 사실 등이 삭제되고 특정인물에 대한 평론(史論)도 취사선택되어 교체되기도 하였다고 보고 있다.[156]

이처럼 공민왕 이후 공양왕까지의 실록이 조선개창 세력에 의해 편찬되었다는 사실은 사서의 내용이 완전한 고려의 실록이 아니라는 사실을 방증한다고 본다. 따라서 고려말기 사론 중 조선건국 세력과 관련된 부정적인 사론이 배제되었을 가능성 또한 높다고 볼 수 있다.[157] 특히 주목되는 것은 개창세력들이 사서를 편찬하면서 혁명에 걸림돌이 되는 역성혁명 반대세력들을 내버려두지 않았다는 점이다. 예컨대 이성계에 의해 죽임을 당한 변안열[158]에 대한 기록이 남아있지 않고 그나마 현존하는 기록조차 날조, 변조, 축소, 탈락될 수밖에 없었던 것도 바로 변안열이 역성혁명에

155 장동익, 앞의 책, 36쪽.

156 장동익, 같은 책, 78쪽.

157 조선 태조 때 고려의 사관들에게 사초를 바치게 하면서 이름도 밝히도록 하였다. 대부분의 사관들은 사초를 수정해 바쳤는데 이행(李行)만이 그대로 바쳐 유배되었다. 그가 만약 사론을 썼다면 그의 사론마저도 삭제되었을 것으로 보고 있다. 변태섭, 앞의 책, 166쪽.

158 변안열의 경우, 지금까지 『고려사』(열전39 간신열전)에 포함돼있다. 하지만 역사학회의 재평가 작업과 학술대회(이성무, 「대은 변안열의 생애와 업적」)를 통해 마침내 변안열이 2014년 4월 16일 전쟁기념관에서 '2014년 5월의 호국인물'로 지정되었다. 이처럼 변안열이 간신에서 충신으로 바뀐 것은 시사하는 바가 크다 하겠다. 변안열에 관해서는 이성무의 『변안열 평전』(2015, 글항아리)을 참조.

반대하였기 때문이다.[159] 왜냐하면 『고려사』, 『고려사절요』와 같은 관찬 사서는 유교사관에 입각해 편간하였으므로 충(忠) · 역(逆)의 문제가 매우 중요시되었기 때문이다.[160]

(2) 왜구침구 분석

1350년부터 고려 말까지 『고려사』에는 약 591회의 왜구침구가 기록되어 있다. 왜구침구에 관한 연구는 『왜구토벌사』(1993)[161]와 이영(2007)[162] 등이 있다. 『왜구토벌사』에 제시된 공민왕에서 공양왕에 이르는 왜구침구는 약 300여 회이다. 이 중에서 왜구토벌에 참여했던 참여자의 이름이 서술된 것은 약 181회로 전체의 59%이다. 그런데 전체의 41%인 122회의 침구는 "왜구가 .....를 쳤다"라는 식의 단순한 서술의 특징을 보인다. 특히 왜구침구가 극성을 부렸던 일부 시기는 침구사실만 서술되어있을 뿐 그 내용을 전혀 파악할 수 없다. 따라서 왜구침구는 분명한 사실이지만, 누가 어떻게 왜구를 토벌했는지 등의 상황을 전혀 알 수가 없다. 또한 전투에 참여한 참여자의 직급에 따라 서술된 예가 아주 드물며, 대표자의 이름과 간단한 공훈의 서술이 대부분이다. 더욱이 왜구침구 상황과 왜구 토벌과정이 비교적 상세하게 서술된 예는 총 181회 중에서 10여 차례, 즉 이작도

---

159 이성무, 앞의 책, 290쪽.

160 이성무, 같은 책. 290쪽.

161 『왜구토벌사』, 국방군사연구소, 1993.
여기에서는 김성우의 활동시기였던 공민왕에서 공양왕에 이르는 왜구 침구내용(1352-1392)을 중심으로 왜구침구 서술의 특징을 살펴볼 것이다.

162 이영의 『잊혀진 전쟁 -왜구』(2007)는 본고의 전개과정에서 부분적으로 인용되거나 참조할 것이기 때문에 여기에서는 『왜구토벌사』의 왜구침구 내용을 중심으로 분석할 것이다. 이외에도 김상기의 『신편 고려시대사』(1985)의 부록에도 왜구침구 기록인 '왜구관계표'가 실려 있다.

전투(1364.3.22), 공주전투(1376.7), 착량전투(1377.2), 경상도전투(1377.3.), 지리산 전투(1377.5), 평주전투(1377.9.), 합포전투(1379.4.), 황산대첩(1380. 8.), 함주전투(1385. 9.), 남원전투(1388) 등이다.[163]

또한 대대적인 왜구의 침구 사실에 비해 그 내용이 전혀 기술되어있지 않은 왜구침구의 예도 발견된다. 왜구 130척이 침구했던 김해부 의창전투(1377.11.)와 왜구 1백 척이 침구했던 결성, 홍주전투(1380.5.)가 그 예이다. 더욱이 각 침구지역과 출정 장수의 관직 또한 통일성이 없고 대부분의 경우 대표 장수의 이름만이 나열되는 특징도 보인다.

아울러 왜구토벌에 참여했던 참여자의 이름이 생략된 채 직명만 기술된 예도 발견된다: 전라도 도순문사 휘하(1352.7.2.), 합포만호(1352.7.17.; 1353.9.2), 경상도 도순문사 휘하(1353. 10.14.) 등이다.

또 다른 왜구침구 서술의 특징은 왜구토벌에 참여했던 참여자 관직의 종류가 다양하며, 전라도 11종(20명), 양광도 9종(19명), 경상도 7종(16명) 순이다. 이것은 이 세 지역에 왜구침구가 가장 많았으며, 특히 전라도지역에 왜구의 침구가 가장 심했다는 사실을 입증한다. 그런데 비슷한 시기에 왜구가 이 세 지역을 집중적으로 침구했음에도 불구하고 왜구토벌에 참여했던 참여자들의 관직명과 그 숫자에서 차이가 있다. 도순문사, 도원수, 도진무, 부원수, 수군도만호, 절제사, 조전원수는 이 3도에 출정했던 책임자들의 공통 관직명으로 보이나 양광도엔 만호직이 없는 대신 관찰사와 상원수, 안무사의 직명이 보인다. 특히 전라도에는 방어사(전라양광), 안렴

163 『왜구토벌사』, 77, 99, 104, 108-109, 132, 299, 306쪽.
더욱이 사서에 기록된 591회의 왜구침구 중에서 왜구의 인원수를 명확히 알 수 있는 침구는 51회이며, 왜구의 선박수가 기록된 침구는 25회에 불과하다.
이영, 앞의 책, 66~71쪽 참조.

사, 진변사, 추포부사라는 다른 도에서는 찾아볼 수 없는 특별한 관직명도 확인된다.

이처럼 동일한 시기 왜구침구가 극성을 부렸던 경상, 양광, 전라 3도에서조차 왜구를 토벌하기 위해 출정했던 참여자의 관직명이 서로 다르다는 사실을 알 수 있다. 양광전라경상도의 왜구의 방어를 위한 특별 관직인 순찰사(양광전라경상도), 지휘사(양광도전라도), 지휘사(양광전라경상도), 왜적체복사(양광전라) 등의 특별 관직이 제수되었음도 확인된다. 이것은 사서의 왜구침구 서술이 완벽한 서술이 아니라는 것을 보여준다.[164]

마지막으로 김성우의 관직인 왜구토벌에 관련된 만호부에 관한 사서 서술의 특징을 살펴보면, 1350년 2월 합포 천호 최선(崔禪)을 시작으로 1351년 8월 만호 원호(元顥)와 인당(印瑭)의 이름이 등장한다.[165] 이어서 1352년 전라도 만호 류탁과 만호 인당 그리고 1352~3년 이름을 알 수 없는 합포만호가 또다시 등장한다.[166] 이것은 1356년 공민왕이 정당문학 이인복(李仁復)을 원나라에 보내 5만호부제 폐지를 요청할 때까지[167] 왜구방비를 위해 설치된 전라도만호부와 합포만호부가 존재하였고[168], 이 만호부의 최고사령관인 도만호가 상주하였음을 입증한다.[169]

164 이러한 사실은 왜구침구와 주요 출정 참여자에서도 확인된다. 앞에서 살펴본 것처럼 왜구토벌에 참여했던 책임자의 관직명도 도원수, 도순문사, 도만호, 만호, 병마사 등 다양하다. 아울러 고려시대 서반직 은 상장군, 장군, 산원의 직명이 등장하지만, 대부분의 경우 왜구토벌 당시 제수된 관직명이다.

165 『고려사절요』 제26권, 충정왕 2년 2월조 & 충정왕 3년 8월조.

166 『고려사절요』 제26권, 공민왕 1년 1월조 & 7월조.

167 『고려사』 세가 39, 공민왕 5년 10월 무오조.

168 최근성, 앞의 논문, 71쪽.

169 『고려사』 지31, 백관2 제사도감각파 순군만부호조: "有 都萬戶 上萬戶 萬戶 副萬戶 鎭撫千戶 提空." 또한 유성원(柳誠源)이 지은 의금부제명기(義禁府題名記)에 "고려 때에는 순군만호부(巡軍萬戶府)라 하고서 도만호(都萬戶), 상만호(上萬戶), 부만호(副萬戶), 진무천호(鎭撫千戶)를 두어 이를 관장하게 하다가..."라는 기록도 확인된다. 『신증동국여지승람』 제2

▶ 왜구토벌에 참여한 만호부 소속 인물의 출정기록(충정왕-공양왕조)

년도	월일	왜구침구	출정지역 만호부 관직명
1350	2.	고성, 죽림, 거제	합포 천호 최선
1351	8.	자연도, 삼목(인천)	만호 원호, 만호 인당
1352	1.	만덕사	전라도 만호 유탁
	7.7.	경기연해	만호 인당
	7.17.	합포	합포 만호(이름부재)
1353	9.2.	합포	합포 만호(이름부재)
1372	6.27.	함주, 북청주	함주, 북청주 만호 조인벽
1373	7.6.	강화도	강화 만호 하을지, 한양윤, 신렴 등
	9.19.	서해도	서해도 만호 허자린
1374	4.23.	목미도	서해도 만호 이성 등
1377	6.	제주도	전라도 수군 도만호 정룡, 윤인우 등
	7.	제주도	전라도 수군 도만호 정룡 등
1379	4.	합포	만호 정룡, 윤송
	5.	영청현	안주만호 최원지
1384	11.	수원	해도만호 윤지철 등
1385	7.	서해안	해도만호 정룡, 윤지철 등
	9.	함주	함주 청주 상만호 황희석
1392	2.	경상구라도	만호 이흥인, 경상 수군만호 차준

이후 1372~1374년에는 함주, 강화, 서해도 만호의 활약상이 보인다. 예컨대 1372년 6월 왜적이 함주와 북청주를 침구하자 만호 조인벽이 복병으로 크게 물리쳐 70여 명을 베었고, 그 공으로 봉익대부를 제수 받았다.[170] 함주만호부는 홍건적과 왜구침구에 대비해 공민왕이 1358년 동북면의 함

권, 경도하(京都下) 문직공서 의금부조 참조.
170 『고려사』 권 제43, 공민왕 6년 6월 임인조.

주에 설치한 만호부이다.[171] 아울러 1377년에 수군만호부의 최고사령관인 수군도만호직이 처음으로 등장한다. 앞서 살펴본바와 같이 수군만호부는 1374년 정지 등의 상서로 설치된 이래 1387년에는 경상도 통양포에 1390년 이후에는 양광, 경상, 전라 등의 해도 및 조운처에 집중적으로 수군만호가 배치되었다.[172] 따라서 앞서 살펴본 해도, 경상도의 만호, 상만호 등의 출정은 이를 뒷받침한다. 그런데 경상도지역에서 만호부의 행적은 1352-1353년 합포만호의 행적이후 39년 후인 1392년에 경상도 구라도 침구에서 단 한 차례 확인된다.[173] 또한 1374년 수군만호부가 설치되었음에도 1375-1376, 1378, 1380-1983년에는 왜구토벌에 참여한 만호부의 행적은 찾아볼 수 없다.[174]

더욱이 공민왕이 만호부 폐지를 건의한 1356년까지 1352~3년 사이에 전라도만호부와 합포만호부의 활동이 확인되지만 최고사령관인 도만호 관련 기사가 발견되지 않으며, 단지 전라도 만호 류탁과 이름을 알 수 없

171 『고려사』 지12, 지리3 동계함주 대독부조.

172 최근성, 앞의 논문, 86쪽.

173 1379년 4월 왜구가 합포에 침구하자 원수 우인열이 왜구 4명을 참살한 반면 고려군 80여 명의 사상자가 나왔다. 이에 고려조정은 평리상의 한방언, 밀직상의 김용휘, 동지밀직 경의를 양광전라경상도 조전원수로 임명하여 왜구토벌에 참여하도록 하였다. 찬성사 양백연, 지밀직사사 홍인계를 각각 독전사 및 부사로 임명하여 총괄지휘하는 한편 만호 정룡, 윤송으로 하여금 전함 20척을 이끌로 현지로 신속히 이동하여 왜구를 추격하도록 하였다. 이로 미루어 이 합포 전투에 출격한 만호 정룡은 전라도수군도만호로 추정된다. 『왜구토벌사』, 124쪽.

174 참고로 도만호에 관한 사서의 기록은 1360년(공민왕 9)에 안주(安州) 도만호 안우(安祐), 1371년(공민왕 20)에 서경 도만호 안우경(安遇慶), 1388년(우왕 14)에 도만호 왕복해의 기록(이상 『고려사절요』)이 발견된다. 사서의 기록에는 없지만 조선전기 지리지 등에서 교주강릉도(交州 江陵道) 도만호 황상(黃裳)(『신증동국여지승람』 제32권)과 강계(江界) 도만호 심덕부(沈德符)(『연려실기술』 제2권)의 이름도 발견된다.
『고려사절요』 제27권, 공민왕 9년 1월 갑진일조, 제29권, 공민왕 20년 9월조, 제33권, 우왕 14년 1월 병자일조와 (『신증동국여지승람』 제32권, 경상도, 창원도호부(昌原都護府) 인물조, 『연려실기술』 제2권, 태조조 고사본말을 각각 참조.

는 합포만호의 기사가 발견된다. 또한 1374년 수군만호부가 설치되었음에도 1377년 6월과 7월 두 차례의 전라도수군만호부의 행적만이 발견되고, 이후 등장하는 만호부 직제 중 상만호, 만호직만이 발견된다. 특히 이 시기 대대적인 왜구침구에도 불구하고 보령현의 왜구침구 기사는 1381년 11월과 1383년 8월 두 차례의 간략한 기사가 전부이다. 그런데 보령현 〈고만량〉의 왜구침구에 관한 기사가 조선개창 직후인 1393년 3월과 5월의 『태조실록』에서 잇달아 발견된다. 이런 점에서 다음의 보령현 왜구침구에 관한 1381년 11월과 1383년 8월의 『고려사』와 1393년 3월과 5월의 『태조실록』의 기사는 시사하는 바가 크다.

고려	조선
『고려사』	『태조실록』
왜적이 보령현에 침입하였다.[172]	도평의사사에서 형조의 정문(呈文)에 의거하여 아뢰었다. "고만량 만호(高灣梁萬戶) 신용무(申用茂)가 왜구(倭寇)를 능히 방어하지 못하고 병선(兵船) 3척을 빼앗겼사오니, 율(律)에 의거하면 참형(斬刑)에 해당됩니다." 그대로 따랐다.[173]
왜적이 옥주현, 보령현을 등을 함락시켰다.[174]	왜적(倭賊)의 배 13척이 고만량(高灣梁)에 침구하니, 만호(萬戶) 최용유(崔用濡)가 힘을 다하여 싸우다가 그 두 아들과 전사하였으므로, 왜적이 배 5척을 빼앗아 갔다. 임금이 용유(用濡)가 죽었단 말을 듣고 탄식하며 말하기를, "국가에서 근심하는 바가 왜적보다 심한 것이 없다." 하면서, 명하여 더욱 연해(沿海)의 진수(鎭戍)를 방비하게 하였다.[175]

따라서 왜구침구가 절정에 달했던 고려 말에 보령현의 왜구침구가 1381년 11월과 1383년 8월 단 두 차례였다는 사서의 기록을 전적으로 신뢰하

175 『고려사』 권 제113 우왕 7년 11월조.
176 『태조실록』 태조2년 3월 경신조.
177 『고려사』 권 제135 우왕 9년 8월조.
178 『태조실록』 태조2년 5월 신해조.

는 데는 무리가 따른다고 본다.[179]

(3) 대왜(對倭) 4대첩 비교 검토

사서에 기록된 고려 말 왜구와의 4대첩은 홍산대첩[180], 황산대첩[181], 진포대첩[182], 남해대첩[183]이다. 이상의 고려 말 왜구와의 4대첩은 다음과 같이 도표화 할 수 있다.

홍산대첩비(1977)(충남 부여군 홍산면 태봉산 정상)

179 이 점에 대해서는 '보령현 왜구침구 기록의 검토'에서 상세하게 살펴볼 것이다.
180 『고려사』 권 제113, 열전 제26, 최영 전. 『고려사절요』 제30권 우왕 2년 가을조.
181 『고려사』 권 제134, 열전 제47, 우왕 6년 9월조. 『고려사절요』 제31권 우왕2년 9-10월조.
182 『고려사』 권 제126, 열전 제39, 변안열 전. 『고려사절요』 제31권 우왕6년 8월조.
183 『고려사절요』 제32권 우왕 3년 5월조.

▶ 대왜 4대첩

번호	전투명(년도)	전투지역	참여자 이름	출정 당시 관직	출정 후 제수된 관직
1	홍산대첩 (1376.7)	부여홍산	최 영 (1316-1388)	판삼사사	시중 철원부원군
			최공철 (? -1390)	양강도 도순문사	회군공신
			강 영 (1351-1413)	조전원수	원수
			박수년 (? -1386)	양광도 병마사	보안군
2	황산대첩 (1380.9)	전라도	이성계 (1335-1408)	양광, 전라, 경상도순찰사	문하시중
			이지란 (1331-1402)	밀직사	개국1등 공신
3	진포대첩 (1380.8)	충남 서천 금강하구	최무선 (1325-1395)	부원수	정헌대부겸교참찬문하부사 증영성부원군
			심덕부 (1328-1401)	도원수	상원수, 회군공신
			나세 (1320-1397)	상원수	문하평리
4	남해대첩 (1383.5)	남해 관음포	정지 (1347-1391)	해도원수	회군2등 공신

위 도표에 따르면, 왜구는 1376년부터 1383년 사이에 우리나라를 집중적으로 침구해 약탈하였다. 아울러 4대첩의 승자는 대부분 이성계의 조선개창(1392년) 이전에 자연사했거나 조선개창에 적극 가담하였다.[184] 또한 이들 중에는 이성계의 위화도 회군에 참가한 회군공신이 많다.

184 최영은 1388년 이성계에 의해 죽임을 당했으며, 박수년은 이성계의 조선건국 전인 1386년에 사망했다. 정지는 1391년에 사망했으나 이성계의 위화도 회군에 참여하여 회군공신 2등을 이미 제수 받은 후였다.

진포대첩 기념비(1999)(금강 하구둑)

마지막으로 4대첩은 전라도, 경상도, 남해, 충청도 내륙을 포함하는 지역에서 벌어진 전첩으로 그 내용이 다른 왜구침구와는 달리 다음과 같이 비교적 상세하게 기술되어 있다.

▶ **대왜 4대첩 비교 분석**

		홍산대첩	황산대첩	진포대첩	남해대첩
년도		1376	1380	1380	1383
장수이름		최영 등	이성계	최무선 등	정지
적장이름			아지발도		
선단	고려				47척
	왜구			500척	120척
인원	고려				
	왜구		아군의 10배		2800명 이상

전과	화살		이성계 대우전 20발, 유엽전 50발	최초로 화약사용	
	사상자		이성계 왜구 8명 사상		병마사 윤송 사망
	도주		왜구 70여명 도주		
	생환			고려백성 330명	
	노획물	병기	무수한 병기 말 1600여필	병기	
하사품		술, 옷, 안장, 말	금 50냥	금 50냥	
묘사내용		삼면이 모두 절벽이고 오직 한길만이 통할 수 있자 장수들이 겁내 전진하지 못함. 최영이 앞장서자 적 한명이 최영의 입술을 맞힘. 크게 깨트려 사로잡고 베어 섬멸함.	상세한 지리묘사(남원-운봉-정산봉). 왜구의 기예부대 세 번 모두 무찔러 섬멸. 적장 아지발도와의 대적의 상세한 묘사. 이성계가 말하길 "겁나는 사람은 물러가라. 나는 적에게 죽겠다" 하니... 형식의 대화인용. 냇물이 피로 물들어 6,7일간 물을 마시지 못함.	왜구가 노략질하니 시체가 산과 들에 덮히고 곡식을 운반하느라 땅에 쏟아진 쌀이 한자 부피. 왜적이 거의 타죽거나 바다에 빠져 죽음.	전함 47척으로 적선 120척과 전투해 17척 불태움. 정지가 군사를 독려해 적선 17척을 불태우니 뜬 시체가 바다를 덮음.

위의 표에서 이성계의 황산대첩을 제외한 나머지 대첩의 묘사는 '대첩'이라는 어의와는 달리 서술의 단순성이 확인된다. 특히 1376년 부여 홍산[185]의 태봉산에서 치러진 홍산전투는 "적 한 명이 최영의 입술을 맞혔고, 이에 적을 사로잡아 베었다"고 묘사되어 있다. 또한 500여 척의 배로 침구

185 김성우의 4째 손자인 김흥로의 후예들이 최영의 홍산전첩이 있었던 홍산 지역에서 대대로 세거해왔고 이들의 묘산 또한 이 지역에 위치한다. 김성우가 왜구와의 전투 당시 보검을 얻었다고 전해지는 '비도산'이 부여 홍산에 위치한다는 점 또한 주목된다.

하여 최무선 등이 활약한 1380년 진포대첩은 그 규모에 비해 "왜적이 거의 타죽거나 바다에 빠져죽었다"고 서술하고 있고, 1383년 정지의 남해대첩 또한 "시체가 바다를 덮었다."라고 서술하고 있다. 반면에 1380년 이성계가 참여한 황산전투는 적장인 아지발도의 이름은 물론 상세한 지리묘사와 적장 아지발도와의 대적하는 모습을 중간 중간에 이성계의 독백까지 인용하면서 상세하게 기술하고 있어 대조적이다.[186]

특히 이성계의 황산대첩은 개창세력들에게 시작(詩作)의 좋은 소재가 되었다. 윤소종(尹紹宗)(1345-1393)[187]은 "왜구가 발동한 지 30년, 인월(引月)의 일전(一戰)에서 한단(邯鄲 꿈속의 일)의 싸움처럼 전멸을 시켰네. 장군은 급히 창 들고 철마(鐵馬)에 뛰어 오르니, 황금 갑옷이 석양빛에 반짝이네. 기운은 산을 뽑을 만하고 담력은 말[斗]만큼이나 크도다. 나라에 바친 일신은 기러기 털처럼 가볍게 여기니, 구구한 관악(管樂)을 어찌 족히 비기리오. 복건으로 집에 돌아와 주자(朱子)와 정자(程子)를 스승하리, 주자 정자의 학

---

186 특히 이성계의 황산대첩에 대한 한일 역사가들의 역사관은 아주 상이하다. 이영에 따르면 일본의 왜구 연구자들은 황산대첩에 대해 다음과 같이 의견을 제시하고 있다고 한다. 아오야마 고료(青山公亮)는 이성계의 분투(奮鬪)에 관한 서술에서 명백하게 그의 활약상을 돋보이게 하고자 하는 의도가 있다고 보면서 『고려사』, 『고려사절요』, 『조선왕조실록』 등이 조작됐다는 견해이다. 또한 다나카 다케오는 이성계의 공적을 크게 보이기 위해 상당히 윤색한 것이며, 마치 한권의 에마키모(繪卷物, 족자그림)를 보는 것 같다고 보고 있다는 것이다. 한편 김상기는 이성계의 황산대첩이 최영의 홍산대첩과 더불어 가장 유명한 고려 말 왜구전첩으로써, 이성계는 이 전투로 말미암아 신흥 군벌세력은 확고한 토대를 구축하고 구세력을 대표하는 최영과 어깨를 나란히 함으로써 자신의 정치적 입지를 굳히는 계기가 되었다고 보고 있다. 또한 박용운을 비롯하여 국방과학연구소의 『왜구토벌사』에서도 황산대첩의 군사적, 역사적 의의를 강조하고 있다.
이영, 앞의 책(284-289쪽) 및 김상기, 「고려말기의 동태」, 『신편고려시대사』, 서울대학교 출판부, 1985를 비롯하여 한용운, 「권문세족과 신진사류의 사회」, 『고려시대사』, 일지사(1987)와 국방과학연구소, 『왜구토벌사』(1993)를 각각 참조.

187 자는 헌숙(憲叔) 호는 동정(桐亭)이다. 1388년 이성계의 위화도 회군 당시 동문 밖에 나가 이성계를 영접하였다. 조선개창 후 병조전서로 『고려사』의 수찬에 참여했다. 회군공신 3등으로 동지춘추관사 등을 겸직했다.

문으로 이윤(伊尹)과 주공(周公) 되어 만세에 태평을 열어주소"[188]라며 황산대첩을 찬양하고 있다. 또한 정도전(鄭道傳)(1342-1398)[189]은 「궁한 짐승이 달아나다(窮獸奔)」[190]란 시에서 "경신년(1380) 가을에 우리 태조는 왜적을 지리산에서 만나 싸워 크게 깨뜨리니 왜적은 이로부터 감히 육지에 올라 소란을 부리지 못하여 백성들이 편안하였다"라고 읊고 있으며, 권근(權近)(1352-1409)[191] 또한 "이상국의 인월 개선(凱旋)에 대한 축하 시에 차운하여 두 수를 지었는데, 그 하나는 공의 아들 이랑(二郞)을 위하여 지었다"[192]에서 황산대첩을 찬양하고 있다. 이외에도 김종직(金宗直)(1431-1492)[193]은 「윤료가 또 함양군 지도를 작성하였기에 그 위에다 절구 아홉수를 쓰다」[194]라는 시에서

188 『신증동국여지승람』 제39권 운봉현조.

189 자는 종지(宗之) 호는 삼봉(三峰)이다. 이성계의 조선개창 핵심 주역으로 고려말기의 사회모순을 해결하고 이를 실천하기 위하여 새로운 왕조를 개창했다. 각종 제도의 개혁과 정비를 통해 조선왕조 500년의 기틀을 다져놓았으나 이방원에 의해 피살되었다.

190 정도전, 『삼봉집』 제2권, 악장(樂章).

191 자는 가원(可遠) 호는 양촌(陽村), 시호는 문충(文忠)이다. 조선개창 후 이성계의 명으로 1393년 정총(鄭摠)과 함께 정릉의 비문을 지었고 개국원종공신으로 화산군에 봉군되었다. 1401년 태종 즉위 후 좌명공신의 호를 받고 길창군(吉昌君)에 피봉된 후 찬성사를 거쳐 대제학에 이르렀다.

192 권근, 『양촌집』 권3, 한국문집총간, 한국고전번역원.

193 자는 계온(季昷) 호는 점필재(佔畢齋), 시호는 문충(文忠)이다. 1459년 식년문과에 급제하여 지중추부사에까지 이르렀다. 문장과 경술에 뛰어난 영남학파의 종조로 그의 문하에서 김굉필(金宏弼), 남효온(南孝溫) 등이 배출되었다. 세조의 왕위 찬탈을 비판하는 조의제문을 지어 『성종실록』 편찬에 참여할 때 실었다가 무오사화 때 부관참시를 당했으며, 그의 문집이 모두 소각되고 김일손(金馹孫) 등 많은 제자가 죽거나 귀양을 갔다. 숙종 때 송시열과 김수항의 건의로 영의정에 추증되었다. 저서에 『점필재집(佔畢齋集)』 등이 있다.

194 김종직, 『점필재집』 제8권, 한국고전번역원.
김종직의 또 다른 이성계의 황산대첩을 칭송하는 「팔라현(八羅峴)」, 「황산(荒山)」, 「유두유록(遊頭流錄)」이 전하고 있다. 『점필재집』 제7권, 제8권, 문집 제2권 참조.
목은 이색 또한 「제장이 도성에 들어오다(諸將入城)」외 5편의 황산대첩에 관한 시를 남기고 있다(이색, 『목은시고』 제26권). 이로 미루어 황산대첩에 관한 시를 지을 때까지만 해도 이색과 이성계의 관계는 좋았다고 보여진다. 이색과 이성계의 관계는 '윤이 · 이초 사건' 이후 흔들렸고, 조선개창 이후 개창세력과 불편한 관계에 놓이게 되었음을 알 수 있다. 이영, 앞의 책 287-288쪽.

이성계의 황산대첩을 칭송하고 있다. 이처럼 왜구와의 4대첩 중에서 이성계의 황산대첩에 대한 서술과 개창세력들의 찬양은 단연 돋보인다.[195]

이런 점에서 다음의 1389년 2월조의 『고려사』와 『고려사절요』의 기사가 주목된다.

▶ **1389년 2월조 기사 비교**

『고려사』	『고려사절요』
경상도 원수 박위가 대마도를 공격했다.[183]	경상도원수 박위(朴葳)가 병선 1백 척을 거느리고 대마도를 쳐서 왜적의 배 3백 척과 막사를 불살라 거의 없애 버렸다. 원수 김종연(金宗衍)·최칠석(崔七夕)·박자안(朴子安) 등이 잇달아 이르러 사로잡혀 갔던 백성 1백여 명을 찾아 돌아왔다. 창왕이 박위에게 의복과 안장 갖춘 말과 은정(銀錠)을 하사하여 권장(勸奬) 위유(慰諭)했다. 사람들은 말하기를, "박위는 막사와 배만 불살랐을 뿐이고, 포로를 빼앗은 사실은 없다." 하였다.[184]

흔히 '박위의 대마도 정벌'로 알려진 위의 『고려사』의 기록에는 경상도 원수 박위 혼자 대마도를 공격한 것으로 서술되어있다. 하지만 『고려사절요』의 기록에서는 박위 이외에도 김종연, 최칠석, 박자안 등이 이 원정에

195 앞서 설명한바와 같이 황산대첩의 경우 서술에 모순이 있어 보인다. 왜냐하면 노획한 말의 숫자가 1600여 필이나 되는 대 전투였음에도 불구하고 이성계가 70여명의 왜구를 살려 보냈다는 서술은 쉽게 이해되지 않기 때문이다. 진포구에서 이동한 한 집단의 왜구의 수는 50명이 채 안 되는 소규모 집단이었을 것이다. 아무리 무예가 뛰어나고 기동력을 갖춘 왜구라 할지라도 이 적은 무리의 숫자로 고려군의 저항을 받으며 인월역까지 무사히 이동하는 것이 첫 번째 어려움으로 보인다. 또한 말 1600여필을 노획할 정도의 대 전투였음에도 70여명이 살아남았다는 것은 전후 맥락상 설득력이 부족해 보이는 건 아닐까?

196 『고려사』 권 제137, 열전 제50, 우왕 5년 2월조

慶尙道元首朴威 擊對馬島.

197 『고려사절요』 제34권, 공양왕 1년 2월조

慶尙道元帥朴葳 ,以兵船一百艘 ,擊對馬島 ,燒倭船三百艘廬舍殆盡 ,元帥金宗衍 ,崔七夕 ,朴子安等 ,繼至搜被虜民百餘以還 ,昌 ,賜葳衣服鞍馬銀錠 ,■諭之 ,人以爲葳 ,但燒廬舍 ,舟楫 ,實無俘獲.

참가한 것이 확인된다. 또한 창왕이 박위의 공훈을 기려 의복과 말 등을 하사했으나, 사람들은 박위의 공적이 크지 않았다고 평하였음도 확인된다. 그런데 『고려사』에 대마도 공격에 홀로 참가한 것으로 서술되어있는 박위는 이성계, 심덕부, 설장수, 정도전 등의 조선개창 세력과 함께 공양왕을 추대한 인물이고 최칠석은 절의를 지킨 두문제현중의 한 사람이라는 사실이 주목된다.[198] 이것은 사서의 기록에서 한 인물의 행적에 관한 서술이 어떻게 달라지는지를 보여주는 예로 볼 수 있다.

2) 윤이(尹彛) · 이초(李初) 사건(1390)

김성우 가계의 특징은 증조인 김주정이 만호를 제수 받았고 김주정의 아들 김심이 만호를 세습하였고, 김주정 이래 왜구토벌과 밀접한 관계가 있다.

▶ **고려 말 김성우 가계도**

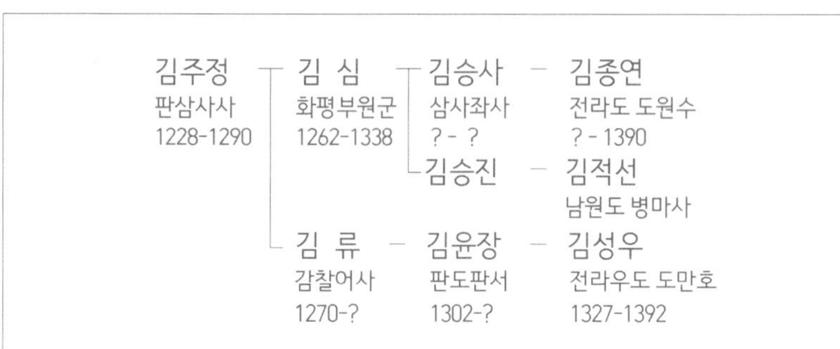

198 『고려사』 권 제45, 세가 제45 공양왕 1년.

김성우의 6촌 김종연[199]은 증조인 김주정과 마찬가지로 제1차 쓰시마정벌을 단행한 무신으로 왜구토벌에서 혁혁한 공을 세웠다. 1388년(우왕 17) 7월 전라도부원수로서 광주지방에 침입한 왜구를 격퇴하였으며, 전라도절제사와 전라도원수 등을 역임하면서 왜구와의 싸움을 지휘하여 구례 등지에서 크게 승리하였다. 1389년(창왕 1) 원수가 되어 최칠석(崔七夕), 박자안(朴子安) 등과 쓰시마섬 정벌에 참여하여 큰 전과를 올리고 고려인 남녀 100여 명을 데리고 돌아왔다.[200] 그러다가 1390년(공양왕 2) '윤이(尹彛) · 이초(李初) 사건'에 연루되어 그 해 12월 조선개창 세력에 의해 죽임을 당했다. 그리고 1391년 7월 이 사건 연루자에 대한 논의를 청하는 상소문이 이어졌고 다음해 김성우가 전적지인 보령에서 자결(自決)하였다. 그런데 왜 김성우는 전라도 도원수로 왜구토벌에 혁혁한 공을 세운 6촌 김종연이 윤이 · 이초 사건으로 조선 개창세력에 의해 숙청된 후 자결하였을까? 이러한 김성우 행적의 이해를 위해서는 윤이 · 이초 사건의 검토가 필요하다.

1389년(공양왕 1) 이성계 일파는 창왕을 폐하고 공양왕을 추대한 뒤 계속하여 권문세족을 비롯한 자기의 반대파를 탄핵하여 제거하기 시작했다. 그러던 중 1390년(공양왕 2) 5월 명나라에 사신으로 갔던 왕방(王昉)과 조반(趙胖) 등이 돌아와 파평군이라고 사칭하는 윤이와 중랑장 이초가 명나라 황제에게 가서 다음과 같이 보고했다는 사건이 발생한다.

> 이 시중이 왕요(王瑤)를 세워 임금으로 삼았는데 왕요는 왕족이 아니고 그 인척일 따름입니다. 그리고 왕요는 이 시중과 함께 군사를 동원하여

---

199 김종연의 출생 연대는 확인되지 않지만 할아버지 김심이 1262년 태생이고 고종 6촌 목은 이색이 1329년 태생임을 고려할 때, 1320년대에 태어난 것이 확실하다.

200 이영은 이 대마도 정벌에 김성우도 김종연과 함께 참가했다고 보고 있다. 이영, 앞의 논문, 33쪽.

중국을 침범할 것을 계획하고 있습니다. 그래서 재상 이색 등이 반대하였더니 곧 이색 등 10명을 살해하고 우현보 등 9인을 멀리 귀양 보냈습니다. 그래서 귀양가있는 재상들이 우리들을 비밀히 파견하여 황제에게 고합니다. 친왕이 천하의 군사를 동원하여 토벌하기 바랍니다.[201]

이같은 말을 전해들은 명나라 예부관이 윤이와 이초가 언급한 이색(李穡)(1329-1396)[202], 조민수(曺敏修)(?-1390)[203] 등의 이름을 왕방과 조반에게 보여주면서 빨리 돌아가 고려의 왕과 재상에게 알리고 문서에 언급되어있는 사람들을 잡아 조사해보라고 했다는 것이다. 이 사실이 고려의 조정에 전해지자 이미 이성계의 손발이 되어 움직이던 대간(臺諫)들은 교대로 상소하여 그들을 국문하라고 요구했다. 하지만 이 사건을 일으켰다는 윤이와 이초라는 인물이 그런 일을 저지를 만한 사람이 못 되었을 뿐 아니라 그 내용도 미덥지 못한 점이 많았다. 따라서 공양왕은 이러한 점을 감안하여 사건의 처리를 유보하지만 이때 문서에 이름이 적혀있던 김종연이 도망하는 사건이 발생하였다.

무술일 밤에 김종연이 도망하므로 경내를 크게 수색하였다. 국가에서

---

201 『고려사』 권 제45, 세가 제45 공양왕 1년 5월조.
『고려사절요』에는 이색, 조민수, 이임, 변안열, 권중화, 장하, 이숭인, 권근, 이종학, 이귀생 등을 살해하고, 우현보, 우인열, 정지, 김종연, 윤유린, 홍인계, 진을서, 경보, 이인민 등을 귀양보냈다고 기록되어있다. 『고려사절요』 제34권, 공양왕 1년 5월조 참조.

202 자는 영숙(穎叔) 호는 목은(牧隱)이다. 찬성사 이곡(李穀)의 아들이며, 이제현의 제자이자 정도전, 유창 등의 스승이었다. 『목은문고(牧隱文藁)』와 『목은시고(牧隱詩藁)』 등이 있으며, 시호는 문정(文靖)이다.

203 1361년 순주부사로 홍건적을 물리쳤고, 우왕대에 경상도순문사로 김해, 대구 등지에서 왜구를 격퇴하였다. 1388년 요동정벌군의 좌군도통사로 이성계와 함께 위화도회군에 참여했고 1389년 개창세력 주도의 전제개혁을 반대하여 창녕에 유배되었다가 서인으로 강등되고 1390년 유배지 창녕에서 죽었다.

처음 조반의 말을 듣고 추국을 하고자 하면서도 의심하고 주저하여 결정하지 못하였는데, 지용기가 김종연과 잘 지내므로 김종연에게 비밀히 "공의 이름이 윤이와 이초의 글 속에 있으니 공이 위태로울 것이다"하니 김종연이 두려워하여 도망하였다.[204]

이에 윤이와 이초의 보고 내용이 사실일 것으로 판단됨에 따라 큰 옥사가 일어났다. 이것이 1390년 5월에 일어난 윤이·이초 사건의 전말이다. 이 사건으로 우현보, 권중화, 경보, 장하, 홍인계, 윤유린 등을 순군옥에 가두어 국문하고 이색 등은 청주에서 국문하게 함으로써 반이성계파의 거두들은 거의 제거되었다. 그 후 윤이와 이초가 무고를 한 것으로 밝혀짐에 따라 유배되었던 사람들은 석방되었지만 이들은 이후로도 관직에 복귀하지 못하고 대부분 실각 당했다.

이상에서 알 수 있듯이, 이 옥사는 고려왕실에 충성하려는 훈구파와 조선개창세력 사이의 암투였다.[205] 고려왕실을 옹호했던 대부분의 반 이성계 세력인 이색, 조민수, 이림, 변안열, 권중화, 장하, 이숭인, 권근, 이종학, 이귀생, 우현보, 우인렬, 정지, 김종연, 윤유린, 홍인규, 진을서, 경보, 이인민 등 30여 명의 이름이 이 옥사에 등장하기 때문이다. 그런데 이들은 대부분이 고려 말의 권문세족이거나 왜구격퇴 등을 통하여 군사력을 장악하고 있던 무신들이다. 이들 중에서 이색을 비롯하여 지용기, 정지, 변안열 등의 면모를 통하여 김종연과의 관계를 살펴보기로 하자.

---

204 『고려사절요』 제34권, 공양왕 2년 5월조.

205 조계찬, 「조선건국과 윤이·이초 사건」, 『이병도 박사 구순 기념 사학논총』, 지식산업사, 1987, 457쪽.

▶ **김종연과 주변 인물들의 행적비교**

<table>
<tr><th colspan="2"></th><th>김종연</th><th>지용기</th><th>정 지</th><th>변안열</th><th>이 색</th></tr>
<tr><td colspan="2">생졸</td><td>1320?-1390</td><td>?-1392</td><td>1347-1391</td><td>1334-1390</td><td>1328-1396</td></tr>
<tr><td colspan="2">주요관직 및 행적</td><td>전라도 도원수</td><td>전라도도원수 위화도회군</td><td>전라도순문사 해도원수 위화도회군</td><td>전라도 조전원수</td><td>문하시중</td></tr>
<tr><td colspan="2">왜구토벌 지역</td><td>광주, 구례 쓰시마정벌</td><td>장흥, 사근내역, 반남, 응령</td><td>순천, 낙안, 진포, 관음포 쓰시마정벌</td><td>부령(나세와 함께) 황산전투(이성계와 함께)</td><td></td></tr>
<tr><td rowspan="2">이성계제거음모</td><td>윤이·이초 사건</td><td>연루</td><td>연루</td><td>연루</td><td></td><td>연루</td></tr>
<tr><td>김저 사건[193]</td><td></td><td></td><td>연루</td><td>연루</td><td>연루</td></tr>
</table>

위 표에 따르면, 이들은 문신이었던 이색을 제외하고 전라도 지역의 왜구토벌에 참여했던 고려 말의 무신들이다. 이들은 친 이성계파로 이성계의 위화도 회군을 도왔거나 그 곁에서 왜구토벌에 함께 참여하여 많은 공훈을 세운 무신이라는 공통점이 있다. 또한 이들 모두가 김종연과 돈독한 관계였고 특히 왜구토벌에서 함께 혁혁한 공을 세웠다는 사실이 확

206 김저(金佇)는 최영의 생질로 대호군을 지냈다. 1389년(창왕1) 최영의 측근인 정득후와 함께 강화도로 가서 폐위된 우왕을 만났다. 이때 우왕은 자신과 친했던 곽충보와 의논하여 이성계를 제거하라면서 칼 한 자루를 주었다. 김저는 우왕의 지시대로 곽충보와 모의했으나, 곽충보가 이 사실을 이성계에게 밀고함으로써 두 사람은 모두 잡혀 순군옥에 갇혔다. 정득후는 스스로 목숨을 끊었고, 김저는 그해 11월에 옥사했다. 이 사건으로 인해 김저가 옥중에서 공모했다고 자백한 변안열, 이림, 우현보, 우인열, 왕안덕, 우홍수 등이 모두 유배되었으며, 우왕은 강릉으로 옮겨지고 창왕은 폐위되었다. 김저 사건 또한 조선개창에 장애가 되는 모든 반대파들을 제거하는 수단으로 사용되었고, 무장들이 주요 숙청대상이었다.
이형우, 「고려 말 정치와 조선 건국」, 『고려 시대사의 길잡이』, 일지사, 2007, 346쪽.

인된다.

아울러 이들은 모두 이성계 제거 음모에 연루되어 반 이성계파로 몰려 결국 처형을 당하거나 유배되었다. 특히 변안열과 이색은 '김저 사건'(1389)에 김종연, 지용기, 정지는 윤이 · 이초 사건에 각각 연루되었다가 이성계의 조선개창세력에 의해 죽임을 당했다. 특히 이색을 제외한 나머지 무신들은 1390-1392년 사이에 모두 사망하였다. 이것은 이들 모두가 조선개창 이전에 이성계 일파에 의해 숙청되었다는 증거로 볼 수 있다. 그런 점에서 1390년 12월 이성계가 공양왕에게 다음과 같은 전문을 올려 사직을 청하는 것은 조선개창세력과 김종연 주변 인물들과의 관계를 잘 보여준다.

> (...) 금년 봄에는 윤이와 이초가 중국으로 도망하여 슬며시 황제를 우롱하여 친왕을 시켜 천하의 병력을 동원하도록 청했으며 사직을 바꾸려고 기도했습니다. 여기에서 김종연이 그 주모자인바 제발이 저려 도망했습니다. 이는 왕씨의 운명에 관계되는 것이며 제 자신의 이해에 상관되는 것은 아니었습니다. 그런데 범인을 감추고 또 고의로 놓아주는 사고가 있었으니 이는 반역도당의 배후에서 은근히 공모한 것이지마는 내가 가지고 있는 은총과 지위로 인하여 그렇게 된 것입니다. 생각하니 여기에 미칠 때 황송하기 그지없습니다(...)[207]

이성계가 위의 사직서를 올린 뒤 김종연은 바로 체포되어 이튿날 옥중에서 사망하였다. 그런데 위에서 열거한 사람들 가운데 김종연과 같은 당파로 지목되어 조선 개창세력에 의해 제거된 지용기의 경우 1388년 인주상원수로 출정하여 이성계의 위화도 회군을 도왔을 정도로 이성계와 아

---

207 『고려사』 권 제45, 세가 제45 공양왕1년 11월조.

주 가까운 사이였다.[208] 지용기는 다음해 이성계, 정몽주, 심덕부, 정도전 등과 함께 창왕을 폐하고 공양왕을 옹립하는 데 주도적 역할을 했다. 이어서 지용기는 이 공으로 문하찬성사로 발탁되었으며, 중흥공신녹권(中興功臣錄券)을 제수받고 충의군(忠義君)에 봉해졌다. 곧이어 판삼사사가 되었을 정도로 조정에서 막강한 권력을 행사하고 있었다.[209] 그런데 지용기는 김종연과 가까웠다는 이유로 '윤이 · 이초 사건'에 연루되어 삼척으로 유배되었다가 역모사건에 다시 휘말려 장지에서 죽는다.[210] 이성계의 최 측근 중의 한 사람이었던 지용기는 김종연 때문에 결국 죽임을 당한 것이다. 이들의 관계는 서경(평양)천호 윤구택(尹龜澤)이 이성계를 찾아가 밀고한 다음 내용에서도 확인된다.

> "김종연이 서경에 도망와서 나와 함께 군대를 발동시켜 당신을 모해할 것을 약속했 습니다. 김종연은 이미 비밀리에 송경(개성)에 들어와 시중 심덕부, 판삼사사 지용기, 이전 판자혜부사 정희계, 문하평리 박위, 동지밀직사사 윤사덕, 한양부윤 이빈, 나주도절제사 이무, 전주도절제사 진을서 및 강릉도 절제사 이옥, 이전 밀직부사 진원서, 이중화 등과 더불어

208 1388년 4월 요동정벌 당시 우군도통사는 이성계, 안주도원수는 정지, 상원수는 지용기였다. 또한 요동정벌에 나선 이들에게 우왕이 내린 금과 은으로 만든 술그릇 등의 하사품을 갖고 간 사람은 김종연 등이었다. 이로 미루어 이들의 관계는 아주 각별했다고 볼 수 있다. 『고려사』 권 제137, 열전 제50, 우왕14년 4월 신미일조.

209 『고려사』 권 제45, 세가 제45 공양왕 1년 경진일조.

210 『고려사』 권 제46, 세가 제45 공양왕 1년 무오일조. 『고려사』 권 제46, 세가 제46, 공양왕 2년 4월 무오일조.
이영은 윤이 · 이초 사건 당시 지용기가 생명을 무릅쓰고 김종연에게 기밀을 누설한 것으로 미루어 두 사람의 관계가 "친한 관계를 초월한 '특별한 친분관계'라고 보면서 김종연이 김성우를 포함한 자신의 사병조직을 이끌고 지용기의 우군(右軍) 또는 휘하세력으로 지용기의 왜구토벌을 지원한 것으로 보고 있다.
이영, 앞의 논문, 23~30쪽.

난을 일으킬 것을 음모하고 있습니다.(...)[211]

이같은 말을 전해들은 이성계는 심덕부와 함께 조유를 옥에 가두고 천호 정을방을 보내 김종연을 비롯한 주변인물을 구금하여 문초하기에 이른다. 따라서 '윤이 · 이초 사건'은 이성계를 비롯한 조선 개창세력들에게 김종연을 비롯한 조선개창에 반대되는 모든 세력을 모두 제거할 수 있는 빌미를 제공한 중요한 사건으로 볼 수 있다. 그러므로 이성계의 최측근으로 분류되는 지용기, 정지 등이 조선개창 세력에 의해 죽임을 당하거나 유배되었다는 사실은 우연의 일치가 아니다. 조선 개창세력들은 김종연을 비롯한 무장들을 제거한 후 계속해서 역성혁명에 반대하는 세력들을 제거해나갔다. 왜냐하면 무장들은 조선 개창세력의 중요한 숙청대상이었기 때문이다.

한편 온건파 신진사대부들 외에도 이 시기에 집중적으로 숙청당한 이들이 있었다. 바로 무장들이었다. 이성계 제거를 모의했다고 한 '김종연(金宗衍) 사건'에 연루되었다는 죄목으로 공양왕 옹립에 참여하여 9공신의 반열에 들었던 지용기, 박위를 포함한 정희계 등 많은 무장들이 명백하지 않은 이유로 숙청되었다. 이런 과정을 거쳐 군수통수권을 이성계 일파는 완전하게 장악할 수 있었다.[212]

그런데 1390년 12월 옥중에서 죽임을 당한 김종연의 시체를 각 도에 조리돌리고 그의 일당인 이방춘 등 7인을 참(斬)하거나 귀양 보내는 사건이

211 『고려사』 권 제104, 열전 제17 김주정 전.
212 이형우, 앞의 책, 346-347쪽.

일어났다.

> 김종연의 시체를 찢어서 각 도에 조리돌리고 그의 일당인 이방춘 등 7인을 참(斬)하였으며 박가흥(朴可興), 이중화(李仲和), 김식(金軾)을 먼 곳으로 귀양 보냈다.[213]

이어서 1391년 7월 5일에 김종연 사건 등 5죄 연루자에 대한 논의를 청하는 상소문이 올라오자 공양왕이 이에 따랐다.[214] 그리고 다음 해 7월에 이성계가 조선을 개창하였다.

3) 절의파와 김성우

앞서 살펴본바와 같이, 탄탄했던 김성우의 가계는 할아버지 김류와 아버지 김윤장으로 이어지면서 큰 굴곡을 겪는데 바로 이 시기가 원명교체기이다. 원명교체기에서 여말선초에 이르는 김성우 가계의 이러한 불안정은 조선개창에서 비롯되었다.

따라서 김성우 행적의 또 다른 이해를 위해서는 1390~1392년 사이에 일어난 절의파와 김성우와의 역학관계에 대한 검토가 필요하다.

김주정은 2남 2녀를 두었는데 1남은 김종연의 할아버지 김심이며, 2남은 김성우의 할아버지 김류이다. 장녀는 평양군 진석(陳錫)에게 시집갔는

---

213 『고려사』 권 제45, 세가 제45 공양왕 1년 12월 무인일조: 戊寅支解金宗衍以徇諸遺斬其黨李方春等七人流朴可興李仲和金軾于遠地. 이 때 참형을 당한 7인은 권충, 권격, 이방춘, 김가물, 이천용, 정보, 박원실 이다.
『고려사』 권 제104, 열전 제17 김종연전.

214 『고려사』 권46, 세가 제46 공양왕3년 7월 경인조
鄭夢周與宰相等上疏, 請令省憲刑曹, 議定立昌迎禑, 宗衍 彝 初 益富之黨五罪, 從之.

데 그의 아들이 정당문학에 오른 진사문(陳斯文)이다.[215] 차녀는 대장군 윤수(尹秀)의 아들인 판서 윤길손(尹佶孫)에 시집갔다.[216] 윤길손은 1남 1녀를 두었는데 아들은 윤안신(尹安信)이며 딸은 화원군(花原君) 권중달(權仲達)[217]에게 시집갔다. 권중달의 딸이 목은 이색의 부인이다.[218] 이들 가계의 관계는 다음과 같이 계보화할 수 있다.

---

215 평양군(平陽君) 진석은 1126년(인종 4) 이자겸(李資謙)의 난을 평정하는데 공을 세워 신호위대장군(神虎威大將軍)에 오르고 여양현(驪陽縣)(현재의 충남 홍성군 장곡면 일대)을 식읍으로 하사받아 여양군(驪陽君)에 봉해진 진총후(陳寵厚)의 6대손이다. 진총후의 후손들은 세거지명에 따라 흥덕, 나주, 강릉, 삼척, 양주, 덕창 등으로 분적되었다.

216 대장군 윤수(尹秀)의 아들이다. 윤수는 윤길손, 윤길보, 윤계유 3형제를 두었다. 장남인 윤길손의 아들 윤안신은 무후했고, 차남인 윤길보의 아들이 문하시중 윤환이다.

217 권한공(權漢功)(?~1349)의 아들로 도첨의정승(都僉議政丞)에 이르고, 예천부원군(醴泉府院君)에 봉해졌다. 문집에 『일재일고(一齋逸稿)』가 있다.

218 목은 이색이 김성우의 증조 김주정의 외예라는 사실은 김성우의 행적에서 중요한 의미를 갖는다. 『한산이씨문열공파문헌』 권상, 57-58쪽.

▶ 고려 말 김주정의 가계도

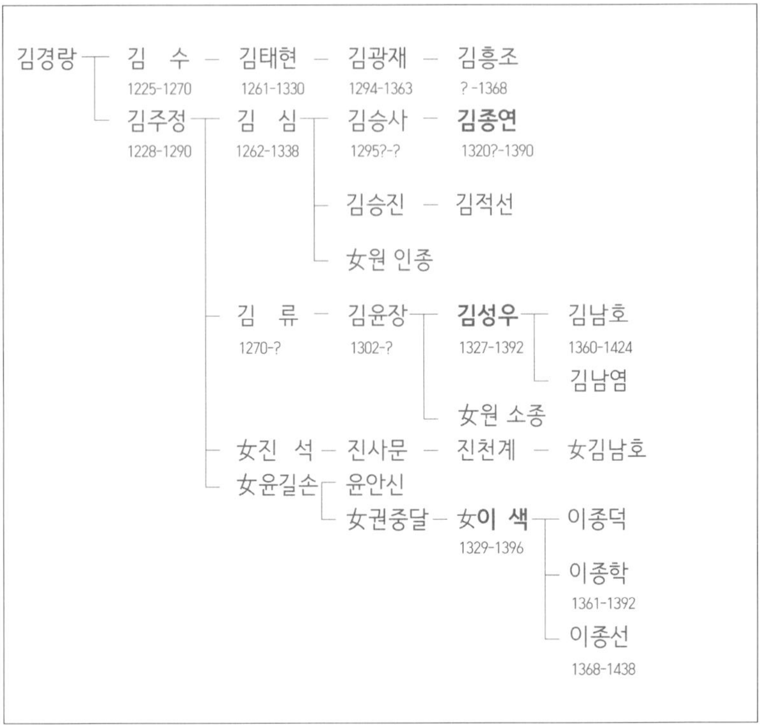

이색은 1345년 권중달의 딸과 결혼했고 1년 후 장모의 친정어머니인 판서 윤길손의 아내이자 김주정의 딸, 즉 김성우의 할아버지인 김류의 누이가 죽었다. 그러자 이색은 처가의 장례에 참석하여 장례를 치렀다. 이색은 장모의 친정어머니인 판서 윤길손의 아내이자 김주정의 딸의 기단(忌旦)에 맞춰 다음과 같은 시를 지었다.

> 12월 8일은 내 장모(丈母)의 친정어머니인, 판서(判書) 윤공(尹公) 휘 언손(言孫)(길손(佶孫)의 오류)의 아내이자 김 학사(金學士) 휘 주정(周鼎)의 따님의 기단(忌旦)이다. 내가 처음 화원군(花原君)의 집에 장가들었을 때

만 해도 김씨(金氏)가 아직 건강했었는데, 그로부터 1년 뒤에 작고하여 그의 장례(葬禮)를 치를 때에 나 또한 여러 자제(子弟)들의 뒤를 따라 일을 돌보았으니, 그때가 바로 지정(至正) 병술년이었다. 이날을 당하여 걸식승(乞食僧)들을 초치해서 간략하게 천복재(薦福齋)를 설행하고, 시 한 수를 기록하여 자손들로 하여금 잊지 않게 하는 바이다.[219]

그리고 12월 8일 기단을 맞이하여 천복재를 지냈다. 이 때 이색은 이를 후손들이 잊지 않도록 다음의 시를 지었다.

화평 김씨는 바로 대대로 명문가라서
부귀와 공명이 길이 없어지지 않는데
칠원 윤씨 배필 되어 얌전한 따님 낳아
권씨 집에 남긴 후손 지극히도 많아라.
좋은 토지 세입으로 우리도 배부르거니
기석의 재 올린 걸 누가 감히 흠잡으랴.
애써 이 시 쓴 건 일을 좋아해서 아니라
예부터 동타가 형극에 묻힌 때문이라오.[220]

이 시는 김주정의 딸이 칠원윤씨인 윤길손의 배필이 되어 딸을 낳았고, 이 딸이 권중달과 결혼하여 많은 후손을 낳았는데 사위인 이색 자신 또한 음덕을 보고 있음을 설명하고 있다.

이색의 선대는 이곡(李穀)(1298-1351) 이전까지 한산군(韓山郡)의 향리에 불과했다. 이곡은 한산군의 관속이었던 이자성(李自成)의 아들이다.[221] 이색의

219 이 색, 『목은시고』 제21권, 한국문집총간, 한국고전번역원.
220 이 색, 앞의 책.
221 『고려사』 권 제109, 열전 제22 이곡전.

가계가 한산의 향리집안의 배경에서 벗어날 수 있었던 것은 과거를 통한 개경으로의 진출과 신흥사대부와의 통혼으로 가능하였다. 이런 점에서 이색이 화원군 권중달의 사위가 된 것은 중요한 의미를 갖는다. 원의 대태좌찬선이자 고려의 도첨의 좌정승이었던 권한공[222]의 아들이 바로 권중달이기 때문이다. 따라서 이색은 권한공의 손서(孫壻)가 됨으로써 가계의 입지를 한층 높일 수 있는 중요한 계기가 되었다. 이색의 장인 권중달은 김성우의 당고모부이다. 권중달의 장인 윤길손은 김성우의 할아버지인 김류의 매제로 김성우의 증조부인 김주정의 사위이다.[223]

이처럼 김성우와 김종연 그리고 이색은 김주정의 후예이자 외예임이 확인된다.[224] 따라서 이들의 혈연관계를 관계를 비롯하여 고려 말의 절의파

---

222 앞서 설명한바와 같이 이색의 장인 권중달의 아버지인 권한공은 김성우의 삼종숙부 김광재(金光載)의 지공거였고 김광재는 이색의 지공거였다. 김광재의 아버지 김태현(金台鉉)은 김성우의 할아버지인 김류의 4촌이며, 이색의 장인인 권중달의 장인 윤길손이 김류의 매제이다. 앞의 계보도 참조.

223 이색은 김성우의 아버지 김윤장의 사촌인 김광재와 김광재의 어머니이자 당숙 김태현 부인인 왕씨부인의 묘지문을 지었다. 김태현과 김광재는 김성우의 증조인 김주정의 형 김수(金須)의 아들과 손자이다. 이색이 김광재와 그의 어머니의 묘지문을 쓴 배경에는 1341년 이색이 성균시 시험 당시 김광재가 시관으로 삼사우사(三司右使)의 벼슬에 있었다는 인연과 외증조인 김주정의 형인 김수의 며느리와 손자로 자신과 맺어진 인척관계에서 비롯된다. 이색은 김광재의 문하생이자 김광재의 외삼종숙부였다. 김광재는 『신증동국여지승람』 광산현 인물조에 그의 효행이 수록될 정도로 효성이 지극했던 인물로 알려지고 있다.
이색과 이들의 관계는 이색의 좌주였던 김광재가 차던 오서홍정대(烏犀紅鞓帶)를 김광재의 자손이 친히 이색에게 가져다주었다는 사실에서도 확인된다. 김광재의 장자 김흥조는 1368년 신돈을 주멸하려다 발각되어 처형되었다. 따라서 이색에게 오서홍정대를 전한 사람은 김광재의 차자이거나 그 후손으로 보여진다.
「서대행 오서홍정대 이요 익재. 송정소전犀帶行 烏犀紅鞓二腰.益齋 ,松亭所傳」, 『목은시고』 권14, 「송당선생김공묘지명병서(松堂先生金公墓誌銘 幷序)」, 『목은시고』 권17, 한국고전번역원. 『신증동국여지승람』 제35권, 전라도 광산현 인물조.

224 이색의 생졸연대(1329-1396)는 이들의 생졸연대와 혈연관계를 더욱 확실하게 해준다. 즉 김주정의 막내사위 윤길손의 손서(孫壻)인 이색의 출생년도가 1329년임을 고려할 때, 장자인 김심의 증손 김종연의 출생연대를 1320년으로 차자인 김류의 증손 김성우를 1327년으로 보는 것에 큰 문제가 없다고 본다.

는 김성우 행적의 이해에서 참고가 된다. 다음은 1389-1392년 사이에 일어난 『고려사』와 『고려사절요』의 주요사건 기록을 요약한 것이다.

▶ 『고려사』·『고려사절요』(1389~1392)의 주요사건 연표

년도	왕력	월	주요내용
1389	우왕	7	전라도 도절제사 김종연 왜구와 싸워 포로를 바침
		11	김저(金佇) 사건 이림, 우현보, 우인열, 왕안덕, 우홍수 등 유배
	공양왕	11	창왕폐위, 공양왕 즉위
		11	김저 옥중 사망 정지, 이거인, 류혜손, 이을진 등 27명 귀양
		12	공양왕, 서균형을 보내 우왕 죽임
1390	공양왕1	1경진	변안열 유배 후 김백흥에 의해 죽임 당함
		경인	조민수 귀양
		2	이색 관직 삭탈, 조민수, 권근 변방으로 귀양
			이색- 함창, 정지- 횡천으로 귀양
		5	파평군 윤이와 중랑장 이초 사건 김종연 도망 우현보, 권중화, 경보, 장하, 홍인계, 윤유린 - 순군옥에 갇힘. 이색, 이림, 우인열, 이인민, 정지, 이숭인, 권근, 이종학, 이귀생 - 청주옥에 갇힘.
			윤우린 옥사, 최공철 옥사, 홍인계 자살
		11	우현보, 이색, 권중하, 경보, 장하 사면-지방거주 허용 우인열, 정지, 이종민, 이림, 이귀생 사면- 지방거주
			지용기 삼척유배 박위-풍주, 정희계-안변, 윤사덕 등 귀양
		12	김종연 체포 - 옥중사망 이방춘 등 7인 참수, 박가흥, 이중화, 김식 등 귀양
1391	공양왕2	3	지용기 형장 1백대 -재산몰수 귀양
			이색-함창 귀양 이종학, 이을진 등 귀양
			정지 사망

1392	공양왕2	4	이색 한주로 추방
			정몽주 피살(조영규 등)
			이종학 귀양
			지용기 귀양처에서 사망
			이종학, 이종선 등을 평민으로 강등
		7	공양왕 폐위 - 원주추방 - 공양군으로 강등
		7	이성계 고려권지국사로 추대 - 고려멸망

위 표에서 확인할 수 있듯이, 1388년 이성계의 위화도 회군 이후 1389년 11월 김저사건부터 1392년 7월 조선개창에 이르기까지의 주요연표는 치밀하게 구성된 각본에 의한 연출로 마치 한편의 드라마처럼 보인다. 1389년 11월 김저사건으로 변안열이 주동자로 지목되고 김저가 옥중에서 의문사하였다. 이를 기화로 정지, 이을진 등 27명이 공모자로 몰려 유배되었다. 역성혁명 반대파 제거의 첫 신호였다.[225] 이성계 일파는 바로 창왕을 폐위시키고 공양왕을 세웠다. 공양왕은 정당문학 서균형을 보내 우왕을 죽이고 예문관 대제학 유구를 보내 창왕을 죽였다. 그리고 1390년 1월 김저사건의 주모자로 변안열이 유배를 떠났다가 죽임을 당했다.[226] 이어서 변안열과 더불어 이성계의 강력한 맞수이었던 조민수의 관작을 삭탈하여

225 고혜령, 「위화도 회군 이후 변안열과 사대부의 관계」, 『대은 변안열의 생애와 업적』, 2013, 419쪽.

226 원나라 심양에서 태어난 변안열은 공민왕과 노국대장공주의 호위수장으로 고려에 와 수차례 공을 세워 원천부원군과 수충양절선위익찬보조공신에 책봉되었다. 또한 이성계와 함께 위화도 회군에 참여하여 위화도회군공신에까지 책봉되었으나 김저사건의 주모자로 몰려 이성계파로부터 죽임을 당하였고, 마침내 모든 공신호를 박탈당하고 가재까지 적몰당했다. 이런 변안열이 신원을 회복하지 못한 채 『고려사』의 간신열전에 포함되어있다는 것이 『고려사』의 평가에서 주목되는 점이다.

폐서인시키고 이색과 그의 아들 이종학이 유배되었다. 개창세력의 또 다른 반대파 숙청이었다.[227] 그 해 5월 윤이 · 이초 사건이 일어나고 김종연이 주동자로 몰려 12월 옥중에서 사망하였다. 1391년에는 김종연과 가깝다는 이유로 지용기가 형장 100대에 재산을 몰수당하고 유배되며 정지가 사망하였다. 1392년 4월에는 이색이 한주로 추방되고[228] 정몽주가 이방원의 사주를 받은 조영규 등으로부터 죽임을 당하며 지용기가 귀양처에서 사망하였다. 그리고 그해 7월 이성계가 공양왕으로부터 왕위를 물려받아 조선을 개창하였다.

이상에서 알 수 있듯이, 1390년 김성우의 6촌 김종연이 죽임을 당한 '윤이 · 이초' 사건의 전개과정은 고려 말 정치사와 그 맥을 같이한다. '윤이 · 이초' 사건은 1388년 위화도 회군에서 1389년 김저 사건과 공양왕 옹립에 이은 정치적 사건으로 1392년 7월 이성계가 조선개창을 목전에 두고 역성혁명 반대파를 숙청한 마지막 단계로 볼 수 있다.

4) 사서에 누락된 배경

김성우가 토왜활동에 참여했던 시기에 충청도 내륙지방에서는 최영이

---

227 이성무, 앞의 책, 169쪽.

228 이색의 두 아들 이종덕과 이종선은 파직당해 서인으로 강등되어 마찬가지로 금주로 유배되었다. 같은 해 이색은 장흥으로 유배지를 옮겼고, 8월에 둘째 아들 이종학이 장사(長沙)로 유배가던 도중 거창 무장역에서 체복사 손흥종(孫興宗)에게 목 졸려 피살되었다. 이색은 김성우가 자처한 다음 해인 1393년 사면되었고, 1396년 여주의 배안에서 의문사 하였다. 이색은 정도전, 조준, 남은 등이 선온주(宣醞酒)에 짐독(酖毒)을 타고 대나무 잎으로 병마개를 하여 보냈는데 이를 알면서도 태연히 술을 마시고 죽었다고 전해진다.
「목은선생 행장」 2, 『한산이씨문열공파 문헌』 권 상, 한산이씨문열공파세보편찬위원회, 회상사, 2002. 이문원, 『목은 이색의 생애와 사상』, 일조각, 목은연구회, 1996, 409쪽.

부여 홍산대첩에서 대승을 거두었다. 이성계는 전라도 인월에서 황산대첩으로 큰 전공을 세웠다. 남해지역에서는 정지가 남해대첩에서 승리했다. 이 시기 김성우 또한 보령 서해안에서 왜구를 물리친 동시대의 무장이었음이 밝혀졌다.[229] 그런데 다른 무장들의 행적이 사서에 기록되어있음에도 불구하고, 김성우의 행적만이 조선전기의 금석문과 조선후기 관찬 사찬지리지에 등장하는 이유는 무엇일까?

『고려사』 및 『고려사절요』는 현전하는 최고의 고려시대의 사서이다. 따라서 김성우의 행적이 『고려사』를 정리한 사서에 기록되지 않음을 지적하고, 또 조선전기의 금석문이나 가계기록에서 왜구토벌 행적의 내용이 간략하다하여 이를 불신할 수도 있다. 하지만 지금까지 살펴본 바와 같이 사서가 완전한 역사기록이 아니며, 그 이면에는 역사에 묻혀버린 사건 또한 적지 않다는 사실을 간과할 수 없다. 서기 645년 90일간 당태종과 결투를 벌여 고구려의 안시성을 지켜낸 안시성 전투의 양만춘(楊萬春)[230]이나 1374년 합포전투의 장장군처럼[231] 사서에 기록되지 않은 경우도 확인되기

229 그러므로 지금까지의 여러 가지 정황 등을 고려해볼 때, 1380년 '진포대첩' 당시 김성우 또한 전라 서해 및 보령에서 토왜활동을 한 것이 확실하다. 더욱이 진포구가 전라도와 충청도의 경계지역이고 남포현에도 이 해에 왜구가 침구했다는 지리지의 기록이 보인다. 또한 "(...) 라세, 심덕부, 최무선 등이 진포에서...(...)"(『고려사절요』 제31권 우왕2년 8월조)라는 기록에서 "등(等)"이란 단어의 사용이 주목된다. 이것은 진포대첩에 이들 세 장수 이외에도 또 다른 장수가 참여했음을 시사한다. 앞에서 확인했듯이, '등(等)'이란 단어의 남용은 『고려사』 곳곳에서 확인된다.

230 고구려 보장왕 때의 안시성(安市城) 성주로 사서의 기록에서 보이지 않고 송준길(宋浚吉)의 『동춘당선생별집(同春堂先生別集)』과 박지원(朴趾源)의 『열하일기(熱河日記)』 등 야사에 등장한다.

231 "고려 공민왕 23년(1374) 4월 왜구의 배 350여 척이 합포만에 침입하자 장장군으로 불리는 장군이 관군과 합세하여 왜구를 격퇴시키고 전사한 장소를 장군의 묘소로 정하고 비를 세운 것이다. 비문에는 '장장군은 왜구와 싸우다가 여기서 전사하였다'고 만 되어 있을 뿐 그 성명과 사적을 상고할 기록은 전하지 않는다." 「마산의 문화재」(『마산시사(馬山市史)』, 1997, 1266-67쪽.

때문이다.

특히 『고려사』의 경우 곳곳에서 사실의 윤색이나 왜곡 또는 폄하되었다. 특히 조선개창세력들에 의해 씌어진 공민왕에서 공양왕에 이르는 역사의 기록은 조선건국의 합리화란 명분을 지키기 위해 왜곡되거나 필삭되고 누락되었다. 이것은 역설적으로 사서에 기록된 왜구침구가 고려시대의 완전한 침구기록이 아니라는 앞에서 살펴본 설명을 입증한다고 볼 수 있다.

이런 점에서 조선중기의 문신 상촌 신흠(申欽)(1566 1628)[232]의 『고려사』에 대한 다음의 지적이 주목된다.

> 『고려사』에서 이탈하는 바가 모두 믿을만한 것은 못된다. 말년의 사적은 잘못이 더욱 심하다. 이것은 물론 나라에서 꺼리는 일이라서 자연 제약을 받은 까닭이겠으나 진실을 전해야하는 사기가 어찌 사실을 모조리 몰각하고 덮어버리는 일을 용납하는가? 『고려사』를 엮은이는 정인지다. 정인지는 세종과 문종 두 왕조에서 사랑을 각별히 받고 자리는 재상에까지 이르렀으나 마침내는 임금을 죽인 적신이 되었다.[233]

아울러 김성우가 활동했던 고려 말 왜구침구가 집중된 시기였음에도

이영, 앞의 논문 32쪽 재인용.

232 자는 경숙 호는 상촌(象村)으로 영의정 등을 역임했다. 뛰어난 문장으로 문한직을 겸대하고 대명외교문서 및 각종 의례문서의 제작에 참여하는 등 문운의 진흥에 크게 기여했다. 또한 사림의 신망이 두터웠고 이정구 장유 이식과 함께 조선 중기 한문학의 정종 또는 월상계택(月象谿澤: 月沙 이정구, 象村 신흠, 谿谷 장유, 澤堂 이식)으로 칭송되었다. 저서로 『상촌집』이 있다. 시호는 문정(文貞)이다.

233 『연려실기술』 권1 태조조. 이성무, 앞의 책 290쪽에서 재인용. 『고려사』에 대한 이러한 지적은 조선 영조 때 고려 말부터 조선 후기까지의 야사를 연대순으로 정리하여 편찬한 『청야만집(靑野謾輯)』에서도 확인된다: "생각건대 저 정인지의 무리는 그 좁은 마음으로 비뚤어진 붓대를 놀려 그 사실을 마치게 했으니 특히나 가통하다"

불구하고 사서의 왜구침구 기록이 고려 말 당시 우리나라 전역을 침구한 왜구의 모든 침구를 포함하지 않으며, 왜구를 물리친 전공자들이 모두 기록되지 않았다. 이것은 사서의 기록이 고려 말 왜구토벌에 참여했던 모든 인물들과 왜구침구 및 만호부의 모든 직제를 포함하지 않고 있음을 보여준다.

또한 진포대첩 등의 전첩의 기록은 그 기사가 한 행에 불과하지만[234], 이성계의 황산대첩은 다른 전첩과는 달리 이성계 1인의 전공의 과장된 미화로 일관하였다. 이는 황산대첩이 이성계의 혁혁한 공로가 돼야 그로 인해 조선의 새로운 왕이 될 명분이 서기 때문이었다.[235]

아울러 조선개창 세력에 의해 김성우의 6촌 김종연을 죽음으로 몰고 간 '윤이 · 이초 사건'과 김성우 주변 인물들, 특히 고려 말의 절의파들은 김성우 말년의 행적의 이해에서 참고가 되었다.[236] 조선개창세력들은 김종연의 숙청 이후에도 역성혁명에 반대하는 절의파들을 계속하여 숙청하였다.[237] 그리고 1392년 7월 17일 이성계의 조선이 개창되었다. 개창세력들

---

234 고려 말 대첩의 전첩기록들이 상세하게 기록되는 것은 조선후기 지방지, 후손, 학자들의 문집에서이다. 참고로 고려 말 '두문동 72현'의 내용도 18세기에 와서야 문헌에 수록된다.

235 흥미로운 것은 황산대첩이 「변안열전」에 실려있다는 점이다. 이성무는 그 이유가 역성혁명으로 이성계가 조선의 왕이 되자 『고려사』에 이성계의 열전을 넣을 수 가 없었기 때문에 이 전투에 함께 참여했던 변안열의 열전에 이성계의 전공을 과장해 기록해 놓은 것으로 보고 있다. 하지만 역성혁명에 반대해 이성계에 의해 죽임을 당한 변안열을 『고려사』의 간신전에 분류해 놓고, 그 열전에 이성계의 황산대첩을 실은 것은 아이러니가 아닐까? 이성무, 앞의 책, 132쪽.

236 역성혁명을 위한 반대파 제거의 마지막 단계로 알려진 윤이 · 이초 사건의 주모자로 6촌 김종연이 죽임을 당한 후 그의 4지를 짖어 8도에 조리를 돌린 사건은 김성우 행적의 이해에서 결정적 단서라 할 수 있다.

237 따라서 조선 개창세력들은 김저사건(1389), 윤이 · 이초 사건을 빌미로 이성계의 측근이었지만 조선개창을 반대하던 지용기를 비롯하여 변안열, 김종연 등을 차례로 제거하였다. 이러한 일련의 사건들이 이성계의 위화도 회군(1388)이 성공한 다음해인 1389년부터 본격화된다는 점이 주목된다.

은 김성우를 수차례 불렀다.[238] 하지만 김성우는 고려왕조에 대한 절의를 지켰다. 김성우는 결국 자결(自決)을 선택하였고 그해 9월 10일 전적지 보령 청라에서 생을 마쳤다.[239] 이처럼 '윤이 · 이초 사건'으로 인한 김종연의 죽임과 계속된 역성혁명반대파들의 숙청 그리고 이어진 이성계의 조선개창은 김성우가 고려왕조에 대한 절의를 끝까지 지켜 전적지에서 자결하게 된 결정적인 계기였다.[240]

따라서 김성우의 자결은 이성계의 조선을 부정하는 결과로 이어졌고 김성우의 행적은 조선개창의 당위성을 합리화하는 관찬사서의 편찬과정에서 의도적으로 누락된 것이라고 추정할 수 있다.[241]

> 김성우가 고려 말의 혼란기 왜구 격퇴에 공을 세운 인물임에도 불구하고 『고려사』의 기록에 남겨지지 않은 이유가 무엇일까 하는 것이 이제 마지막으로 남은 문제가 된다. 이에 대해서는 첫째는 『고려사』의 자료

---

238 앞의 유호근의 『사가집』 참조.

239 『광산김씨족보』 참조.

240 1388년 위화도 회군에서 1392년 조선건국에 이르는 4년 동안의 고려 말 정치사는 이성계 세력이 집권을 위해 반대파를 제거하는 과정의 역사이며, 그 과정은 크게 위화도 회군, 창왕 폐위, 윤이 · 이초 사건 등 세 차례의 과정을 거쳤다고 한다. 이로 볼 때, 윤이 · 이초 사건은 역성혁명을 위한 반대파 제거의 마지막 단계였고, 김성우의 6촌 김종연이 주모자로 몰려 죽임을 당한 후 4지를 짖어 8도에 조리를 돌린 사건은 김성우 행적의 이해에서 참고가 된다.
김상기, 『신편 고려시대사』, 서울대 출판부, 1986, 647쪽.

241 여기에서 정도전(1342-1398)과 김종서(1390-1453)의 죽음이 주는 교훈은 시사하는 바가 크다. 정도전이 조선개국 1등공신으로 조선건국의 기틀을 만들었지만 정도전은 조선조 내내 신원이 회복되지 못했다. 역적신분으로 이방원에 의해 죽임을 당했기 때문이다. 정도전의 신원이 회복된 것은 그의 사후 478년인 1865(고종2)년 이라는 사실은 이런 점에서 의미심장하다. 김종서 또한 『고려사』의 주편찬자였음에도 불구하고 계유정난에 희생됨으로써 이름이 삭제되고 계유정난의 공신인 정인지로 주편찬자가 뒤바뀌어 『고려사』 전문에 그 이름이 올라있다. 김종서가 신원된 것은 수양대군에 의해 살해된 지 무려 293년 후인 1746년(영조22)이다. 정도전이나 김종서 같은 역사인물의 기록이 이러한 현실에서 기록이 누락된 영웅호걸들 또한 적지 않다.
이성무, 『조선을 만든 사람들』, 청아, 2009. & 이덕일, 『김종서와 조선의 눈물』, 2010, 옥당.

의 한계상 모든 관련 자료가 치밀하게 정리된 것은 아니라는 점, 둘째는 의도적으로 기록에서 배제되었을 가능성을 검토해 볼 수 있다. 김성우가 만년에 정치와 인연을 끊고 보령에 터를 잡은 것은 조선왕조 개창세력과 대척적 관계에 있음을 증명하는 것이고, 친족 김종연이 이성계 세력에 의하여 죽임을 당한 사실을 염두에 둔다면 김성우에 대한 기록은 의도적으로 배제되었을 가능성이 많은 것으로 생각된다.[242]

이처럼 김성우가 서서에 기록되지 않은 것은 무엇보다도 사서가 고려의 완전한 기록이 아니라는 점과 원명교체기의 김성우 가계의 친원적 성향으로 인한 조선개창세력과 대척점에 놓였던 김성우 가계의 정치적 입장 그리고 조선개창 합리화를 위한 사서의 편찬과정에서의 고의적 누락에서 비롯된 것이라고 볼 수 있다.

그러면 김성우는 누구인가? 그의 선계와 생애의 검토를 통하여 김성우의 실체를 구체적으로 살펴보기로 하자.

242 윤용혁, 「고려 말 보령지역의 왜구와 김성우」, 『역사와 담론』 제66집, 호서사학회, 2013, 96쪽.

제2장

선계(先系)와 김성우의 생애

1. 선계
2. 김성우의 생애와 행적(行蹟)

김성우(金成雨) 평전(評傳)

| 제2장 |

선계(先系)와 김성우의 생애

평장사 전경(전남 담양군 대전면 평장리)

신라의 왕자였던 김흥광(金興光)이 난을 피해 광주의 평장동[1]에 터전을 마련하여 광산을 관향으로 삼은 이래 그 후손들이 이곳에 세거하였다. 광산김씨가 명문가로 도약하게 된 것은 7세 김양감(金良鑑)때부터이다. 김양감은 1051년(문종 5)에 이자연(李子淵)(1003-1061)[2]이 지공거(知貢擧)를 한 시험에서 문과에 급제하여 그의 문생이 되었다. 특히 김양감의 여동생이 당대의 세력가인 이자연의 며느리가 되면서 인주이씨와의 관계가 돈독해졌다. 김양감은 좌복야(左僕射) 등 여러 벼슬을 거쳐 최고 명예직인 수태위(守太尉)에 올랐다. 사도진흥(斯道振興)에 공헌바 크므로 그를 동방이학(東方理學)의 종사(宗師)라 하였고 시호는 문안(文安)이다. 특히 김양감은 해동공자 최충(崔沖)과 함께 당시 사상계를 주도하였고, 광산김씨 문중은 인주이씨와 함께 당시 정치세력의 핵심으로 부상하는 계기가 되었다. 이후 광산김씨는 무신집권기에 김성우의 5대조 김광세(金光世), 고조 김경량(金鏡亮)(?-1247), 증조 김주정으로 이어지면서 더욱 번성한다.

김성우의 아버지는 판도판서를 지낸 김윤장(金允臧)(1302-?)이다. 보령지방에 세거하는 광산김씨는 김흥광(金興光)을 시조로 하고 후손인 판도판서 김윤장(金允臧: 16세)을 파조로 하는 판도판서공파(版圖判書公派)의 후손들이다. 김윤장의 아버지 즉 김성우의 할아버지는 백관의 수장이었던 문하시중(門下侍中) 김류(金流)이다. 김류의 아버지는 고려 원종 때의 대장군이자 문숙(文肅)의 시호를 받은 김주정(金周鼎)(1228-1290)이다. 김성우의 가계는 다

1 김흥광의 후손들 중 고려시대 정2품 평장사(平章事)는 2세 식(軾), 5세 책(策), 6세(廷俊), 7세 양감(良鑑), 8세 약온(若溫), 13세 경량(鏡亮), 13세 대린(大鱗) 등 무려 8명이나 배출되어 이후 평장동으로 불리운다.

2 자는 약충(若沖)으로 1024년(현종15) 문과에 급제하여 벼슬이 태사 겸 중서령에 이르렀다. 딸 셋이 문종의 비가 됨으로써 수태위에 올라 세력을 장악하였다. 문종묘정에 배향되었고, 시호는 장화(章和)이다.

음과 같다.

▶ **김성우 가계도**

- 周鼎 – 流 – 允臧(版圖判書) – 成雨
  - 南浩
    - 仲老
      - 孟權
        - 克愼
        - 克成
        - 克讓
        - 한산 李穉
        - 원주 元灝
        - 용인李永淳
      - 公權
    - 善老
    - 叔老
    - 季老
    - 興老
    - 한양 趙以璐
  - 南渰(황해도 장연 거주)

이처럼 김성우의 선계는 개경에 뿌리를 둔 고려 후기 개경의 권문세가로 보령(保寧)과는 전혀 연고가 없는 가문이다.

1. 선계(先系)

김성우의 선계는 증조 김주정이 원으로부터 만호를 제수받아 그 직이 세습되었고 일본정벌에 참여하는 등 토왜활동에 적극 참여하였다. 또한 그의 선계는 토왜지 재지사족과의 혼연(婚緣)이라는 독특한 특징을 보인다.

1) 만호(萬戶)와 토왜활동(討倭活動)

(1) 김주정(金周鼎)(1228-1290)

김성우의 증조 김주정은 문하평장사에 증직된 김경량((金鏡亮: ? -1247)의 차남으로 1228년 개경에서 태어났다. 자는 지숙(之淑), 시호는 문숙(文肅)이다. 일찍이 문음으로 부성위(富城尉)에 오른 후 1264년(원종 5)에 과거에 장원급제하여 해양부녹사를 거쳐 중앙의 관직에 올랐다.[3]

이후 김주정은 정사당에 들어가 합문지후(閤門祇侯), 형부낭중(刑部郎中), 국학직강(國學直講)을 연임하고 국자사업(國子司業), 보문각대제(寶文閣待制), 지제고(知制誥)를 지냈다.

김주정은 1274년(원종 15년) 이부시랑을 거쳐 보문각직학사, 좌사의대부 등의 관직을 지냈으며, 시무책 20여조를 만들어 왕의 허락을 받아 시행하였다.

이어서 김주정은 사마시를 주관하고 1278년 충렬왕이 원으로 갈 때 종행도감사(從行都監使)를 맡아 김방경(金方慶)(1212-1300)[4]의 무죄를 밝혔고, 우승지를 제수 받은 후 밀직사부사와 문한학사를 지냈다. 1280년에 다시 왕을 호종하여 원나라에 갔다 왔으며, 왕은 김주정이 문무의 재능을 겸비한 인물로 여겨 상장군을 제수하였다. 또한 원나라에서는 김주정에게 소용대장군 좌우부도통 관군만호(昭勇大將軍 左右副都統 官軍萬戶)를 제수했고, 호

---

3 『고려사』 권 제104, 열전 17 김주정 전.
金周鼎, 光州人, 少好學, 沈厚寡言, 不妄交游, 以蔭, 調富城尉, 時蒙兵大至, 國家驚擾, 周鼎, 措置得宜, 威惠並著, 一方稱之, 巡問使韓就, 薦之, 權知都兵馬錄事, 元宗五年, 擢魁科, 補海陽府錄事, 加典籤, 海陽公金俊, 器重之, 屬內侍, 入政房, 累遷至吏部侍郎.

4 자는 본연(本然)으로 감찰어사, 서북면병마판관, 도독사 등을 지냈고 삼별초의 난, 여몽연합군의 일본정벌에도 참여했다. 시호는 충렬(忠烈)이다.

두금패와 인신을 수여받았다.

김주정은 1281년에 우군만호로 일본정벌에 참여했다. 이 때 역병으로 인하여 군중에 역병이 번져 서로 구휼할 수 없었는데 김주정이 엄청난 노력을 기울여 많은 사졸을 보호하여 구출하였다. 또한 태풍으로 인하여 전함이 대파하고 전복되어 군인과 물자가 바다에 인몰하고 표류하는 것을 김주정이 수습에 나서서 구명된 자의 숫자만도 400여명 이었으므로 사졸들이 더욱 신뢰하여 복종하였다고 전해진다.[5] 일본에서 귀환한 김주정은 광정대부, 학사승지 등을 배수 받았고, 동남도병마사(東南都兵馬使)로써 출전하였다.[6] 이어 1283년(충렬왕 9) 응방도감사(鷹坊都監使)를 거쳐 1284년 진변만호(鎭邊萬戶)가 되어 일본을 다시 정벌하였다.[7] 이때의 공적은 겸창막부에서 보배로운 공물을 바치게 하였다는 '상진변김상공주정(上鎭邊金相公周鼎)'이라는 곽예(郭預)(1232-1286)[8]의 다음 시에서도 확인된다.

> 국정을 맡아서 좌상이 되고
> 군사를 거느리고 동변을 진압하네.
> 막하에 들어온 이 문사가 많고
> 영을 잇달아 웅위한 무장 용사들

---

5 『고려사』 권 제104, 열전 17 김주정 전.

6 이 때 원감국사(圓鑑國師) 충지(冲止)(1226-1293)가 김주정에게 헌사한 "원수상국복용전운기정(元帥相國複用前韻寄呈"라는 시가 『원감국사집(圓鑑國師集)』에 수록되어 있다.

7 김성우 가계의 왜구토벌과의 인연은 각별해 보인다. 증조인 김주정에 이어 김성우(와 6촌 김종연, 김적선)가 왜구토벌에 참여하였고 김성우의 7대손인 김홍달, 김홍선, 김홍술 3형제와 사촌 김홍원이 임진왜란에서 순국한 것이 확인되기 때문이다. 김홍달은 임란 2등 공신으로 병조참의를 증직받았고, 김홍원은 임란 1등 공신으로 『임란공신록』에 올라있다. 『신안읍지』 및 『임란공신록』을 참조.

8 1255년(고종 42)에 문과에 장원급제한 후 1263년(원종 4) 일본에 건너가 왜구들의 고려 침범의 즉각 중지와 잡혀간 고려인들의 송환을 요구하고 충분한 배상을 받아 내기도 했다. 곽예, 「上鎭邊金相公周鼎」, 『동문선』, 11권, 한국고전번역원.

다락에서 울리는 북소리 새벽기운 웅장하고
성에서 부는 피리 애절한 밤중
황석공(黃石公)[9]을 찾아서 계책을 묻네.
붉은 장막[10] 내리고 시서를 토론하고
겸창막부(鎌倉幕府)에서 보배로운 공물 바치게 하고
옥대에는 깃발을 거두어 치웠네.
의장이 조용하니 수리와 매가 부르짖고
밭이랑엔 준마가 뜨음하게 매어있네.
군정이 든든하여 믿을만하고
지면은 깨끗하여 흠 할 곳 없네.
오나라 평정하는 배 고치지 마소.
현산(峴山)에 올랐던 기념비[11]를 물에 넣으소.
가을 뒤엔 거울도 높이 걸어야하고
달 가운데 계수가지 나누기가 임박했네.
장상으로 종백(宗伯)[12]을 겸해온 몸이
여가 없도록 하늘이 시키시네.

---

9 진대의 병법가로 6편의 소서(素書)를 유방의 공신인 장량(張良)에게 주었다고 하며, 황석공의 삼략을 조조가 소유하였다고 한다.

10 후한의 명유 마융(馬融)이 늘 높은 마루에 앉아 붉은 사장막(縫紗帳)을 내리고 생도들을 교수했다는 데서 유래한다. 여기서는 글을 가르치는 장막 뒤에 군사가 늘어섰다는 뜻이다.

11 진나라 두예(杜預)가 후세에 이름을 남기기를 좋아하여 비석들을 만들어서 공적을 새겨 하나는 현산(峴山)위에 세우고 하나는 만산(萬山) 아래 못(池) 속에 넣으면서 "후에 산이 못이 되고 못이 산이 될는지 모르므로 비석을 이렇게 둘을 준비 하였다" 한데서 인용한 고사.

12 예부시랑(禮部侍郎)의 의미로 고시관을 뜻한다.

김주정의 위패(전라도 장성군 동화면 동호리 벽산 '숭모사')

일본정벌에서 돌아온 김주정은 지공거(知貢擧)로 과거를 관장하였고 이어 지도첨의사(知都僉議事)로 재상직에 올랐다. 1285년에 충청 전라 경상 3도 계점도지휘사(計點都指揮使)로 지방을 순력하였고 이어 세자이사를 거쳐 1290년 3월 23일 타계하였다. 그의 인물평은 다음의 묘지명에 잘 드러나 있다.

> "봉의 날개와 준마의 발굽을 갖춘 날개달린 용(鷹龍)과 같은 인물로 황전(黃錢)과 청전(靑錢)을 겸하여 지닌 자는 오직 우리나라를 통틀어 한 사람뿐이다"라고 하였다.[13]

13 김용선, 「김주정 묘지명」, 『역주 고려묘지명 집성』, 한림대출판부, 2006.

김주정은 초배인 홍덕장씨 소생의 장자 김심(金深)과 두 딸 그리고 계배인 김해김씨 소생의 차자 김류(金流)가 있다.[14]

장남 김심(1262-1338)은 1295년 정략장군 고려 우군만호에 제수되었다. 1330년에는 수성수의협보공신 삼중대광 도첨의중찬 판전리사사 화평부원군으로 섭행정동성사를 대행했다. 이어서 1331년에는 벽상삼한 삼중대광 화평부원군에 제수되었으며, 시호는 충숙(忠肅)이다. 김심의 아들은 첨의우정승 화평부원군 김석견, 삼사좌사 김승사, 밀직부사 김승한, 상호군 김승진, 예조판서 김승로이다.[15]

김승사의 아들 김종연(金宗衍)(?-1390)(공양왕 2)은[16] 1388년(우왕 14) 7월 전라

---

14 『고려사』(열전 김주정 전)에는 "시호는 문숙이며 아들은 하나인데 이름은 김심이다(卒謚文肅一子深)"라고 기술되어 있다. 그런데 1749년(영조 25) 안동권씨 묘사(墓事)중에 발견된 김주정 묘지명에서 차자인 김류의 초명이 가(珂)임이 밝혀졌다. 부록의 <김주정 묘지명>을 참조할 것.
『고려사』 권 제104, 열전 17 김주정 전. 김용선, 앞의 책.

15 김심의 가계 및 행적은 부록 <김심 묘지명>을 참조.
참고로 『고려사』(열전 김주정 전)에는 "그가 죽은 뒤 충숙이라 시호를 주었다. 그의 아들은 김승사, 김승한, 김승진, 김승로가 있으며, 천첩 출생의 아들로 김석견이 있었으며, 김승사의 아들로는 김종연이 있었다(卒 謚忠肅 子承嗣 承漢 承晋 承魯 孼子 石堅 承嗣 子 宗衍)"라고 기술되어 있다. 하지만 『광산김씨족보』에는 김심 다섯 아들의 서차에 차이가 있다. 『을미보』(1717)와 『정사대보』(1747)에는 『고려사』의 기록과 같으나, 『한성보』(1957)부터 석견이 장자로 기록되어 있다. 『고려사』 권 제104, 열전 17 김주정 전. & 『광산김씨족보』(1717, 1747, 1957).

16 『고려사』(열전 김주정 전)에는 "김종연의 아버지 밀직부사 김정(精)은 신돈을 죽이려고 꾀하다가 사전에 누설되어 신돈에게 살해당했다(宗衍父 密直副使精 謀誅辛旽...)"라고 기술되어있어 전후 문맥에 오류가 발견된다. 사회과학원 고전연구실 번역서 및 『신편고려사』(고려사9, 열전2)에는 김종연의 부친 정(精)을 승사(承嗣)의 오자로 인정하고 있다(精=承嗣). 참고로 『광산김씨족보』 에는 김정이 김승사의 아들로 기술되어 있다(承嗣-精-宗衍). 하지만 『고려사절요』 1368년 10월조에 "신돈이 전밀직부사 김정, 김흥조, 조사공, 유사의 등을 죽였다(辛旽殺前密直副使金精金興祖趙思恭兪思義等)"라고 기술되어 있고, 한국학중앙연구원에서 제공하는 한국역대인물정보시스템의 『한국민족문화대백과사전』에서도 김정의 본관은 미상이다. 한편 전원발(全元發)이 배향된 소천서원(蘇川書院)(경북 예천 용궁면)의 서원기에 '김정이 김구용(金九容)의 아우 김제안(金齊顔)과 더불어 신돈을 제거하다가 실패하였고, 이로 인해 김제안의 후손은 사천김씨(泗川金氏)로, 김정의 후손은 수안김씨(遂安金

도 부원수로서 광주에 침입한 왜구를 격퇴시킨 것을 비롯하여 전라도 도절제사, 전라도 도원수로 왜구와의 싸움에 나아가 구례 등지에서 크게 승리하였다. 김종연은 이방춘(李芳春), 김식(金軾), 이중화(李仲和) 및 서경천호 윤구택(尹龜澤) 등과 이성계를 죽일 모의를 꾀하다가 발각되어 붙잡혀 심문을 받다가 죽었다.[17]

김승진의 아들 김적선(金積善)은 홍무 연간에 남원도병마사(南原道兵馬使)로 사포(沙浦)와 임실(任實)에서 왜구를 크게 물리쳤으며,[18] 벼슬이 중추원사(中樞院事)에 이르렀다.

(2) 김류(金流)(? - ?)와 김윤장(金允臧)(1302-?)

김주정의 2남이자 김성우의 할아버지 김류와 김성우의 아버지 김윤장에 관한 기록은 상세하지 않다. 원종조에 출생한 김류는 아버지 김주정의 재배 김해김씨의 소생이다. 김해김씨 아버지 김연(金璉)은 금자광록대부(金紫光祿大夫), 수태사(守太師), 문하찬성사(門下贊成事) 등을 지냈다. 외할아버지는 문청공 최자(崔滋)[19](1188-1260)로 수태사(守太師), 문하시랑동중서문하평장사(門下侍郞同中書門下平章事), 판리부사(判吏部事)를 지냈다.

김류는 충렬왕조에 문림랑감찰어사(文林郞監察御史)를 거쳐 첨의중찬(僉

氏)로 분적되었으며, 안동인 김정이 전원발의 사위'라고 기록하고 있다. 따라서 이 점은 상고를 필요로 한다. 이 책에서는 정(精)을 승사(承嗣)의 오자로 인정하는 학계의 관점에 따라 논고를 진행하기로 한다. 이에 관해서는 『고려사』 권 제104, 열전 17 김주정 전, 『고려사절요』 1368년 10월조, 『한국민족문화대백과사전』을 참조.

17 앞 장의 '윤이 · 이초 사건' 참조.

18 『신증동국여지승람』 제35권, 전라도 광산현 인물조.

19 문헌공 최충의 6대손으로 문과에 급제하여 문하시랑동중서문하평장사 등을 지냈다. 『최문충공가집(崔文忠公家集)』 10권이 있으나 전하지 않고 『속파한집(續破閑集)(보한집(補閑集)으로 고쳐 부름) 3권이 전한다. 시호는 문충(文忠)이다.

議中贊)[20]과 수문전태학사(修文殿太學士)를 지냈다.[21] 하지만 김류의 치적과 공훈은 역사에 묻히고 말았다. 김류는 아들 셋을 두었다. 장남 김백간의 자손은 무후이며, 2남 김중간은 상호군을 거쳐 동지밀직사사의 벼슬을 지냈다. 김류의 3남인 김윤장(金允臧)이 바로 김성우의 아버지다.

김윤장은 1302년(충렬왕 28)에 개경에서 태어나 첨의참리, 찬성사, 봉익대부 판도판서 밀직부사(奉翊大夫 版圖判書 密直副使)를 지냈다. 특히 김윤장은 경국제민에 탁월했던 인물로 외교에도 능했던 것으로 전해진다.[22] 아버지 김류와 마찬가지로 김윤장과 그의 부인의 행장 및 관향성씨 등의 기록 또한 전혀 파악되지 않는다. 김주정의 작은 아들 김류와 손자 김윤장의 대에 이르러 갑자기 사서에서 이들의 행적이 사라진다.

하지만 김윤장에 관한 기록은 1353년(공민왕 2) "태자와 평장사가 돌아갔다. 왕이 교외에서 전송했다. 태자는 김윤장의 딸을 취하기로 약속했었는데, 그 딸을 데리고 갔다. 이에 앞서 실두태자가 왔을 때에도 만호 임숙의 딸을 취해서 돌아갔었다"에서 확인된다.[23] 또한 강재항(1689-1756)의 『입재유고(立齋遺稿)』에서도 김윤장이 확인된다.[24] 이것은 김윤장이 1353년(공민

---

20 고려 후기 첨의부(僉議府)의 종1품 관직으로 정원은 좌·우 각 1인이다. 1275년(충렬왕 1)에 원나라의 요구에 따라 고려의 관제가 격하될 때 중서문하성이 첨의부로 되면서 그 장관인 문하시중을 계승한 수상직(首相職)이다.

21 김극성, 「소원록」, 『우정집』, 1870.

22 『광산김씨족보』, 1842.

23 『고려사』 권 제38, 세가 제38, 공민왕2년 8월 정사조. 원의 태자는 소종(1338~1378)이며, 이 혼사는 김윤장 가계의 격이나 정치적 위상이 크게 작용한 것으로 보인다: 丁巳, 太子 平章還, 王, 餞于郊, 太子, 約娶金允臧女, 以其女歸, 先是, 實逗太子之來也, 亦娶萬戶林淑之女而還. 謁德陵".

24 자는 구지(久之) 호는 입재(立齋)로 회인현감 등을 역임했다. 1748년 강재항은 숙신, 삼조선, 고구려, 삼한, 삼국, 고려의 사적과 인물 및 사론 등을 담고 있는 『동사(東史)』를 읽고 공민왕 초기의 정치를 당시의 다른 인물들인 조일신(?-1352), 조익청(?-1353), 곽충수(1318-1383), 경천흥 등과 함께 김윤장이 공민왕 초기 권세를 누리고 있음을 설명하고 있다: 恭愍

왕 2)까지 고려 왕조의 고위직에 있었음을 보여준다.[25] 김윤장의 딸이 원나라의 소종 비(妣)로 책봉된 것은 김성우 가계가 결국 원명교체기에 친명적인 혁명세력과 대립할 수밖에 없는 성향으로 해석할 수 있다. 이처럼 김윤장의 행적은 이 시기 이후 역사에서 갑자기 사라지며, 따라서 이 시기가 김성우 가계에서 중요한 전환점임을 알 수 있다.[26]

김류의 위패(전남 장성군 동화면 동호리 벽산 숭모사)

王初政 按恭愍有志於治 而趙日新恃扈從之功 大張威福 而不能禁 金允臧 ,曺益淸 行媚左右而不能去 以陰陽拘忌 而不親享太廟 金玔 ,郭忠秀 ,慶千興 以直言罷 擧動如此 安能致理乎. 강재항,『입재유고』권10, 잡저,「동사평정」, 고려편, 1919.

25 『고려사』(권 제38, 세가 제38, 공민왕1년 11월 을해일조)에 "이제현을 도첨의 정승으로, 이몽가를 판삼사사로, 조익청과 전윤장(全允臧)을 찬성사로... 임명하였다"라는 기록이 보인다. 장동익은『고려사』편찬에서 인명과 지명의 한자표기의 오류를 지적하고 있다. 장동익, 앞의 책, 32쪽.

26 이후의 김윤장의 행적은 역사에서 사라지기 때문에 아버지 김류와 마찬가지로 김윤장에 대에 무슨 변고가 갑자기 일어나 이 가계에 큰 변화가 있었음을 예상하게 한다. 이러한 가계의 불안정은 여말선초의 정치상황에 그 원인이 있었으며, 이것은 김성우 행적의 이해에서 참고가 되었다.

김성우의 조부 김류와 부친 김윤장의 묘소는 개경 인근에 있었으나 실전되어 현재 그 위치를 알 수 없다. 김류의 단소는 전라도 장성에 김윤장의 단소는 김성우의 묘소가 있는 충남 보령시 청라면 나원리에 각각 설단되어 있다.

판도판서 김윤장의 단소(보령시 청라면 나원리 발산)

2) 토왜지(討倭地)의 혼연(婚緣)

김성우 가계에서 주목되는 것은 토왜지의 혼연이다. 김성우 가계는 김성우 이하 증손 김맹권에 이르기까지 토왜지인 전라도 재지사족(在地士族)

과의 혼연이라는 독특한 특징을 보인다.

▶ 고려 말 조선 초 김성우 가계 배우자들의 본관 비교

세	인물	배우자 본관	세거지	비고(처부)
17	김성우	진원박씨	전라도 장성	박진문 后
18	김남호	흥덕진씨	전라도 흥덕	진사문 后
19	김중로	결성장씨	충청도 결성	장 하 后
20	김맹권	나주전씨	전라도 나주	전삼달
		흥덕진씨	전라도 흥덕	진사문 후(后)

위의 표에서 알 수 있듯이, 김성우부터 조선전기의 김맹권에 이르기까지 김성우 가계는 전라도의 재지사족과 혼연을 맺고 있다.

김성우의 부인은 고향인 개성 인근의 사족이 아닌 전라도 장성(長城)에 세거하고 있던 진원박씨(珍原朴氏)이며[27], 아들 김남호의 부인 또한 전라도 흥덕에 세거하던 흥덕진씨(興德陳氏)로 정당문학(政堂文學)을 지낸 진사문(陳斯文)의 후예이다.[28] 부친 김윤장과 조부 김류의 부인 성씨는 파악되지 않지만 증조 김주정의 초배 또한 흥덕에 세거하던 흥덕장씨(興德張氏)이다.[29] 이처럼 김성우의 증조에서부터 아들 김남호에 이르기까지 부인의 관향이

27 진원박씨의 시조는 고려 대장군을 역임한 박진문((朴進文)이다. 현손 박첨(朴瞻)은 문하시중(門下時中)이며, 박첨의 증손 박희중(朴熙中)은 남원부사 등을 지냈다.

28 흥덕진씨는 전라도 흥덕현의 토성으로 『신증동국여지승람』 흥덕현 인물조의 "고려 진사문(陳斯文) 벼슬이 정당문학(政堂文學)에 이르렀고, 창양군(昌陽君)에 봉작되었다."에서 확인된다. 『신증동국여지승람』 제34권, 전라도 흥덕현 참조.

29 전라도 흥덕을 본향으로 하며 흥성 장씨(興城張氏)로도 불린다. 고려 초 광평시랑(廣評侍郎)을 지낸 장유(張儒)가 시조이다. 아들 장연우(張延祐)는 고려 현종 때 거란군이 침입해오자 왕을 호종하였고, 중추원사(中樞院事), 호부상서(戶部尙書)를 역임하였으며, 뒤에 상서우복야(尙書右僕射)에 추증되었다.

모두 전라도에 뿌리를 둔 재지사족이라는 점과 선계가 왜구토벌에 참가한 무장이라는 특징을 보인다.[30] 이것은 김성우의 가계가 증조 김주정 이후 만호를 세습하였고 김성우 또한 전라도 도만호로 전라도 서해안의 왜구토벌에 참여했음을 방증한다고 본다. 그런데 김성우 손자인 김중로의 부인의 관향은 전라도가 아닌 충청도 결성에 본관을 둔 결성장씨라는 점이 주목된다. 김중로의 부인 결성장씨는 불사이군의 고려충신으로 경상도도관찰출척사를 지낸 결성군(結城君) 장하(張夏)(1316~1399)[31]의 후예이다. 김남호는 부친 김성우 사후 고향인 개경으로 돌아가지 않고 전적지 보령에 묘소를 마련하고 보령현과 이웃한 결성현에 뿌리를 내린 장하의 가문과 혼연을 맺은 것이다. 정경부인에 증직된 김맹권의 초배는 전라도 나주와 홍덕의 재지사족인 나주전씨 가각고승 전삼달(全三達)의 딸이며, 계배는 홍덕진씨 진사문의 후예이다.[32] 이들의 관계는 다음과 같이 계보화할 수 있다.

30 앞서 살펴보았듯이, 증조 김주정은 1284년 진변만호로 일본정벌에 참여했고, 고모부 나주오씨 오첨(吳瞻)은 전라도진변만호로 왜구토벌에 참여했다. 또한 6촌 김종연은 전라도도원수로 왜구토벌에 참여했고 김적선은 남원도병마사(南原道兵馬使)로 사포(沙浦)와 임실(任實)에서 왜구를 크게 물리쳤다. 이에 관한 보다 상세한 설명은 다음 장에서 계속될 것이다.

31 장하 또한 1390년 '윤이 · 이초 사건'에 연루되어 김종연과 측근인 지용기, 이색 등과 함께 유배되었고 마지막까지 고려에 대한 절의를 지켰다는 사실을 주목할 필요가 있다. 따라서 김남호가 장하의 가문과 혼연을 맺는 것은 자연스러운 일로 보여진다. 장하는 1390년 8월 보령현의 이웃인 결성현 성곡리 박철동으로 유배되었다가 풀려나 이곳에 평산서원을 세워 후학을 양성하다가 1392년에 타계하였다. 그의 묘소는 충남 홍성군 서부면 중리에 위치한다. 결성군 장하에 관해서는 앞장을 참조.

32 김남호의 부인과 손자인 김맹권의 계배는 진사문의 후예로 같은 관향임이 확인된다.

```
김주정┬김 심 ┬ 김승사 ─ 김종연
      │      ├ 김승진 ─ 김적선
      │      └ 女오 첨
      ├김 류 ─ 김윤장 ─ 김성우      ─ 김남호      ─ 김중로    ─ 김맹권
      │                  配박진문后    配진사문后    配장하后    女전삼달
      │                                                         女진사문后
      └女진 석 ─ 진사문 ─ 진천계 ─ 女김남호
```

이처럼 김성우 가계는 그의 사후 3대에 이르기까지 계속하여 토왜지인 전라도의 재지사족 또는 반이성계가와의 혼연이라는 독특한 특징을 보인다.[33]

33 이같은 김성우 가계의 토왜지 재지사족과의 혼연은 김맹권의 아들 대에 이르러 완전히 그 틀에서 벗어난다. 김맹권의 장자 김극신(金克愼)(1469-1521)이 이성계 가문 전주이씨와 통혼하는 파격이 주목되기 때문이다. 이렇게 시작된 조선왕실과의 혼연은 김맹권의 차자 김극성이 중앙의 관직으로 진출하면서 확대되어 아들인 김인사의 6남 3녀 중 세 아들의 며느리가 전주이씨이고 큰사위 또한 전주이씨이다. 이러한 김성우 가계의 조선왕실과의 혼연은 김성우 가계가 16세기 초에 이르러서야 비로소 조선사회에 완전히 동화되기 시작했다고 볼 수 있다.

2. 김성우의 생애와 행적(行蹟)

1) 생애

(1) 가계

김성우는 1327년(충숙왕 14년) 경 개경에서 판도판서를 지낸 김윤장의 장남으로 출생하였다.[34]

김성우 가계의 조선왕실과의 통혼표

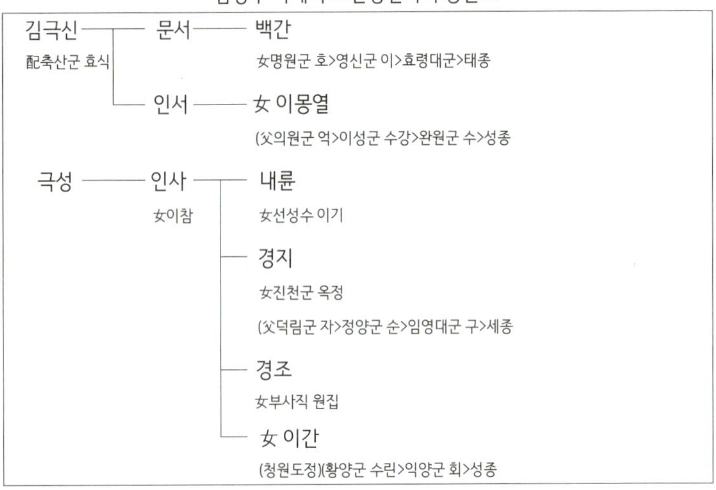

34 최근묵은 김성우가 1327년대 태어나 조선이 건국한 시기까지 생존한 인물로 고려 말 우왕 창왕, 공양왕 대에 활동한 것으로 추정하고 있다. 민현구 또한 김성우의 출생 년대를 1320년대로 보고 있다. 최근묵, 「고려절신 김성우 장군과 보령」, 『고려절신 김성우 장군 재조명』, 제1회 김성우 장군 추모기념 학술대회, 충남대 인문학연구원, 2010, 24쪽.민현구, 「고려 말 왜구격퇴의 초기양상과 김성우 장군」, 『김성우 장군과 보령』, 제2회 김성우 장군 추모기념 학술대회, 2011, 9.

▶ **김성우 가계도**

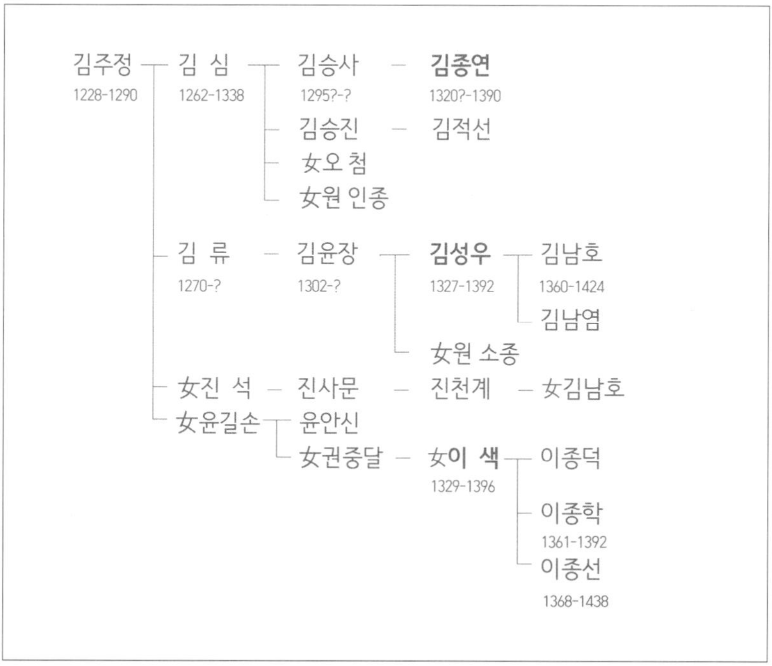

김성우는 전라도진변만호부의 도만호로 전라도와 충청도를 오가며 조운선 보호와 토왜활동에 참여하였다. 그런데 1390년 뜻하지 않은 사건이 일어났다. 왜구토벌에 함께 참여했던 6촌인 전라도 도원수 김종연이 이성계 제거 음모인 윤이·이초 사건의 주모자로 몰려 조선 개창세력으로부터 죽임을 당하는 사건이 발생하였다. 이 사건으로 6촌인 김종연을 비롯한 지용기 등의 무장들과 절의파들이 대거 숙청되거나 유배를 떠났다. 이때부터 김성우는 외부와의 접촉을 끊은 채 전적지인 보령 청라동에서 칩거하였다. 1392년 7월 이성계가 조선을 개창하자 개창세력들은 신왕조에의 참여를 빌미로 김성우를 수차례 불러들였다. 하지만 김성우는 그해 9월10일 고려왕조에 대한 불사이군(不事二君)의 절의를 지켜 자신의 애마인

백마(白馬)와 함께 청라의 스무티 고개에서 자결함으로써 생을 마쳤다.

김성우는 부인 진원박씨와의 사이에 두 아들을 두었다. 장남은 호군(護軍) 김남호이며, 차자는 황해도 청단에서 찰방(察訪)을 지낸 김남염이다. 김성우는 왜구토벌 당시 장남인 김남호와 함께 전적지로 왔으며, 차자인 김남염은 선대의 세거지인 개경 인근 장연에 남았다. 이렇게 운명이 엇갈린 김성우의 두 아들은 한편으로는 장남 김남호 및 그 후손들이 충남 보령에 뿌리를 내리게 되었고, 다른 한편으로는 차자인 김남염을 비롯한 그의 후대가 개경과 장연 일대에 거주하는 결정적인 계기가 되었다.[35]

김성우의 보령 입향 이후 보령광산김씨를 '청라김씨(靑蘿金氏)'라고도 부르는데 이것은 김성우가 보령의 청라동에 입향하여 자리를 잡았기 때문이다.

35 김성우의 차자 김남염 후예의 세거 상황은 남북분단으로 인해 정확하게 파악되지 않는다. 현재 6.25와 1.4 후퇴 때 월남한 일부 후손들이 김성우 묘우유허비 아래에 김남염의 단소를 설단하여 그를 추모하고 있다. 김남염의 후손으로는 김성우의 18대손인 독립운동가이자 최초의 서양의사 김필순(弼淳)(1878-1919)과 중국영화의 황제로 추앙받던 아들 김염(金焰)(1910-1983), 독립운동가이자 교육자였던 그의 조카 김마리아(金瑪利亞)(1891-1944)와 독립운동가, 교육자, 사회활동가였던 김필순의 여동생인 김순애(淳愛)(1889-1976)가 있다. 김순애의 남편은 독립운동가 김규식(金奎植)(1881-1950)으로 김필순의 매제이다. 후손들이 미국과 중국에 거주하는 것으로 알려지고 있다. 김필순의 외손녀 박규원이 김염의 일대기를 다룬 『아주 특별한 올드 상하이』(2016, 프리이코노미라이프)가 있다.

김성우와 부인 진원박씨 합장묘소(보령시 청라면 나원리 발산 일명 '고려향')

김성우의 묘는 보령시 청라면 나원리 산 1-1번지 발산의 간좌 언덕에 부인 진원박씨와 합폄되었다.[36] 묘비는 김성우의 7대손 김경지가 글을 짓고 재종 김섭이 글씨를 써 1607년에 건립하였다.

오늘날에도 김성우의 묘소가 있는 보령시 청라면 나원리 발산(鉢山)은 김성우의 고려혼이 배여 있다고 하여 세칭 '고려향(高麗鄕)' 또는 '장군동(將軍洞)'으로 불린다.

김성우의 묘소는 그 명칭이 '장군'이란 그의 호칭에서 연원하는 성주산의 '장군봉' 아래 의평리 전적지 일대가 한 눈에 내려다보이는 발산의 언덕위에 우뚝 솟아있어 마치 죽어서도 조국을 수호하고자하는 그의 위민애국(爲民愛國)의 정신을 보는 듯하다.

---

36 원래 김성우 부인 진원박씨의 묘소는 보령시 청라면 장산리 장골에 위치하였는데 최근 현재의 김성우 묘소로 합폄되었다. 이 과정에서 그의 묘소가 훼손되어 아쉽다.『신안읍지』총묘조 참조: 章谷 在縣東二十里 金將軍成雨夫人墓.

전면에서 바라본 김성우 묘역과 후면에서 바라본 청라면 전적지 일대와 성주산 장군봉

▶ 김성우 가계와 묘소의 위치

세	이름	보령시거	출신	생몰	왕조	관직	묘소위치
14세	김주정		개경	1228-1290	고려	문하시중 판삼사사	개경
15세	김 류		〃	? - ?	〃	감찰어사	실전 단소(장성)
16세	김윤장		〃	1302 - ?	〃	판도판서	실전 단소(보령)
17세	김성우	1	〃	1327-1392	〃	전라우도도만호	보령
18세	김남호	2	〃	1360-1426	공민-태종	호군	〃
	김남염	2	〃	1364-1432	공민-세종	청단찰방	황해도 장연

위의 김성우 가계의 묘산의 위치에서 알 수 있듯이, 증조 김주정의 묘소는 개경에 위치하고 조부 김류와 부친 김윤장의 묘소는 실전되어 전라도 장성과 보령 청라에 각각 단소로 설치되어 있다. 고려 말의 대부분 실전된 묘소는 대체로 단으로 모시는 경향이 있다. 따라서 김윤장과 김류의 묘소가 실전되어 장성과 보령에 설단되어 있는 것은 고려 말의 사회상을 반영한다. 이와는 달리 김성우의 묘소는 그의 선계와 아무런 연고가 없는 청라동 라원리에 위치하고 그의 후손들의 묘산(墓山)이 또한 이곳에 함께 위치한다. 이것은 김성우가 개경출신의 실존인물이고 그의 보령입향 배경이 토왜(討倭)라는 앞의 논지를 분명하게 입증한다.

(2) 보령입향지 - 청라동[37]

김성우가 입향한 보령의 청라동은 백제시대 신촌현에 속했다가 통일신

37 김성우의 보령 입향지는 현재의 보령시 청라면의 복병리(伏兵里)로 1960년 청천저수지의 건설로 물에 잠겼다. 청라동의 촌락구조 형성에 관해서는 전종한(2004)을 참조.
전종한, 「사족집단의 사회관계망과 촌락권 형성과정-오서산의 계거지 청라동을 사례로」, 『충청남도 내포지역 지역엘리트의 재편과 근대화(IV)』, 충남대학교 인문과학연구소, 2004.

라시대 결성군 신읍현이 되고 고려시대 하남도 보령현에 속하였다. 조선시대에도 보령현에 속했다가 1895년 보령군에 편입되어 1914년 면제개혁에 의하여 오삼전면과 청라동면이 통합되어 현재의 청라면으로 불리운다. 이 지역은 오서산, 진당산, 봉황산, 성주산, 성태산, 백월산 등 크고 작은 산지에 의해 둘러싸인 전형적인 분지이다. 또한 이곳은 도참설에서 지칭하는 '오서산남만년영화지지(烏棲山南萬年榮華之地)'[38]이고 풍수가들이 말하는 '오성지간만인가활지지(烏聖之間萬人可活之地)'[39]로 이중환의 『택리지』에서 말하는 오서산의 복지(福地)인 청라동이다.

> 오직 계거는 평온한 아름다움과 맑고 상쾌한 경치가 있고 또 관개와 경작하는 이익이 있기 때문에 "바닷가의 삶은 강가에 사는 것만 못하고 강가의 삶은 계곡에 사는 것만 못하다"고 한다. (....) 충청도에서는 보령의 청라동, 홍주의 광천, 해미의 무릉동, 남포의 화계가 모두 대이어 사는 사대부 부자가 많다. (...) 모두 바다 모퉁이며 땅이 궁벽하여 전쟁이 애당초 들어오지 않으므로 복지라고 일컫는다.[40]

청라동의 분지는 내부가 거의 보이지 않는 일종의 병목 구간이다. 이 지역은 남동향의 산사면이 잘 발달되어있고 산사면을 따라 흐르는 물이 많

38 "오서산 남쪽에는 만년토록 영화를 누릴 수 있는 땅이 있다". 도참설에 의하면 내포지역은 오서산의 북쪽과 남쪽에 각각 길지가 있는데 북쪽의 것은 '2대에 걸쳐 왕이 나올 자리'(二代天子之地)이고 남쪽의 그것은 '만세토록 영화를 누릴 수 있는 자리'(萬年榮華之地)라는 것이다. 전종한, 앞의 논문.

39 "오서산과 성주산 사이에 만인이 가히 살만한 곳이 있다". 여기에서 '烏聖之間'은 오서산과 성주산의 사이 즉 청라동을 의미한다.

40 이중환, 「복거총론」 산수조, 『택리지』, 1751.
惟溪居 有平穩之美蕭洒之致又有灌漑耕耘之利 故曰海居不如江居 江居不如溪居... 忠淸則保寧靑蘿洞, 洪州廣川 海美武陵洞 藍浦花溪, 俱多世居富厚者 ... 以海隅地僻兵戈初不入 故最稱福地.

고 이를 배경으로 수려한 경치가 펼쳐져 복병리, 독정리, 옥계리 원옥계, 장산리, 옥계리 황곡 등 수려한 경치가 펼쳐져 촌락 입지에 유리하다. 옥계리(玉溪里)라는 지명에서 알 수 있듯이 이 일대는 계곡이 수려함을 이해할 수 있고, 오서산 명대계곡에서 발원한 시냇물이 옥계를 거쳐 청라동을 남서방향으로 관통한다.

보령시 청라면 복병리 일대 전경(정면 멀리 보이는 산이 오서산)

김성우 사후 그 후손들은 고향인 개경으로 돌아가지 않고 전적지인 이곳에 그의 묘소를 마련하고 정착하여 김성우의 충절을 기렸다.[41]

이처럼 김성우가 전적지인 청라동에 입향하여 그 후손들이 그의 사후

41 '만세보령'은 1586년 선조가 안대진(安大進)(1561~1604)에게 내린 교지에 추기된 "진충보국(盡忠報國) 만세보령(萬歲保寧)"에서 확인된다. 하지만 고려 말 김성우가 왜구를 토벌하고 보령에 입향한 이후 광산김씨와의 혼연으로 사족들이 하나 둘 씩 청라동에 입향하면서 사대부의 촌락이 형성되어 퍼져나갔음을 고려할 때 김성우가 만세보령의 터전을 만드는데 기여한 것은 이론의 여지가 없다.

세거지를 삼은 것처럼 진포 등지에서 왜구를 토벌한 나세(羅世)(1320-1397)의 후손 또한 전적지에 세거해오고 있다. 김성우의 두 아들 중 장남 김남호가 김성우와 함께 보령 청라에 입향한 것처럼 나세의 세 아들 중 2남인 나궤의 후손들이 충남 서천군 마서면에 입향하여 오늘에 이른다. 김성우의 2남 김남염이 황해도 장연에 나세의 3남이 황해도 연안에 세거지를 이루고 있는 것도 이와 유사하다. 이처럼 나세와 김성우는 왜구토벌로 인하여 고향인 개경을 떠났으며, 장자나 차자가 부친의 전적지에 모두 정착하였고 막내아들이 고향인 개경 인근에 세거하는 특이한 공통점을 보인다. 아래 도표는 이같은 이들의 관계를 잘 보여준다.

▶ 나세와 김성우의 입향관계 분석

<table>
<tr><th></th><th>본관</th><th>출생지</th><th>생졸년도</th><th>관직</th><th>전투지</th><th colspan="2">가족</th><th>세거지</th><th>성씨</th></tr>
<tr><td rowspan="3">나 세</td><td rowspan="3">나주</td><td rowspan="3">황해도 연안</td><td rowspan="3">1320-1397</td><td rowspan="3">상원수</td><td rowspan="3">진포구 (충남 서천)</td><td>장자</td><td>공주</td><td rowspan="3">서천군 마서면</td><td rowspan="3">나주나씨 서천 입향조</td></tr>
<tr><td>차자 (나궤)</td><td>서천</td></tr>
<tr><td>막내</td><td>황해 연안</td></tr>
<tr><td rowspan="2">김성우</td><td rowspan="2">광주</td><td rowspan="2">황해도 개경</td><td rowspan="2">1327-1392</td><td rowspan="2">전라도 만호</td><td rowspan="2">충남 보령</td><td>장자 (남호)</td><td>보령</td><td rowspan="2">보령시 청라면</td><td rowspan="2">광산김씨 보령 입향조</td></tr>
<tr><td>차자 (남염)</td><td>황해 장연</td></tr>
</table>

나세 묘소(충남 서천군 마서면 옥산리)

(3) 관직의 제문제

고려 말 왜구토벌에 참여했던 인물들의 관직은 도만호, 도순문사, 원수, 병마사가 주종을 이룬다. 이 외에도 60여 종의 다양한 관직명이 확인된다.[42] 이같은 관직명을 반영하듯이 왜구토벌에 참여한 동일인에게 제수된 여러 개의 관직명도 발견된다. 다음에서 알 수 있듯이 김굉(金鋐)은 '추포부사, 방어사, 도순어사, 도순문사' 등의 다양한 관직명으로 왜구토벌에 참여하고 있음이 확인된다.

42 왜구토벌과 관련된 관직명은 다음과 같다: 감무, 관찰사, 도만호, 도순문사, 도원수, 도진무, 독찰사, 만호, 상만호, 목사, 밀직, 밀직부사, 밀직사사, 밀직상의, 방어사, 병마도통사, 병마부사, 병마사, 병마절제사, 병마판관, 부령, 부사, 부원수, 부윤, 부장, 산원, 상산군, 상원수, 상의, 상장군, 상호군, 수장, 순어사, 순찰사, 안력사, 안렴사, 안무사, 왜적추포사, 우사, 장군, 전대언, 전의령, 절제사, 조전원수, 주사, 중랑장, 지문하, 지사, 지휘관, 지휘사, 진변사, 찬성사, 척산군, 체복사, 체찰사, 추포부사, 판관, 판밀직부사, 판삼사사, 판숭녕부사, 판전의사사, 평리, 평리상의, 포왜사, 해도포착순관.

▶ **왜구토벌에 참여한 동일인에게 사용된 관직명의 예**[43]

이름	관직명
김 굉	추포부사, 방어사, 도순어사, 도순문사
변안열	도지휘사, 도원수
심덕부	도순문사, 상원수, 해도원수
왕안덕	도원수, 조전원수
인 당	만호, 포왜사
정 룡	만호, 해도만호, 수군도만호
정 지	병마사, 순문사, 해도원수, 도지휘사
지용기	원수, 도원수, 도순문사
하을지	강화만호, 전라도안무사, 원수

김성우의 관직명을 살펴보면 시대에 따라 그 명칭이 여러 가지로 표기되었는데 정리해보면 다음과 같다.

▶ **김성우 직명표**

출처(전거)	년도	지은이	내용(직명)
김남호 묘비	1501	김극성	절충장군 전라우도 도만호(折衝將軍全羅右道都萬戶)
김극성 '행장'	1540	이언적	절충장군 전라우도 도만호
김백간 묘지문	1582	김태국	전라우도 도만호
김태정 묘지석	1588	김태국	전라우도 도만호
김성우 묘비	1607	김경지	절충장군 전라우도 도만호 지 초토영전사
김극성 신도비	1613	이정구	전라도 도만호
김극성 '가장(家狀)'	1619	심지원	전라도 도만호

43 물론 승진된 관직이 함께 사용된 경우도 있으나, 동일한 인물의 이름 앞에 다양한 관직명이 사용된 경우이다.

김극성 '시장(諡狀)'	1655	심지원	전라도 도만호
김해수 묘갈	1666	송시열	도만호 장군
『동국여지지』	1656 -1763	유형원	도만호
『신안읍지』	1748	정 권	도만호 초토사(都萬戶招討事)
『여지도서』	1757		도만호 초토사
『소원록』	1860	김극성	전라도 도만호 수군절도사 겸 초토영전사 (全羅道都萬戶卽今水使兼招討營田事)
『충청도읍지』	19세기 말		도만호 초토사
『사가집』	1922 (1959)	유호근	전라도 도만호 겸 초토영전사(全羅道都萬戶兼招討營田事)

위와 같이 김성우의 관직명은 '도만호'라는 고려 말의 공통된 직명과 함께 다른 직명이 사용되었다. 따라서 김성우의 설명에서 공식 직함인 '도만호'를 비롯하여 '전라우도'라는 지명과 '절충장군' 및 '초토영전사'라는 직명의 정리가 필요하다.

① 도만호

무엇보다도 김성우의 관직 명칭인 도만호에 대한 이해를 위해서는 고려시대의 '만호부(萬戶府)'에 대한 검토가 필요하다.

만호는 원나라에서 유래한 군제로 1231년(고종 18) 원에 투항한 인주신기도령 홍복원(洪福源)이 '고려군민만호(高麗軍民萬戶)'라는 직을 제수받은데서 유래한다.[44] 이후 1280년(충렬왕 6) 2차 일본정벌을 앞두고 원나라는 충렬왕의 요청으로 고려군의 사기를 진작시키기 위해 김성우의 증조인 밀직

44 『원사』 권59, 지11 지리2 반양로조.

부사 김주정과 박구(朴球)에게 만호(管高麗國征日本軍萬戶)[45]를 상장군 박지량(朴之亮) 등 10인에게 총관(武德將軍管軍摠管)을 대장군 조변(趙抃) 등 10인에게 천호(佋信校尉管軍千戶)를 중랑장 김중성 등 20명에게 총파(忠顯校尉管軍總把)를 제수하였다.[46] 그러나 실제로 고려에 만호부가 설치된 것은 일본정벌 실패 직후인 1281년으로 왜구의 침구에 대비하여 금주 등처에 진변만호부(鎭邊萬戶府)인 금주만호부(金州萬戶府)(합포만호부로 개칭)를 현재의 마산에 설치한 것이 효시이다.[47] 이어서 1290년 전라도에 전라도진변만호부(전라도만호부)가 설치되고, 1293년에는 왕경만호부(순군만호부)와 서경만호부가 1301년에는 탐라만호부가 제주에 각각 설치되었다.[48] 이렇게 설치된 5만호부에는 집행관인 도만호, 상만호, 만호와 부장인 부만호, 군관인 진무, 행정관인 총관, 제공, 녹사가 있었고, 예하부대인 천호소와 백호소에 천호와 백호가 설관되었다.[49]

---

45 『원사』 권11, 세조 지원17년 11월 신미조.

46 『고려사』 세가29, 충렬왕6년 12월 신묘조.
이 관직에 임명되는 것은 대단한 명예였으며, 재추의 반열에 올라있는 사람이 겸직하였고 세습되었다. 김방경-김흔, 나유-나익희-나영걸, 김주정-김심, 권준-권겸-권용, 조인규-조연수-조충신 등에서 그 예를 찾을 수 있다. 따라서 만호가 세습직이었고, 김주정의 아들 김심이 만호를 세습했다는 기록은 주목된다. 왜냐하면 김심의 동생이 김류이고 김류가 김성우의 조부이기 때문이다.

47 『고려사』 권29, 충렬왕7년 10월 기해조.

48 최근성, 「고려 만호부제에 관한 연구」, 『관동사학』 3, 원진문화사, 1988, 58-61쪽.

49 『고려사』 지31, 백관2 제사도감각색(諸司都監各色) 순군만부호조. "有都萬戶上萬戶萬戶副萬戶鎭撫千戶提空"

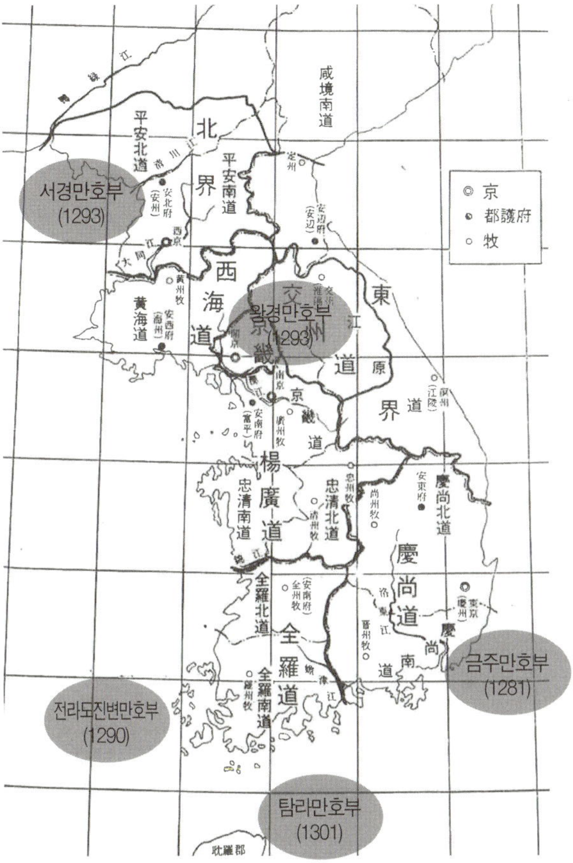

고려시대 만호부[50]

이러한 고려의 5만호부는 공민왕대 폐지되었다가 1358년 홍건적과 왜구침구에 대비하기 위해 서북면과 동북면에 만호부가 다시 설치되었다. 하지만 만호부 폐지 이후 도순문사 이외도 도원수가 파견되면서 그 수가

50 지도는 김상기(1985)에서 재인용.

많아져 우왕 대에는 지휘체계가 복잡해져 기강이 문란해졌다.[51] 이어서 공민왕 말년인 1374년 이희(李禧)와 정지(鄭地)의 상서(上書)를 계기로 수군만호부가 설치되었다. 1377년(우왕 3) 수군만호부는 각 도별도 분장되는 수군의 최고 지휘관인 도만호[52]와 그 휘하에 상만호, 부만호 또는 만호와 같은 하위의 군사직으로 재정비되었고 해도만호, 해도원수란 새로운 직이 또한 등장하였다.[53]

만호부에 대한 사서의 공민왕대의 첫 기록은 1352년(공민왕 원년) 전라도 만호 류탁에 관한 『고려사절요』의 다음 기사이다.

> 전라도 만호(萬戶) 유탁(柳濯)이 군사를 엄정하게 통솔하면서 군사들과 고락을 함께 하였으므로, 교서(敎書)를 내리고 의복과 술을 주어 위로하였다.[54]

이어서 1360년 안우(安祐)를 안주 도만호로, 이방실(李芳實)을 상만호로, 김오진(金於珍)을 부만호로 삼았다는 기록이 발견된다.[55] 안우는 같은 해 2

---

51 공민왕은 만호부의 폐지 후 양광도와 전라도에 안무사를 파견해 포왜만호를 겸하게 하였다. 하지만 이 시기 이후에도 원간섭기의 지휘체계가 혼재하여 도만호, 도순문사, 안무사 등의 관직명이 사용되었다.
오종록, 「고려 말의 도순문사」, 『진단학보』 62, 진단학회, 1986. 16쪽.

52 민현구, 앞의 책, 177쪽.

53 최근성, 앞의 논문.

54 『고려사절요』 제26권 공민왕 원년 정월조.
만호부의 왜구토벌에 관한 기사는 '왜구침구분석' 참조.

55 『고려사』 제39권, 공민왕 9년 정월 을묘조.
이외에도 1371년 9월에 "서경 도만호 안우경(安遇慶)과 안주 상만호 이순(李珣)을 보내어 오로산성(五老山城 올라산성(兀剌山城))을 치게 하였다"라는 기록과 1388년 "도만호 왕복해"의 이름이 발견된다.
『고려사절요』 제29권, 공민왕4년, 『고려사절요』 제33권, 우왕14년 참조.

월 선주에서 적 수백 명을 베고 개선하였다. 안우는 이 전공으로 추충절의 정란공신의 공신호와 함께 종2품 참지정사에서 정2품인 중서평장정사로 승진하였다.[56]

아울러 1377년 전라도 수군 도만호 정룡 등이 왜구토벌에 참가한 다음의 『고려사』의 기록도 확인된다.

> 왜적이 2백여 척의 병선을 가지고 제주도를 공격하였다. 전라도 수군 도만호 정룡(鄭龍) 윤인우(尹仁祐) 등이 군사를 인솔하고 척후하다가 적선 한척을 붙잡아 섬멸하였으므로 우왕이 정룡 등에게 옷 한 벌을 상으로 주었다.[57]

같은 해 7월 도만호 정룡 등은 제주도에 침구한 왜구를 병선 2척으로 정탐하여 배 한척을 잡아서 모두 죽였다.[58]

이상에서 알 수 있듯이, 원간섭기 일본정벌 및 왜구방어 목적으로 설치된 만호부는 공민왕의 배원정책으로 폐지되었다가 실지회복 정책의 일환으로 동서북면만호부가 설치되고 공민왕 말년에는 수군만호부로 개편되었다. 만호부 설치 초기의 원나라에서 임명된 재추의 고위직인 세습직 만호는 이후 도만호, 상만호, 만호 등의 만호부 직제로 편제되었다.

따라서 앞서 살펴본 1352년 공민왕 원년의 전라도 만호 류탁의 기사를 통하여 전라도 만호부가 존재하였고, 따라서 만호부를 책임지는 총사령관인 도만호 직제가 설관되었음을 알 수 있다.[59] 또한 1360년 도만호 안우

---

56 『고려사』 제39권, 공민왕 8년 6월 정해조. 『고려사』 제39권, 공민왕 9년 2월 임자조.
57 『고려사』 권 제 133, 열전46, 신우3년 6월조.
58 『고려사절요』 제30권, 신우3년 7월조.
59 앞의 주)49 참조.

의 기사는 '도만호'라는 직이 전란시에 군권을 책임지는 임시직으로 문관 또한 가능하였고 공민왕 당시 종2품의 고위직이었음이 또한 확인된다.

따라서 김성우의 '도만호'라는 관직명은 그의 생애와 왜구침구기(1350~1390)를 고려할 때 부합하는 직명이라고 할 수 있다.[60]

② '전라우도', '절충장군', '초토영전사'

그러면 고려 말에 없던 전라우도의 명칭은 무엇인가? '좌우도'의 명칭은 고려 말 1389년에 "박인우(朴麟祐)를 양광좌우도 수군도만호로 삼았다"는 기록에서 처음으로 확인된다.[61] 이로 미루어 고려 말의 군제가 좌우도로 나뉘어져있었다는 유추 또한 가능하다. 전라좌우도의 명칭은 조선 초『태종실록』에서 확인된다.

> 전라도의 군관(軍官)이 왜적(倭賊)을 막지 못한 죄(罪)를 다스리었다. 수군 첨절제사(水軍僉節制使) 구성미(具成美) 좌도(左道) 도만호(都萬戶) 정간(鄭幹)은 태형(笞刑)을 가하여 환임(還任)시키고, 우도(右道) 도만호(都萬戶) 방구령(方九齡)은 두 번이나 범(犯)하였으므로 장형(杖刑) 60대를 가하여 환임시키켰다.[62]

김성우의 '전라우도 도만호'라는 관직명은 전라도가 영산강을 경계로 우도(서해안)와 좌도(남해안)로 나눠지기 때문에 전라도의 서해안 일대를 관

---

60 보령현의 왜구침구 시기를 고려할 때 김성우의 도만호직은 보령에서의 토왜활동 이전에 오른 고위직으로 전라도만호부의 총사령관인 도만호로 활동하던 김성우가 보령현 왜구침구 시기(1350, 절정기 1380~1381)에 보령으로 올라와 토왜활동에 참여한 것이다. 이 점에 관해서는 앞의 윤용혁을 참조.

61 『고려사』 지37, 병3 선군, 공양왕 원년 10월조.

62 『태종실록』 15권, 1월 신미조.

할하는 지역에서 그가 활동을 하고 있었기 때문이다.[63]

아울러 김성우 묘비에 등장하는 '절충장군'은 또 무엇을 의미하는가? 이것 또한 고려의 도만호란 직책이 조선의 품계나 직명에서 수군의 최고사령관인 '수사' 또는 '수군절도사'에 해당되기에 그렇게 표기한 것이다.[64]

마지막으로 도만호란 김성우의 직명에 추가된 '초토영전사(招討營田事)'란 새로운 칭호는 무엇일까? '영전'이라는 말은 중국의 남북조 시대부터 사용되었다. 당나라 중기에는 변지에 영전사를 두었는데, 대개 절도사가 관내의 영전사를 겸하는 것이 통례였다. 뒤에 영전사의 직책은 관장을 관할하는 호부로 옮겨져 영전무 밑에 전호를 쓰게 되어 관장과 별로 차이가 없게 되었다. 남송 때에는 금나라와의 국경지대에 광범위하게 영전이 행하여졌다. 원, 명 시대의 민둔은 이 영전의 계보가 전승된 것이다. 영전(사)는 고려, 조선시대에까지 사용되었다. 따라서 김성우의 직명에 '초토영전사'란 호칭이 붙은 것은 전라도에서 왜구를 소탕하는 임무를 수행하던 중 보령지역이 왜구의 침구로 큰 피해를 입었다는 소식을 접하고 급파되어 이를 소탕하고 뿔뿔이 흩어진 백성들이 살아갈 수 있도록 영전(營田)한데서 비롯된 직명으로 볼 수 있다. 이것은 김성우의 관직명에 추기된 '초토영전사'란 직책에서 그 연원을 확인할 수 있다. 초토영전사는 고려 말 왜구의 침구로 인해 중앙의 힘이 미치지 못하던 지방에 군둔전을 설치하여[65] 군

---

63 이 영, 「14세기 후반 동아시아 국제정세의 변동과 김종연
김성우 장군의 왜구토벌활동」, 『김성우장군의 왜구토벌과 보령』, 제2회 김성우 장군 추모기념 학술대회, 국방문화재연구원 한국역사문화연구원, 2011, 22쪽.

64 참고로 '전라우도', '절충장군'이란 표현은 김극성이 지은 김남호 묘비(1501)의 김성우 행적에서 처음 등장하며, 김극성이 당시의 군제에 따라 표기한 것으로 보인다. 김극성의 『우정집』 '소원록'에 '절충장군 도만호'가 조선의 '수사' 또는 '수군절도사'라고 설명하고 있다. 김극성, 앞의 책.

65 최근성, 앞의 책, 89쪽.

량미를 충당하고 백성들에게 농사지을 토지를 제공하기 위해 파견한 사람의 이름 앞에 붙인 호칭이다.

실제로 1389년(우왕 15) 정지(鄭地)(1347-1391)가 양광 전라 경상도 도절제체찰사 겸 총초토영전선성사(都節制體察使 兼 總招討營田繕城事)로 임명되고[66], 1390년 왕강(王康)(?~1394)이 판전농시사(判典農寺事)로서 양광 전라 경상도 수군도체찰사 겸 방어영전염철사(水軍都體察使 兼 防禦營田鹽鐵事)로 제수된 기록이 확인된다.[67] 이것은 고려시대에 전란 중에 임시로 특별히 파견하는 초토사(招討事)를 비롯하여, 논밭을 일구는 영전사(營田事), 염전과 철을 다루는 염철사(鹽鐵事), 조운의 일을 다루는 조전사(漕轉事), 성을 축성하는 선성사(繕城事) 등의 특별 관직이 상황에 따라 제수되었음을 보여준다.

> (...) 백성을 모집하여 연해지역과 제도를 충실케하되 수군만호부로 하여금 이들을 거느리고 성보를 수립하고 봉수를 삼가서 왜구에 대비시키면서, 아울러 무사할 때면 이들을 경작, 어염, 수치케하여 먹도록 하라."[68]

특히 보령지역이 해안가에 위치하여 왜구의 침구에 노출되고 염전업과 농업을 동시에 할 수 있는 지형학적 특성과 더욱이 보령에 많은 성이 축성되었다는 사실을 고려할 때, 김성우에게는 초토, 영전, 염철, 선성의 일을 동시에 겸하는 '초토영전염철선성사'라는 특별 관직명칭도 가능하다고 본다. 따라서 김성우의 초토영전사라는 관직은 정지가 '초토영전선성사'

66 『고려사』 권 제137, 세가 제50, 우왕 5년 8월 임인일조.
67 『고려사』 세가 제45, 공양왕 1년, 정월 갑신일조.
68 『고려사』 지 36, 병 둔전 신우14년 8월조.

를 왕강이 '영전염철사'를 겸직했다는 사실을 고려할 때 큰 문제가 없어 보인다.

이상의 김성우 관직명을 검토해보면 김성우의 공식 직명은 전라도 도만호이며, 초토영전사는 고려 말 보령 및 서해안의 왜구침구에 특별히 파견하여 왜구 때문에 흩어진 백성들이 살 수 있도록 영전하는 일을 맡은 직명으로 표기된 것이다. 또한 5만호부 중 전라도만호부가 왜구방비를 목적으로 설치되었고 서해에는 진포의 장암진과 보령의 고만에 병수처가 설치되었음을 고려할 때 보령 연해가 전라도 도만호의 활동영역이었음이 확인된다. 따라서 도만호 김성우가 전라도만호부를 떠나 상시로 충청의 수군진이 있는 진포의 장암진이나 병수처가 있던 보령의 고만(高巒)으로 이동하는 것은 얼마든지 가능하였다.[69]

그러므로 김성우의 관직명인 '전라우도 도만호 겸 초토영전사'라는 직책은 김성우의 토왜활동에 부합하는 관직명으로 결론지을 수 있다.

2) 토왜활동[70]

앞에서 살펴본바와 같이, 고려 말 김성우 선계의 특징은 전라도를 비롯한 서해안 등지에서 왜구를 토벌하였고 만호로 활동하였다. 증조부 김주정은 원나라로부터 만호를 제수 받아 그 직이 세습되었고 두 차례나 왜구토벌에 참여하여 큰 공훈을 세웠다. 김주정의 장자이자 김성우의 큰 할아버지인 김심이 만호이자 도원수였고, 김심의 큰 사위 오첨(吳瞻)은 전라도

69 예컨대 앞에서 살펴본 1377년 전라도 만호 정룡 등이 제주도에까지 진격한 사실에서 전라도 만호부의 활동영역이 전라도에 한정돼있지 않았음이 확인된다.

70 김성우의 왜구토벌에 관해서는 다음 장에서 상세히 살펴볼 것이다.

진변만호로 판통례문사를 지냈다. 김성우의 6촌 김종연은 전라도 도원수로 김적선은 남원도 병마사로 왜구토벌에 혁혁한 공을 세웠다.[71] 따라서 김성우가 전라도 도만호로 왜구토벌에 참여하게 된 배경에는 증조 김주정을 비롯한 가계의 영향이 크게 작용하였다.

1350년(충정왕 28)부터 왜구(倭寇)의 침구는 본격화되어 서해안까지 그 영역이 확대되었다. 이후 1380년까지 약 30여 년 동안 왜구의 침구는 극에 달하였다. 전라도 도만호로 왜구토벌과 조운선 보호를 책임지며 전라도와 충청 서해에서 활동하던 김성우는 전라도에서 왜구를 토벌하고 북상하여 보령연해를 침구하여 약탈방화를 일삼던 왜구를 맞아 보령지방에서 활약하면서 의평리 등에서 크게 물리쳤다. 이처럼 김성우는 그 선계가 전라 서해안 지역의 왜구토벌에 종사한 것과 같이 그도 평생을 이 지역의 왜구토벌에 바쳤다.

▶ 김성우의 보령전적 주요자료[72]

출처(전거)	년도	내용
김남호 묘비	1501	以王命討海寇。師過保寧。見樂土爲墟。因家焉
김극성 〈행장〉	1540	嘗以王命討倭寇。過保寧。樂其土。因家焉。遂爲縣人。(...) 都萬戶公, 戒子弟曰, "吾平生無德可紀. 累鏖倭寇, 彼雖醜類, 殺戮過多. 道家所忌, 汝輩能惟德是修, 而掃刮求世之念, 則庶保世德."
김백간 묘지문	1582	麗運將窮島夷侵凌湖西一帶爲賊淵藪六代祖全羅右道都萬戶諱成雨奮義殲滅因卜築于保寧縣靑蘿村子孫世居焉
김태정 묘지석	1588	麗祚將替卉眼陸梁湖右一帶爲賊窟穴七代祖都萬戶諱成雨奮義剿滅師過保寧樂其土因家于靑蘿里松山之陽寧之有金又如此焉

71 『고려사』 권 제104, 열전17 김종연 전 & 『신증동국여지승람』 제35권, 전라도 광산현 인물조 참조.

72 보다 상세한 김성우의 보령전적에 관한 내용은 부록을 참조.

김성우 묘비	1607	嘗以王命討倭寇 過保寧 樂其土 因家焉 遂爲縣人
김극성 신도비	1613	嘗奉命討倭, 過保寧, 樂其土, 因家焉, 遂爲保寧人.
김극성 가장, 시장	1619	嘗奉命討倭, 過保寧, 樂其土, 仍家焉, 遂爲保寧人.
『동국여지지』	1656	季有征倭功賜田 子孫因家焉
김해수 묘갈	1666	都萬戶成雨。樂保寧土俗。遂居于靑蘿洞。以討倭功。號稱將軍。自是世居靑蘿。靑蘿之金
김여남 묘비	1692	始居于保寧靑蘿洞。子孫因家焉。
『신안읍지』	1748	都萬戶 招討事奉命 討倭 師過保寧時 保寧 久爲倭寇巢穴 公盡 剿滅之戰時神馬自來故峯曰玉馬 寶劍自出 故洞稱飛刀 軍入海門而 有軍入浦之名 伏兵花厓而有伏兵坪之號 浦石 卸冠故 有冠巖 賊屍 屯蟻故 有蟻坪至今 人誦異蹟公 樂其土 家于靑蘿 故 子孫世居 人謂玆土之主人.
『여지도서』	1756	위와 같음

이후 김성우는 보령의 땅이 좋아 이곳에 정착하여 가계를 꾸렸다. 그리고 김성우는 초토영전사로서 황폐화된 보령지방의 땅을 영전하며 뿔뿔이 흩어졌던 백성들이 돌아와 살 수 있도록 하였다.

3) 추숭(追崇)

김성우 사후 이어져온 친진(親盡)이 김성우의 증손인 김맹권대에서 끝났다.[73] 따라서 김극신(金克愼)(1489~1521)[74] 등 후손들은 김성우의 신주를 매안

73 이해준은 조선전기의 사당 제사를 증조까지 지냈던 것을 감안하여 김성우의 친진을 김맹권, 김극신, 김극성 대로 추정하고 있다.
이해준, 「보령광산김씨 사적과 그 문화사적 성격」, 『고려절신 김성우 장군 재조명』, 제1회 김성우 장군 추모기념 학술대회, 충남대 인문학연구원, 2010, 206-207쪽.

74 자는 신지 호는 유송(維松)이다. 1516년 문과에 급제했으나 연산군에 의해 삭과(削科)를 당한 후 더 이상 과거를 보지 않고 부친 김맹권의 유훈에 따라 학문에 전념하여 도학으로 일가견을 이루어 인근에 칭송이 자자하였다. 허백당 홍귀달의 문인으로 좌통례에 추증되었다.

(埋安)해야 했다. 하지만 그 때마다 갑자기 뇌성벽력이 일어나 결국 매안하지 못하였다.[75] 이에 후손들은 상의 끝에 그의 묘소 옆에 별묘(別廟)를 지어 신주를 모시기로 하였다. 이렇게 해서 16세기 중반에 김성우 묘소 아래 동 방향에 김성우의 고려 혼을 영원히 사모한다는 의미의 '원모당(遠慕堂)'이라는 김성우의 별묘가 건립되었다. 하지만 김성우의 별묘는 당시의 법도에 어긋나는 것이었다. 하지만 이처럼 김성우 별묘 건립이 가능했던 것은 이를 관철하고 유지하게 한 신이한 행적과 당시 보령에서 이를 유지 존속시킬 만큼 광김의 위세가 컸음을 보여준다.[76] 이것은 앞에서 이미 살펴보았듯이 이 시기에 김맹권의 두 아들 김극신과 김극성이 사마시의 합격에 이어 문과에 급제하고 김맹권의 동생인 김공권의 아들 김극견이 사마시에 합격하여 사족으로서 확고한 지위를 얻으면서 보령현의 향권을 주도하였던 사실로 확인된다. 이렇게 건립된 김성우의 별묘에서는 매년 9월 9일에 김성우의 제사를 지내왔다. 하지만 김성우의 묘비 건립 등의 추숭은 여전히 시기상조였다.[77] 그런데 1592년 시작된 임진왜란과 1597년의 정유재란의 엄청난 폐해는 왜구에 대한 경각심으로 이어지면서 김성우에 대한 추숭이 자연스럽게 공론화되었다. 이렇게 해서 1607년에 김성우의 6대손 김경지 등을 중심으로 김성우 묘비가 마침내 건립되었다. 그러나 세월의 흐름과 더불어 별묘는 점점 쇠락해갔다. 그러던 중 정조조에 이르러 별묘가 너무나 낡고 붕괴의 위험까지 있게 되자 김성우의 11대손 진사 김양

75 『광산김씨족보』, 임인보.

76 이해준, 앞의 논문, 207쪽.

77 앞의 김성우 묘비 참조.

흠(金亮欽)(1763-1820)[78]이 개축하였다.[79]

그러나 향촌의 지배계층에 대한 저항의 상징으로 대대적인 사회변혁을 가져온 1894년 갑오농민혁명 당시 보령의 재지사족이었던 광산김씨 또한 이 혁명의 영향에서 벗어날 수 없었다. 따라서 종손 김광하(1826-1912)와 김기면(1846-1933) 등 후손들이 긴급히 모여 원모당은 그대로 유지하되 신주는 매안하기로 결의하였다.[80] 이런 과정을 거쳐 마침내 김성우의 신주는 매안되었으나 원모당은 그의 유물함과 함께 여전히 보존되어왔다. 그러나 원모당은 세월의 풍파를 견디지 못하였고 신주 매안 30여 년이 지난 1928년에 종손 김종현을 중심으로 한 후손들이 합심하여 원모당을 개수하고 그 곁에 묘우비각을 건립하였다. 1936년에 김병현이 원모당의 역사를 기록한 '김성우 묘우 유허비'의 비문을 지었고 1956년에 중수되어 현재에 이르고 있다.

> (…) 그러나 장군의 신주를 땅에 묻은 지 여러 해가 지났기 때문에 다시 신위를 복위하기도 어렵다. 장군의 사당만이 사십 여 년 동안 비어있어 비바람을 견디기 어려우니 이를 일찍이 말하지 않았던가? 다시 중수하여 공경할 지어다. 수백 년 동안 장군의 영혼을 모셨던 곳이다. 예전에 숙부께서 종종 발의하기를 "제사는 폐하였으나 사당은 철거할 수 없다"하니 모두가 옳다 승복하고 각자 형편대로 성의껏 성심을 다한 지 일년이 경과한 오늘에 그 결실을 보게 되었다. 이것이 본 사당의 역사이다 (…).[81]

---

78 자는 유천(惟天)으로 1786년 식년 진사시에 합격하여 성균진사(成均進士)가 되었다. 전재(全齋) 임헌회(任憲晦)(1811-1876)가 지은 행장이 있다.

79 위 족보「김양흠 행장」 및 김병현,「김성우 묘우 유허비」(1936)를 참조.

80 위의 족보 및 유허비 참조.

81 김병현, 위의 유허비문.

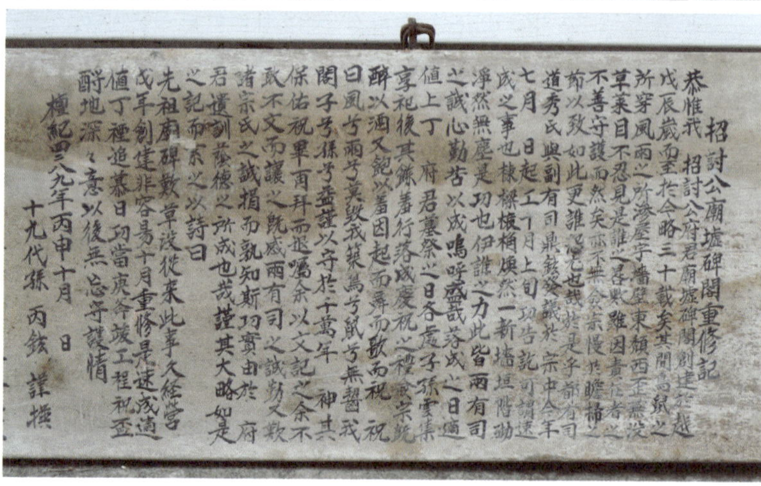

김성우 묘우 유허비(위)(글 김병현)(1936)와 중수기(아래)(1956)

하지만 원모당에 보관되어오던 김성우의 모든 유물은 1940년 일제에 의해 약탈당했고 그의 별묘는 훼철(毁撤)되었다.[82] 이러한 일제에 의한 항일 유적의 말살은 일제 강점기 내내 전국에서 자행되었다. 조헌과 영규대사를 비롯한 7백 의사가 순절한 금산전투를 기리기 위해 만든 칠백의총과 종용사(從容祠) 또한 일제에 의해 훼손되고 순의비가 폭파되는 수난을 겪었다.[83] 이밖에도 일제는 우리의 민족혼을 말살시킬 목적으로 명산에 쇠말뚝을 박기도 하였다.

1987년에 대천문화원장(현 보령문화원) 윤원석을 위원장으로 하는 '고려충신 김성우 장군 추모위원회'가 결성되어 김성우의 보령전적지에 추모비 및 전적사적비가 보령시와 육군 제 8361부대의 협찬으로 건립되었다.[84] 이후 2002년부터 보령문화원 주관으로 매년 11월 1일에 김성우 묘역에서 보령시와 육군 제8361부대의 협찬으로 김성우 추모제향이 거행돼오고 있다.

또한 2010년 9월 3일에 충남대인문학연구원(원장 박찬인) 주최 및 주관으로 '제1회 김성우 장군 추모기념 학술대회'가 개최되었고, 2011년 11월 18~19일에 국방문화재연구원(원장 이재) 한국역사문화연구원(원장 이성무) 공동 주최 및 주관으로 '제2회 김성우 장군 추모기념 학술대회'가 개최되었다.

---

82 이영은 나세 문중의 많은 서적 등이 일제강점기 일제에 의해 불태워졌다고 전언한다. 일제강점기 일제에 의해 김성우의 사당 원모당이 훼철되고 유물이 약탈당했다는 점에서 나세 가계와 김성우 가계의 일제에 의한 폐해를 짐작할 수 있다.
이영, 앞의 책, 185쪽.

83 임진왜란 당시 금산전투(1592.8.18.)에서 장렬히 전사한 조헌, 영규대사 등 700 의사를 추모하기 위해 1603년 '중봉조헌선생일군순의비(重峰趙憲先生一軍殉義碑)'가 세워졌고 1647년 종용사를 건립했다. 일제강점기 역사적 사실을 은폐하기 위해 일제가 파괴한 것을 1968년 다시 지어 오늘에 이른다. 현재 사적 105호로 지정되어 관리되고 있다.

84 부록 참조.

그리고 2012년 6월 6일에 보령시 청라면사무소(면장 임화빈)가 주관하고 청라면 새마을지도자협의회(회장 이풍호, 부녀회장 전옥자)가 주최한 '제1회 김성우 장군 추념행사'가 개최되어 김성우의 위민애국을 추모한 이래 6월6일에 청라면민 주최로 추념행사가 거행되고 있다.

2016년 8월에 김성우 묘비가 보령시 향토유적 제6호로 지정되었다.

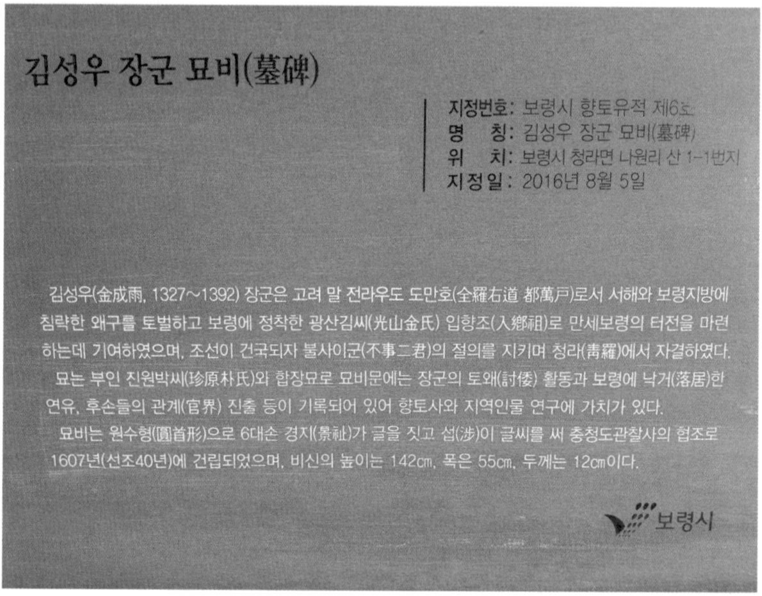

제3장

김성우의 보령 왜구토벌(倭寇討伐)

1. 왜구침구와 보령
2. 김성우의 보령 토왜활동
3. 보령 왜구토벌의 의의

| 제3장 | 김성우의 보령 왜구토벌(倭寇討伐)

보령에는 김성우의 왜구토벌과 관련된 토왜활동과 영전활동을 한 흔적이 토왜의 유적과 지명을 중심으로 현재까지 전하여 오고 있다. 따라서 김성우의 보령에서의 왜구토벌을 고증하기 위해서는 보령의 왜구침구와 토왜활동을 살펴보아야 한다. 특히 김성우의 보령입성 시기와 토왜활동이 있었던 전적지에 대한 면밀한 검토가 필요하다.

따라서 이 장에서는 앞에서 검토한 자료기록을 중심으로 김성우의 보령에서의 토왜활동을 내외 후손들의 세거지와 토왜의 유적을 중심으로 살펴보기로 한다.

1. 왜구의 침구와 보령

1) 고려 말의 정치상황과 왜구

고려 말의 정치상황은 대내외적으로 대혼란의 시기였다. 무엇보다도 이 시기에는 권력층의 부패로 인하여 내치가 점점 더 어려워졌으며, 설상가상으로 계속되는 외침, 특히 우리나라 전 해역에서의 계속되는 왜구의 침략과 약탈로 인하여 백성들의 원성은 날로 높아만 갔다. 하지만 왕실과 권력층에게 있어 국가수호의 의지는 점점 더 무기력해져 그 통제력을 잃어갔고, 마침내 망국의 길을 향해 서서히 달리고 있었다.

문무왕이 왜구를 진압하고자 창시한 것이 감은사(感恩寺)이고 죽어서도 호국대룡(護國大龍)이 되길 원한다는 전설[1]에서 확인되듯이, '약탈 행위를 하는 일본인의 무리'로 해석되는 왜구는 신라시대부터 역사에 등장한다. 하지만 왜구를 '영토에 대한 욕심이 없으며 또한 정치, 외교적인 의도에서가 아니라, 단순히 경제적인 재원의 약탈이나 사람의 납치를 목적으로 한 일본인으로 구성된 무장집단 내지 그 행위'[2]로 규정할 때, 삼국시대 한반도에서 왜의 활동은 왜구의 정의에서 제외된다. 왜구는 고려에서 조선전기에 걸쳐 일본인으로 구성된 집단에 의해 행해진 약탈, 납치행위를 일컫는다.

---

1 김상기, 앞의 책, 633쪽.

2 이영, 앞의 책(2007), 7쪽. 본 장의 전개과정에서 이영의 저서(2007) 및 논문을 참조하거나 전재하였다.이영,「고려 말 조선 초 왜구=삼도(쓰시마, 이키, 마쓰우라) 지역 해민>설의 비판적 검토」,『일본문화연구』제38집, 2011. &『왜구와 고려 일본관계사』, 혜안, 2011.

왜구는 지역 공권력이나 종교의 지원을 받던 해적[3]으로 일본 남북조 시기의 규슈지역 토착호족 세력이었다.

> 왜구는 막부와 정치적으로 대립하는 지역 공권력 즉 '삼도'라고 불려지던 다자이후(大宰府)의 쇼니 직을 계승해온 쇼니씨(少貳氏), 그리고 규슈 남조(정서부) 등 규슈지역 토착 호족 세력이었으며, 아울러 남북조 내란기 당시 일본사회의 공권력의 일부였다.[4]

왜구가 역사에 처음 등장하는 것은 1223년(고종 10)년 "왜가 금주를 침구하다"[5]라는 기록이다. 이후 약 80년의 공백기[6]를 거쳐 왜구의 침구는 1350년(충정왕 2)에 다시 시작되어[7] 조선중기까지 계속된다. 특히 왜구는 1350년에 80년의 공백기를 깨고 한 해 동안 100여척의 선단으로 6회씩이나 우리나라를 침구하였다. 이것은 북규슈 지방의 영주로 군림해온 쇼니요리히사가 남북조 내란기에 위기에 몰리자 휘하의 군사력을 동원하여 병량미를 확보하기 위해 고려에 침공한 것이다. 이처럼 경인년 이후 왜구의 침구가 대규모화하고 빈도가 격증한 이유는 남북조 내란기에 규슈 전지역, 세토나이카이, 구마노까지 포함하는 광범위한 지역의 해적 · 야쿠토(惡黨)가

3 이영은 서양사의 개념을 활용하여 13세기의 왜구는 파이렛트(pirates), 경인년 이후의 왜구는 코르세어(corsails)로 구분한다. 왜냐하면 13세기의 왜구가 단순한 약탈행위에 그쳤던 것에 반해, 경인년 이후 왜구는 일본 국내에서의 전투에 대비해 병량미를 확보하기 위해 고려를 침공하였고, 또 규슈지역에서의 전투에서 패배하면 국경을 넘어 고려와 중국으로 침구해 약탈과 납치하여 일본으로 돌아갔기 때문에 서양사의 코르세어의 행동과 일치하다고 보고 있다. 이영, 위의 논문, 479쪽.

4 이영, 같은 논문, 501-502쪽.

5 『고려사』 권22, 고종 10년(1223) 5월 갑자일조: 甲子倭寇金州.

6 이러한 공백기는 여몽군의 침공에 따른 고려-일본간의 군사적 긴장관계에서 비롯되었다.

7 「倭寇之侵始此」, 『고려사』 권37, 세가 제37 충정왕 2년 2월조.

남조의 수군으로 동원되었기 때문이다.[8]

왜구는 크게 '13세기의 왜구', '경인년(1350) 이후의 왜구', '조선시대의 왜구'로 시기구분이 가능하며[9], 다음과 같은 시기적 특성을 보인다.

▶ 왜구의 침구 시기구분 및 그 특성

	13세기	경인년(1350) 이후	조선시대
시기	1223-1265(40년)	1350-1391(40년)	1392-1555(160년)
침구횟수	11	591	165
규모	선박 1-2척, 수십에서 100명 미만	20-500척 척당 8,13,15,18,32명[10]	1-3척, 10명 내외
침구지역	금주(김해) 등 남해안	고려 전 해역, 중국, 러시아 연해주	경상, 평안, 전라, 황해, 강원, 충청
행동양식	연해의 약탈	약탈, 방화, 납치	
조직화	단순해적	중층 조직과 작전계획에 입각한 군사행동	
대응방식	사자파견, 왜구 금압요구[11]	외교교섭 불능 고려, 중국 외교문제화 연해창고 내륙이전 해로 → 육로 수송	
목표	조운선	조운선	

8 이영, 『왜구와 고려 일본관계사』, 혜안, 2011, 205쪽.

9 일본학계에서는 전기왜구(14-15세기)와 후기왜구(16세기 이후)로 시기를 구분하며, 전기왜구는 일본인으로 구성되었고, 후기왜구는 일본인이 10-20%, 나머지는 중국인으로 구성되어 있다고 보고 있다. 이영, 『잊혀진 전쟁 왜구 - 그 역사의 현장을 찾아서』, 2007, 에피스테메.

10 이로 볼 때, 배 한척 당 승선 평균인원은 17명으로 1380년 진포구 대첩당시 500척에 탄 왜구는 약 1만여 명으로 추정된다.
이영, 『왜구와 고려·일본관계사』, 혜안, 2011, 132쪽.

11 1227년 고려가 사자를 파견하여 왜구의 금압을 요구하자, 다자이쇼니 스케요리는 아쿠토 90명의 목을 베었다. 『백련초(百練抄)』 가록3년 7월 21일조, 이영, 같은 책, 141쪽 재인용.

무엇보다도 왜구는 1350년(충정왕 2) 이후 1391년(공양왕 3)까지 약 40여 년 동안 우리나라 전역을 침략하여 막대한 피해를 입혔다. 특히 우왕 집권 14년간은 왜구의 침략이 극에 달했던 시기로 경상도, 전라도, 충청도를 비롯하여, 경기 강원, 함경, 황해도 등 여러 도에 그 영향이 크게 미쳤다. 이러한 왜구 침구의 가장 큰 폐해지역은 해안지역으로 우리나라 전해역이 그 대상이었다. 왜구가 침공해 올 때마다 중앙정부의 대비능력 부재로 인하여 주, 군, 현의 향리와 군졸들이 백성을 버린 채 유랑하는 사태가 다반사였다. 그리하여 조정과 권력층에 대한 백성들의 불만이 더욱 깊어져갔으며, 백성들에게 있어 호구지책이 가장 큰 문제였다.

특히 1350년 이후의 왜구침구는 그 활동범위가 우리나라는 물론 연해주와 중국에까지 미쳤고, 마침내 중국은 우리나라에게 왜구진압을 요구하는 등 외교문제화 되기에 이르렀다.

> 우왕13년 정지가 상소해 스스로 대마도 정벌을 청하며 말하기를, 근년에 중국이 왜구의 정벌을 소리 높여 말하니, 만약 우리나라 각지에 그 병선들을 정박시키면, 비단 그 뒷감당하기가 어려울 뿐 아니라 우리나라의 허실을 엿볼 우려가 있습니다.[12]

위 인용문은 자칫하면 중국이 왜구정벌을 목적으로 고려를 공격해올 수도 있다는 위기감이 고려조정에 팽배해 있었음을 보여준다. 이처럼 경인년 이후의 왜구의 침구는 단순한 약탈행위가 아닌 외교와 내치에 걸쳐 고려왕실 자체를 뿌리째 뒤흔들어 고려의 존립자체가 크게 위협받고 있었다. 경인년 이후의 왜구의 침구는 외교문제뿐만 아니라 고려조정에도 큰

12 『고려사』 권 제113, 열전 제26, 정지전.

변화를 가져왔다. 관료의 봉급 지불이 어려워졌고, 연해지방에 있던 창고를 내륙으로 옮기고 해로대신 육로를 이용하여 조세를 운반하도록 하였다. 또한 왜구는 백성들뿐만 아니라 고려의 국가재정과 고려왕실의 존망까지도 위협하고 있었다. 실제로 1377년 왜구는 양광도를 집중 공격하여 고려군을 유인한 뒤 그 틈을 타서 수도인 개경을 공격하고자 했기에 고려조정은 철원으로 천도까지 기도하였다.[13] 이처럼 왜구는 고려조정에게 거란과 몽고에 버금가는 존재였다고 볼 수 있다. 이러한 왜구침구의 근본적인 해결이 경인년 이후 1391년까지 고려왕실의 가장 큰 문제였다.

2) 보령지방의 왜구 침구

(1) 보령의 연혁

보령은 백제시대 신촌현(新村縣)(현재의 보령)과 사포현(寺浦縣)(현재의 남포)에 속했다가 통일 신라시대 결성군 신읍현과 사포현이 되고 이후 두개의 현이 현재의 보령시로 통합될 때까지 행정구역이 별개지역이었다.[14]

'보령'이란 지명은 서기 995년(고려 성종 14)에 10도제 개편에 따라 하남도 운주(현 홍성) '보령현'으로 처음으로 역사에 기록된 것으로 보인다. 이어 1018년(고려 현종 9)에 전국을 5도로 병합 통치할 때 양광도 운주 보령현으로 불렸다. 조선시대에도 보령현과 남포현으로 불리다가 1895년 지방제도 개편에 따라 보령군과 남포군으로 불렸고 1914년 3월 일제의 부군통폐합령(府郡統廢合令)에 의해 보령군이 되고 1995년 1월 1일 현재의 보령시가 되었다.

---

13 『고려사』 권 제133, 열전 제46, 우왕 3년 5월조.

14 『세종실록』「지리지」 보령현조, 남포현조. 이 책에서 전개되는 보령은 고려시대 보령현을 일컫는다.

(2) 배경

보령현이 왜구침구의 주요한 배경이 될 수 있는 것은 보령연안이 서해 해로에 위치하고 내륙으로 접근하기 쉬운 포구가 발달되어 내륙으로의 접근이 용이한 지리적 특성 때문이다. 이것은 마산의 합포, 서천의 진포 등의 포구를 통하여 왜구가 침구하여 엄청난 피해를 입혔다는 사실로 확인된다.[15]

또한 보령연해는 고려시대 전라도에서 개경에 이르는 조운로의 일부를 구성하는 지역이었다는 점도 침구배경의 주요 원인으로 보여진다. 고려는 전국의 세수를 비롯하여 주요한 물품을 개경으로 운반하기 위해 13조창[16]을 만들어 해로 및 육로, 내륙수로를 이용하였다. 이 13조창 중 전라도와 충청도의 비율이 높아 전라도에서 거둬들인 조세 및 물류는 반드시 충청도 서해연안을 통과해야만 했다. 고려조정에서 거둬들인 조세는 각 지역의 창고에 보관했다가 이듬해 2월에서 5월까지 개경으로 운송하였다. 보령연해는 마산 석두창을 출발한 조운선이 전라도 부안에서 군산을 거쳐 원산도 서북쪽 보령 주교면 송학도(고만도정)와 원산도 북쪽과 천수만 사이를 거쳐 안면도 서쪽 해안으로 올라가는 군산도~자연도 구간에 위치한다.

15 보령연해의 포구는 보령현의 군입포(軍入浦)와 해소포(蟹所浦, 현 남쪽 24리), 남포현의 미조포(彌造浦, 현 남쪽 30리), 성주포(聖住浦, 현서쪽 15리), 청연포(靑淵浦, 현 남쪽 23리) 등이다. 『신증동국여지승람』 및 『세종실록』「지리지」 보령현조와 남포현조 참조.

16 13조창은 한강수로에 2개소, 남해연안에 3개소, 서해연안에 8개소 지역별로는 경상도 2개소, 전라도 6개소, 충청도 2개소, 경기도, 강원도 황해도가 각각 1개소였다.

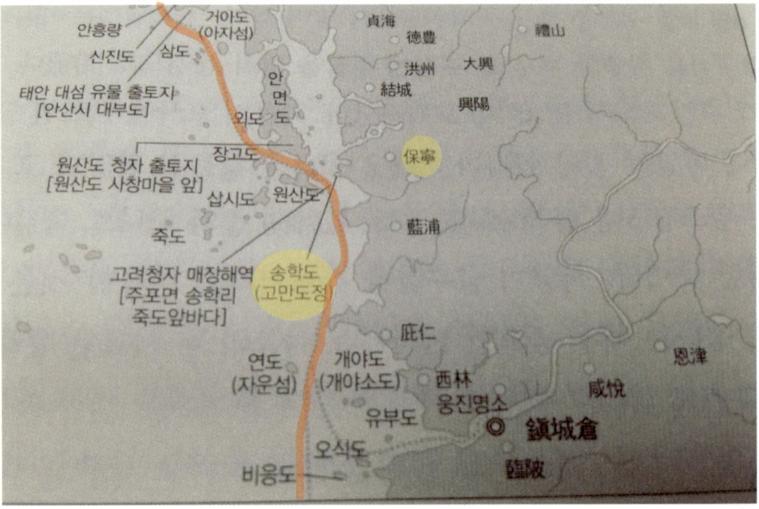

고려시대 조운로(군산도-자연도 구간)[17]

이 일대가 해상교역의 요지라는 것은 1983년 보령 송학리 고만도 인근의 죽도 해역에서 건져 올린 고려청자로도 확인된다. 이 때 건져 올린 유물은 포류수금문, 운학문, 국화문 등 100여 점의 상감청자로 이 청자에 새겨진 '기사(己巳)'란 글자에서 제작 년대를 1269년(문종 10)으로 추정하고 있다. 이곳에 수장된 상감청자는 전남 강진과 전북 부안에서 제작된 것으로 개경으로 운반도중 고만도 해역에서 난파된 것으로 학계에서는 보고 있다. 이 일대는 1987년 사적 제 321호로 지정되었다.

이처럼 보령연해는 고려시대 조운선의 엄호 및 관리를 위한 해상교역의 요지였음이 확인된다.[18]

17 남경호, 『고려시대 조운제도 연구』, 혜안, 2014, 233쪽.

18 보령연해의 포구는 992년(성종 11)에 실시한 조운거점 60포구제(浦口制)에 한 곳도 포함돼 있지 않고 또한 조창(漕倉)이 분포하지 않는다. 이것은 이 일대가 남해의 장흥반도~명량해협 해역과 마찬가지로 보령연해에서 안흥량(安興梁)에 이르는 해역이 조난지대였기 때문

아울러 보령연해가 해상교통의 요지라는 점이다. 이것은 고만도정의 존재에서 확인할 수 있다.[19] 고려시대 호남과 개경을 연결하는 노정에 객관이 설치되어 운영되었다. 1077년(문종31)에 태안에 안흥정이 설치되었고 그 이전에는 보령의 고만도(高巒島)에 객관이 설치 운영되었다. 이처럼 보령연해의 해상교통로서의 중요성은 송나라의 국신사의 일원으로 고려에 온 서긍(徐兢)(1091-1153)의 항해일지에서도 확인된다.[20] 서긍의 항해항로는 보령연안이 송나라 사신들이 개경을 가기위해서 반드시 통과해야만했던 중요한 길목이었음을 보여준다.

마지막으로 보령연안의 왜구침구 배경은 보령연안의 군사적 요충지로서의 기능이다. 이것은 보령연안에 축성된 많은 성과 봉수대를 통해서 확인된다. 고려의 봉수제도는 1149년(의종 3) 서북병마사 조진약(曺晉若)에 의해 체제를 갖춰 전국적인 국방통신망으로 운용되었다. 그러나 이러한 고려의 봉수체계는 원의 지배로 무너졌다가 고려 말 왜구의 침구가 극에 달하자 재정비되어 왜구 출몰에 신속하게 대응하는 군사적 목적으로 다시

이었다. 이것은 19세기에 작성된 해난사고에서도 확인된다. 총 146건의 해안사고 중 태안이 56건, 홍주 27건, 서산 19건, 비인 25건, 보령 5건, 남포 3건이지만 홍주 27건은 현재의 행정구역상 보령에 속하므로 보령연해의 중요성이 확인되며, 이것은 고려시대에도 비슷한 상황이었다.

윤용혁, 「보령지역의 왜구와 김성우」, 『충남, 내포의 역사와 바다』, 2016, 서경문화사, 178쪽. & 한정훈, 『고려시대 교통운수사 연구』, 2013, 혜안, 90쪽.

19 고만도정에 관한 상세한 설명은 제3장 2에서 전개할 것이다.

20 윤용혁은 서긍 일행이 1123년(인종 원년) 6월 통과했을 보령연안의 여정은 "횡서 → 자운섬 → 부용창산 → 홍주산 → 아자섬 → 마도"로 설명하면서, 홍주산(洪州山)이 홍주 주치(州治)의 진산인 월산(月山, 혹은 일월산)을 지칭하는 것으로 생각되지만, 홍주산 앞의 부용창산(부용창산, 부용산)이 보령지역 경내의 산을 지칭한 것일 가능성을 제기하면서도 부용창산의 사실여부 및 12조창의 하나인 영광의 부용창에 대한 이야기와 섞인 것은 아닌가 하는 의문을 동시에 제기하고 있다.

윤용혁, 「고려 말 보령지역의 왜구와 김성우 장군」, 『고려절신 김성우 장군 재조명』, 제1회 김성우 장군 추모기념 학술대회, 충남대 인문학연구원, 2010.

사용되었다.

지금 현재 고려 말의 자세한 봉수체계를 알 수 없으나 조선의 봉수체계가 고려의 제도를 계승하여 국가방위 수단으로 삼았다는 점에서 조선 초기의 보령지역 봉수체계는 고려 말 보령연안의 방위체계 고찰에서 중요한 의미를 갖는다 하겠다.[21]

보령연안의 봉수체계의 특징은 그 위치가 한결같이 보령내륙으로 왜구가 침구해 들어올 수 있는 길목의 포구 인근에 위치한다는 점이다. 이것은 이 지역에 봉수대와 함께 고만수영, 마량진, 남포진 등의 병수처가 설치되어 서해안으로 침구해 들어오는 왜구에 관한 군사정보 수집 및 정보전달을 동시에 수행했기 때문이다.

(3) 침구내용

보령현의 왜구침구는 1350년부터 확인되며, 이후 1381년(우왕 7)과 1383년(우왕 9) 또 다시 왜구가 침구한 것으로 기록하고 있다.

> 정대의 동헌기에 보령이 경인년(1350)부터 바다 도적의 해를 입어 우리 태조 경진년(1400)에 봉당에 성을 쌓고는 이를 방어하는 곳으로 삼았다. 그러나 성지가 얕고 좁은 데다 험준하고 조격한 공고함과 우물을 보유하

---

21 참고로 조선초기 보령현, 남포현에서 운용된 봉수대는 다음과 같다. 통달산 봉수대는 마량진, 고남포로 이어지는 웅천만구 입구에 위치하며, 등경산의 여도점 봉수대는 월전리 해안과 남포읍성으로 이어지는 길목에 그리고 조침산 봉수대는 고만수영과 보령현 관아로 이어지는 길목에 위치하는 특이점을 보인다. 웅천만구 입구에 위치한 통달산 봉수대는 마량진이 1655년 도둔곶으로 이전되었지만 계속하여 운용되었고, 또한 고만수영 인근에 위치한 조침산 봉수대 또한 고만수영이 조선 태종조에 충청수영으로 이전된 이후에도 계속하여 운용되었다.
조선시대 보령의 봉수대에 관한 자세한 사항은 신재완, 「보령의 봉수대」(『보령문화』 제8집, 보령문화연구회, 1999)를 참조.

는 편리한 점이 없더니 (....)[22]

또한 보령현의 이웃현인 남포현에도 1380년(우왕 6)부터 왜구들이 거점을 확보하고 1390년(공양왕 2)까지 준동함으로써 약 10여 년간 이 지역 또한 극심한 피해를 입었다.

> 우왕6년 왜구의 침입으로 백성으로 사방으로 흩어졌으나 공양왕 2년에 진성을 설치하고 유랑민을 불러들였다.[23]

이처럼 왜구들은 천수만 해역 사이의 보령 서해연해를 통해 침구하여 진지를 구축한 후 내륙지방을 수시로 침구하여 백성들을 죽이고 곡식을 약탈해갔던 것으로 보인다.

22 『신증동국여지승람』 20, 보령현 궁실조.
鄭帶東軒記保寧自庚寅歲海寇爲患我太祖庚辰築城于鳳堂爲備禦之所然城池淺狹無險阻之固泉井之利(....)

23 『고려사』「지리지」, 남포현조. : (...) 辛禑六年因倭寇人物四散至恭讓王二年始置鎭城招集流亡.
그런데 위의 우왕 6년(1380)의 남포현 왜구침구 기록은 사서에서 발견되지 않는다. 다만 남포현 이웃의 서천(1380.7.), 진포(1380.8.), 비인(1381.6.)(이상 『고려사』), 도둔곶(1389.10.)(『고려사절요』)의 침구사실이 확인된다. 그런데 『고려사』 변안열 열전에는 “왕안덕이 지휘한 남포(藍浦)의 전역에서 전군이 몰살당해 나라의 위신을 크게 손상시켜 군법으로 마땅히 처참할 자이다”라고 기술하고 있다. 또한 『고려사』 왕안덕 열전에는 ”왕안덕이 찬성사가 되었을 때 왜적이 또 다시 옛 비인 경계에 주둔하여 왕안덕이 광주절제사 최운해, 양광도 절제사 이승원과 함께 적을 90리 추적하여 도둔곶(都屯串)에서 교전하여 대패하여 왕안덕이 말에서 떨어져 겨우 죽음을 면했으나 사졸의 죽은 자가 40여 명에 달했다”고 기록되어있다. 이로 미루어 왕안덕이 대패한 도둔곶 전투는 서천의 비인으로 침구한 왜구를 도둔곶까지 추격하다가 도둔곶에서 대패한 『고려사절요』의 도둔곶 침구(1389.10)로 보여진다. 도둔곶이 남포현의 웅천만구의 하구 반대편에 위치하기 때문에 남포현으로 기록한 것으로 보인다. 특히 1380년은 금강하구인 진포구에서 최무선의 진포대첩이 있었던 해이고 바로 그 해 인근의 서천에 왜구침구가 있었던 것으로 미루어 이 해 웅천만구에도 왜구가 침구하여 피해를 준 것으로 보인다.
『고려사』 권 제126, 열전 제39 변안열전 & 왕안덕전.

공민왕에서 우왕 말년까지 사서에 기록된 충남지방의 왜구 침구 횟수와 보령연해의 주요 왜구침구 상황과 그 내용은 다음과 같다.[24]

▶ **충남지방 왜구침구 상황(공민왕-우왕)**

년도	회수	년도	회수	년도	회수	년도	회수
1352	2	1362	0	1372	1	1382	3
1353	0	1363	0	1373	0	1383	1
1354	0	1364	1	1374	0	1384	0
1355	0	1365	0	1375	1	1385	0
1356	0	1366	0	1376	3	1383	1
1357	0	1367	0	1377	8	1386	0
1358	1	1368	0	1378	10	1387	1
1359	0	1369	2	1379	1	1388	2
1360	1	1370	0	1380	4	1389	1
1361	0	1371	0	1381	4		

24 『고려사』 및 『왜구토벌사』 & 김상기, 「왜구관계표」, 『신편고려시대사』, 1989.

▶ 보령 및 서해연해의 주요 왜구침구 내용

년 도	왕력	내 용
1369	공민왕 18	왜적이 영주, 온주, 예산, 면주의 조운선을 빼앗아갔다.[25]
1372	공민왕 21	왜적이 홍주에 쳐들어왔다.[26]
1375	우왕 1	왜적이 서주, 결성에 침범하였다.[27]
1377	우왕 3	2월 왜적이 신평현(홍성)을 침범하였다.[28]
		4월 왜구가 여미현(서산)에 침입하였다.[29]
		9월 홍주를 도륙하고 불태웠다.[30]
1377	우왕 3	9월 진포부터 한주로 침입하였다.[31]
		10월 천안, 아산으로 침입하였다.[32]
		11월 왜적이 부여, 정산, 홍산에 침범하였다.[33]
1378	우왕 4	3월 왜적이 태안군을 침범하였다.[34]
		3월 임천과 한산을 침입하였다.[35]
		5월 서천, 비인을 침입하였다.[36]
		6월 목주, 영주, 온수현을 침입하였다.[37]
		9월 서주에 침입하였다.[38]
1379	우왕 5	8월 여미현을 침입하였다.[39]

25 『고려사』 권41, 공민왕 세가 18, 11월 무오조.
26 『고려사』 권43, 공민왕 세가 21, 6월 계묘조.
27 『고려사절요』 제30권, 우왕1, 9월조.
28 『고려사』 권 제133, 우왕3, 2월조.
29 『고려사절요』 제30권, 우왕3, 9월조.
30 『고려사절요』 제30권, 우왕3, 9월조.
31 『고려사절요』 제30권, 우왕3, 9월조.
32 『고려사절요』 제30권, 우왕3, 10월조.
33 『고려사절요』 제30권, 우왕3, 11월조.
34 『고려사절요』 제30권, 우왕4, 3월조.
35 『고려사』 권 제133, 우왕4, 3월조.
36 『고려사』 권 제133, 우왕4, 5월조.
37 『고려사』 권 제133, 우왕4, 6월조.
38 『고려사』 권 제133, 우왕4, 9월조.
39 『고려사』 권 제133, 우왕5, 8월조.

1380	우왕 6	5월 왜적 100척이 결성, 홍주를 침범하였다.[40]
		7월 서천을 치고 부여를 거쳐 계룡산으로 침입하였다.[41]
		7월 왜적이 청양, 신풍, 홍산에서 약탈하고 달아났다.[42]
		8월 500여척이 진포를 침입하였다.[43]
1381	우왕 7	6월 왜적이 비인현을 침입하였다.[44]
		11월 왜적이 보령현에 침입하였다.[45]
1383	우왕 9	8월 왜적이 옥주현, 보령현 등 현을 함락시켰다.[46]
1388	우왕 14	양광도 안렴사 전리(田理)가 급보하기를 왜적이 40군에 침입하였으며, 수비병이 약하여 무인지경을 드나들듯 한다고 했다. 원수 도흥, 김주, 조준, 곽선, 김종연 등을 파견하여 방어하라하고 한양에 있던 여러 왕비들을 모두 개성으로 귀환시켰다.[47]
1389	공양왕 1	10월 왜구가 양광도 도둔곶(비인현)에 침입하므로 도체찰사 왕안덕이 싸웠으나 대패하였다.[48]

위 표에 의하면 공민왕에서 우왕 말년(1352-1389)까지 충남의 왜구침구는 총 52회로 우왕집권기에 왜구의 대대적인 침구(18회)가 확인된다. 충남 왜구침구의 절정기는 1377년에서 1381년 사이로 이 기간에는 충남 서해안 전 지역, 즉 서천, 진포, 한산, 비인, 보령, 홍성, 온양, 천안, 태안, 서산에 이르는 서해연해 전 지역으로 왜구가 침구하였다. 이처럼 이 시기에 충남지역에 왜구침구가 집중된 것은 조운선 약탈과 고려군을 이 지역으로 유인해 개경을 급습하기 위한 왜구의 술책이었다. 이러한 사실은 고려군에 생포된 왜구의 자백에 의해 밝혀졌다.

40 『고려사』 권 제133, 우왕6, 5월조.
41 『고려사』 권 제133, 우왕6, 7월조.
42 『고려사』 권 제133, 우왕6, 7월조.
43 『고려사』 권 제133, 우왕6, 8월조.
44 『고려사』 권 제133, 우왕7, 6월조.
45 『고려사』 권 제133, 우왕7, 11월조.
46 『고려사』 권 제135, 우왕9, 8월조, 『고려사』 권 제 114, 열전 27 문달한전.
47 『고려사』 권 제133, 우왕14년, 5월조.
48 『고려사절요』 제34권, 공양왕1년, 10월조.

"우리는 이렇게 의논하였다. '우리가 만일 양광도의 여러 고을을 침공하면 최영이 틀림없이 군사를 거느리고 내려올 것이다. 그 때가서 개경이 공허한 틈을 타서 곧바로 들이치면 쉽사리 빼앗을 수 있을 것'이라고..."[49]

충남 왜구침구의 유형은 금강수로, 아산만 연안, 연해지역으로 분석이 가능하다.[50] 왜구들은 진포구를 통해 18회나 내륙침구를 감행했고, 16회의 연해침구를 시도했다. 아산만을 통한 침구는 11회로 가장 적은 숫자이다. 이것은 왜구들이 남해에서 서해해로를 타고 개경으로 올라가다가 내륙 깊숙이 빠르게 이동할 수 있는 금강수로나 서해연해로 침구하여 생필품이나 병량미를 확보할 수 있었기 때문으로 풀이된다.

(4) 침구목적 및 경로

앞에서 살펴본바와 같이, 보령현의 왜구침구는 1350년과 1381년 그리고 1383년 등 모두 세 차례 확인되지만 왜구의 구체적인 침구장소와 전투내용의 확인은 전혀 불가능하다. 하지만 고려 말 보령현의 정확한 지리는 확인할 수 없지만 『대동여지도』로 유추가 가능하다. 고만(아래 지도1)에 수영이 있었고 현재의 보령시 주포면에 구성재 치소(아래 지도2)가 있

---

49 『왜구토벌사』, 113쪽.

50 윤용혁은 다음과 같이 충남지역 왜구침구 루트를 분석하고 있다. 윤용혁, 앞의 논문, 111쪽.

유형	지역	침입 사례(시기)
A	금강수로 이용	1358(4),1376(7), 1376(10), 1377(9), 1377(11), 1378(3), 1378(4), 1378(5), 1378(9), 1378(10),1380(7), 1380(8), 1382(2), 1382(윤2), 1382(10), 1383(8), 1387(10),1388(8)
B	아산만과 내륙수로	1358(5), 1360(5), 1369(7), 1369(7), 1375(9), 1377(2), 1377(3), 1377(10), 1378(4), 1378(6), 1378(7),
C	충남 연해지역	1352(3), 1372(6), 1375(9), 1377(4), 1377(5), 1377(9),1378(2), 1378(9), 1379(8), 1380(5), 1381(5), 1381(6), 1381(9), 1381(11), 1383(8), 1389(10)

었다.[51] 대천을 비롯한 해안지역에는 사람들이 거주하지 않았고 구성재 치소와 청라동(아래 지도3), 이 주거지역이었을 것으로 추정된다. 이처럼 추정이 가능한 것은 고려 말 왜구로 인하여 해안에서 30~50리 정도의 거리에서 백성들이 살 수 있었기 때문이다.[52]

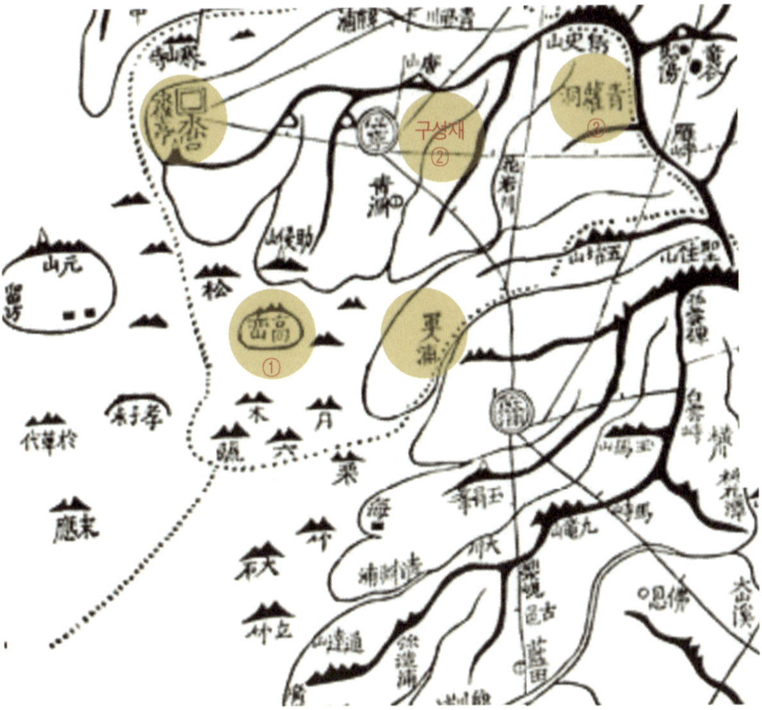

『대동여지도』(1861)의 보령현

---

51 참고로 조선시대 보령현은 장척면과 청라동면 이 외에 주포면, 금신면, 육충면, 명암면, 오산외면, 청소면 등 6개의 면으로 구성되었다. 구성재 치소에 관해서는 이어지는 장의 '토왜유적'을 참조.

52 『고려사』 권 42, 공민왕 19년 5월 갑인조.
참고로 『세종실록』 「지리지」(1454)에 의하면 조선 초기 보령현의 인구수는 1천2백13명, 가구는 3백65호에 불과했다.

그러면 왜구들이 보령연해의 침구를 통해서 최종 목표물로 설정했던 것이 무엇일까? 왜구들의 침구목적은 생필품과 병량미의 확보였다. 따라서 왜구들은 보령 서해연해를 통과하는 조운선을 약탈하거나 보령연안의 포구를 이용하여 보령현의 읍치인 구성재와 백성들의 거주지역인 청라동을 침구하려 했을 것으로 보인다.[53] 따라서 왜구의 보령현 침구 지역 및 이동 경로는 다음과 같이 추정할 수 있다.

▶ **왜구의 보령현 침구 및 이동 예상경로**

1. 고만 – 구성재 ┬ 청라 ┬ 청양(정산-유성-옥주....)
   　　　　　　　│　　　└ (정산-부여-개태사-계룡산)
   　　　　　　　└ 홍주 – 결성

2. 군입리 ┬ 청라 – 청양(정산-부여-개태사-계룡산)
   　　　　└ 주교 – 구성재 ┬ 홍주
   　　　　　　　　　　　　└ 청라

3. 영전리 ┬ 제석리 – 남포
   　　　　└ 흑 포

이처럼 왜구침구 경로를 추정할 수 있는 것은 보령현 연안의 지리 지형적 특성상 위의 세 곳이 포구가 발달하여 왜구의 내륙 침구가 가능한 해안지역이기 때문이다.[54] 또한 1383년 8월 왜구가 보령현을 침구하여 개태사

53 특히 청라면은 차령산맥의 영향으로 북쪽과 남쪽에는 오서산(791m), 성주산(680m), 성태산(631m), 백월산(565m) 등이 솟아 있다. 이들 산지에서 발원한 소하천들이 면해있어 예부터 평야가 발달했다. 앞의 '제2장.2 입향지 청라동' 참조.

54 이들 지역의 지리 지형적 특성은 다음 장에서 상세하게 살펴볼 것이다.

를 거쳐 계룡산에 웅거했기 때문이다.[55]

따라서 사서에 기록된 보령현의 왜구침구는 고만이나 군입리를 통하여 이루어졌음이 확실하다. 이것은 1350년 왜구의 침구로 인해 봉당성을 쌓았다는 기록 등의 자료와 현전하는 전적지나 구전지명 등을 통해 확인된다.

(5) 보령현 왜구 침구기록에 대한 검토

보령현 왜구 침구의 최초 기록은 1350년이며, 보령현, 남포현의 왜구침구는 1380-1381년과 1383년임이 확인되었다. 그런데 사서에는 1380년 남포현의 왜구침구가 빠져있고 1377년-1380년 사이에 서해안 전역을 침구하여 유린했던 왜구의 구체적인 피해상황을 확인할 수 없다. 이것은 고려말 왜구침구의 최고의 해로 알려진 1380년(경신년) 보령현의 왜구침구 또한 마찬가지이다. 사서에 의하면, 1380년 왜구의 침구는 보령현 바로 북쪽의 결성현 및 홍주목과 당진의 여미현(해미)까지 이어졌다.[56] 5월에는 왜적 100척이 보령현과 이웃한 결성, 홍주를 침구했다. 왜구 100여 척이 침구한 사실만이 서술되었을 뿐 출정 장수나 참여자의 이름, 전투상황 등의 기록이 전혀 서술되어있지 않다.[57] 7월에는 서천에 8월에는 진포구에 왜선 500척이 침구했을 정도로 서해연해에 대대적인 왜구침구가 있었던 해로 기록된다. 그런데 이 해의 보령현과 남포현의 왜구침구는 확인되지 않는다.[58] 이처럼 아래 지도에서 확인할 수 있듯이, 1380년 진포구에서 서천의 비인을 거쳐 홍성의 결성에 이르는 길목에 위치한 서해연해 중에서 유일하게

55 앞의 보령현 왜구침구 참조.
56 앞의 보령현 왜구 침구 자료 참조.
57 『고려사』 권 제133, 우왕6 5월조.
58 남포현의 경우, 앞에서 살펴본 바와 같이 『고려사』, 「지리지」에서만 확인된다.

보령연안만이 왜구의 침구 기록에서 빠져있다.

1380년(경신년) 보령 서해 연해의 왜구 침구

보령현의 왜구 침구에 관한 사서의 첫 기사는 1381년(우왕 7년) 11월로 "왜구가 보령현에 침입하였다(倭寇保寧縣)"라는 내용이다.[59] 앞에서 살펴본

59 倭寇保寧縣(『고려사』 권 제134, 열전 제47 우왕7년 11월 조).

것처럼 보령연해는 고려시대 남해에서 서해로 북상하며 개경으로 올라가는 삽시도와 원산도 사이의 해운로이자 조운선이 통과하는 중요한 길목이었다. 따라서 충청 서해연해를 오가며 침구를 시도하던 1380년의 왜구가 보령연해를 통과하면서 보령현만을 예외로 지나쳤다고 생각할 수 없다고 본다. 이러한 추정이 가능한 것은 앞에서 살펴본바와 같이 충남의 왜구침구 중에서 서해연해의 침구 횟수(16회)가 금강수로 침구(18회) 다음으로 많고, 더욱이 보령현 인근의 홍주, 결성, 남포, 비인의 왜구침구가 1360년부터 확인되기 때문이다. 특히 보령현의 왜구침구가 서술된 1381년에 보령현과 이웃한 비인의 왜구침구가 확인되고 1383년(우왕 9년) 8월의 또 다른 침구가 확인된다는 점도 참고가 된다.[60] 또한 1377년과 1388년의 양광도 연해의 침구기록 또한 주목된다. 이것은 왜구가 보령연해를 항해하면서 보령현에 대한 정보를 이미 알고 있었다는 방증으로 보여진다. 따라서 1380년 보령현에도 왜구가 침구했으나 기록이 누락되었을 가능성이 크다고 보는 이유이다.

> 그러나 침입에 비교적 시간이 소요되고 피란의 시간이 주어지는 내륙에 비하여 연안은 기습적 습격 혹은 수시 습격이 가능하였기 때문에 실제 기록에 나타나 있지 않은 것으로 보여진다.[61]

또 다른 보령(및 서해안 내포지역)의 왜구침구 서술의 특징은 아래의 비교

---

60 倭陷沃州報寧等縣(『고려사』 권 제135, 열전 제48 우왕9년 8월 조).
그런데 『고려사』 권114, 열전 27 문달한전에는‘保寧’으로 『고려사절요』에는 ‘報令’으로 표기되어 있다. 하지만 報令은 상주목의 속군이고 기사의 내용이 縣으로 되어있어 충남 보령현으로 보는 것이 타당하다. 이에 관해서는 이정란의 「왜구의 충청지역 침구의 시기별 추이와 고려의 대응」『사림』 제52호, 2015, 149쪽 참조.

61 윤용혁, 앞의 논문, 111쪽.

적 상세한 서술과는 달리 "왜적이 보령현을 침구했다"거나 "왜적이 보령현을 함락시켰다"라고 간략하게 서술되어 있을 뿐, 출정장수나 전과 등이 전혀 기록되어 있지 않아 대조적이다.[62]

년도	왕력	내 용
1379	우왕5	6월에 왜적이 청도군을 침범하니 원수 우인열이 쳤다.[63]
1382	우왕8	겨울 10월에 왜적이 남원군을 침범하고 또 왜선 50척이 진포에 들어왔다. 해도원수 정지가 물리치니 달아났는데 군산도까지 쫓아 배 4척을 노획하였다.[64]
1383	우왕9	왜적이 홍천현을 함락하니 원수 김입견, 이을진이 적과 싸워 5급을 베었다.[65]
1387	우왕13	왜적이 임주, 한주 서주 세고을과 홍산현을 침략했다. 도순문사 왕승보가 적과 싸웠으나 패했다.[66]

따라서 지금까지 살펴본 1380년 서천 진포에서 보령, 결성, 서산에 이르는 보령 및 서해연해의 왜구침구 상황과 보령연안의 지리 지형적 특성 등을 고려할 때 1380년에 왜구가 보령현만을 침구하지 않았다고 볼 수 없다. 이에 대한 보다 나은 이해를 위해서 경신년(1380) 왜구의 침구상황을 살펴보자. 이영은 『잊혀진 전쟁 왜구 - 그 역사의 현장을 찾아서』(2007)에서 왜구침구의 중심지는 진포구를 통한 금강수로이며, 진포구를 통하여 경신년 왜구가 충청도를 비롯하여 내륙 전역, 예컨대 충남 청양, 정산역까지 이동해 들어갔다고 분석한다.[67] 그에 따르면, 1380년 왜구는 진포구를 출발하여 한 무

62 1383년 8월의 천 여 명의 왜구가 침구한 보령현 침구 기사에도 싸운 장수나 전과 등의 기록이 발견되지 않는다.

63 『고려사』 권 제134, 우왕5년 6월조.

64 『고려사절요』 제31권, 우왕8년 10월조.

65 『고려사』 권 제135, 우왕9년 9월조.

66 『고려사』 권 제136, 우왕13년 10월조.

67 이영, 『잊혀진 전쟁 왜구 - 그 역사의 현장을 찾아서』, 2007, 에피스테메.
이영은 경신년 왜구가 '충청도를 침구하여(C) 금강을 거슬러 올라간 뒤(b) 충청도 내륙 깊숙

리는 홍산 - 부여 - 정산 - 청양으로 이동했으며, 다른 무리는 진포구 - 홍산 - 부여 - 연산 개태사로 이동하지만[68] 1380년 충남지방 왜구침구에서 금강수로를 통한 왜구침구 다음으로 서해연해와 아산만을 통한 침구가 이뤄졌음에도 불구하고 이 지역의 왜구침구 상황은 언급되어있지 않다.

이정란(2015) 또한 1380년 왜구가 전라도와 충청도 여러 지역을 동시다발적으로 침략하였지만 침구횟수나 침략경로 등을 정밀하게 복원하는데 한계가 있음을 지적하며 정사(正史) 이외의 자료 검토를 제시한다.[69]

이처럼 고려 말 왜구침구에 관한 연구에서도 보령현의 왜구침구 시기나 이동경로 등에 대한 분석은 한계를 보인다.

2. 보령 토왜활동(討倭活動)

1) 보령입성 시기

김성우의 보령입성의 배경은 고려 말 왜구침구이다. 이것은 제1장의 자료기록의 검토와 1350년의 왜구침구와 1381년과 1383년 그리고 1388년 충청 서해연안이 왜구의 침구로부터 큰 피해를 입었다는 사실로 입증되었다.

그러면 김성우가 언제 보령에 입성하여 토왜활동에 참여했을까? 김성

이까지 침구하고 경상도(A), 전라도(B)를 전전하는 형태(d)'에 해당한다고 분석한다. 이영, 앞의 책, 195-204쪽.

68 이영, 앞의 책, 203쪽.

69 이정란, 앞의 논문 150~152쪽.

우의 보령입성 시기는 보령현 왜구침구기록에 근거하여 다음과 같이 구분할 수 있다. 첫 번째 시기는 1350년 보령현의 왜구침구 시기, 두 번째 시기는 왜구침구의 절정기인 1380-1388년으로 보령 서해연해의 왜구침구 시기이다.[70]

특히 1350년이 주목되는 이유는 1323년 이후 27년 만에 왜구가 경상도, 전라도를 비롯한 충청 연해에 대거 침구한 해로 기록되기 때문이다.

▶ 1350년 왜구침구 내용

년도	왕력	내 용
1350	충정 2	봄 2월에 왜가 고성 · 죽림 · 거제 등에서 노략질하였는데, 합포 천호(合浦千戶) 최선(崔禪) 등이 이들과 싸워 격파하였다. 이때 죽은 적은 3백여 명이었는데, 왜구가 일어난 것이 이때부터 시작된다.[71]
1350	충정 2	왜적의 배 백여 척이 순천부(順天府)에 침입하여 약탈하고, 남원 · 구례 · 영광 · 장흥부의 조운선을 노략질하였다.[72]
1350	충정 2	왜선 66척이 순천부에 침입하여 노략질하니, 우리 군사가 추격하여 그 중 한 척을 포획하고 적의 목 13급을 베었다.[73]
1350	충정 2	왜선 20척이 합포에 침입하여 병영을 불사르고 고성 · 회원 · 장흥부 등에서 노략질하였다.[74]
1350	충정 2	왜적이 동래군을 노략질하였다.[75]
1350	충정 2	정대의 동헌기에 보령이 경인년(1350)부터 바다 도적의 해를 입어 우리 태조 경진년(1400)에 봉당에 성을 쌓고는 이를 방어하는 곳으로 삼았다.[76]

70 이때쯤 왜구침구 시기로 산정할 수 있는 근거는 40개 군현이란 양광도 111개 군현 중 36%에 해당되기 때문이다.
이정란, 같은 논문, 149쪽.

71 『고려사절요』 제26권, 충정왕 2년 2월조.

72 『고려사절요』 제26권, 충정왕 2년 4월조.

73 『고려사절요』 제26권, 충정왕 2년 5월조.

74 『고려사절요』 제26권, 충정왕 2년 6월조.

75 『고려사절요』 제26권, 충정왕 2년 11월조.

76 『신증동국여지승람』 보령현, 궁실조.

위의 기록에 따르면, 1350년 4월에 왜구는 전라도 순천부에 1백 여척의 배를 이용하여 침구하였고, 이어서 한 달 후인 5월에도 66척의 배를 동원하여 또 다시 침구하였다. 같은 해 보령현도 "바다 도적의 해를 입었다"[77]는 기록이 또한 확인된다. 따라서 1350년에 김성우가 전라도 도만호로 보령으로 올라와 토왜활동을 했던 것이 확실해 보인다. 왜냐하면 1350년에 김성우가 전라도 도만호로 활동하였음이 앞에서 살펴본 김성우의 관직에서 입증되었기 때문이다.

그러므로 앞에서 살펴본 김성우가 "왜구를 토벌하라는 왕의 명을 받고 장수로서 군사를 이끌고 보령을 지나다"[78]라는 조선 전기 금석문의 기록과 "왜구의 소굴이었던 보령지역에서 왜구를 토벌했다"[79]라는 조선후기 지리지의 기록은 이 해에 김성우가 전라도를 떠나 북진하여 보령에서 토왜활동을 하였음을 입증하는 자료로 볼 수 있다.

> 김성우는 고려 말의 절충장군이자 전라우도도만호 즉 지금(조선조)의 수군절도사 겸 초토영전사이다. 고려 말 왜구들이 전라우도를 침구했을 때 왕의 명을 받아 왜구를 토벌하였다.[80]

위 인용문의 "왜구가 호우에 침구했을 때(時倭蒲湖右)"에서 "호우"는 전라도의 오른쪽에 해당되는 충청 서해안 즉, 서천, 남포, 보령지역 등을 포함한다. 따라서 1350년에 김성우의 고려군이 전라도에서 북상하여 보령

---

77 앞의 책.
78 김극성, 「증조 묘갈명」, 『우정집』, 1860.
79 정권, 앞의 책.
80 김극성, 「소원록」, 『우정집』, 한국문집총간.
十六世諱 成雨 麗朝折衝將軍.全羅右道都萬戶卽今之水使兼招討營田事 時倭蒲湖右 以王命討平之(...)

에서 토왜활동에 참여한 것이 확인된다.[81] 이처럼 김성우가 전라도에서 북으로 올라와 보령에 입성한 배경은 "왜구를 토벌하기 위해 북으로 올라오다"라는 또 다른 앞의 기록으로도 확인된다.

> (…) 도만호 김성우는 왜구로 인해 북으로 올라왔고 보령에 가계를 꾸리게 되었다(…).[82]

이것은 김성우가 전라도 지역에 침구한 왜구를 토벌하였고 보령연해로 침구하던 왜구로 인하여 전라도의 북쪽인 보령 서해안으로 올라왔음을 입증한다.

김성우의 또 다른 보령입성 시기를 1380년대로 보는 것은 이 시기가 왜구침구의 절정기이고 특히 1380년에 보령 인근의 진포, 서천, 남포, 결성, 홍주의 왜구침구가 확인되기 때문이다. 또한 1381년과 1383년 그리고 1388년의 양광도 왜구침구가 계속하여 확인되기 때문이다.

특히 주목되는 것은 1383년 8월에 "왜적이 보령현을 함락했다"라는 사서의 기록이다. 이 기록에 따르면 1383년에 왜구가 보령현을 함락하였고, 이로 인하여 보령현이 폐허가 되었음을 알 수 있다. 그러면 어떻게 김성우가 북상 도중에 보령이 폐허가 된 것을 발견할 수 있었을까? 이것은 김성우가 이미 보령에서의 토왜활동을 통해 보령의 지형과 지리에 익숙했기 때문에 가능하였다고 본다. 그렇지 않고서는 보령과 아무런 연고가 없는 김성우가 어떻게 보령을 지나가다가 보령이 폐허가 된 사실을 알게 되었

81 이것은 "장수로써 군사를 거느리고 보령을 지나다(師過保寧)"라는 1501년 금석문과 궤를 같이 한다.

82 김극성, 앞의 책, 「증조 묘갈명」: 生都萬戶諱成雨 因倭寇 北徙家保寧 今五世.

는지를 설명할 수 없기 때문이다. 왜냐하면 읍치가 있던 구성재나 주거지역인 청라동은 해안과 격리되어 해안에서의 관측이 전혀 불가능한 내륙 깊숙히 위치하고 있기 때문이다. 따라서 보령현 왜구침구에 관한 1383년 8월의 기사는 김성우의 보령 토왜활동의 결정적 자료로 각종 지리지를 비롯하여 금석문 등에 공통적으로 기술되어 있는 "王命討倭寇 師過保寧 見樂土爲虛 因家焉(왕명으로 해구를 토벌하러 장수로써 군사를 거느리고 보령을 지날 때 낙토가 폐허가 된 것을 발견하여 가계를 꾸린 연유다)"(김남호 묘비(1501)) 또는 "奉命討倭 師過保寧時 保寧久爲倭寇巢穴 公盡 剿滅之...(왜구를 치라는 명을 받아 왜구 토벌 차 이곳 보령을 지날 때 이곳이 왜구의 소굴이 되어 있었다.)"(『신안읍지』(1748)라는 내용과 일치한다. 이것은 김성우가 1383년 8월 왜구가 함락하여 폐허가 된 보령에 또 다시 올라와 6촌 김종연과 함께 계속하여 토왜활동에 참여했음을 입증하는 또 다른 자료로 해석이 가능하다.

> 따라서 이 〈사료19〉를 지용기 휘하의 김종연(김성우)의 부대가 전달의 공격에서 벗어나 북상(北上)해간 왜구를 추적해 보령에서 전투를 벌인 것으로 생각할 수 있다. 이는 김성우 장군의 보령 전적지 중 군사가 해문(海門)으로 들어왔던 것에서 유래한다는 '군입포(軍入浦)'의 지명을 통해서도 방증된다. 이후에도 김성우는 김종연과 함께 서해를 오가며 토왜활동을 계속하였던 것으로 보인다.[83]

83 여기서 이영이 제시하는 <사료19>는 "왜적이 보령현을 침범하고 또 밀성현을 침범하였다."는『고려사절요』제31권 우왕7년 11월조 기사이다. 김성우의 김종연과의 계속된 토왜활동은 1388년(우왕 14년) 5월의 다음 기사가 참고된다.

> 양광도 안렴사 전리가 급보하기를 왜적이 40여 군에 침입하였으며, 수비병이 약하여 무인지경을 드나들 듯한다고 했다. 원수 도흥, 김주, 조준, 곽선, 김종연 등을 파견하여 방어라 하고 한양에 있던 왕비들을 모두 개성으로 귀환시켰다.

이처럼 김성우 행적의 핵심은 고려 말 전라도 도만호로 전라도와 충청도를 오가며 토왜활동에 참여하였고 따라서 그의 보령입성 배경이 토왜활동임을 분명하게 입증하는 것이다.

2) 보령 토왜의 이유

김성우는 전라도만호부 소속의 도만호이다. 그런데 전라도 도만호 김성우가 어떻게 충청도 보령에서 토왜활동을 한 것일까? 이것은 지금까지의 설명에서 확인했듯이, 김성우가 전라도 도만호로 보령지역 왜구 토벌에 참여했기 때문이다. 전라도만호부의 활동범위는 만호부가 설치된 전라도를 중심으로 한 그 주변을 포함하였다.

앞의 김성우의 관직에서 살펴본 것처럼 왜구침구를 방어하기 위해 남해에는 금주만호부(합포만호부), 전라 서해에는 전라도만호부와 제주도에 탐라만호부가 설치되었다. 고려 말 충청서해안에는 진포의 장암진과 보령의 고만에 수군진이 설치되었고 이 수군진은 전라도만호부 휘하에 예속되었다고 볼 수 있다. 따라서 김성우가 왜구침구의 방어나 조운선의 보호 등의 군사활동을 위해 언제든지 전라도를 떠나 충청수영이 있던 고만으로 북상할 수 있다고 본다. 더욱이 이 시기 조운선이 왜구의 습격목표가 되었기 때문에[84] 전라도에서 개경에 이르는 조운선의 안전한 운항을 위해서는 만호부의 이동반경이 넓었다는 사실을 주목할 필요가 있다. 다음은

이영, 「14세기 후반 동아시아 국제정세의 변동과 김종연·김성우 장군의 왜구토벌활동」, 『김성우 장군의 왜구토벌과 보령』, 제2회 김성우 장군 추모기념 학술대회, 국방문화재연구원·한국역사문화연구원, 2011, 30쪽, 『고려사』 권 제137 열전 제50 우왕14년 5월조

84 왜구가 조운선을 약탈한 기록은 사서의 곳곳에서 확인된다. 왜구는 1354년 4월 전라도 조운선 40여 척을 약탈하였고, 1355년 4월에도 전라도 조운선 200여 척을 약탈하였다. 『고려사절요』 제26권, 공민왕 3년 4월조 & 공민왕 5년 4월조 참조.

조운선의 안전한 항해를 위해 자신의 근무지와 무관하게 작전을 수행한 좋은 예이다.

> 전라도도순어사 김횡(金鋐)이 조운선으로 내포(內浦)에까지 이르러 왜적과 싸워 패하였는데 절반 이상이 전사하였다.[85]

이처럼 김횡이 자신의 작전지역인 전라도를 벗어나 내포의 삽교천 일대인 태안반도와 그 주변지역까지 조운선을 엄호한 것은 조운선을 노리고 서해연안을 침구해 들어오던 왜구 때문이었다. 고려 조정에서는 교동, 강화, 동강, 서강 등 개경 방어에 임하던 군선 80여 척을 차출하고 이를 좌도 병마사 이선(李善)과 우도 병마사 변광수(邊光秀)의 2부대로 나누어 긴급 출동시키는 동시에 전라도도순어사 김횡이 직접 조운선을 엄호하여 상경하는 양면 작전을 전개하기도 하였다.[86]

> 전라도 조운선을 호위하는 김횡의 군이 상경하고 있을 때, 이를 엄호하기 위하여 개경 연안에서 긴급 출동한 80척 선단이 강화 남쪽 대도(代島)에 이르렀다. 이 때 왜구에게 포로로 붙잡혔다가 탈출한 '내포'의 백성이 적정(賊情)을 제보하면서 이들의 남진을 만류한다. 적이 지금 이작도(伊作島)에 매복해 있다는 것이다. 내포민의 제보를 묵살한 고려 수군은 왜구의 유인책에 말려 이작도 인근에서 큰 피해를 입고 말았다.[87]

하지만 결과적으로 김횡의 고려군은 전라도 조운선을 지키지 못했고, 결국 태안반도 부근에서 왜구에 의하여 궤멸되고 말았다. 위의 예는 고려

85 『고려사』 권 제40, 세가 40 공민왕 4월조.
86 윤용혁, 앞의 논문, 124쪽.
87 윤용혁, 같은 논문, 124-125쪽.

말의 수군이 왜구토벌에만 한정된 것이 아니며, 조운선의 보호까지 담당하면서 그 활동범위도 부임지에 국한된 것이 아니었음을 보여준다. 따라서 전라도 도만호 김성우가 자신의 작전지역인 전라도를 벗어나는 일은 얼마든지 가능한 일이었다.

이처럼 김성우가 전라도 만호부를 벗어날 수밖에 없었던 또 다른 중요한 원인은 1350년부터 갑자기 증가된 전라 서해안의 왜구침구에 있다. 앞에서 살펴보았듯이, 1350년 2월에 고성, 거제 등 합포 연해를 침구했던 왜구는 4월~6월에 남해의 순천부와 장흥부는 물론 북진하여 충청 서해안까지 침구하여 그 범위가 더욱 확대되었다. 특히 1370년 이후 왜구침구 지역과 횟수가 급격히 증가하였다. 다음은 1374-1389년 사이의 왜구 침구 지역 및 횟수를 비교한 것이다.

1374-1389년 왜구침구 지역 및 침구횟수[88]

연도	지역	횟수	집단
1374	15	13	7
1375	13	5	3
1376	50	15	6
1377	58	32	7
1378	51	23	7
1379	31	22	5
1380	40	14	5
1381	33	14	6
1382	25	8	5
1383	55	13	6
1384	19	12	8

88 이영, 앞의 책 82쪽 재인용.

1385	17	11	5
1386	0	0	0
1387	7	4	3
1388	23	9	4
1389	5	5	3

위 표에 따르면 1376년~1383년 사이 왜구침구의 범위가 1376년 이전과 1384년 이후의 시기보다 3-4배의 지역으로 넓어지면서 우리나라 전역으로 확대된다. 충남지역 또한 예외가 아니었음이 다음의 1377년부터 증가된 왜구침수 횟수에서 확인된다.

▶ **1374년~1389년 충남지역 왜구침구 횟수**

년도	1374	1375	1376	1377	1378	1379	1380	1381
침구횟수	0	1	3	8	10	1	4	4
년도	1382	1383	1384	1385	1386	1387	1388	1389
침구횟수	3	2	0	0	0	1	1	1

특히 1376년~1381년 사이가 왜구침구의 최절정기로 그 횟수 또한 크게 증가하였다. 이처럼 갑자기 증가된 왜구침구를 방어하기 위해서는 왜구 토벌의 작전범위가 확대될 수박에 없었다. 따라서 앞서 살펴본바와 같이 김횡이 조운선 보호를 위하여 임지를 이탈한 것처럼 부임지를 떠나 토왜활동을 한 인물들의 예 또한 사서의 곳곳에서 확인된다. 예컨대 전라도 수군도만호 정룡, 윤인우 등은 1377년 왜적 200여 척이 제주도를 침구하자 제주까지 출정하여 토왜활동에 참여하였고[89], 1381년 5월 양광도도순문사

89 『고려사』 권 제 133, 열전46, 신우3년 6월조.

오언(吳彦)은 경상도의 이산수(伊山戍)에 침구한 왜구 8명을 참살하고 1명을 생포하였다.[90] 또한 해도원수 정지는 1382년 10월 왜적이 남원군을 침범하고 왜선이 진포에 들어오자 군산도까지 추적하여 배 4척을 노획하였다.[91]

그런데 전라도 도만호 김성우가 1350년 전라도 만호부를 이탈하여 보령까지 올라와 토왜한 까닭은 왜구가 1350년 2월에 금주만호부(합포만호부) 영내인 고성, 죽림, 거제 등을 침구한데 이어 4~6월에는 전라도만호부 영내인 남원, 구례, 영광 등의 순천부와 장흥부의 안양군까지 서진하고 또 다시 북진하여 보령을 비롯한 서해연해로 확대되었기 때문이다. 따라서 이때부터 전라도 도만호 김성우는 만호부가 없던 충청 서해안까지 북진하여 전라도와 충청도를 오가며 토왜활동을 한 것이다.[92]

그러면 김성우의 보령 토왜활동은 어떻게 입증이 가능할까? 이것은 김성우의 보령 점령지의 영전활동과 전적지의 내외후손들의 세거지 그리고 현존하는 토왜의 유적 등을 통하여 확인이 가능하다.

3) 보령 토왜(討倭)의 전적(戰蹟)

(1) 점령지(占領地)의 영전(營田)

전라도와 고만수영을 오가며 조운선 보호와 토왜활동을 벌이던 김성우

---

90 『고려사절요』 제31권, 우왕7년 5월조.

91 『고려사절요』 제31권, 우왕8년 10월조.

92 참고로 1350년 보령현 이북의 왜구침구는 확인되지 않는다. 1351년 8월에 왜구선단 130척이 자연도(영종도)와 삼목도(인천)를 침구한 것이 경기연해 왜구침구의 첫 기록이다. 이 지역은 서경만호부의 영내로 볼 수 있다.
1350년 이후 계속된 왜구의 침구로 김성우 또한 전라도와 보령서해 연해를 오가며 토왜활동에 참여하였고, 1380~1381년 보령 의평리 전투에서 크게 승리한 것으로 볼 수 있다.
『고려사』 권37, 충정왕 세가 3년 8월 병술조.

는 1350년 전라도에 침구한 왜구를 토벌하고 북진하여 보령에서 토왜활동을 하였다. 김성우는 왜구토벌의 공으로 보령의 땅을 사전(賜田)으로 받아 그가 토왜활동을 한 보령의 고만 일대를 비롯하여, 청라, 발산(鉢山), 마산(馬山) 등 보령일원에 방대한 전장(田莊)을 확보하였다.[93] 이것은 평산신씨의 시조 신숭겸(申崇謙)(? ~927)의 경우와 유사하다고 볼 수 있다. 초명이 능산(能山)인 신숭겸은 전라도 곡성현 출신으로[94] 태조 왕건을 도와 918년 6월 홍유, 배현경, 복지겸 등과 함께 태봉왕 궁예를 축출하고 시중 왕권을 추대하여 고려왕조를 개창한 개국1등공신이다. 이후 신숭겸은 태조 왕건으로부터 평산(平山)에서 사성(賜姓)하여 평산신씨의 시조가 되었다.[95] 김성우 또한 왜구토벌의 공으로 보령의 땅을 사전(賜田)으로 받아 보령광산김씨 입향조가 되었다. 이것은 보령광산김씨를 '청라김씨'라고 부르는 것과 맥을 같이하며 김성우가 청라동에 터전을 마련했기 때문이다.

---

93 유형원, 앞의 책 참조.
김학수, 「출사와 은거의 조화로 이룬 명문가의 전통 - 한산이씨 아계 이산해 가문」, 『끝내 세상에 고개를 숙이지 않는다 - 17세기 명가의 내력과 가풍』, 삼우반, 2005, 214쪽.

94 신숭겸은 태조가 견훤과의 공산의 동수 전투에서 후백제군에게 포위되어 위급하게 되었을 때 태조로 변복하고 싸우다가 전사하였다. 구사일생으로 살아난 태조는 그에게 장절(壯節)이란 시호를 내렸다. 994년(성종 13) 4월에 태사로 추증되어 태사개국장절공(太師開國壯節公)으로 태조 사당에 배향되었고 묘소는 강원도 춘천에 있다. 예종이 신숭겸과 김락을 추도해 지은 향가 「도이장가(悼二將歌)」(1120)가 『평산신씨장절공유사(平山申氏壯節公遺事』에 전한다. 1584년에 곡성 천덕산 아래에 그의 사우가 건립되었고, 1695년에 덕양사(德陽祠)라 사액되었다.
그런데 『고려사』 열전에는 신숭겸이 광해주(光海主)(현재의 춘천) 사람이라 기록하고 있으며, 『한국민족문화백과대사전』에는 곡성출신으로 춘천으로 이거한 것으로 추정하고 있다.
『신증동국여지승람』 제39권, 곡성현 인물조 및 제46권, 춘천도호부 우거조 참조.

95 이와 관련 신숭겸이 태조와 사냥을 갔다가 공중에 떠도는 기러기 3마리 중 태조가 지시한 세 번 째 기러기 왼쪽날개를 신숭겸이 명중시키자 태조가 이에 감탄하여 평주를 관향으로 삼게하고 기러기를 쏜 근처의 땅 300결을 식읍(食邑)으로 하사하여 궁위(弓位)라 이름했다는 속설이 전한다.
『신증동국여지승람』 제41권, 평산도호부 인물조.

무엇보다도 김성우 내외 후손들의 세거지의 특징은 그의 보령 토왜 전적지를 따라 형성되어 있다는 점이다. 김성우는 5명의 손자와 손녀 하나를 두었다. 김성우 손자의 세거지역은 의평리 전적지인 청라동과 전설로 구전되는 부여 홍산이다. 장손인 김중로와 2손 김선로는 청라동의 복병리 일대를 3손 김숙로는 명대리 일대를 4손 김계로는 세곡리 일대를 각각 분재 받았고, 이 지역에 이들의 묘산(墓山)이 위치한다. 5손 김홍로의 세거지는 김성우가 왜구토벌 당시 보검을 구했다는 전설이 전해져오고 있는 부여 홍산 일대이다. 손녀사위인 한양인 조이로(趙以路)는 처변(妻邊)으로 청라동 나원리에 입향하여 한양조씨 보령입향조가 되었으며, 그의 묘소는 청라동의 향천리에 위치한다.

한양조씨 보령 입향조 조이로와 김남호의 녀 광산김씨 합장 묘소(보령시 청라면 향천리)

그런데 김성우 사전의 분재지역은 증손 김맹권대에 이르러 전적지를 중심으로 더욱 확장되었다.

김맹권의 장자인 김극신 후손들의 세거지역은 복병리에서 군두리재까지 그 영역이 확장되고[96] 차자 김극성의 후손들은 군입리에서 남곡동에 이르는 해안지역에 세거하여 묘산이 이 일대에 위치한다.[97] 3남 김극양은 김성우의 영전지였던 남포현의 영전리와 제석리 일대에 세거하였다.

특히 김맹권은 사족(士族)과의 혼연을 통하여 보령광산김씨의 재지사족으로서의 입지를 다져나갔다. 김맹권은 한산인 이치(李穉)(1477~1530)를 사위로 맞이하여 청라동 장산리 일대와 관촌, 고만수영, 주포면 일대를 분재하였다. 이처럼 이치는 처변(妻邊)으로 보령에 입향하여 한산이씨 보령입향조가 되었다. 이치의 두 아들 이지번과 이지함은 고만, 주포, 관촌 일대에 이지무는 청라면 장산리에 세거하게 된다.

96 김맹권의 현손 김태시 이하 세거지와 묘산(墓山)이 군두리재에 위치한다. 또한 김맹권의 5대손 김근행은 죽정동에 '열파정(閱波亭)'(1600년대 초)을 건립하였고, 그의 아들 김명현은 '기오당(寄傲堂)'(1600년대 중반)을 봉황산 아래에 건립하여 많은 문사들을 불러 모았다. 이들이 남긴 시문이 『신안읍지』에 실려 있다. 정권의 앞의 책 & 졸고(2011) 참조.

97 김극성은 1500년 초에 남곡동 왕대산 아래에 '우정(憂亭)'이란 정자를 건립하였다. 또한 군입리(내항동)에서 왕대산에 이르는 지역은 김극성의 5손 김경조의 후손들의 세거지와 묘산(墓山)이 위치한다.
정권, 앞의 책 참조 & 졸고(2011) 참조

수원판관 이치와 김맹권 녀 합장 묘소(고만수영 인근)(보령시 주교면 고정리)

이처럼 이치가 처변으로 보령에 입향한 것은 이후 이지번, 이산해 대에 이르러서도 아무런 연고가 없던 보령을 중심으로 상당기간 생활하게 되었다는 사실로 확인된다.[98] 특히 청라동에는 조선 후기에 이르러 명곡 이산보[99] 및 아계 이산해의 자손들도 다수 거주하게 되는데, 이것은 여주이

98 문숙자, 「한산이씨 아계가의 혈연과 교우관계」, 『아계 이산해의 학문과 사상』, 아계 서거 400주년 추모 기념학술발표대회, 한국역사문화연구원, 2009.

99 1994년 지역 유림을 중심으로 청라면 장산리에 이산보의 유허비가 세워졌다. 이곳은 외가인 복병리 광산김씨 본가에서 야산 하나를 넘는 근거리다. 김학수와 이해준은 이치가 처가로부터 받은 토지의 구체적인 위치를 청라면과 고만산 일대로 상정하고 있다.
김학수, 「고문서를 통해본 한산이씨 아계-후곡 가문의 사회경제적 기반」, 『아계 이산해의 학문과 사상』, 아계 서거 400주년 추모 기념학술발표대회, 한국역사문화연구원, 2010, 246쪽.
이해준, 「아계 이산해의 후대 추숭과 유적」,『아계 이산해의 학문과 사상』, 아계 서거 400주년 추모학술대회, 한국역사문화원, 2009, 210쪽 및 「보령광산김씨 사적과 그 문화사적 성격」, 『고려절신 김성우 재조명』, 제1회 김성우 추모기념 학술대회, 충남대 인문학연구원, 2010을 참조.

씨 양동마을이나 의성김씨 내앞 마을과 유사한 경우이다.[100] 이처럼 이치는 보령의 유력가문이었던 김맹권의 사위가 됨으로써, 마침내 보령에서 터전을 잡고 그의 두 아들 성암 이지번과 토정 이지함으로 하여금 한산이씨의 기반을 확고히 다지는데 결정적인 역할을 하였다.

또한 김맹권은 원주인 원이(元灝), 용인인 이영순(李永淳)을 사위로 맞이하여 원이와 이영순에게 청라동 황룡리와 장곡리(장산) 일대를 분재하여 원이와 이영순이 각각 원주원씨와 용인이씨의 보령입향조가 되었다.

증 이조참판 원이와 김맹권 녀 합장묘소(보령시 청라면 황룡리)

아울러 김성우의 현손인 김극성은 왕대산 일대를 분재받았다.[101] 이 지

---

100 김덕현, 「청계 김진의 '의성김씨 내앞파' 가거지 기획」, 『내앞(천전) 500년』, 청계선생탄생 500주년기념논문간행위원회, 2000.

101 현재의 김극성의 묘산이 위치한 청소면 일대는 김극성이 정국공신으로 받은 사패지이다. 정권, 『신안읍지』 참조.

역은 김극성의 5손 김경조(金景祖) 대에 이르러 내항동에서 남곡동으로 세거지가 확대되는데, 전주인 류병(柳昺)이 사위로 들어와 이 일대가 또 다시 전주류씨에게 분재되면서 류병이 전주류씨 보령입향조가 되었다.

또한 김극성의 사위인 천휴당(天休堂) 이몽규(李夢奎)(1510-1563) 또한 처변으로 독정리로 입향하여 경주이씨 보령입향조가 되었다. 이것은 이몽규 또한 김성우의 현손인 김극성의 사위로 들어와 보령광산김씨 묘산(墓山)이 위치한 독정리에 정착하였음을 보여준다.[102]

천휴당 이몽규와 김극성 녀 합장 묘소(보령시 죽정동 독정리)

또한 조람(趙擥)(1533-1554)[103]은 이몽규의 사위로 보령 죽정동에 입향하여

102 『고종실록』 11권, 5월 24일 기사 참조. (...) 裕元曰: "崇儒重道, 列聖朝傳授之法, 而追■邃學, 闡發幽光, 亦美典也. 贈大司憲成均祭酒李夢奎, 仁宗朝儒賢也. 贅於忠貞公金克成門, 因而師焉. 실제로 이몽규의 산소와 신도비가 독정리 광산김씨 묘산 바로 옆에 위치한다.

103 조람의 보령입향 이래로 양주조씨는 크게 현창하는데 소민공 조존성을 비롯하여 인조의 계

양주조씨 보령입향조가 됐으며, 청해이씨의 보령 입향조인 이지란의 9대손 이핵(李翮)(1635-1702)의 보령 입향은 천휴당 이몽규의 증손인 이승효(李承孝)의 사위가 되면서이다. 이승효는 김성우의 7대손인 김태국의 사위로 중첩혼임이 확인된다.

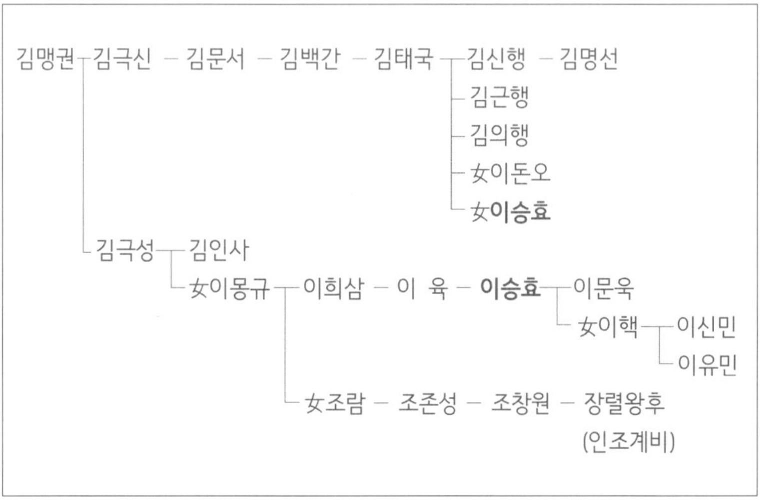

이승효의 사위 이핵과 장자인 이신민의 묘는 보령시 죽정동에 위치한다.[104] 죽정동의 광산김씨 묘산(墓山)에 인접해있는 경주이씨 및 청해이씨 묘산은 이 두 성씨 또한 처변으로 보령에 입향하였음을 입증한다. 이후 경주이씨 세거지는 김성우의 영전활동이 있었던 남포면 영전리 일대까지 확장되었다.

비인 장렬왕후의 아버지 한원부원군 조창원 등이 가문을 크게 일으켰다.

104 이핵의 또 다른 아들로 좌찬성에 추증된 이유민(李裕民)(1658~1729)의 묘소는 남포현(웅천)에 위치한다. 이유민이 남포현의 강릉최씨 최행원의 딸과 결혼하여 처변으로 남포현에 입향한 것이다.

능성구씨의 보령입향은 구계우(具繼禹)(1558-1620)가 외숙인 우순(禹純)에 의해 양육되면서이다.[105] 그런데 김극성의 5대손 김지선(1588-1664)과 원외5대손 홍명형이 구계우의 사위라는 사실이 주목된다. 또한 이치의 손자인 이산보(1539-1594)가 구계우의 부친인 구현복의 처남이고 이산보의 출생지가 외가인 광산김씨 세거지인 청라면의 장산리다. 이러한 사실은 이들 사족들이 광산김씨와의 혼연으로 처변과 외변(外邊)을 통하여 보령 청라동에 입향한 사실을 잘 보여준다.

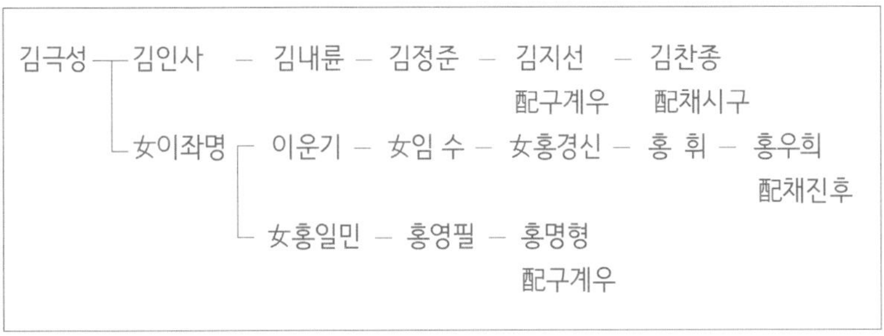

이몽열(李夢說)(1542-1607)[106]은 김극신의 차자 김인서의 사위로 보령 화산

105 구계우 신도비명에 의하면 청라동에 살던 구계우의 외삼촌인 우순이 무자(無子)여서 우씨 가문을 이어간다는 의미의 계우(繼禹)로 작명하고 양육하였다고 한다. 말하자면 구계우는 외변으로 청라동 옥계리에 입향한 것이다. 그러면 어떻게 단양우씨가 청라동의 옥계리로 입향했을까? 이것은 김성우의 손녀사위인 조이로의 사위가 군수를 지낸 우석손(禹碩孫)으로 옥계리에 처변으로 입향하여 단양우씨 보령입향조가 되었기 때문이다. 이후 김성우의 증손인 김종권의 아들 김수공이 우광지(禹光智)를 사위로 맞이하면서 단양우씨와의 혼연이 이어진다. 또한 김남호의 사위 조이로에 이어 16세기에 한양인 조희웅(趙希雄)이 단양우씨의 사위로 옥계리에 도 다시 처변으로 입향하였다. 이처럼 한양조씨, 경주이씨, 단양우씨, 능성구씨가 청라동에 입향한 것은 보령광산김씨와의 혼연을 통하여 처변이나 외변으로 이루어졌음이 확인된다. 『광산김씨족보』, 『능성구씨대동보』 및 「구계우 신도비」, 『한양조씨참판공파보』, 『단양우씨족보』를 참조.

106 부흥도정 이몽열의 자는 사우(士遇), 호는 돈옹(遯翁)이며, 아버지는 의원군 이억(李億)(1520-1544)이다.

동에 입향하여 전주이씨 보령입향조가 되었다. 이몽열은 보령에서 조존성(趙存性), 영월부사 이상우(李商雨) 등과 더불어 솔선하여 풍속을 교화하고 향약을 연구하였다.[107] 이몽열의 4남 이완의 묘소는 보령시 화산동 굴고개에 위치한다. 화산동에는 김성우의 6대손 김경조 및 그 후손들의 묘산이 위치한 곳이다.

채진후(蔡振後)(1602~)는 전주이씨 보령입향조 이몽열의 아들인 이완의 사위로 청라 옥계리로 입향하였다. 채진후의 딸은 김극성의 외 6대손 홍우희의 처다. 큰 아들은 대사헌을 지낸 채시구(蔡時龜)로 사위가 김극성의 6대손 김찬종이다.

그런데 채진후의 장인인 이완의 어머니는 김인서의 사위인 이몽열의 부인이고 장모 또한 김인보의 딸로 사위인 이진남의 부인이다. 즉 이완의 어머니와 장모는 모두 광산김씨이다. 이처럼 광산김씨, 전주이씨, 평강채씨, 능성구씨가 중첩혼으로 서로 혈연으로 연결되어 김성우의 원외손임이 확인된다.

김중로 ┬ 김맹권 – 김극신 – 김인서 – 女이몽열 – 이 완
　　　 │　　　　　　　　　　　　　　　　　 配수원이씨(父이진남)
　　　 └ 김공권 – 김극견 – 김인보 – 女이진남

18세기 이후 김성우의 보령현 사전 점령지는 친손, 외손, 원외손으로 분재되면서 세거영역 또한 더욱 확장되었다. 김성우 내외 후손들의 보령 세거지는 다음과 같다.

107 정권, 앞의 책.

▶ 김성우 후손들의 보령현 세거지[108]

이름	세거지역	김성우와의 관계
김남호	청라면 복병리	1대손
김중로	청라면 복병리	2대손
김선로	청라면 장산리	2대손
김숙로	청라면 명대리, 황룡리	2대손
김계로	청라면 세곡리	2대손
김흥로	부여군 홍산	2대손
김맹권	청라면 복병리	3대손
김공권	청라면 장산리, 고만	3대손
김극신	복병리, 독정리, 죽정리, 군두리재	4대손
김극성	왕대산(내항, 녹문)	4대손
	청소면(재정, 성연, 논항)[102]	
김극양	영전리(제석리)	4대손

▶ 김성우 외예의 보령현 입향 시기 및 세거지[110]

성씨	입향조	입향시기	세거지역	광김과의 관계
한양조씨	조이로	15세기 말	청라 나원리	김남호 녀
	조희웅	16세기	청라 옥계리	조이로 원외손
한산이씨	이 치 (1477-1530)	15세기 말	청라 장산리, 고만. 주포면, 관촌리	김맹권 녀
원주원씨	원 이	16세기	청라 황룡리	김맹권 녀
용인이씨	이영순	16세기	청라 장현리	김맹권 녀

108 후손들의 세거지와 묘산을 근거로 작성한 것임.

109 청소면 성연리, 재정리 일대는 김성우의 전적지와 관련이 없는 지역이다. 하지만 이 일대에 김극성의 후손들이 현재 세거하고 김극성 이하 후손들의 묘산이 위치하는 것은 김극성이 정국공신으로 받은 사패지이기 때문이다.

110 이외에도 많은 유력 성씨들이 보령광산김씨와의 처변이나 외변으로 보령에 입향하여 오늘에 이른다.

무주김씨	김해은	16세기	청라, 청소 재정리	김맹권 문인
인천채씨	채극철	16세기	청소 죽림리	김흥로 고손서
경주이씨	이몽규 (1510-1563)	16세기	대천 독정리	김극성 녀
단양우씨	우석손	16세기	청라 옥계리	김남호 외손서
능성구씨	구계우 (1558-1620)	17세기	청라 옥계리	김남호 외손 이산보 고종사촌 김성우 8대손 김지선 장인
양주조씨	조 람 (1533-1554)	17세기	대천 죽정동	광김 원외손-이몽규 외손
평강채씨	채진후 (1602-?)	17세기	청라 옥계리	광김 원외손 이몽열의 자 이완의 사위
전주이씨	이 호 (명원군파)	17세기	청라	김백간 녀
	이몽열 (부흥도정파)	17세기	청라	김극신 외손
안동권씨	권만중	18세기	청소	김극성 외손
교동인씨	인국신	18세기	녹문내항	김극성 외손
전주류씨	류 병	18세기	녹문내항	김극성 외손
청해이씨	이 핵	18세기	대천 죽정동	광김 원외손-이몽규녀
평산신씨	신광태 (1756-1788)	18세기	청라 황룡리	이몽규 원외손
안동김씨	김이철 (1782-1855)	18세기	청라면 중리	신광태 사위

이상에서 알 수 있듯이, 김성우 내외 후손들의 세거지는 김성우가 보령에서 토왜활동을 했던 고만수영과 군입리 해안선에서 내륙으로 이어지는 전적지와 영전지를 중심으로 형성되었다. 이것은 김성우가 사전으로 받아 점유한 보령 점령지가 고만수영 일대를 비롯하여 청라동에 이르는 광활한 지역이었음을 보여준다. 고만 일대가 한산이씨 이치에게 분재되고 전적지인 청라동과 군입리 일대에 후손들의 세거지가 집중되어 있는 것이 확인되기 때문이다. 또한 16세기 이후 광산김씨와의 혼연을 통해 처변

이나 외변으로 보령에 입향한 사위들에게 사전이 분재되면서 후손들의 세거지는 더욱 확장되었다. 이후 시간이 지나면서 내외 후손들이 더욱 늘어나고 또 다시 원외손이 처변이나 외변으로 보령에 입향하면서 점차 세거지가 전적지 전체로 확장되어 나갔다.

〈김성우 내외 후손 세거지도〉(보령현)

이처럼 김성우가 토왜의 공으로 받아 점유한 보령 사패지가 내외후손들의 세거지가 되었다는 결정적인 증거는 묘산(墓山)의 위치를 통해 확인되었다. 왜냐하면 묘산은 세거지를 확증하는 가장 명확한 자료로 씨족이 거주하는 가까운 곳에 조성하였기 때문에 3대 이상에 걸쳐 묘산이 조성되어 있으면 조상의 묘소가 있는 곳에 씨족이 살았다는 증거이기 때문이다.[111]

따라서 김성우 내외후손들의 보령 세거지는 『동국여지지』 인물조의 "김성우가 고려 말 왜구토벌의 공으로 사패지를 받아 보령에 자손이 세거하게 되었다"라는 기록을 입증하는 것이다.

(2) 토왜(討倭) 유적(遺蹟)

① 고만(高巒)

대천 앞바다의 군입리를 지나 연안을 따라 북으로 올라가다보면 천수만과 내륙 사이의 해안으로 삐져나온 구릉이 있다. 이곳이 고만, 고란도(高鸞島), 고만도(高巒島), 고만량, 고만량수, 고만첨사 등으로 기록되어있는 현재의 보령시 주교면 고정리 일대의 송도(松島)이다. 이곳은 지리 지형학적으로 원산도와 삽시도, 안면도의 서쪽을 지나 곧바로 태안반도의 안흥량으로 이어지는 해상교통의 요지이자 군사적 요충지이다. 따라서 고만도에는 일찍이 송나라 사신들이 왕래하던 정관(亭館)이 설치되었고[112], 충청수영

---

111 최근묵, 『회덕황씨세적사』, 회덕황씨종중, 누마루, 2016, 52-53쪽.

112 참고로 고려시대 외국 사신의 영송을 위해 개경에 이르는 서해에는 군산 선유도의 '군산정', 보령 고만도의 '고만정'(후에 태안 '안흥정'으로 이건), 인천 영종도의 '경원정', 개경 인근 벽란도의 '벽란정' 등 4개의 객관이 설치 운용되었다. 고만도정의 위치를 송도로 보는 것이 윤용혁 등 학계의 견해이다. 고만도정의 위치에 대한 상세한 설명은 윤용혁, 「태안 안흥정의 위치에 대한 논의」, 『내포의 역사와 바다』, 2016, 서경문화사, 135-137쪽 참조.

의 전신인 도만호진이 설치되었다. 사료에 나타난 고만의 기록을 살펴보면 다음과 같다.

▶ **고만에 관한 기록**

서명 \ 내용	간행시기	기사내용	비고
『고려사』	1451-1454	高巒島亭	세가 권9 문종31년 (1077)
『고려사』	1451-1454	睿宗元年(1106) 置監務有高巒島	지리지 권36 보령현조
『신증동국여지승람』	1530	松島 在縣西二十二里周十二里潮退則與高巒連 高巒島在縣西海中二十二里古兵戍處有民居	보령현조
『동국여지지』	17세기 중엽	松島 在縣西二十二里周十二里潮退則與高巒連 高巒島 高巒連 高巒島在縣西海中二十二里古兵戍處有民居	
『여지도서』	1757-1765	高巒 自鶴峴來爲松島 主脉兵戍處松島 自高巒來	보령현 산천조
『충청도읍지』	英祖-憲宗	高巒山 古兵戍處有民居	보령현
『여도비지』	1851-1856	松島　周十二里潮退則與高巒島相連 高巒島 古有亭館爲中國使臣往來之所後移貞海縣	
『대동지지』	1861-1866	高巒島戍 國初置爲後廢	보령현
『호서읍지』	1871	高巒山 在縣西海邊二十里古兵戍處有民居	

㈜한국중부발전 보령화력본부 건설로 고만수영 바로 옆 송도에 새로 건설한 어항[113]

이처럼 고만에 관한 기록이 많이 등장하는 것은 고만이 고려 시대 서해 연안해로의 요충지이었음을 방증한다.[114] 이것은 1077년(문종31) 나주도제고사 대부소경(大府小卿) 이당감(李唐鑑)이 올린 다음 글에서 확인된다.

113 현재 이곳은 ㈜한국중부발전 보령화력본부 건설로 방파제와 철조망으로 막혀있어 접근이 불가능한 지역이 되었다. 발전소가 들어서기 전인 그 옛날 고만수영은 어선의 출입이 자유로웠다. 지금은 예전의 영화를 보여주는 잔잔한 옛 포구의 흔적이 남아있을 뿐이다. 한가한 송도포구 사진 저 멀리 보령화력본부 앞에 연료를 싣고 와 잠시 정박해있는 대형 선박이 보인다. 특히 고만수영 바로 뒤 야산에는 토정 이지함 일가의 묘역이 조성되어있을 정도로 이곳의 전망은 예로부터 뛰어났다. 고만수영 가까이의 봉대산(228m)에는 조선 초기 조침산봉수(助侵山烽燧)가 운용되었다. 이 봉수대는 남포 등경산의 여도점 봉수를 받아 서쪽의 홍주 흥양 고산으로 연결되던 간봉으로 연변(沿邊) 봉수의 역할을 하였다.

114 『조선왕조실록』 태종13년(1413) 8월조, 세종7년(1425) 7월조, 세종30년(1448) 8월조에서도 고만도의 병수처로서의 기록이 발견된다. 또한 『신증동국여지승람』 산천조에도 고만이 옛날에 군사가 지키고 있던 곳이라고 설명과 함께 이곳에 좌천돼 왔던 고려의 문신 최해(1287-1340)가 남긴 장편의 시를 인용하고 있다.

나주도제고사 대부소경 이당감이 아뢰기를, "중국 사신들을 영송함에 있어 고만도의 정(亭)은 수로가 점점 떨어져 배가 정박하기 불편합니다. 청컨대 홍주 관하 정해현 땅에 정을 창건하여 영송(迎送)의 장소로 삼도록 하소서" 하니 제서(制書)를 내려 그 말에 따랐으며 정의 이름은 '안홍'이라 하였다.[115]

위 글은 고려시대 중국사신을 영송하던 고만도정이 토사와 갯벌이 충적되어 항로에서 점점 떨어져 선박의 정박이 불편해 고만도의 객관이 정해현으로 옮긴 사실을 잘 보여준다. 따라서 1077년 안홍정이 창건되기 전까지 보령의 고만도정에 객관이 운영되었음이 확인된다. 고만도에는 원산도로 가는 조운선을 안내하고 보호하며 서해해로를 지키는 수군진이 상주하는 수영(水營)이었다. 이것은 고만수영이 고려 말 보령 서해안으로 침구하려는 왜구를 방어하는 중요한 병수처의 역할을 했다는 또 다른 증거로 볼 수 있다. 조선 초기인 1393년 보령현 고만량에 왜구가 침구했다는 기록과 고만도에 고만량 만호가 상주했다는 기록이 이를 입증한다.[116] 고만수영은 충청남부의 금강하구(장암진)에서 북상하는 선박의 안전 항해를 책임진 고려시대 병수처였다. 따라서 김성우가 수시로 전라도에서 올라와 이 수영을 근거로 왜구침구를 방어하거나 조운선의 안내보호 등의 군

---

115 『고려사』 세가 문종 31년 8월 신묘조.
또한 "1271년 9월 삼별초가 고란도에 침입하여 전함 6척을 불태우고, 홍주 부사(洪州副使) 이행검(李行儉)과 결성(結城 충남 홍성(洪城))·남포(藍浦)의 감무를 잡아갔다."라는 기록도 발견된다. 『고려사절요』 제19권 9월조.

116 조선시대에도 보령현 서송포도에 661명 수군과 16척의 군선으로 조직된 고만량 만호가 지키고 있었다. 이것은 고려 말에 이어 조선초기에도 왜구의 침구가 계속 이어졌고, 비록 1447년 경 회이포(현재의 오천)로 충청수영이 옮겨갔음에도 불구하고 고만수영은 보령현 왜구 방어에서 여전히 중요한 방어기지였음을 보여준다.
장학근, 「해양방위 정책과 충청수영」, 『충청수영의 역사와 문화』(보령문화연구회, 2009. 6)와 『세종실록지리지』(세종1년 5월 신해)를 참조요망. 『本營事例』의 「本營事蹟」

사 활동을 했다고 보여진다. 김성우는 이러한 활동으로 고만 일대를 사전(賜田)으로 받아 점유한 것이다.[117] 이것은 고만이 후일 김성우의 증손 김맹권의 사위 이치에게 분재되며, 이러한 사실이 한산이씨 문헌록 등에서 확인된다.

> 김맹권은 비록 무반가 출신이었지만 재능이 탁월하여 세종에 의해 집현전학사로 선발되어 중앙관계에서 명성이 있었다. 특히 그는 세종으로부터 단종의 보필을 부탁받은 고명 신료중의 한 사람으로 세조가 왕위를 찬탈하자 낙향하여 절의를 지켰다. 이런 기반위에서 김맹권은 이치를 사위로 맞게 되었고, 자신이 소유하던 고만산 등 보령일대의 토지를 딸에게 분재함으로써 이장이 가능했던 것이다.[118]

따라서 고만이 포구가 발달하고 교통요지인 보령현 치소 구성재[119]와 지리적으로 가깝다는 점 등을 고려할 때, 왜구들이 고만수영을 통해 침구를 시도했을 것으로 보인다. 고만은 구성재치소 - 지을현 고개 - 청라를 통해

충청수영 변천표(조선 초기)

=洪武二十九年 丙子(1396) 號爲僉節制使至三十一年(1398) 止 建文 四年(1402) 止 永樂七年(1409, 태종9) 兵馬水軍都節制使 領洪州事, 十九年(1421) 都按撫處置使 至 二十四年 正統五年(1440, 세종22) 始築石城十二年始置營舍 成化三年(1467, 세조13) 改號水軍節度使

117 유형원, 앞의 책.

118 김학수에 따르면, 분재기 등 1차 사료가 남아있지 않지만 『한산가첩』 등의 후대 기록에 이런 사실이 언급되어 있다고 한다.
김학수, 「고문서를 통해본 한산이씨 아계-후곡 가문의 사회경제적 기반」, 『아계 이산해의 학문과 사상』, 아계 서거 400주년 추모 기념학술발표대회, 한국역사문화연구원, 2009, 246쪽.

119 구성재에 관해서는 다음 장에서 상세하게 살펴볼 것이다.

청양으로 이동하거나 해로나 육로를 이용하여 홍주 등의 내륙으로 이동을 용이하게 하는 또 다른 이점이 있기 때문이다. 고만 인근에 위치한 이 시기에 개축된 왜구방어용 성[120]인 아현산성[121], 진당산성[122] 등 또한 참고할 사항이다.

---

120 권순진은 이 성들이 해안지역에 인접한 구릉의 정상부에 위치하여 왜구를 감시방어하기 위해 개축되었다고 보고 있다. 특히 아현산성은 서해바다와 주교면, 대천만과 봉당천, 오천면 일대까지 조망이 양호한 특징을 보인다.
권순진, 「보령의 성곽-김성우 장군 전적지 주변을 중심으로」, 『김성우 장군의 왜구토벌과 보령』, 제2회 김성우 장군 추모기념 학술대회, 국방문화재연구원 한국역사문화연구원, 2011, 158쪽.

121 보령시 주포면 연지리 아현고개 정상에 위치한 성으로 산성 정상부에서 대천만과 천수만에서 상륙하여 이 지역으로 접근하는 적을 조기에 파악하여 대비하기 위해 축조된 산성이다. 권순진, 앞의 논문, 164쪽.

122 보령시 주포면 보령리와 청라면 장산리 경계인 질재 정상 해발 351m에 위치한 석축산성이다. 서쪽으로 아현산성과는 불과 4km 정도밖에 이격되지 않아 서로 중복된 감시가 가능하다.

고만수영(1), 아현산성(2), 구성재(3), 봉당성(4), 군입리(5)[123]

② 구성재

앞에서 살펴본바와 같이 1350년부터 보령현에 왜구침구가 시작되었고 봉당성[124]을 쌓아 대비했다는 기록은 1350년 보령현 왜구침구 지역 중의 한 곳이 보령현 치소였던 구성재 일대라고 추정할 수 있는 근거가 된다. 따라서 구성재의 지리, 지형학적 고찰이 필요하다.

123 이하 지리 · 지형학적인 고찰을 위하여 사용된 지도는 『조선총독부지도』(1918)이다.

124 봉당성은 고남산성(古南山城)으로도 불리며 현재의 보령시 주포면 봉당리 산 62번지(고남동)에 위치했던 백제시대의 산정식 산성으로 조선 초 왜구의 침구에 대비해 기존의 성을 강화해 증축한 성이다. 성의 전체 둘레는 약 400m이며, 동으로는 진당산성과 보령읍성이 대응하고, 남서향으로는 아현산성과 연결되어있다. 『문화분포유적지도』(보령시), 충청남도 & 공주대박물관, 1999, 169쪽.

가. 지리 · 지형학적 고찰

보령시 주포면 봉당리에서 바라본 구성재, 진당산, 오서산

보령성곽 관아문(보령유형문화제 제 40호)(보령시 주포면 보령리)

고려 말 보령현의 치소는 조선시대의 보령현 읍성 인근인 구성재(50-57m)였다. 구성재는 현재의 주포면 봉당리 원댕이 마을과 보령리 사이에 있는 '구성재'라고 부르는 고개의 바로 동쪽에 위치한다.[125] 이곳은 진당산의 서남쪽 가지인 배재산(224m)에서 흘러내리는 구릉의 중심부에 위치하는 낮은 구릉지역이다. 북으로는 하천으로 침식돼 절벽을 이루며 중앙부는 편평하며 남으로 경사가 완만하다. 평범해 보이는 이곳이 보령현 치소로 적합한 이유는 비록 고도가 낮지만 천혜의 요새로서의 면모를 갖추고 있기 때문이다. 특히 구성재의 지리적 특성은 봉당천 하류가 바다로 연결되어 밀물 시 구성재 인근의 주교면까지 배가 들어왔고 조선시대 해창과 인근에 청연역(靑淵驛)이 위치한다. 청연역은 동쪽으로는 우이현원(牛耳峴院)과 청라원, 북쪽으로는 홍주목과 결성현을 연결하는 광천역, 남쪽으로는 남포현을 연결하는 남전역(藍田驛)으로 연결되었다. 또한 '질재'로 불리는 질치소로(垤峙小路)가 구성재와 청라를 잇는 가교역할을 하였다.

특히 이곳은 조망이 뛰어나고 서방향의 아현산성, 동방향의 진당산성, 북방향의 오서산성[126] 등 주변의 성으로 에워싸여 유사시 대피가 용이한 지리적 이점이 확인된다.[127] 다음은 이 시기에 구성재 인근에 개축되거나 축성된 성들이다.

125 구성재의 위치는 주포면 보령리 전 560, 561, 562번지 일대이다. 구성재 치소에 대한 상세한 설명은 황의호,「보령현 치소의 이동에 관하여」(『보령문화연구회』, 1995)를 참조.

126 보령시 청소면 성연리 성동마을 서쪽 오서산 능선 중단부에 위치한 약 1km의 석축산성으로 해안방어를 목적으로 고려시대에 축성되었다. 서남쪽의 진당산성과 남쪽의 시루성과 상응하고 있다.
『문화분포유적지도』(보령시), 충청남도 & 공주대박물관, 1999, 195쪽.

127 『세종실록』「지리지」 & 『여지도서』 참조.

오서산성(보령시 청소면 성연리 오서산)

번호	이름	시대	건축양식	특징	위치
1	아현산성	삼국	해발210m 둘레 360m 산정식 석축산성	보령현 치소로 넘어오는 아현고개 방어성	보령시 주포면 연지리
2	봉당성 (고남 산성)	삼국 - 고려	토축 산정식산성 둘레 400m	동: 진당산성 보령읍성 남서: 아현산성에 대응	보령시 주포면 봉당리
3	구성재	백제 - 고려		1400년까지 보령현 치소	보령시 주포면 보령리
4	진당산성	삼국 - 조선	해발350m 석축산성	장척면, 주포면, 청라면을 동시에 감시 관측가능	보령시 주포면 보령리 보령시 청라면 장산리
5	오서산성	고려	포곡식산성 협축식산성 둘레 1km	진당산성 향천리 산성과 대응	보령시 청소면 성연리
6	시루성	고려	퇴미식 둘레 200m	어골무늬와편,고려청자	보령시 청라면 향천리

이런 지리 · 지형학적 이유로 구성재는 백제시대에서 고려 말까지의 보령현 치소로 운용된 것으로 보인다.[128]

진당산(질재) 정상에서 바라본 주포면 전경[129]

128 이곳에서 보령현의 백제시대 지명인 '新村'이란 명문이 새겨진 기와가 발견되어 구성재의 역사를 알 수 있다. 1400년에 왜구침구로 봉당성이 개축되었고 1432년에 보령읍성으로 이건되었다.

129 좌측 하단이 구성재, 정상 왼쪽이 진당산성, 정면 좌측 중앙이 봉당리, 그 앞산이 태봉산 아현산성, 그 너머가 고만수영이다.

질재 정상에서 바라본 청라동, 동쪽 계곡은 부여 홍산으로 넘어가는 홍산고개[130]

나. 구성재 침구의 고증

김성우의 구성재 토왜의 유적은 확인이 불가능하다. 하지만 그의 토왜 활동은 다음의 사실로 입증이 가능하다.

무엇보다도 1350년의 보령현 왜구침구가 확인되고 당시 보령현의 치소가 구성재였다는 점과 왜구의 피해를 입어 봉당성을 쌓았다는 사실 등으로 미루어 1350년의 보령현 왜구 침구지역중의 한 곳이 구성재 일대가 확실해 보이기 때문이다. 김성우가 전라도와 고만수영을 오가며 토왜활동에 참여하였고, 더욱이 구성재가 고만수영 인근에 위치하고 그의 보령입성 배경이 왜구침구라는 사실에서 1350년의 보령현 왜구 침구 당시 김성

130 1960년대까지만 해도 부여 홍산 사람들이 홍산 고개를 넘어 청라를 거쳐 대천장에 가곤했다고 한다. 홍산에서 성주를 거쳐 대천장에 가는 것보다 홍산고개를 넘어 청라-대천으로 가는 길이 직선 코스였음이 확인된다. 홍산고개 아랫동네가 김성우의 5손 김흥로 후손들의 세거지이고, 김성우가 보검을 얻었다는 전설이 전승되고 있는 홍산이다.

우가 이 지역에서 토왜활동을 한 것은 확실하다 하겠다. 특히 고려시대 왜구침구에 대비하여 새로 증축한 아현산성이 봉당성에서 1km 거리에 위치하고 지근거리에 진당산성, 오서산성, 시루성 등이 이 시기에 신축되거나 증·개축된 것은 이를 반증한다고 본다.[131] 또한 군량미를 조달하던 '군량들'과 군사용 창고인 '군량', 무기를 만들던 '불무골' 등의 전승지명이 이 일대에 전하여 오고 있다.[132] 이러한 김성우의 이 지역에서의 토왜활동을 기리기 위해 지난 1989년에 김성우 장군 추모위원회(위원장 대천문화원장)가 보령시 주포면 보령리 국도변에 세운 '김성우 장군 진수유허비'가 있다.

김성우 진수 유허비(보령시 주포면 보령리)

131 특히 진당산성과 시루성에서 고려시대 어골무늬 와편이 대량으로 출토된 것으로 보아 이 성이 고려시대 증축된 것이 확실하며, 김성우가 군사작전상 필요에 의해 사용했거나 지휘소로 이용한 것으로 보고 있다.
권순진, 앞의 논문, 169쪽.

132 『보령의 지명』(1998) 참조.

이처럼 1350년부터 보령현에 왜구침구가 있었고 왜구침구에 대비해 봉당성을 쌓았다는 기록과 전승지명 등으로 볼 때 1350년 김성우가 구성재 일대에서 토왜활동에 참여한 것은 확실하다고 결론지을 수 있다.

③ 군입리(軍入里)

군입리는 김성우의 보령전적에 관련된 여러 지명이 전승되고 있는 곳이다. 이곳의 지리, 지형적인 특성으로 볼 때 왜구들이 보령연안 항해에서 자연스럽게 침구지로 선택할 수 있는 지역이다.

가. 지리 · 지형학적 고찰

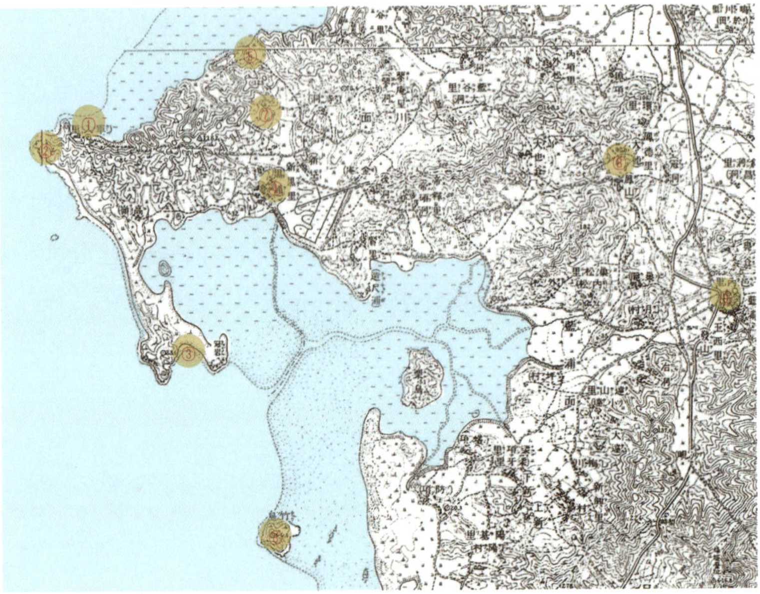

현재의 대천어항인 군입리 전경(군입리①, 상주막②, 관암③, 흑포④, 해망산⑤, 죽도⑥, 군헌(군마루)⑦, 대봉산성⑧, 남포읍성⑨)

월전리 해안에서 죽도(⑥)를 끼고 북으로 올라가다보면 바위군으로 형성된 관암(③)이 위치한다. 관암에서 현재의 대천해수욕장 해변을 따라 4km 지점에 삐죽 빼어난 상주막(②)이 있고 바로 그 아래가 현재의 어항인 군입리(①)이다. 위의 지도에서 확인되듯이, 1985년에 현재의 남포방조제가 건설되어 광활한 농토로 변해버린 삼현리와 흑포(④)에까지 바닷물이 들어와 그 모습이 현재의 모습과는 완전히 달랐다. 또한 군입리에서는 북쪽의 고만수영까지 관측이 가능하며, 1953년에 대천방조제가 건설되기 이전 주교면 은포리까지 바다로 연결되어 군두리재로의 접안이 용이하였다.

특히 남포방조제 건설 이전의 흑포 일대는 관암의 바위군에서 군입리에 이르는 길게 이어지는 해안이 방파제의 역할을 하는 곳으로 왜구들이 진을 치고 은폐하기에 최적의 장소로 보인다.

이처럼 '군드리', '군입포'로 불리는 현재의 대천 어항인 군입리는 서해안 북상해안에서 섬과 내륙사이에 있는 해로로 진입하는 모든 선박을 한눈에 관찰할 수 있는 곳이다.

군입리 상주막에서 바라본 대천해수욕장 및 관암 전경

'군입리(軍入里)'라는 지명은 어의 그대로 군대가 들어온 곳이라는 의미이다. 이것은 군입리란 지명이 최근에 만들어진 조어가 아닌 김성우의 전적지명으로 현재에도 군사전략적 중요성이 이를 입증한다.[133]

133 지금도 이곳은 육군 제 8361부대 해안대대가 상주하고 있다. 해안대대에 따르면, 이곳은 천수만으로 이동하는 모든 선박의 안전항해를 유도하고 해안방어에 만전을 기할 수 있는 전

군입리에서 바라본 고만수영 원경

특히 군입리의 바닷가로 삐죽 튀어나온 상주막의 언덕은 해상 감시관측의 최적지이다. 이곳에서는 남으로는 관암, 죽도, 무창포, 당경산성, 무창포, 장암진까지 동으로는 옥마산, 성주산까지 서쪽으로는 원산도, 삽시도 등의 섬까지 관측이 가능하다. 더욱이 원거리 관측이 가능한 해망산⑤이 4km 지점에 있다. 군입리는 보령연안에서 수심이 깊어 일찍이 포구가 발달하였고 군입리 바다가 대천천과 연결되어 내륙으로 이동이 용이하다는 장점이 있다. 따라서 군입리는 왜구들에게 보령현 내륙침구의 통로이었음이 확실해 보인다. 이러한 지리 · 지형적 특성을 숙지한 김성우는 군입

략적 요충지라고 한다. 현재 육군 제8361부대가 담당하는 지역은 충남의 1개 시와 3개의 군 지역으로 이 면적은 충남 전체 면적의 22%인 2,035.7㎞이다. 또한 해안선의 길이만도 140.5km로 서해안 방위의 요충지임을 알 수 있다. 이를 입증이라 하듯 최근까지 이 관할부대의 해안으로 5개소 10회, 내륙 1개소의 간첩 침투사례가 있었다고 한다.
『도만호 초토사 김성우 장군』, 육군 제 8361부대, 2006을 참조.

리를 통해 상륙하여 상주막과 해망산에 감시초소를 만들고 군마루에 군대를 주둔시켜 왜구 침구에 대비했던 것으로 보인다. 또한 고려군은 만조를 이용해 군두리재를 통해 내륙으로 이동하거나 대천천을 따라 올라가 시루성, 병하지벌, 의평리가 위치한 청라동으로 이동했던 것이 확실해 보인다. 이처럼 군입리는 고만수영과 마찬가지로 보령현의 내륙진출을 위한 교두보의 역할을 할 수 있는 최적의 포구라는 지리적 이점이 있다.

왜구들이 군입리 포구를 통해 상륙할 경우 내륙의 두 방향으로 이동할 수 있다. 군입리는 군두리재나 구성재를 거쳐 충청주도인 홍주(홍주역) 등의 북으로 이동하거나, 청라동을 거쳐 또 다른 충청주도인 청양현(금정역), 정산현(유양역), 공주(광정역, 일신역, 탄평역) 등의 내륙으로 이동할 수 있는 보령현의 관문이다.[134]

나. 군입리(軍入里) 전적지 고증자료

가) 지리지의 고찰

군입리가 김성우의 전적지라는 사실은 다음의 지리지에서 확인된다.

> 군입리는 현에서 남쪽으로 삼십 오리에 위치한다. 김성우 장군이 왜구

134 그런데 고려 현종 말엽에 525역(驛)으로 구성된 22역도(驛道) 중에서 양광도의 경우 96개의 속군현 중 보령현과 남포현을 포함하는 절반이 넘는 50개의 군현에 역이 설치되어있지 않았다. 이처럼 역이 없다고 해서 교통로를 상정할 수 없는 것은 아니며, 전체적인 역의 분포상황과 지형 등을 감안하여 역을 설치할 필요가 없었기 때문이다. 특히 이들 군현에 역이 없었던 것은 이 지역이 연안해로를 통한 해운활동이 활발하고, 비교적 평탄하고 장애물이 적은 지형 때문에 읍치에서 인근 군현으로의 교통로에 역을 설치할 필요가 적었기 때문이었다.
한정훈, 앞의 책, 110, 229쪽.

> 를 토벌하라는 왕명을 받고 해안으로 왜구를 유인하던 곳으로 이때부터 이곳의 이름을 군입리라 불렀다.[135]

또한 『신증동국여지승람』 이후의 최고의 관찬지리지로 평가받는 『여지도서(輿地圖書)』[136] 에서도 김성우의 '군입리' 전적지를 고증하고 있다.

> 군입리의 포구는 김성우가 왜구를 토벌하라는 왕명을 받고 포구로 왜구를 유인했다는 데서 그 이름이 유래한다.[137]

『여지도서(輿地圖書)』의 중요성은 간행된 지 270년이 지난 『신증동국여지승람』을 다시 고쳐 그동안 달라진 내용을 싣기 위해 편찬되었다는 관찬지리지라는 점이다.

나) 군입리 인근의 전적지명

다음은 김성우의 군입리 전적지를 고증하는 군입리 인근의 또 다른 전적지명이다.

(가) 상주막(常駐幕)

상주막은 대천해수욕장 북단의 주변지역에 비해 고도가 높은 돌출된 바

---

135 정권, 『신안읍지』, 산천조.
軍入浦 在縣南三十五里 金成雨 討倭內浦時 引兵于 此浦故因名焉,

136 『조선환여승람』에는 현재의 대천어항의 지명이 김성우가 토왜활동 시 군대가 주둔했던 곳이라고 기술하고 있다: 軍入浦 在郡南十五里海岸 麗末 金將軍成雨 討倭敵時 卒兵屯因以焉名 今爲漁港,

137 軍入里浦金成雨討倭內浦時引倭于此浦因名焉.
『1872년 지방도』(보령부지도)에도 군입리가 그림과 함께 주기되어 있다. 부록 참조.

닷가와 군두리 재빼기 사이의 언덕으로 김성우의 고려군이 주둔했던 곳이다.[138] 이곳은 해발 100m의 고지로 해수욕장 인근의 바닷가에서 가장 높은 곳으로 무창포에서 고만수영에 이르는 해안을 한눈에 조망할 수 있으며, 지나가는 모든 선박을 감시할 수 있는 천혜의 관측지점이다.[139] 따라서 고려군은 항시 이를 관찰하여 곧바로 고만수영, 군마루, 시루성으로 연락하여 왜구의 침구에 대비했던 것으로 보인다. 상주막 바로 아래에 현재의 대천어항이 위치한다. 현재 이 상주막에는 육군 제8361부대 해안대대가 주둔하고 있다.

(나) 해망산(海望山)

해망산은 상주막에서 내륙으로 약 4km에 위치하며 고려 말 김성우의 고려군이 왜구를 감시하던 산이라 하여 해망산이라 불린다. 해망산에서 시루성까지의 거리는 10km로 대천천으로 연결되어 유사시 시루성과의 봉화연락도 가능하다. 특히 이곳에서는 원산도 등 원거리 관측이 가능할 정도로 조망이 뛰어나다. 현재 공군 제8522대의 해망산 레이더 기지가 운용중이다.

(다) 군헌(軍軒)(군마루)

'군마루'라고도 불리는 군헌은 고려군이 주둔했던 곳으로 전해지는 곳으로 흑포 삼거리 약 1km 전방의 해망산 아래에 위치한다. 상주막과 약

---

138 『보령의 지명』 하, 보령시, 1998, 102쪽.

139 이재준은 이곳의 지형적 특성이 해망산과 종격실 능선으로 연결되어 있어 서해바다 및 해안 감시와 주변통제에 중요한 지형으로 분석한다. 이재준, 「고려 말 김성우 장군의 왜구토벌 전첩에 관한 군사학적 검토」, 『김성우장군의 왜구토벌과 보령』, 제2회 김성우 장군 추모기념 학술대회, 국방문화재연구원 한국역사문화연구원, 2011, 43쪽.

3km의 거리에 있으며 해안통로의 평지로 연결되어 흑포로 침구하는 왜구를 방어하는 군대가 주둔하기에 적합하다. 군헌은 상주막의 유사시를 대비하여 군대를 주둔시켰던 곳으로 전해지며 청라동의 둔대와 비교된다.[140]

(라) 흑포(黑浦)

'흑포' 또는 '거먹개'로 불리는 이곳은 대천해수욕장과 어항이 갈라지는 삼거리 일대이다. 이곳에서 왜구들이 죽으면서 흘린 검붉은 피가 내를 이루었다하여 흑포라는 지명이 전승되고 있다. 이곳은 1986년 남포방조제가 완성되기 이전까지 바닷물이 유입되었고 인근에 염전(鹽田)이 있었다. 남포방조제 이전에는 관암에서 현재의 해수욕장이 방파제로 바람막이 역할을 하며 흑포 일대를 감싸고 있어 천혜의 포구역할을 하였음이 확인된다.[141]

(마) 관암(冠巖)

'갓바위'라고도 불리는 관암은 현재의 보령시 대천해수욕장 해금강에 위치한 바위군이다. 김성우가 이곳에 출몰한 왜구를 섬멸할 당시 바위 위에 갓을 벗어놓았다는 사실에서 그 명칭이 유래한다.[142]

---

140 의평리 전적의 '둔대' 참조.
이재준은 군헌이 지리적으로 안부진 해안의 중앙에 위치하여 흑포 외곽 4-5km 지역 전체를 통제하기에 용이한 지역으로 보고 있다.
이재준, 앞의 논문, 44쪽.

141 앞의 『조선총독부 지도』 참조.

142 『보령의 지명』 하, 보령시, 1998, 99쪽.

관암 인근에서 바라본 대천해수욕장, 상주막, 군입리(어항) 전경

관암은 외견상 소나무 숲으로 보이지만 급경사 절개지와 험한 바위군으로 형성되어 엄폐와 은폐가 용이하다. 현재 공군 대공포 사격장이 위치하고 있다.

'관암'이란 지명이 김성우의 토왜에서 유래하며 이곳의 풍경이 충청수영 내의 영보정보다 더 장관을 이루고 있다고 『신안읍지』에 다음과 같이 기술되어 있다.

> 관암은 현의 남쪽으로 사십 리에 위치한다. 고려 말 김성우 장군이 왜구를 섬멸할 당시 쓰고 있던 모자(갓)를 벗어 올려놓았다는 데서 관암이란 명칭이 유래한다. 기암괴석이 우뚝 솟아있는 이곳은 해변 10리가 모래사장이고 만리 해역이 펼쳐진 멋진 풍경은 오천 충청수영이 있는 영보

정과 비할 바가 아니다.[143]

또한 시인묵객들이 김성우의 관암을 주제로 한 시를 남기고 있다는데 희암(希菴) 채팽윤(蔡彭胤)(1669-1731)[144]과 규남(圭南) 하백원(河百源)(1781-1844)[145]이 대표적이다. 다음 시는 채팽윤이 13세에 관암을 노래한 시이다.

> 푸른 바위가 큰 바닷가에 볼록하게 서있는데
> 그 우뚝한 모습은 높은 관암에 옛 장군님의 모습과도 같다네.
> 이끼 낀 물가에 끝없이 비치는 달빛이 아름다운데
> 지금도 그 빛이 남아있어서 낚시하는 노인이 나누어 즐기네.[146]

위 시에서 옛 장군님은 김성우를 가리키며, 관암의 모습이 김성우의 기개를 닮았다고 어린 채팽윤은 읊고 있다. 따라서 '관암'이란 지명이 김성우로부터 유래하여 전승되고 있음이 확인된다.[147]

이상에서 알 수 있듯이, 현재의 대천해수욕장 일대에는 김성우와 관련된 여러 전적지명이 전하여 오고 있다. 특히 이곳의 전적지명은 군대와 관

143 정권, 앞의 책.
巖在縣南 四十里 麗末 金將軍 成雨 剿滅倭寇時脫冠此巖上因名焉 奇巖怪石屹立 海邊十里明沙萬里滄溟濶遠壯觀非永保亭比云.
이러한 내용은 『여지도서』, 『충청도읍지』, 『조선환여승람』에서도 확인된다.

144 자는 중기(仲耆) 호는 희암(希菴)이다. 어려서부터 신동이라 불렸고, 특히 시문과 글씨에 뛰어났으며, 『희암집(希菴集)』이 있다.

145 앞의 「규남문집」 참조.

146 정권, 앞의 책.

147 이재준은 이곳이 엄폐와 은폐가 용이한 지역으로 흑포에서 격멸되고 남은 왜구들이 이곳으로 도주하여 김성우의 고려군에 의해 최종 격멸되었다고 보고 있다. 왜냐하면 흑포에서 고려군의 공격을 받은 왜구가 바다로 도피할 수 있는 유일한 통로는 관암이기 때문이다. 이재준, 앞의 논문.

련된 지명이란 특징을 보인다. '군입리', '군두리재', '군헌'에서 확인되듯이, 모두가 군대를 상징하는 접두사 '군(軍)'으로 시작되거나 '상주막'처럼 군대에 관련된 지명이다. 특히 상주막, 해망산, 관암에는 현재에도 군부대가 주둔하고 있어 전략적 중요성이 입증된다.[148] 이처럼 이 일대에 김성우의 고려군과 관련된 여러 전적지명이 현재까지 전하여 오는 것은 이 지역에서 김성우가 토왜활동을 했다는 분명한 증거로 볼 수 있다. 왜냐하면 김성우를 신격화하기 위해 한 지역에 이처럼 여러 전적지명을 동시에 만들어낸다는 것은 불가능한 일이기 때문이다. 또한 이 전적지 일대에 김성우 내외 후손 등이 세거해오고 묘산이 위치하고 있기 때문이다.

④ 영전리(令田里)[149]

앞에서 살펴본 것처럼 1380년에 왜구들이 남포현을 침구하여 백성들이 사방으로 흩어졌다는 기록은 남포를 비롯하여 남포 인근지역인 이곳 영전리 일대도 결코 안전지대가 아니었다고 본다.

---

148 상주막에는 현재 육군 제 8361부대 해안대대가 주둔하고 있다. 김성우의 고려군 본진이 상주한 것으로 전해지는 청라면의 병하지벌에는 육군 제8361 부대가 주둔하고 있다. 더욱이 해망산에는 공군 제8522부대가 관암에는 공군 제2388부대가 주둔하고 있다. 이처럼 김성우의 고려군이 상주했던 상주막, 병하지벌. 해망산, 관암에 현재의 군부대가 주둔하고 있는 것은 우연의 일치일까? 이것은 이곳이 시공을 초월한 전략적 중요성 때문이다. '병하지벌'에 관해서는 '의평리 전적' 참조.

149 조선총독부지도에 '영전(令田)'으로 표기되어있다.

가. 영전리의 지리 · 지형학적 고찰

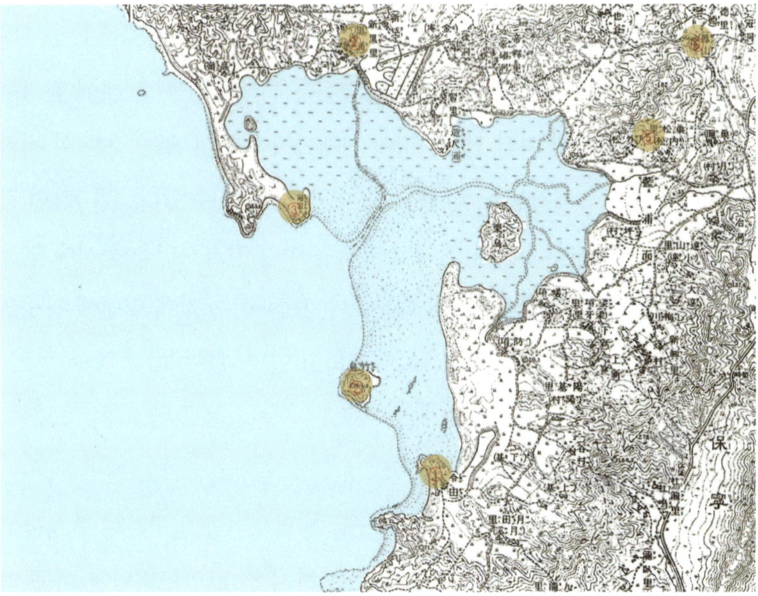

영전리에서 군입리에 이르는 해안(영전①, 죽도②, 관암③, 흑포④, 내송리토성⑤, 대봉산성⑥)

영전리는 옛 남포현 신안면 지역으로 1914년 행정구역 통폐합에 따라 월계리와 영전리 일부를 합하여 현재의 월전리로 편입되었다. 군입리에서 약 7km 남쪽에 위치한다.

> 동쪽으로는 홍산현(鴻山縣) 경계까지 49리이고, 남쪽으로는 비인현(庇仁縣) 경계까지 40리이고, 서쪽으로는 해안(海岸)까지 7리이고, 북쪽으로는 보령현(保寧縣) 경계까지 9리이고, 서울과의 거리는 4백 47리이다.[150]

---

150 『신증동국여지승람』, 남포현조.

영전리 동쪽에는 영전골이 위치하고 앞으로는 용의 머리 형상을 하고 있는 용머리가 감싸며 해안쪽으로 장군배라는 바위가 있다. 영전리 너머에 현재의 용머리 해수욕장이 위치한다. 위쪽으로는 현재 남포 방조제가 건설되어 대천이나 주교면의 해안과 마찬가지로 옛 모습을 찾아볼 수 없고 바다는 간척지로 조성되어 광활한 농토로 변하였다. 영전리, 제석리 연안은 남포현 관아가 있던 남포읍성으로 바로 연결된다. 위의 지도에서 확인되듯이, 지금은 방조제와 섬으로 연결돼있는 죽도(竹島)(②)는 왜구들에게 천수만을 거슬러 올라가는 항해에서 바다 한 가운데 떠 있는 섬으로 표지점의 역할을 했던 것으로 보인다. 바다 한 가운데 떠 있는 죽도를 끼고 영전리 연해를 통과하면 한 눈에 들어오는 관암(③)의 암반지대는 왜구들에게 등대의 역할도 가능했을 것이다.

죽도 옆 남포 방조제에서 바라본 등경산(좌)과 옥마산(玉馬山)(우)

남포 제석리에서 가장 높은 산은 등경산(⑥)(해발 180.2m)이다. 이 산의 정상에서는 멀리는 옥마봉과 청라의 장군봉까지 시계가 들어오며 가깝게는 대천해수욕장의 관암 및 해망산까지의 조망이 가능하며 정상에 봉수대가 위치한다.

나. 영전리 전적

영전리 인근 연안 및 멀리 방파제로 연결된 죽도 전경

김성우의 영전리 전적은 다음과 같이 고증이 가능하다고 본다. 현재의 '영전리'는 왜구토벌 당시 김성우가 초토영전사로 군량미를 생산하던 '영전리'에서 전승되는 지명으로 보인다. 김성우가 이 일대에 군대를 주둔시켰고 군량미의 확보를 위해 군에서 직접 경작하던 영지가 있었던 곳임이 '영전'이라는 지명을 통해 확인되기 때문이다.[151] 영전은 중국에서 시작된

151 영전리에는 '영전골', '영전고개'라는 지명이 현재까지 전하여 온다. 주포면의 '군량', '군량

제도로 군대의 경비를 충당하기 위해 고려시대 수군만호부에 설치한 둔전(屯田)이었다.[152] 따라서 영전은 왜구의 침구가 극에 달했던 고려 말 왜구토벌 못지않은 중요한 고려수군만호부의 임무였다.[153] 이러한 영전제도는 조선시대에도 주로 해안지방에서 계속하여 유지되었다.

> 영전은 조선 시대 토지제도의 하나로 군사 관련 기관의 경비 충당을 위하여 설치한 둔전이다. 각 지방의 영, 진, 포를 중심으로 하여 설치하였는데, 태종 때에는 충청, 전라, 경상도의 해안 지방에 주로 설치하였고, 세종 때에는 북방 개척으로 인하여 양계 지역을 중심으로 많이 설치하였다.[154]

영전리가 해안가에 위치하고 그 연해가 포구가 발달한 왜구침구 경로이었음을 고려할 때 고려 말 중앙의 힘이 미치지 못하던 영전리에 군둔전을 설치하여 군량미를 충당하고 백성들에게 농토를 제공한 것으로 보인다. '영전'의 이름이 붙은 마을은 우리나라 곳곳에서 찾아볼 수 있으며, 전남 남해군 남면 넉월 마을에도 평산현 당시의 영전마을이 위치한다. 또한 평안북도 박천군 맹하리의 영전마을과 전남 장흥읍 영전마을이 그 예이다. 영전에 관한 기록은 조선시대에도 확인된다.

들'의 지명으로 미루어볼 때, 김성우의 고려군이 이곳 영전리 일대와 주포면의 군량들 등지에서 군량미를 조달하였던 것으로 보인다.『보령의 지명』참조.

152 그런데 내륙지방에서도 둔전을 개척하여 군량을 충당한 예도 발견된다. 『고려사』 권 제135, 우왕 9년 3월조 참조.

153 최근성, 앞의 논문, 89쪽.
참고로 영전리 인근의 제석리 일대는 김성우의 셋째 현손 김극양의 후손들이 세거하였고 묘산(墓山)이 위치한다. 현재 영전리는 경주이씨 집성촌이다. 경주이씨 보령입향조 이몽규(1510~1563)는 김성우의 둘째 현손 김극성(1474-1540)의 사위로 1547년 보령 독정리에 입향하였다.

154 네이버 백과사전.

경상도 노량 만호 김설의 죄를 논하였다. 도관찰사가 김설이 영전하고 바다를 관망하는 등의 일로 풍편을 살피지 않아서, 선군 열다섯 사람이 빠져 죽은 사고를 저질렀으므로, 마땅히 법률에 따라 과감히 단죄하여야 한다고 청하니, 임금이 그대로 따랐다.[155]

또한 영전리 인근에 '야동리'라는 지명이 전승되고 있다. '야동리'는 현재의 남포저수지 바로 옆에 위치한 마을로 고려 말 병사들이 무기를 제작 수리했던 곳으로 전해진다.[156]

남포면 야동 마을전경

155 『태종실록』 권 제22, 32, 태종 11년 10월 23일 신해조.
論慶尙道露梁萬戶金設罪 都觀察使 請設以營田望海等事 不察風便 以致船軍十五人溺死 宜按律科斷 從之."

156 남포현의 야동리는 보령현 주포, 청라동의 불무골과 그 맥을 같이 하는 김성우의 전적지명이다.

또한 영전리, 제석리 인근의 옥마산(玉馬山)의 유래이다. 김성우가 보령에서 토왜활동 당시 타고 다녔던 말은 이성계가 요동정벌 당시 탔던 말처럼 백마(白馬)였으며[157], '옥마산'의 지명 또한 김성우의 백마에서 유래한다고 전해진다.

> 김성우는 도만호 초토사로 왜구를 토벌하라는 국왕의 명령을 받았다. 김성우는 왜구의 오랜 소굴이었던 이 지역 왜구를 소탕하였다. 전시에 신마가 튀어 나온 산은 옥마산이다(...).[158]

위 인용문의 '신마'가 관우의 애마로 명성을 날렸던 적토마(赤兎馬)처럼[159] 설화적 요소가 다분히 배어있다 할지라도 김성우의 기술에서 등장하는 애마이다. 비록 옥마산이 후대에 김성우의 왜구토벌을 윤색한 전승지명일지라도 이것은 김성우의 보령전적을 기리는 한 요소라고 보아야할 것이다.

특히 영전리, 제석리 일대에는 연해를 감시하던 달산리 산성, 대봉산성(臺峰山城), 소송리 내송 토성과 같은 성이 위치한다. 앞의 지도에서 확인할 수 있듯이, 고려 말 남포면 제석리 앞까지 바닷물이 유입되었던 사실을 고

---

157 『고려사』 권 제137, 열전 제50, 우왕5년 무진14년 갑신일조.

158 정권, 앞의 책.
都萬戶招討事奉命討倭倭寇巢窟公盡滅亡戰時自來故峯曰玉馬寶劍自出故洞稱飛刀洗(...)

159 조조가 관우에게 선물했던 이 적토마는 관우가 손권에게 체포되어 처형된 후에는 또 다른 주인 마충에게 주어졌으나 사료를 일체 먹지 않고 굶어죽음으로써 주인의 뒤를 따랐다. 적토마는 온 몸이 붉은 털로 뒤덮여 있어 위용이 있으며 하루에 천 리를 달릴 수 있는 명마로 전해진다. 김성우의 백마도 김성우가 스무티 고개에서 자처할 당시 함께 목을 베었다는 기록에서 알 수 있듯이, 관우의 적토마처럼 김성우에 대한 백마의 절의를 윤색한 것으로 해석 또한 가능할 것이다. 참고로 김성우의 백옥마총은 보령시 청라면 장현리 회유개 고개 옆에 있다.

려할 때, 이 성들은 영전리 인근의 보령연해를 경계하거나 방어하기 위하여 축성된 성들이다. 이 성들 중에서 조선시대 봉수대로 사용될 만큼 전략적 중요성을 갖는 등경산 봉수대와 야동마을 인근에 위치한 달산리 산성, 남포읍성이 주목된다. 달산리 산성은 보령시 남포면 달산리와 옥서리 경계를 이루는 마을 동쪽산 능선 북쪽에 위치하고 있다. 이 산성의 아래에는 고려시대 청라면의 불무골과 함께 무기를 제조한 것으로 전해지고 있는 야동마을이 위치해있고, 바로 북쪽으로 대봉산성[160]과 마주하고 동으로는 남포읍성에 연결된다.

남포면 제석리 등경산 정상에 위치한 대봉산성

160 대봉산성은 월전리 인근에서 감시권이 가장 양호한 성이다. 성의 정상부에서는 남서쪽으로 서해와 무창포, 남포방조제, 대천해수욕장, 북쪽으로 대천만과 대천천, 서쪽으로 남포면 일대의 조망이 뛰어나다. 특히 대봉산성에서 아현산성까지는 11㎞ 정도 이격되어 있어 상호 중첩된 감시가 가능하고, 성주사로 접근할 수 있는 옥마산과 장군봉 사이의 바래기재의 감시 및 통제에 용이한 곳이다.
권순진, 앞의 논문, 164쪽 참조.

이 남포읍성 또한 서해를 경계할 목적으로 축조된 성이다.[161] 남포읍성은 왜구의 침구에 대비해 고려 말 고남포의 치소가 옮겨온 것으로 우왕 때 석성으로 축성하여 공양왕 2년(1390)에 완성하고 군영을 설치하였다. 그러다가 조선 태조6년(1398)년 병마첨절제사를 두어 현사를 겸하게 하였다. 현재의 남포읍성은 세종 · 문종년간(1445-1451)에 축성된 성이다.

남포읍성(충남 기념물 제10호)(보령시 남포면 읍내리)

이상에서 알 수 있듯이, 영전리 연안에는 앞에서 살펴본 고만수영, 구성재치소와 마찬가지로 지척의 거리에 해안 감시 및 경계용으로 고려 말에 개축한 많은 성들이 밀집해있는 특이점을 발견할 수 있다. 특히 이 성들의 축성연대가 백제시대로 거슬러 올라간다는 사실은 이 일대가 보령연안

161 『문화유적지도-보령시』, 충청남도, 1999, 208-209쪽.

방어에서 오래전부터 전략적 요충지였음을 입증한다 하겠다.

참고로 영전리 인근에 위치한 이 시기에 개축한 성과 그 특징은 다음과 같다.

번호	이름	시대	특징	위치
1	달산리 산성	미상	산정식 둘레 300m 서해조망 및 감시 무기를 제조했다는 야동리 뒷산에 위치하며 남포읍성과 대응	보령시 남포면 달산리
2	소송리 내송토성	삼국	토성 둘레: 300m 서해조망 관방유적	보령시 남포면 소송리, 내송리
3	대봉산성	백제	100m 봉산에 위치 둘레: 400m 동: 남포읍성 대응 남: 달산리산성에 대응 서: 서해바다 조망	보령시 남포면 제석리
4	남포읍성	고려 우왕-조선	석축성 둘레: 894m 높이:4m 왜구감시 성	보령시 남포면 읍내리

⑤ 의평리(蟻坪里)

가. 의평리의 지리 · 지형학적 고찰

①봉황산, ②독정리, ③구산, ④복병리, ⑤불무골, ⑥시루성, ⑦병하지벌, ⑧의평리, ⑨창터, ⑩둔대, ⑪진당산성, ⑫구성재, ⑬장군봉)

김성우의 의평리 전적지인 청라면[162]의 복병리(④), 불무골(⑤), 의평리(⑧) 등은 애석하게도 1959년 청천저수지 건설로 인해 거의 대부분 물에 잠기

162 청라면의 유래는 다음의 두 가지 설이 있다. 하나는 칡과 당대미(일명 댕대미)가 많았던 지역이라고 붙여진 이름이라는 설과 다른 하나는 쑥의 의미라는 "라(蘿)"자에서 그 어원이 시작된다는 설이다. 김성우가 의평리에서 왜구를 격멸시켰을 당시 왜구의 시체가 개미떼처럼 쌓였다는 '의평리'의 전래지명과 향을 피워 죽은 영혼을 달랬다는 '분향이'란 지명이 의평리 인근에 전하여 오고 있다. 김성우가 "왜구가 비록 적이기는 너무 살상하였는데 이것은 도가에서 꺼리는 것이니 후손들에게 덕을 베풀라"고 아들 김남호에게 말한 것도 참고가 될 만하다.

고 말았다. 1953년 정부는 농경지 확보라는 정책의 일환으로 대천인근의 해안을 막아 벼농사를 지을 수 있는 농지로 만드는 국책사업을 시행했다. 이 공사로 대천방조제가 완성되어 대천천 주변에서 주교면, 주포면에 이르는 연안해역이 모두 농지로 만들어졌다. 이후 이 지역은 광활한 농지로 변하여 보릿고개로 헐떡이던 주민들의 굶주림을 해결하는데 큰 공헌을 하였다. 이렇게 만들어진 광활한 농지의 용수를 공급하기 위해 현재의 청천저수지가 만들어졌고, 이 때 김성우의 유적 또한 함께 수장되었다.[163]

외부에 은폐된 채 병목구간을 형성하고 있는 청라면의 복병리, 의평리는 지리 지형학적으로 빼어난 전략적 요충지이다. 앞으로는 봉황산(①)(257m)이 진당산(⑪)으로 이어지며, 진당산의 질재를 넘어가면 바로 보령현치소 구성재(⑫)로 연결된다. 현재의 청천저수지 제방 왼쪽의 구산(말꼬리산)(③)을 돌아가면 시루성(⑥)(114m)으로 연결된다. 이 시루성 너머에는 외부에서 절대로 관측할 수 없는 고려군의 본부가 위치했던 곳으로 추정되는 병하지벌(⑦)[164]이 있고 이 병하지벌 정상 위쪽이 그 명칭이 김성우에서 유래하는 장군봉(⑬)이다. 시루성의 맞은편은 고려시대 병기를 만들던 불무골(⑤)이 위치한다.

이처럼 청라면 일대는 복병리, 시루성, 의평리 등 김성우의 보령전적 지명이 전승하는 곳으로 현재 육군 제8361부대가 병하지벌에 위치하고 있다.[165] 청라면은 앞서 살펴본 군입리의 상주막과 더불어 지리적, 군사적 측

163 단지 김성우의 현손인 김극성의 불천지위 사우가 축소된 채로 그의 묘소가 있는 보령시 청소면 재정리 능동으로 1960년에 이전되어 현재에 이른다. 김극성 사우는 1983년에 충남도 문화재자료 제143호로 지정되었다.

164 이 협곡에는 예전부터 청라에서 성주사 방면으로 오갈 때 이용하던 백제길로 불리던 소로가 있었다고 한다. 2012년에 청라면 향천리(병하지벌)와 성주면 성주리(성주사 방면의 먹방)을 잇는 청라터널이 개통되었다.

165 이처럼 추정이 가능한 것은 1380년에 진포, 서천, 남포, 결성, 홍주의 왜구침구가 확인되기

면에서 볼 때 시공을 초월한 전략적 요충지임을 알 수 있다. 따라서 왜구가 청라동까지 침구할 경우 청양, 예산, 정산, 부여, 유성 등의 내륙으로의 진출이 용이해진다.

나. 의평리 전적 고증자료

김성우의 의평리 전적은 '군입리' 전적과 마찬가지로 현존하는 사료 및 현재까지 청라면 일대에 전승되고 있는 구전지명을 통하여 고증이 가능하다.

가) 전적지명: 복병리(伏兵里) 및 의평리(蟻坪里)

시루성에서 바라본 복병리 원경

때문이다. 즉 서천의 진포에서 결성에 이르는 군현이 왜구침구의 피해를 입었으나 보령만이 기록에서 빠져있다 (205쪽 지도 참조).

김성우의 의평리 전적은 『신안읍지』를 비롯하여 『여지도서』, 『충청도읍지(忠淸道邑誌)』, 『호서읍지』, 『1872년 지방도』, 『충청남도지』 등의 산천조 '복병리', '의평리'의 지명에서 확인 가능하다.

> 의평천은 현에서 동으로 이십 리에 있으며 복병천은 동으로 십 칠 리에 있다. 고려 김성우가 군사를 매복하여 왜구를 크게 물리친 이후 지명이 '복병리'가 됐으며, 그 당시 왜구의 시체가 개미떼와 같다하여 '의평리'라 부른다.[166]

복병리(사진④)는 '복병이', '복뱅이'로도 불리며 군입리에서 대천천을 따라 약 12km 북쪽의 봉황산(157m)과 인접한 서산 아래에 위치한다. 복병리는 송산, 구산 등 작은 구릉으로 엄폐되고 오서산에서 발원한 시냇물이 앞으로 흐르는 전형적인 배산임수의 지형으로 의평리, 시루성의 축선 바로 옆에 위치한다. 이곳은 왜구들이 독정리(②)와 구산(③) 사이의 협곡인 애지를 통과하여 현재의 저수지 방죽 깊숙이 들어오더라도 밖에서 전혀 감지할 수 없어 군사를 매복하기에 용이하다. 김성우는 이러한 복병리의 지리적 이점을 이용하여 왜구들이 방심하고 지나갈 수 있는 유인로로부터 떨어진 지점을 매복 장소로 선택한 것으로 보인다.[167]

'갬발', '개비벌'로도 불리는 의평리는 앞의 사진(⑧)의 지형이다. 이곳은 대천에서 청라면 소재지로 이어지는 36번 도로 옆으로 폭이 1km가 넘는 평야지대이다. 우측엔 성주산(680m), 좌측에는 오서산(791m), 북쪽으론 백월산으로 둘러싸인 분지의 형태로 해안에서 내륙으로 연결되는 보안원소

---

166 『충청도읍지(忠淸道邑誌)』46권, 보령현조. 『호서읍지』 & 윤용혁, 「왜구의 침략과 충남」, 『충청남도지』 권5, 충청남도역사문화연구원, 2006.

167 이재준, 앞의 논문.

로가 있는 길목이다. 이곳 가까이에는 작은 구릉(100m 미만)이 좌우로 형성되어 있어 시루성(⑥), 불무골(⑤),[168] 병하지벌(⑦)[169], 둔대(둔터)(⑩)[170]의 고려군 주둔 병력이 지형을 이용하여 복병리의 매복부대와 함께 협공하기에 안성맞춤인 지리적 이점이 있다. 따라서 고려군이 이곳까지 왜구를 유인하여 전후좌우에서 총 공격할 경우 살아남기 어려운 사지(死地)로 평가된다.

둔대 전경(보령시 청라면과 화성면 경계)

---

168 불무골은 보령시 청라면 향천리의 시루성 서쪽에 있는 마을이다. 김성우의 고려군이 무기를 만들던 대장간이 있었던 불무골은 아쉽게도 청천저수지 건설로 인해 현재는 물에 잠겨 있다.
『한국의 지명』, 한글학회, 1974.

169 육군 제8361부대가 위치한 곳의 이름이 병하지벌로 불리는 이유는 고려 말 당시 김성우의 고려군이 이곳에 주둔하여 훈련, 무기제조, 군곡량 저장, 지휘, 매복 등 전투준비와 격전의 장이었기 때문이라고 한다. 서해안 방위의 전략적 요충지로 이 병하지벌이 현대의 군사적 요충지로 부각된 것이 아니라, 그 기원은 이미 김성우 때부터 시작되었다고 보고 있다. 특히 이곳의 지리 지형학적 위치를 고려해볼 때, 김성우의 고려군의 본부가 이곳 '병하지벌'에 있었던 것이 확실해 보이며, 전략적 요충지는 예나 지금이나 시공을 초월하여 변함이 없다고 강조한다. 이 병하지벌은 성주산의 장군봉으로 연결된다. 이재준, 앞의 논문 참조.

170 청라면과 청양군의 경계지역인 청라면 나원리에 위치하며, 고려 때 김성우 의 고려군이 주둔한 것으로 전해진다. 그러나 『한국지명총람』에는 군대가 주둔한 것으로 기록되어 있다. 군입리의 군헌에 버금간다.

이외에도 김성우의 전적지인 복병리, 의평리 인근에는 오늘날에도 담금이[171], 창터[172] 등의 전적지명이 전승되고 있다.

시루성과 병하지벌(보령시 청라면 향천리)[173]

나) 시루성[174]

김성우의 의평리 전적을 고증할 수 있는 중요한 간접자료는 시루성이다. 보령에는 주포면 소재의 봉당성을 비롯하여 보령읍성, 진당산성, 남포

---

171 청라면 향천리에 위치한다. 고려 때 무기를 만들어 담금질하던 곳으로 전해진다. 청천저수지 건설로 수몰되었다.『한국의 지명총람』참조.

172 시루성 바로 아래 향천리에 위치한다. 고려 때 김성우가 창을 만들던 곳으로 전해진다.『한국의 지명총람』참조.

173 「사라진 역사의 미스터리 장군 김성우」(MBC-TV: 2010.9.14.)

174 국방문화재연구원(원장 이재)에서는 <제1회 김성우 장군 추모기념 학술대회>에 맞춰 시루성에 대한 지표 발굴조사를 한 바 있다. 이하 내용은 이재의 발표내용을 참조하였다. 이재, 보령 「향천리 시루성의 성격」,『고려절신 김성우 장군 재 조명』, 제1회 김성우 장군 추모기념 학술대회, 충남대학교 인문학연구원, 2010.9.

읍성, 오서산성 등 바닷가가 아닌 내륙에 위치한 성이 있지만 해안이라는 지형특성상 바닷가에 축성한 성들 또한 많다. 이 성들은 모두가 보령연안으로 침구해 들어오는 왜구를 방어할 목적으로 축조한 성들이다. 이 많은 보령의 성들 중에서 김성우가 왜구를 유인하여 의평리에서 대승을 거둘 수 있었던 성으로 전해지는 성이 바로 시루성이다.

시루성(충남 보령시 청라면 향천리)

시루성은 주교면과 남포면 사이의 서해 입구에서 대천천을 따라 7km 정도 들어오는 청천저수지 남안 길가 113m 야산에 위치한 석성으로 그 둘레가 약 300m이다. 이 시루성은 대천에서 청라로 가는 옛 보안원소로이자 현재 국도 36호가 통과하는 청천 저수지 남쪽 향천리 마을을 가로지르는 야산 봉우리에 위치하고 있다. 지리 지형학적으로 볼 때 이 일대는 보령연안으로 침구하는 왜구들이 대천천을 따라 내륙으로 진출하기가 용이할 뿐만 아니라 비옥한 의평리와 양지리를 거쳐 금정역이 위치한 청양의 내륙으로 진출이 용이하다.

> (....) 고려시대 말엽에 김성우 장군이 이곳에서 군사를 훈련시키고 복병리에 복병(伏兵)을 배치시켰다가 바닷쪽에서 침입하는 왜적(倭敵)을 갯벌에서 섬멸시켰다고 한다. 성 아래의 마을은 시루성이와 창터가 있는데 창터에는 창고가 있었다고도 한다. 성의 안팎에서는 백제계(百濟系)의 토기파편(土器破片)들이 발견되고 있어서, 이미 삼국시대(三國時代)에 축조되었던 듯하고, 폐성화(廢城化) 되었다가 고려 때 왜구(倭寇)를 막으려고 수축(修築)하여 이용했던 듯하다.[175]

이 성의 명칭은 보령현 지리지나 관찬지리지에 기록되어있지 않으나 『1872년 지방도-보령부지도』에 처음으로 청라면의 설명에서 다른 지명과 함께 시루성의 한자식 표기인 '증성(甑城)'으로 주기되어있다. 산의 모양이 떡을 만드는 시루(甑)를 엎어놓은 형태와 같다고 해서 붙여진 이름이다.[176] 이 시루성은 잘 다듬어진 가공석이 아닌 자연석에 가까운 석재로 쌓은 성으로 이것은 주민들이 유사시에 대처하기 위해 모든 기술을 동원해 만든 진산성(鎭山城)이 아니고 수시로 침입하는 왜구에 대비하여 군사적 목적으로 쌓아 개축한 성이다.[177]

---

175 『한국의 지명』 4, 한글학회, 1974, 429쪽. 인터넷, 사단법인 화성연구회,

176 이후 이 시루성은 조선총독부지도에는 증성리(甑城里), 『보령군지』(1991)에는 '향천리(香泉里) 시루성', 『전국문화유적총람』(1996,국립문화재연구소)에는 '보령향천리석성', 『문화유적분포지도-보령시』(1999)에는 '보령 향천리 산성'이라고 지칭하고 있다.

177 실제로 우왕 4년부터는 산성의 수축이 지방관의 책임 하에 이뤄진다(『고려사』 권 제45, 세가 제45 공양왕 원년 8월조). 하지만 이 시기 지방관이 수 개축한 성곽은 사서에 구체적으로 기록될 수 없었다.

그런 점에서 시루성은 축조방식을 전체적으로 종합해 볼 때 왜구의 침입을 사전에 탐지하고 이를 전파하여 적의 침입에 효율적으로 대처하기 위한 전초기지로 보여지며 이 전초기지를 잘 유지하고 기능을 유지하기 위하여 필요한 최소한의 산성을 쌓았던 것으로 보인다.[178]

이 시루성에서는 청라동의 복병리와 의평리 일대를 한 눈에 조망할 수 있을 정도로 관측이 뛰어나다. 따라서 이곳에서는 고만 수영을 통해 진당산의 질재를 넘어 청라동으로 침구해 들어오는 왜구와 군입리나 대천천을 거쳐 청라동으로 침구해 들어오는 왜구를 동시에 감시할 수 있다. 또한 이 시루성 주변에 복병리, 의평리, 창터, 불무골 등 김성우의 전적에 관련된 많은 전승지명이 현전하는 상황을 고려해 볼 때, 이 시루성은 바닷가가 아닌 내륙에 위치하여 보령연안을 침구해 들어오는 왜구를 이곳까지 유인해 소탕하기에 유리한 장소였기 때문에 축성한 것이 확실해 보인다.

차용걸, 「고려 말 왜구 방수책으로서의 진수와 축성」, 『사학연구』 제38호, 1984, 139-140쪽.

178 이 재, 앞의 논문, 88쪽.

시루성에서 발견된 상감된 고려청자편(상)과 고려시대 어골무늬 와편(하)

이 시루성에서는 고려 후기의 도기편과 기와 등이 출토되고 있는데 어골무늬 기와와 상감된 청자와편이 특징이다.[179] 이것은 이 시루성에 내침을 빨리 알리는 관망대 또는 전초기지와 같은 건물이 운용되었고 비교적 신분이 높은 사람이 상주했음을 보여준다.

179 이러한 유물들은 고만수영과 구성재 인근의 아현산성, 진당산성, 영전리 인근의 대봉산성에도 출토되었다. 이처럼 이러한 유물이 공통으로 출토되는 것은 이 성들이 고려 말 왜구의 침구에 대비하여 개축하였기 때문이다.
권순진, 앞의 논문, 167쪽.

이 조그만 봉우리에 기와집을 지었던 것은 이곳에서 왜구의 침입을 감시하고 탐지하는 일을 1년 내내 철저히 하기 위함이었고 또 이 기와집은 이 지역 군사령관이 수시로 이곳에서 기거하면서 군사업무를 담당했던 것으로도 보여진다. 그것은 고급 기와집뿐만이 아니라 상질의 청자편과 다양한 많은 도기편들이 확인되었기 때문이다.[180]

국방문화재연구원의 시루성 지표발굴조사 결과에서 확인할 수 있듯이, 이 시루성은 김성우가 왜구를 이곳으로 유인하여 의평리 전투에서 승리할 수 있었던 전초기지와 전망대 때로는 지휘소로 사용했던 성이다.

필자는 시루성의 현장조사와 문헌 및 구전, 또 시루성의 지리, 지형적 특징 및 지명 등을 종합하여 볼 때 시루성은 고려 말 김성우 장군이 서해와 대천천을 통해 성주사와 내륙지방으로 진출하려는 왜구를 토벌하기 위해 왜구의 접근을 탐지하고 이들을 유인하기 위하여 김성우 장군이 축조한 석성으로 결론을 내릴 수 있으며, 결국 이 시루성을 전초기지 및 전망대 그리고 때로는 지휘소로 적극 활용하여 이른바 김성우장군이 '의평리 전투'에서 대승할 수 있었다고 보겠다.[181]

이처럼 보령시 청라면 일대에는 김성우의 의평리 전적과 관련된 많은 전적지명과 토왜의 유적이 김성우 사후 650 여년이 지난 오늘날까지 시민들 사이에서 회자되고 있다. 이것은 김성우의 의평리 전적이 아직도 지명 속에 살아 숨 쉬고 있다는 또 다른 증거로 볼 수 있다.

---

180 이 재, 앞의 논문, 89쪽.

181 이 재, 앞의 논문, 99쪽. & 권순진, 「보령의 성곽」 - 김성우장군 전적지 주변을 중심으로」, 『김성우 장군의 왜구토벌과 보령』, 제2회 김성우 장군 추모기념 학술대회, 국방문화재연구원 한국역사문화연구원, 2011.

3. 보령 왜구토벌의 의의

지금까지 김성우의 보령 토왜활동을 김성우의 보령 토왜의 유적을 중심으로 살펴보았다. 그 결과 김성우의 보령 토왜 유적의 특징은 첫째, 보령 연해의 해안을 따라 포구가 있는 곳에 위치한다는 점이다: 군입리, 고만 등. 다른 하나는 이런 포구를 중심으로 전적지가 집중되어 있으며, 이곳이 대부분 조망과 관측이 뛰어나거나 군대의 주둔과 매복이 용이하다는 점이다: 군입리, 상주막, 군헌, 군드리재, 해망산, 흑포. 마지막으로 김성우의 보령전적지는 왜구들이 포구에서 상륙하여 내륙으로 이동하는 주요 길목에 위치하여 지리, 지형학적으로 왜구를 유인하거나 매복과 교전이 용이할 뿐 아니라 무기의 제조, 지휘통제, 지원부대의 주둔이 가능한 군사적 요충지라는 점이다: 복병리, 의평리, 불무골, 병하지벌, 시루성, 둔대.

현재까지 전승되고 있는 김성우의 보령 토왜의 유적으로 미루어 김성우의 고려군이 군입리로 들어와 의평리와 흑포 등지에서 크게 전투를 벌였던 것이 확실해 보인다.

특히 청라면에 집중된 "군사를 매복시켰다"는 '복병리'나 "적의 시체가 개미떼 같았다"는 '의평리', 무기를 제조했다는 '불무골', 김성우의 지휘소가 있던 '병하지벌'과 '시루성'. 지원부대가 주둔했던 '둔대' 등의 전승지명과 김성우에 관계된 전설 그리고 그의 묘소의 위치 등으로 볼 때, 청라면 의평리 일대에서 치러진 전투가 보령 왜구토벌의 백미임이 확실하다. 왜냐하면 의평리 일대의 지리 지형학적 구조와 전적지명이 완벽하게 일치하고, 이 일대에 한 개가 아닌 여러 개의 전적지명이 동시에 존재한다는 것은 김성우를 인위적으로 조작한 것으로 볼 수 없기 때문이다. 실증적 사실이 아니라면 아무리 뛰어난 현대의 논픽션 작가라 할지라도 한 개인의 우상화를 위해 이토록 정확하게 묘사할 수 없다고 본다. 왜냐하면 김성우가 기록되던 당시의 보령현 향촌의 지배구조상 광산김씨는 이미 쇠퇴하였고, 더욱이 그의 사후 350여 년이 지난 상황에서 광산김씨 문중이 아닌 지역의 유림을 중심으로 김성우의 보령 왜구토벌을 추숭한 결과이기 때문이다.

또한 김성우의 의평리 전적지인 청라동 일대는 보령광산김씨의 650여 년의 집성촌으로 김성우 이하 후손들의 묘산(墓山)이 위치하고, 광산김씨와의 혼연으로 보령에 입향한 많은 사족들의 세거지와 묘산 또한 이곳에 위치하고 있기 때문이다.

그러면 김성우의 보령 왜구토벌의 의의는 무엇인가? 김성우의 보령입성 배경은 왜구토벌에 있으며, 김성우는 보령연안을 침구해오던 왜구를 의평리 등지에서 크게 물리쳤다는 사실을 김성우의 보령 토왜의 유적을 통하여 확인하였다.

무엇보다도 김성우의 보령 토왜활동의 의의는 조운선 보호라는 점이다. 김성우의 고려군은 조운선이 고만수영 앞 바다를 거쳐 개경으로 무사히 항해할 수 있도록 보령연해의 해안 방어선을 구축하여 왜구 침구에 대비하였다.

또한 김성우의 보령 왜구토벌의 의의는 왜구의 내륙침구 이동로를 차단했다는 점이다. 예컨대 1380년에 왜구가 청라동 침구에 성공했을 경우[182],

182 앞에서 설명한바와 같이 이 해의 보령현 왜구 침구기록은 발견되지 않으나 여러 정황으로 미루어 보령현 왜구침구는 확실하다. 이처럼 추정이 가능한 것은 1380년에 진포, 서천, 남포, 결성, 홍주의 왜구침구가 확인되기 때문이다. 즉 서천 진포에서 결성에 이르는 주요 군현이 왜구침구의 피해를 입었으나 보령현만이 기록에서 빠져있다. 현전하여오는 김성우의 보령 토왜유적은 1350~1388년 왜구의 보령현 침구의 결과물임은 부정할 수 없다. 이에 관한 설명은 '제3장 보령현의 왜구침구'및 205쪽 지도 참조.

왜구는 청양방향으로 진격하여 진포구를 통해 침구해 들어온 또 다른 왜구의 집단과 합세하여 정산-홍산-부여-유성-논산 등의 내륙진출을 노렸을 것이기 때문에 결과적으로 내륙침구의 이동통로를 제공할 가능성이 커 보이기 때문이다.

왜나하면 1380년 왜구침구는 가장 충격적인 왜구의 내륙진출로 기록되기 때문이다.[183]

1380년 왜구의 이동경로[184]

---

183 물론 앞서 살펴본바와 같이 김성우의 보령 토왜활동은 보령연해의 왜구 침구시기가 포함될 것이다. 이런 점에서 양광도의 40여 군에 왜구가 침구하여 6촌 김종연이 출정했던 1388년 또한 주목된다.

184 이영, 앞의 책, 203쪽. 재인용.

1380년 진포구를 출발한 왜구는 옥주에서 재집결하여 이산 - 영동 - 황간 - 어모 - 공성 - 청리 - 상주 - 선주 - 경산부신곡 - 사근내역 - 함양 - 인월역 - 남원산성 - 운봉현 - 인월역의 황산대첩을 거쳐 지리산 - 무등산 규봉사를 거쳐 마침내 바다로 도주하였다. 이영은 경신년 왜구가 다음과 같이 세 가지 방향의 이동통로를 통하여 내륙지방으로 침구해 들어갔다고 분석한다.[185]

첫째, 진포구를 통과한 왜구는 부여에서 세 집단으로 나뉘어 오늘 날의 충북 옥천인 옥주에서 집결했다는 것이다. 이영이 제시하는 진포구를 출발한 왜구의 옥주집결까지의 이동상황을 다시 구성해보면 다음과 같다.

즉, 진포구
- 부여 - 정산 - 청양 - 홍산 - 임천 - 옥주
- 부여 - 정산 - 신풍 - 공주 - 계룡산 - 옥주
- 부여 - 정산 - 유성 - 옥주
- 부여 - 운제 - 금주 - 옥주

둘째, 진포구를 통과한 또 다른 왜구 집단은 전라도 함열, 풍제를 거쳐 금강 수계를 이용하여 옥주에서 집결했으며, 마지막 집단은 진포구에서 곧장 옥주로 이동했다는 분석이다. 이러한 이영의 경신년 왜구의 이동에 관한 분석은 많은 점에서 설득력이 있어 보인다. 그러나 황산대첩을 치른 후에까지도 약 70명이 살아남았고 이성계가 이들이 도주하게 내버려뒀다는 기록 등으로 미루어 볼 때, 경신년 왜구는 또 다른 이동경로를 통하여 황산대첩에 참여했을 가능성도 있다고 본다. 왜냐하면 경신년에 정읍, 보

185 이영 앞의 책, 202-204쪽. & 『고려사절요』 권31, 신우 6년 3월조.

성, 부유현, 송광사 등의 왜구침구 기록이 발견되기 때문이다. 더욱이 이영 자신도 진포구에서 함열-옥주, 진포구-옥주의 이동노선 중에서 함열 이후 등 전라도지역에서 옥주까지의 이동과정을 정확하게 파악할 수 없으며, 금강 수계를 통한 이동 가능성을 제시하고 있기 때문이다.

위의 지도에서 확인할 수 있듯이, 1380년 왜구침구 및 이동에서 부여에서 흩어진 네 집단 중 한 집단이 정산을 거쳐 청양에까지 진격했다가 다시 홍산 - 임천을 거쳐 옥주로 이동했다는 점이 주목된다. 따라서 김성우의 고려군이 보령현 왜구침구를 방어하지 못하였을 경우 군입리나 고만으로 침구한 왜구는 청라동을 거쳐 보령현 이웃의 청양현까지 진군한 왜구와 합류하거나 진포구에서 올라온 또 다른 왜구 집단과 합류했을 가능성을 배제할 수 없다고 본다.[186]

이처럼 김성우의 보령 왜구토벌은 첫째, 조운선의 안전한 항해를 책임지는 전라도 만호부의 주요업무를 수행하였고, 둘째, 보령 연해를 통한 왜구의 내륙침구 이동로를 봉쇄했다는 점이다.

이상에서 알 수 있듯이, 김성우의 보령토왜는 왜구의 침구로부터 보령의 땅과 백성들의 생명을 지켜내고 이들에게 영전을 통하여 삶의 터전을 마련해주었다는 데 그 의의가 있다.

김성우의 보령토왜 유적과 내외후손들의 보령세거지도(묘산)는 다음과 같다.

186 그런데 여기에서 9산선문중의 하나인 성주사가 임진왜란(1592)으로 불타기 전까지 천년고찰의 풍모를 유지했다는 사실을 주목할 필요가 있다. 왜냐하면 송광사, 개태사 등 주요사찰의 왜구침구가 확인되기 때문이다. 따라서 고려 말 보령현, 남포현의 왜구침구에도 불구하고 이처럼 두 현의 길목에 위치한 성주사가 안전할 수 있었던 요인 중의 하나가 김성우의 토왜활동에서 비롯된다는 해석 또한 가능할 것이다.

▶ 김성우 보령토왜유적 및 내외후손 세거지도

구분	토왜유적	주요 전적지명	관련유적	묘산 및 세거성씨
A	고만	고만수영	아현산성	광산김씨, 한산이씨
B	구성재	군량, 군량들	봉당성 아현산성 진당산성	한산이씨
C	군입리	상주막 군헌, 군마루, 군들재 관암 흑포 해망산		광산김씨 전주류씨
D	영전리	영전리 야동리	대봉산성 남포읍성 달산리산성	경주이씨
E	의평리	복병리 의평리 창터 불무골	시루성 병하지벌	광산김씨, 한양조씨, 원주원씨, 용인이씨, 한산이씨, 경주이씨, 파평윤씨, 단양우씨, 능성구씨, 평강채씨, 평산신씨, 전주이씨, 양주조씨, 안동김씨, 무주김씨

번호	유적명	구분(세거성씨)	번호	유적명	구분(세거성씨)
①	고만	A	⑪	죽도	
②	아현산성	A	⑫	내송리토성	
③	고남산성		⑬	대봉산성	
④	구성재	B	⑭	군두리	C
⑤	진당산성		⑮	복병리	E
⑥	군입리	C	⑯	시루성	E
⑦	관암	C	⑰	의평리	E
⑧	흑포	C	⑱	병하지벌	E
⑨	해망산	C	⑲	담금이	E
⑩	영전리	D	⑳	둔대	E

〈김성우의 보령 주요 전적지 및 내외후손 세거지〉

제4장

김성우의 역사적 평가

1. 고려 말 광산김문의 위상
2. 불사이군(不事二君)의 고려충신

김성우(金成雨) 평전(評傳)

| 제4장 |

김성우의 역사적 평가

지금까지 각종 지리지를 비롯한 문헌사료, 금석문, 사서 등의 자료검토와 김성우의 선게 그리고 토왜 유적을 중심으로 김성우의 보령에서의 왜구토벌을 살펴보았다. 그 결과 김성우의 보령에서의 토왜는 역사적 사실이며, 현전하는 전적지 등의 토왜의 유적이 김성우의 왜구토벌에서 유래하며 이에 관한 제 사실이 입증되었다.

이 마지막 장에서는 지금까지의 연구를 바탕으로 김성우의 위상이 무엇인지 제고해 보기로 하자.

1. 고려 말 광산김문의 위상

광산김씨의 시조 김흥광이 광주의 평장동에 터전을 마련하여 광산을 관향으로 삼은 이래 광산김씨는 7세 김양감에 이르러 명문가로 도약한다. 김양감은 1051년(문종 5) 문과에 급제하여 수태위에 올랐고 시호는 문안(文安)이다. 특히 김양감은 해동공자 최충과 함께 당시 사상계를 주도하였고, 김양감의 동생이 인주이씨의 며느리가 됨으로서 광산김씨는 인주이씨와 함께 정치세력의 핵심으로 부상하였다. 이후 광산김씨는 무신집권기에 12세 김광세, 13세 김경량(? -1247), 14세 김주정으로 이어지면서 더욱 번성한다. 특히 14세 김성우의 증조 김주정은 자신의 지공거였던 최윤개(崔允愷)(?~1266)[1]를 비롯하여 인주이씨 이장용(李藏用)(1201~1272)[2] 등과 함께 무신집권을 몰아냈다.

이후 왕정이 복구되어 충렬왕, 충선왕 대를 거치며 김주정의 조카로 판삼사사를 지낸 김태현(金台鉉)(1261-1330)[3]이 혼란한 가운데 정치를 주도하고 김주정과 그의 두 아들 김심과 김류로 이어지면서 원나라 황실로 연결되어 고려 말의 정치를 주도하는 세력이 되었다. 김주정의 장자 화평군 김

---

1 과거에 급제하여 좌부승선으로 이부, 병부의 인사권을 맡았고, 판추밀원사 어사대부를 지냈다. 1264년 지중추원사로서 지공거가 되어 김주정 등을 과거에 급제시켰다. 『동문선』에 표전(表箋) 1편이 전한다.

2 자는 현보(顯甫)로 중서령(中書令) 이자연(李子淵)의 6대손이다. 고종 때 과거에 급제해 정당문학, 문하시중 등을 역임했다. 경사에 밝고 음양, 의약, 율력에 통달했으며, 문장이 뛰어났다. 시호는 문진(文眞)이다.

3 『고려사』 권 제110, 열전 23, 김태현 전.
자는 불기(不器)로 1276년에 문과에 급제하여 우승지 등을 거쳐 첨의중찬에 이르렀다. 편저인 『동국문감(東國文鑑)』이 있으며, 시호는 문정(文正)이다.

심은 병마도원수이자 우정승 판총부사헌부사로 왕의 두터운 신임을 받았고, 김주정의 차자인 김류 또한 문림랑감찰어사를 거쳐 문하시중을 지냈다. 김류의 아들이 판도판서 김윤장이고 김윤장의 아들이 김성우이다. 이처럼 김성우의 가계는 증조 김주정 대에 이르러 개경의 권문세가로 확고부동하게 자리를 잡게 되었다.

그렇지만 김성우 가계는 김심의 손자인 김종연이 이성계를 죽이려했다는 역모에 걸려 죽임을 당하면서 순탄치 않은 길을 걷게 된다. 김주정, 김심 대까지 고려의 정치를 주도하던 광산김씨 문중은 아들인 김류와 손자 김윤장 그리고 증손 김성우로 이어지면서 굴곡을 겪게 되는데 바로 이 시기가 이성계의 조선개창과 맞물린다. 이처럼 김성우 가계가 원명교체기의 여말 선초에 불안정한 원인은 이성계의 조선개창에서 비롯되었다.

2. 불사이군(不事二君)의 고려충신(高麗忠臣)

그러면 김성우는 역사적으로 어떤 인물인가? 김성우의 위상에서 주목되는 것은 고려왕조에 대한 그의 불사이군의 충절이다. 김성우는 1392년 이성계의 조선개창과 더불어 이성계로부터 수차례의 출사 권고를 받았지만 고려왕조에 대한 불사이군의 절의를 지켜 자신의 애마인 백옥마와 함께 현재의 보령시 청라면 스무티 고개에서 자처했다고 전해진다.

스무티 고개(보령시 청라면과 청양군 경계)[4]

이처럼 김성우가 이성계의 역성혁명에 반대하여 불사이군의 절의를 지켰다는 기록은 이미 『사가집』 등에서 확인한 바 있다.[5] 그런데 『사가집』 등의 김성우의 고려왕조에 대한 불사이군의 충절을 어떻게 입증할 수 있을까? 과연 이 기록에서처럼 조선 개창세력이 김성우를 불러 들였고, 김성우가 불사이군의 절의를 지켜 자처했을까? 이것은 여말선초의 정치상황과 김성우 행적의 종합적인 검토를 통하여 확인되었다. 즉 '김저사건(1389)'

---

4 김성우가 자신의 백옥마와 함께 자처한 것으로 전해지고 있는 이 고개는 현재 보령-청양간 도로 확포장 공사가 진행 중에 있다.

5 유호근, 앞의 책.
이병연 또한 김성우를 '충신'으로 분류하고 "이러한 사실은 보령읍지에 기록되어있다(事載保寧邑誌)"라고 기술하고 있다. 그 내용은 『사가집』과 큰 차이가 없다. 아울러 『신안읍지』와 『여지도서』 등의 총묘(塚墓)조에 김성우 부부의 묘가 함께 올라있다는 사실 또한 김성우의 행적에서 주목된다. "총묘 백월산 초입 발산에 고려 말 김성우 묘가 있으며, 현의 동쪽 2십리 장곡에 김성우 부인의 묘가 있다(塚墓鉢山在白月山初落麗季金將軍成雨墓也 章谷在縣東二十里金將軍成雨夫人墓)".
이병연, 『조선환여승람(朝鮮寰輿勝覽)』, 1929, 77쪽. & 정권, 앞의 책.

에 이은 김성우의 6촌 김종연이 조선개창세력에 의해 주모자로 죽임을 당한 후 그의 사지를 찢어 팔도에 조리돌린 '윤이 · 이초 사건(1390)'은 김성우 행적의 이해에서 중요하였다.[6] 왜냐하면 이 두 사건으로 김종연의 측근인 지용기, 정지, 변안열 등의 무장들이 조선개창 세력의 음모에 연루되어 숙청되거나 유배되었기 때문이다. 이처럼 조선개창은 수많은 반대파, 특히 군사력을 갖고 있던 무장들의 계속적인 숙청을 통해 이뤄졌다.[7] 이처럼 이성계가 무장들을 제거할 수밖에 없었던 것은 고려 말까지 여전히 존재했던 사병(私兵)제도였다. 조선개창 1등공신인 정도전이 제거된 것은 이성계의 5남 이방원의 사병에 의해서이다. 이방원이 아버지인 이성계를 도와 조선을 개창할 수 있었던 것과 조선의 골격을 마련한 아버지 이성계의 최 측근인 정도전을 제거한 것 그리고 제1, 2차 왕자의 난을 승리로 이끌어 정권을 잡은 것은 다름 아닌 이방원 자신의 사병이었다. 따라서 이방원은 사병제도의 모순을 잘 알고 있었고, 사병이 있는 한 정국의 안정은 물론 중앙집권체제를 갖출 수 없다는 것을 잘 알고 있었기 때문에 왕위에 오르기 전에 사병을 혁파하고 중앙군을 강화하였다.[8] 그런데 이러한 사병제도가 이방원에 의해 혁파되었다는 것은 의미심장하다. 왜냐하면 고려 말

---

6 이 사건은 조선왕조 내내 인구에 회자되었고 그 때마다 김종연의 이름이 함께 거론되었다. 『조선왕조실록』의 '윤이 · 이초 사건'에 관한 기사는 태조(10건), 태종(6건), 세종(2건), 중종(7건), 명종(2건), 선조(4건), 광해군일기(7건), 숙종(1건), 순조(1건) 등이다.
이영, 앞의 논문, 26쪽 참조.

7 변안열이 조선개창세력에 의해 제거된 가장 큰 이유는 이성계에 맞먹는 군사력을 보유했기 때문이다. 역성혁명을 성공시키기 위해서는 막강한 군사력을 보유하고 있던 변안열을 철저히 제거해야했던 것이다. 1390년에 변안열은 그의 별장이 있던 한양 대은동(大隱洞)에 귀양 보내졌다가 조선개창세력의 사주를 받은 한양부윤 한백흥(韓伯興)에 의해 재판도 없이 죽임을 당했다.
이형우, 앞의 논문, 348쪽. & 이성무, 『변안열 평전』, 2015, 글항아리.

8 이성무, 『조선을 만든 사람들』, 1999, 청하, 35쪽. 및 민현구, 『조선초기의 군사제도와 정치』, 한국학연구원, 1983.

까지 사족들에게는 사병이 있었고, 더욱이 왜구토벌에 혁혁한 공을 세웠던 무장들과 이들의 사병은 조선개창 세력들에게 큰 위협이 되었기 때문이다. 따라서 윤이 · 이초 사건에 이어 계속된 무장들의 숙청과정에서 김성우 또한 자유롭지 못했다. 1392년 7월 이성계는 조선을 개창하였고 조선개창 세력은 김성우를 불러들였다. 하지만 김성우는 고려왕조에 대한 불사이군의 절의를 끝까지 지켜 전적지인 보령에서 마침내 자처를 선택한 것이다. 따라서 『사가집』 등에 기록된 김성우의 고려왕조에 대한 불사이군의 절의는 역사적 사실임이 확인된다.[9]

그러면 결론적으로 김성우의 위상은 무엇인가? 이에 대한 해답은 앞에서 제기한 다음의 문제에 대한 답에서 찾을 수 있다. 첫째는 각종 지리지를 비롯한 자료에 기록된 김성우의 보령 토왜활동의 진위문제였다. 아울러 자료에 기록된 김성우의 보령에서의 토왜활동이 사실이라면 왜 김성우가 사서에 기록되지 않았는가?였다. 또한 김성우가 보령 태생의 인물인가 아니면 타향의 인물인가에 대한 김성우 가계의 연원과 김성우가 실존의 인물로 고려 말 보령에서 토왜활동을 한 김성우인가?였다. 그리고 김성우의 고향이 타향이라면 어떤 연유로 보령에 오게 되었는가? 라는 보령입성 배경에 관한 것이었다. 마지막으로 김성우가 전설속의 인물이 아닌 실존의 인물로 왜구의 침구로부터 보령 땅을 지켜낸 고려 말의 김성우라면 과연 보령 왜구토벌과 관련된 토왜의 유적을 고증할 수 있느냐?라는 것이었다.

---

9 유호근이 보령에서 이름난 학자였고, 『사가집』에 등장하는 많은 당대의 인물들과 보령에 관한 내용들을 비교 검토해볼 때, 유호근의 기술은 신빙성이 크다고 본다. 또한 『조선환여승람』의 경우도 이 책의 편찬과정에서 지방 유림들의 영향을 배제할 수 없을 것이다. 하지만 이 책이 국내 최대의 인문지리지로 지방향토사 연구에서 매우 중요한 자료로 평가되고 있음을 고려할 때, 이병연의 기술 또한 사실로 보는데 큰 문제가 없다고 본다. 물론 인용된 이 두 사료에 대한 보다 깊이 있는 검증과 연구는 앞으로의 남은 과제이다.

이의 규명을 위해 지금까지 김성우의 보령 왜구토벌을 문헌사료, 금석문 등의 각종 자료와 그의 가계, 행적, 전적지명, 여말선초의 정치상황 등을 중심으로 고찰하였다.

그 결과 김성우는 전라도 도만호로 고려 말 왜구의 침구로부터 보령의 땅과 백성을 지켜내 만세보령의 터전을 마련한 자랑스러운 보령현 최초의 역사인물이자 불사이군의 절의를 지킨 고려 말의 장군이라는 사실이 밝혀졌다.

이처럼 김성우를 고려왕조에 대한 불사이군의 충절을 지킨 고려 말의 장군이자 보령의 수호신으로 추대할 수 있는 것은 다음 사실에 근거할 수 있다.

무엇보다도 각종 문헌사료(史料) 및 금석문 등의 자료의 검토를 통하여 김성우의 보령 토왜활동이 역사적 사실이며, 현재 보령지역에 산재해있는 많은 토왜의 유적이 김성우의 왜구토벌에서 유래하였기 때문이다.

> 김성우 장군의 고려 말 보령에서의 왜구 토멸 행적은 분명해 보인다. 예컨대 1501년(연산군7)에 건립된 護軍公(金南浩) 墓碣에서 '全羅右道 都萬戶 以王命討海寇 師過保寧 見樂土爲墟 因家焉'이라 하여 왕명으로 왜구토벌을 책임 맡은 장수로 보령을 지나게 되고 낙토가 폐허가 됨에 정착하였다는 내용이라든가, 1540-1550년 金克成 行狀(李彦迪 찬)에서'내 평생 덕이 없어 누차 왜구를 무찌르면서 저들이 비록 패류들이기는 하나 살육을 지나치게 하였는지라 道家에서는 꺼리는 바이다.'라는 기록이 보이고 있다. 李彦迪의 이 글을 통해 보면 김성우 장군의 왜구 토벌 사실은 사실로 보인다.[10]

---

10 이해준, 「보령광산김씨 사적과 그 문화사적 성격」, 『고려절신 김성우 장군 재조명』, 제1회 김성우 장군 추모기념 학술대회, 충남대 인문학연구원, 2010, 212-213쪽.

또한 김성우의 행적이 관찬사서에 기록되지 않은 것은 사서가 완전한 기록이 아니라는 점과 김성우가 역성혁명에 반대하여 불사이군의 절의를 선택하였기 때문이었다. 혁명세력으로서는 혁명을 반대한 인물을 누락시킴으로서 혁명의 당위성을 강조할 필요성이 있었기 때문이다. 특히 『고려사』가 정인지 등 개창세력에 의해 60년 동안 집필되면서 조선개창을 합리화하는 도구로 곡필되었고, 특히 공민왕~공양왕 대의 사서가 사실에서 누락된 정황이 발견되는 점과 이 시기 김성우의 조선 개창세력과의 정치적 관계로 볼 때 사서의 기록에서 김성우의 행적이 의도적으로 누락된 것이었다.

그리고 김성우는 가상의 인물이 아닌 실제로 생존하여 활동했던 개경출신의 고려 말 장군이었다. 김성우가 연고가 전혀 없던 보령 서해안으로 올라온 동기는 조운선의 보호와 서해안과 보령에 침구한 왜구를 토벌하기 위해서였다. 보령연해는 고려시대 조운선이 통과하는 해로이자 송나라 사신이 왕래하던 역관과 병수처가 있었던 곳으로 왜구들의 침구지역이었음이 밝혀졌다. 이같은 보령연해의 전략적 중요성은 사서 및 지리지에 기록된 고려 말 보령지역의 왜구 침구를 입증하였다. 이것은 결과적으로 김성우의 보령입성과 의평리 유적 등을 통하여 보령에서의 토왜활동을 입증하는 단서였다.

아울러 김성우가 이성계의 거듭된 회유에도 불구하고 역성혁명에 반대하여 자처한 불사이군의 고려충신이라는 기록 또한 사실이었다. 여말의 정치상황, 특히 '윤이 · 이초 사건'에 연루된 6촌 김종연의 조선개창세력에 의한 죽임을 비롯하여 고종 6촌인 이색 삼부자 등 김성우 주변의 역성혁명 반대파의 계속된 숙청은 김성우 행적의 이해에서 중요한 요소였다. 이러한 여말선초의 정치상황은 결국 김성우로 하여금 고려왕조에 대한 불사이군이란 절의를 선택하게 한 동인의 하나였고 이러한 일련의 사건은 결과적으로 김성우를 역성혁명에 반대하여 혁명세력과 대척점에 놓이게 한 요인이었다.

따라서 정몽주가 선죽교에서 고려에 대한 마지막 충절을 다했듯이, 김성우가 역성혁명에 반대하여 조선개창세력의 부름에 응하지 않은 채 전적지인 청라면 스무티 고개에서 불사이군의 절의를 지켜 자처했다는 기록은 사실이었다.

> 그러나 김성우 장군의 행적은 후대의 지방지 기술에 여러 문제점을 감안하더라도 그 행적을 종합적으로 판단해 볼 때, 김성우 장군은 고려 말 왜구를 소탕한 무장으로 조선왕조의 부름에도 불사이군의 충절을 지켜 벼슬에 나가지 않고 위국충절의 지조를 지킨 절의의 신하, 즉 '절신(節臣)'이라고 이름 하여도 좋을 것이다.[11]

마지막으로 보령과 아무런 연고가 없는 개경출신의 김성우가 보령에 입성하게 된 배경은 왜구토벌이며, 그가 터전을 마련한 보령의 전장(田莊)은 처변(妻邊)이나 외변(外邊)이 아닌 왜구토벌의 공으로 받은 사패지였다.[12] 김성우의 후손들은 그의 사후 개경으로 돌아가지 않고 전적지인 보령 청라동 발산에 그의 묘소를 마련하고 재지사족의 기반을 닦았다. 16세기 이후 한산이씨를 비롯한 많은 사족들이 김성우 후예와의 혼연을 통하여 처변

11 최근묵, 앞의 논문.

12 그동안 김성우의 현손 김극성이 우의정으로 출세하여 김성우의 행적을 윤색하고 보령에 세거해왔다는 주장도 제기되어왔다. 하지만 김성우의 보령 입향은 처변이나 외변과 전혀 관계가 없으며, 김극성 대에 이르러 보령에 향장을 마련한 것이 아닌 이미 김성우가 사패지를 받아 보령에 정착하였음이 본연구를 통하여 분명하게 밝혀졌다.

또는 외변으로 보령에 입향하여 21세기 보령의 정체성과 사회문화사 형성에 결정적인 역할을 하였다.[13]

이처럼 김성우의 내외후손들이 보령에 세거하여 오늘에 이른 것은 다름 아닌 김성우가 왜구토벌의 공으로 받은 사패지에서 기인한다는 지리지의 기록(유형원의 『동국여지지』 김맹권조)과 정확하게 일치하였다.[14]

따라서 지난 650여 년 동안 역사에 묻혀있던 김성우의 보령전적은 재평가되어야한다. 왜냐하면 "불사이군의 절의를 지킨 김성우는 왜구의 침구로부터 보령을 지켜낸 장군이다"라고 결론지을 수 있기 때문이다.

김성우의 올바른 평가야말로 보령의 지역사를 복원하고 나아가 보령의 긍지와 자부심을 되살릴 수 있는 훌륭한 방법이며, 이것이야말로 보령의 유구한 정신문화를 계승하여 발전시킬 수 있는 길이라고 확신한다.

13 앞의 점령지의 영전 내외후손의 세거지 참조.

14 유형원, 앞의 책 참조.

참고문헌

1. 자료

『고려절신 김성우 장군 재조명』, 제1회 김성우 장군 추모기념학술대회, 충남대학교인문학연구원, 2010.

『김성우 장군의 왜구토벌과 보령』, 제2회 김성우 장군 추모기념학술대회, 국방문화재연구원 · 한국역사문화연구원, 2011.

『1872년 지방도』(보령부지도), 서울대 규장각, 1872.

『가승(家乘)』, 17세기 말, 광산김씨판도판서공파.

『거시적 안보관으로 본 한국사』, 서울, 육군본부, 1992.

『결성장씨세보』

『고려사』 제5권, 신서원, 1991.

『고려사』 제9권, 신서원, 1991.

『고려사』 제38권, 신서원, 1991.

『고려사』 제45권, 신서원, 1991.

『고려사』 권 제104, 신서원, 1991.

『고려사』 권 제110, 신서원, 1991.

『고려사』 권 제113, 신서원, 1991.

『고려사』 권 제133, 신서원, 1991.

『고려사절요』 상, 중, 하, 신서원, 2004.

『광산김씨족보』 을미보, 1715.

『광산김씨족보 정묘대보』, 1747.

『광산김씨족보첩』, 18세기초.

『광산김씨족보』 (임인보), 1842.

『광산김씨족보』 (임신보), 1872.

『광산김씨세계』, 18세기.

『광산김씨판도판서공파세보』, 회상사, 1992.

『광산김씨천년사』, 광산김씨 대종중, 2014.

『국조인물고』 3책, 서울대출판부, 1978.

『군사1호』, 국방부 전사편찬위원회.

『군사지도』, 축척 1:5만. 도엽번호(3018 I: 대천 3118 IV: 청양), 대한민국육군 지도창.

『나주나씨연안군파세보』, 회상사, 1982.

『내 고장 보령: 내 고장 전통 가꾸기』, 보령군, 1983.

『대천시지』, 대천시지 편찬위원회, 1994.
『도만호 초토사 김성우 장군』, 육군 제8361부대, 2006.
『만성대동보』, 1931.
『문화유적분포지도-보령시』, 충청남도 & 공주대박물관, 1999.
『보령군지』, 보령군지 편찬위원회, 1971.
『보령시지』, 보령시지 편찬위원회, 2010.
『보령의 지명』 상, 하, 보령시, 1998.
『보령지리지』, 충남대학교 내포지역연구단, 2004.
『보령향교지』, 보령향교지 편찬위원회, 회상사, 1998.
『보령향사』, 보령시 향토사조사 연구회, 1999.
『살기 좋은 보령』, 보령시 교육청, 2010.
『신증동국여지승람』 권 14-20, 권34, 권35, 권39, 권46, 1530.
『신편고려사』(고려사 9, 열전2), 신서원, 2001.
『신편고려사』(고려사 4), 신서원, 2008.
『아계 이산해의 학문과 사상』, 아계 서거 400주년 추모 기념학술발표대회, 한국역사문화연구원, 2009.
『여양진씨대동보』, 1983, 보전출판사.
『연려실기술』, 권1.
『애향』 제5집, 대천문화원, 2001.
『애향』 제12집, 대천문화원, 2008.
『애향』 제17집, 대천문화원, 2013.
『여지도서』 제6-13책, 1757-1765(국사편찬위원회, 1973).
『왜구 토벌사』, 국방군사연구소, 1993.
『원사』 권11, 권59.
『전국문화유적총람』, 국립문화재연구소, 1996.
『조선왕조실록』, 한국고전번역원.
『조선지지자료』, 국립중앙도서관, 1914.
『조선총독부지도』, 1918.
『충남의 서원, 사우』, 충청남도, 대문사, 1999.
『충남지역의 문화유적』, 백제문화개발연구원, 1997.
『충청 수영의 역사와 문화』, 보령문화연구회 학술발표대회, 2009.

『충청남도전도(행정지도). 축척 1:16만』, 성지문화사, 1992.
『충청남도지』 권 5, 권 17, 2006, 2010.
『충청도읍지』 44, 남포현, 영조-헌종.
『충청도읍지』 46, 보령현, 영조-헌종.
『한국 군제사: 근세 조선 전기편』, 육군본부, 1968.
『한국민족문화대백과사전』, 한국정신문화원, 1991.
『한국사 대사전』, 풍문사, 1974.
『한국의 땅 이름 큰 사전』 3책, 한글학회, 1991.
『한국지리총서』, 「읍지 7, 충청도1」, 한국문헌연구소, 아세아문화사.
『한국지명총람』 4 (충남편) 상, 한글학회, 1974.
『한국지명유래집』, 한국지리정보원, 2015.
『한국통사』, 을유문화사, 1992.
『한산문헌총서』 1,2, 한산문헌총서편찬위원회, 농경출판사, 1981.
『한산이씨양경공파세보』 권 1, 한산이씨문열공파세보편찬위원회, 농경출판사, 1982.
『한산이씨문열공파문헌』 권 상, 하, 한산이씨문열공파세보편찬위원회, 회상사, 2002.
『한산이씨문열공파세보』 권 1, 한산이씨문열공파세보편찬위원회, 회상사, 2002.
『호서읍지』, 제15책, 1871.

2. 단행본

강재항, 『입재선생 유고』, 권지 10, 1912.
권　근, 『양촌집』 권3, 한국문집총간.
김극성, 『우정집』, 1860.
______, 『우정집』, 한국문집총간 18집, 민족문화추진회, 1971.
김상기, 『신편 고려시대사』, 서울대 출판부, 1985.
김용선, 『고려 금석문 연구 - 돌에 새겨진 사회사』, 일조각, 2004.
______, 『역주 고려묘지명 집성』, 한림대출판부, 2006.
김우철 역주, 『여지도서』 12, 충청도V, 전주대학교 고전국역총서, 2009.
김장생, 『사계전서』 제44권, 제46권, 한국고전번역원.
김종직, 『점필재집』 제7권, 제8권, 한국고전번역원.
도수희, 『한국의 지명』, 아카넷, 2003.
문경호, 『고려시대 조운제도 연구』, 혜안, 2014.

미야지마 히로시(노영구 역), 『양반 - 역사적 실체를 찾아서』, 도서출판 강, 1996.
민현구, 『조선초기의 군사제도와 정치』, 한국학연구원, 1983.
박 상, 『눌재집(訥齋集)』, 한국고전번역원.
박인호, 『한국사학사대요』, 이회, 1996.
박용운, 『고려시대사』, 일지사, 2008.
변태섭, 『고려사의 연구』, 삼영사, 1982.
______, 『고려사의 제문제』, 삼영사, 1986.
송시열, 『송자대전』 175, 한국고전번역원.
신정일, 『다시 쓰는 택리지』 1, 휴머니스트, 2004.
심지원, 『만사고』, 한국고전번역원.
유재하, 『고려왕조사』 4, 학문사.
유형원, 『동국여지지』 권3, 서울대 규장각, 1656-1673.
유호근, 『사가집』 제3권, 1922.
윤 증, 『명재유고』, 한국고전번역원.
윤용혁, 『고려 대몽 항쟁사 연구』, 일지사, 1991.
______, 『충남, 내포의 역사와 바다』, 서경문화사, 2016.
이남규 편, 『한산이씨 외가 세계』.
이덕일, 『김종서와 조선의 눈물』, 2010, 옥당.
이문원, 『목은 이색의 생애와 사상』, 일조각, 목은연구회, 1996.
이병연, 『조선환여승람』, 1910-1937.
이성무, 『조선초기 양반연구』, 일조각, 1980.
______, 『조선을 만든 사람들』, 청아, 2009.
______, 『변안열 평전』, 글항아리, 2015.
이수건, 『한국 중세 사회사 연구』, 일조각, 1984.
이 색, 『목은시고』 제21권, 한국고전번역원.
이 영, 『왜구, 잊혀진 전쟁』, 에피스테메, 2007.
______, 『왜구와 고려 · 일본관계사』, 혜안, 2011.
이정구, 『월사집』, 한국문집총간 8집, 민족문화추진회.
임원빈 공편, 『고려시대 수군관련 사료집』, 2004, 신서원.
윤 증, 『명재유고』, 한국고전번역원.
장동익, 『고려사 연구의 기초』, 경인문화사, 2016.

정　권,『신안읍지』, 1748.

______,『명고집』, 영남대학 민족문화연구소, 1988.

______,『보령군지』, 하버드대학 엔칭도서관, 1748.

정구복,『한국중세사학사』1, 경인문화사, 1999.

정도전,『삼봉집』, 한국고전번역원.

조종운,『씨족원류』2, 17세기 중반.

최근묵,『회덕황씨세적사』, 회덕황씨종중, 누마루, 2016.

최일성,『고려의 만호』, 청대사림, 4.5, 1983.

최재남,『사림의 향촌생활과 시가문학』, 국학자료원, 2006.

최　해,『졸고천백』, 한국고전번역원.

하백원,『규남문집』, 경인문화사, 1977.

한정훈,『고려시대 교통운수사 연구』, 혜안, 2013.

허도선 외,『한국군제사』, 육군본부, 1968.

3. 논문

곽호제,「영상으로 보는 김성우 장군」,『고려절신 김성우 장군 재조명』, 제1회 김성우 장군 추모기념 학술대회, 충남대 인문학연구원, 2010.

권순진,「보령의 성곽」-김성우 장군 전적지 주변을 중심으로」,『김성우 장군의 왜구토벌과 보령』, 제2회 김성우 장군 추모기념 학술대회, 국방문화재연구원 · 한국역사문화연구원, 2011.

고혜령,「위화도 회군 이후 변안열과 사대부의 관계」,『대은 변안열의 생애와 업적』, 글항아리, 2013.

김경수,「김성우 장군 유적의 활용과 정책제안」,『김성우 장군의 왜구토벌과 보령』, 제2회 김성우 장군 추모기념 학술대회, 국방문화재연구원 · 한국역사문화연구원, 2011.

김덕현,「청계 김진의 '의성김씨 내앞파' 가거지 기획」,『내앞(천전) 500년』, 청계선생 탄생 500주년기념 논문간행위원회, 2000.

김상기,「남당학파의 형성과 위정척사운동」,『한국근대사연구』10, 1989.

김성호,『중국진출 백제인의 해상활동 천 오백년』, 맑은 소리, 1996.

김영모,「김성우 장군의 보령전첩 고찰」,『서해문화포럼』창간호, 2009.

______,「대천어항 전투서 왜구 섬멸한 김성우 장군」,『뉴스매거진』154호, 2009.

______,「보령을 지켜낸 김성우 장군」,『보령시민신문』, 2009.

______,「보령의 수호신 김성우 장군」,『보령신문』, 2009.

______,「보령 광산김문의 유적과 유물」,『김성우 장군의 왜구토벌과 보령』, 제2회 김성우 장군 추모기념 학술대회, 국방문화재연구원 · 한국역사문화연구원, 2011.

김학수, 「출사와 은거의 조화로 이룬 명문가의 전통-한산이씨 아계 이산해 가문」,『끝내 세상에 고개를 숙이지 않는다 - 17세기 명가의 내력과 가풍』, 삼우반, 2005.

______,「고문서를 통해본 한산이씨 아계 - 후곡 가문의 사회경제적 기반」,『아계 이산해의 학문과 사상』, 아계 서거 400주년 추모 기념학술발표대회, 한국역사문화연구원, 2009.

문숙자,「한산이씨 아계가의 혈연과 교우관계」,『아계 이산해의 학문과 사상』, 아계 서거 400주년 추모 기념학술발표대회, 한국역사문화연구원, 2009.

박종기,「고려 말 왜구와 지방사회」,『한국중세사연구』 24, 2008.

변동명,「고려 충렬왕대의 만호」,『역사학보』 121, 1989.

백종오,「경기지역 고려성곽 연구」,『사학지』 제35집, 2002.

송백헌,「김성우 장군의 전적지명」,『김성우 장군의 왜구토벌과 보령』, 제2회 김성우 장군 추모기념 학술대회, 국방문화재연구원 · 한국역사문화연구원, 2011.

신석호,「여말선초의 왜구와 그 대책」,『국사상의 제 문제』, 1959.

신재완,「보령의 봉수대」,『보령문화』 8집, 보령문화연구회, 1999.

양보경,「반계 유형원의 지리사상-동국여지지와 군현제의 내용을 중심으로-」,『문화역사지리』 4, 1992.

오종록,「고려 말의 도순문사」,『진단학보』 62, 진단학회, 1986.

유형원,『동국여지지』 권3, 서울대 규장각, 1656-1673.

윤용혁,「왜구의 침략과 충남」,『충청남도지』 권5, 충청남도역사문화연구원, 2006.

______,「고려 말 보령지역의 왜구와 김성우 장군」,『고려절신 김성우 장군 재조명』, 제1회 김성우 장군 추모기념 학술대회, 충남대 인문학연구원, 2010.

______,「고려 말 보령지역의 왜구와 김성우」,『역사와 담론』, 제66집, 호서사학회, 2013.

______,「고려시대 보령의 바다 - 연안해로와 왜구의 문제」,『애향』 17집, 2013, 대천문화원.

이성무,「한산이씨 아계가문의 전통과 역사적 위상」,『아계 이산해의 학문과 사상』, 아계 서거 400주년 추모 기념학술발표대회, 한국역사문화연구원, 2009.

이 영,「고려 말 왜구의 실체」,『역사속의 한일관계』, 2009.

______,「고려 말 조선 초 〈왜구=삼도(쓰시마, 이키, 마쓰우라) 지역 해민〉설의 비판적 검토」,『일본문화연구』 제38집, 2011.

______,「14세기 후반 동아시아 국제정세의 변동과 김종연 · 김성우 장군의 왜구토벌활동」,『김성우 장군의 왜구토벌과 보령』, 제2회 김성우 장군 추모기념 학술대회, 국방문화재연구원 · 한국역사문화연구원, 2011.

______,「고려 말 왜구의 실체」,『김성우 장군의 왜구토벌과 보령』, 제2회 김성우 장군 추모기념 학술대회, 국방문화재연구원 · 한국역사문화연구원, 2011.

이정란,「왜구의 충청지역 침구의 시기별 추이와 고려의 대응」,『사림』 제52호, 2015.

이　재,「향천리 시루성의 성격」,『고려절신 김성우 장군 재조명』, 제1회 김성우 장군 추모기념 학술대회, 충남대학교 인문학연구원, 2010.9.

이재범,「고려 후기 왜구의 성격에 대하여」,『성대사림』 19, 2003.

이재준,「고려 말 김성우 부대의 왜구토벌에 관한 군사학적인 검토」,『군사』 제80호, 국방부 군사편찬연구소, 2011.

______,「고려 말 김성우 장군의 왜구토벌 전첩에 관한 군사학적 검토」,『김성우 장군의 왜구토벌과 보령』, 제2회 김성우 장군 추모기념 학술대회, 국방문화재연구원 · 한국역사문화연구원, 2011.

이형우,「고려 말의 정치와 조선건국」,『고려시대사의 길잡이』, 일지사, 2007.

이해준,「아계 이산해의 후대 추숭과 유적」,『아계 이산해의 학문과 사상』, 아계 서거 400주년 추모 기념학술발표대회, 한국역사문화연구원, 2009.

______,「충청수영의 역사 문화적 가치」,『충청수영의 역사와 문화』, 보령문화연구회, 2009.

______,「보령광산김씨 사적과 그 문화사적 성격」,『고려절신 김성우 장군 재조명』, 제1회 김성우 장군 추모기념 학술대회, 충남대 인문학연구원, 2010.

______,「다시 챙겨야 할 보령의 선비들」,『애향』 19호, 2015, 보령문화원.

______,「내포의 동족마을과 종가」,『내포의 전통시대 사상과 삶』, 충남역사문화연구원, 2015.

전종한,「사족집단의 사회관계망과 촌락권 형성과정 - 오서산의 계거지 청라동을 사례로」,『충청남도 내포지역 지역엘리트의 재편과 근대화(IV)』, 충남대학교 인문과학연구소, 2004.

조계찬,「조선건국과 윤이 · 이초 사건」,『이병도 박사 구순 기념 사학논총』, 지식산업사, 1987.

조중헌,「靑蘿 光山金氏 墓碑의 位相」,『고려절신 김성우 장군 재조명』, 제1회 김성우 장군 추모기념 학술대회, 충남대 인문학연구원, 2010.

최근묵, 「보령지방 성리학의 수용과 그 학맥」, 『대보문화』 6, 대보문화연구회, 1977.
_____, 「고려절신 김성우 장군과 보령」, 『고려절신 김성우 장군 재조명』, 제1회 김성우 장군 추모기념 학술대회, 충남대 인문학연구원, 2010.
_____, 「토정 이지함의 생애」, 『토정 이지함과 토정비결의 문화사적 재조명』, 충남역사문화연구원, 2011.
_____, 「유학의 수용」, 『내포의 전통시대 사상과 삶』, 충남역사문화연구원, 2015.
최근성, 「고려 만호부제에 대한 연구」, 『관동사학』 3, 원진문화사, 1988.
차용걸, 「고려 말 왜구 방수책으로서의 진수와 축성」, 『사학연구』 제38호, 1984.
최완기, 「조운과 조창」, 『한국사』 14, 1993.
최일성, 『고려의 만호』, 청대사림, 4.5, 1983.
최학수, 『고려 말 김성우 장군의 왜구토벌 소사』(대천, 보령지역을 중심으로), 1993.
_____, 「김성우 장군 전투사」, 『애향』 제5집, 1996, 대천문화원
한기범, 「김성우 장군의 후예 - 우정 김극성의 관료생활과 경세관」, 『고려절신 김성우 장군 재조명』, 제1회 김성우 장군 추모기념 학술대회, 충남대 인문학연구원, 2010.
한용운, 「권문세족과 신진사류의 사회」, 『고려시대사』, 일지사, 1987.
한정훈, 「고려시대 13조창과 주변 교통연구」, 『한국중세사연구』 23, 중세사학회, 2007.
황의천, 「사가 유호근 선생과 『사가집』」, 『보령문화』 제12집, 2003.
황의호, 「보령현 치소의 이동에 관하여」, 『보령문화』 제4집, 1995.
황인덕, 「전설의 내용과 유형」, 『충청남도지』 권17, 2010, 충남도지편찬위원회.

4. 기타

KBS-TV, 「풍경이 있는 여행 - 겨울바다 그리고 오래된 도시 충남 보령」, 2011(2월 26일 방영).
MBC-TV, 「사라진 역사의 미스터리 - 장군 김성우」, 2010(9월 16일, 10월 29일 방영).

인터넷 광산김씨 판도판서공파 카페.
인터넷 광산김씨 대종회 홈페이지.
인터넷 광산김씨 문숙공파 홈페이지.
인터넷, 국사편찬위원회.
인터넷 구글, 네이버, 다음.
인터넷 한국고전번역원.
인터넷 한국역대인물정보시스템, 한국학중앙연구원.

후기

나는 물론 역사학자는 아니다. 그러나 역사, 특히 중앙의 힘이 닿지 않는 지역사와 향토사에 애정이 많고 주변의 하찮은 돌 하나에도 관심이 많은 사람이다. 나의 이러한 편력은 프랑스 유학시절에 만들어진 유학의 산물이었다. 비록 역사를 전공하지는 않았지만 나의 프랑스 유학은 역사를 보고 공부하는 방법론에 눈을 뜨게 했다. 프랑스는 역사와 전통 그리고 문화와 예술의 나라이다. 선사시대의 유물인 라스코(Lascaux) 동굴벽화에서부터 21세기 최첨단 디지털 문화와 역사가 함께 살아 숨 쉬는 나라가 바로 프랑스이다.

내가 처음 발을 밟은 곳은 남프랑스의 유서 깊은 세계 3대 휴양지중의 하나로 알려진 니스(Nice)라는 도시이다. 지중해변에 위치한 이곳은 프랑스에서 가장 기후가 온후하고 먹거리가 풍부해 예로부터 살기 좋은 곳으로 선호되었던 지역이었다. 이것은 니스의 역사와 주변의 유적에서 확인된다. 프랑스에서 고대 그리스 로마시대의 유적이 가장 많이 남아 보존되고 있는 지역이 니스와 그 인근의 프로방스 지역이다. 내가 이곳을 선택한 이유는 니스대학이 프랑스의 중세연구의 대학 중에서도 지역 특성상 11-15세기 중세연구의 특성화대학이라는 것이었다. 이 니스대학에서 박사과정을 마치는 동안 나는 니스 인근의 곳곳을 찾아 중세의 흔적을 현장에서 확인하려 무진 애썼다. 그 과정에서 내가 느낀 것은 프랑스는 수도인 파리에 모든 것이 집중되어있는 것 같지만 각 지역의 역사와 문화가 잘 발굴 보존되어 가꿔지고 있다는 사실이었고, 그러한 차이에서 문화적 충격을 크게 받았다. 오랜 시간 수많은 전쟁이 있었던 지역에서 어떻게 중세의 많은 성과 성당 그리고 마을이 원형 그래도 보존되어 왔을까하는 의구심이 가는 곳곳마다 들곤 했다. 아주 작은 마을에도 어김없이 역사박물관이나 민속박물관이 있어 그 지역의 역사와 문화를 조사 발굴하여 보존하여 후대에 전하려고 노력하는 것이 바로 프랑스의 저력이 아닌가하는 생각이 들었다. 이 과정에서 나는 지역사의 중요성을 새삼 인식하였고 내가 공부하는 박사과정이 중세의 역사와 문화를 전반적으로 이해해야만하는 과정이어서 한곳으로 치중되는 미시적 안목이 아닌 거시적 안목의 연구방법론이 절대적으로 필요했기 때문이었다. 이때부터 두 가지 일이 병행되었다. 하나는 학교와 도서관에서 중세관련 연구서를 폭넓게 읽고 연구하는 것이었고, 다른 하나는 주말이면 어김없이 떠나는 현장답사였다. 이러한 두 가지 방법을 통하여 사료에 등장하지 않는 지역사 연구의 부족한 자료를 보충할 수 있었다. 특히 현장답사를 통한 간접사료의 수집과정은 일주일 내내 학교에서 받은 스트레스를 해소할 수 있는 좋은 기회이기도 했다. 이렇게 니스대학에서 박사학위 과정을 밟으면서 나는 언젠가 기회가 되면 내 고향의 지역사도 내가 공부한 식으로 꼭 해보리라 다짐하였다.

이와 같은 방법으로 박사과정을 니스대학에서 수료하고 좀 더 깊이 있는 연구를 위해 나는 파리 소르본대학으로 박사과정을 이적하였고 그 대학에서 박사학위를 받았다. 파리 유학기간은 보다 넓은 시각으로 사물을 보고 연구하는 방법론을 터득한 시기였다. 중세와 현대 그리고 미래가 공존하는 도시 파리는 정보의 보고였을 뿐만 아니라 마음껏 자료를 찾아볼 수 있다는 것이 큰 행복이었다. 다양한 도서관과 엄청난 양의 풍부한 자료, 도처에 널려있는 박물관과 미술관을 비롯한 역사자료관 등은 파리의 또 다른 매력이었다. 말하자면 언제 어디서든지 마음만 먹으면 자료를 찾을 수 있다는 것이 프랑스의 수도 파리의 매력이자 큰 장점이었다. 더욱이 이 기간 동안 나는 운 좋게도 모 방송국에서 일할 수 있는 기회를 얻어 유럽 곳곳을 방문할 수 있었다. 나는 유학생의 신분으로 베를린 장벽이 무너지던 1989년 11월 9일의 역사적 현장에서 밤을 꼬박 지새우고 있었다. 허

물어진 베를린 장벽사이로 물밀듯이 밀려오는 동독사람들의 희열에 찬 그 얼굴이 아직도 두 눈에 선하면서 그 때를 회상하니 이 순간 코끝이 찡하다. 이 뿐인가? 영국, 덴마크, 네덜란드, 스웨덴, 노르웨이, 벨기에, 헝가리, 오스트리아, 룩셈부르크, 스위스, 스페인, 이탈리아, 불가리아, 루마니아 등 유럽 곳곳을 찾고 또 취재하면서 유럽 각 나라의 역사와 문화를 알고 현장에서 체험하는 그 무엇으로 살 수 없는 소중한 기회를 가졌다. 유학생으로서는 과분한 호강을 한 셈이었다. 이와 같은 파리 유학은 나에게 또 다른 눈으로 세상을 보고 평가하는 안목을 키워주었다.

귀국 이후 대학 출강과 더불어 프랑스에서 연구한 중세연구를 국내에 알리는 작업에 진력했다. 그래서 중세연구서를 펴내고 논문을 쓰고 번역하는 일에 매달리면서도 늘 마음 한 구석이 허전함을 피할 수 없었다. 왜냐하면 프랑스에서 공부하면서 내가 느끼고 다짐했던 고향의 지역사 연구에 대한 커다란 아쉬움 때문이었다. 그래서 언제부터인가 고향을 찾을 때면 지역의 유물과 유적에 큰 관심을 갖게 되었고 고향 뒷산인 오서산에 올라 보령의 유구한 역사에 대해 많은 생각을 하게 되었다. 천혜의 산과 바다가 어우러진 만세영화지임은 오서산 정상에 올라서면 누구든지 단번에 느낄 수 있는 감회가 아닌가 한다.[1] 보령의 역사는 과연 무엇인가? 그 역사를 만들어온 사람은 또 누구인가?라는 수많은 질문을 스스로에게 던

1 오서산에 올라 감흥을 읊은 여러 편의 시가 전해지고 있다. 조선 중종조의 우정 김극성(「오서산에 올라 달을 바라보며(登烏棲山望月)」, 『우정집』)과 정조조의 다산 정약용이 금정찰방(청양)으로 좌천되어 내려와 오서산에 올라 지은 시(「오서산 꼭대기에 올라서서(登烏棲山絶頂)」, 「천정암에 올라서서(登天井菴)」, 『다산시문집』제2권)을 비롯하여 신응선, 오도일, 이예환, 정혁신 등 많은 시인묵객들이 오서산에 올라 감흥을 읊고 있다. 특히 남당 한원진의 사숙문인인 정혁신(鄭赫臣)(1719~1793)은 오서산 아래 누옥을 짓고 은거하면서 오서산에 관련된 많은 시를 남기고 있다. 오늘날 승댕이로 불리는 보령시 청소면 성연리의 승댕이란 지명은 정혁신의 호 성당(性堂)에서 유래한다.

지면서 차근차근 보령의 역사와 문화를 생각하게 되었다. 백제의 오합사에서 시작된 성주사(사적 제307호)가 있었고 조선시대 충청수영성(사적 제501호)이 있었던 유구한 역사와 문화의 고장이 바로 만세영화지로 알려진 충남 보령이다. 이때부터 보령의 역사와 문화에 대한 나의 공부는 시작되었다. 우선 내가 생각한 것은 인터넷이나 『보령군지』 등을 통하여 지역의 역사인물에 대한 조사였다. 인물의 연구에서 가장 선호되는 대상이 자료가 많은 인물이라는 것은 누구나 공감하는 일이다. 그래서 찾은 인물이 우정(憂亭) 김극성이었다. 보령출신의 최초의 우의정이란 벼슬을 지낸 인물이라는 점도 중요했지만 그의 유적이 현전한다는 것이 큰 장점으로 부각되었다. 즉, 그의 묘소, 신도비와 사우가 있고 또한 그의 문집인 『우정집』이 현전한다는 사실이었다. 이렇게 해서 김극성에 대한 자료를 수집하기 시작하였다. 내가 첫 번째 놀란 것은 김극성의 사료가 『조선왕조실록』을 비롯하여 『승정원일기』 등에 생생하며, 그 분량만도 A4 용지로 무려 500여 쪽의 분량이라는 점이었다. 두 번째 내가 놀란 것은 이런 비중있는 인물이 아직도 보령의 지역사에서 크게 현양되지 못하고 있다는 점이었다. 더욱이 그의 인물론에 비해 사우(祠宇)만이 충남문화재자료(제143호)로 덜렁 지정되어있다는 것은 쉽게 이해가 되질 않았다. 동시대 인물들의 묘소, 사우, 신도비 등이 문화재로 일괄 지정되어 관리되고 있는 타 지역의 현실과 비교할 때 아쉬움이 컸다. 그래서 김극성에 대한 자료를 수집하여 김극성의 재평가 작업을 위한 책자를 만들고 문화재 등록을 위한 준비를 시작하였다. 그런데 그 과정에서 한 가지 흥미로운 사실을 발견하였다. 김극성의 4대조 김성우에 관한 기록이었다. 왕명을 받고 왜구를 토벌하여 만세보령의 터전을 마련하여 보령의 수호신으로 추앙받고 있는 김성우의 행적이 관찬사서에 서술되어 있지 않다는 사실이었다. 유구한 보령의 역사에서 삼국시대와 조선시대의 역사문화 그리고 인물에 관한 기록은 현전하는데 유독 고려시대의 역사 문화 그리고 인물의 부재는 모순이었다. 분명한 것은 왜구가 들끓던 고려시대에도 누군가가 보령을 지켰을 것이기 때문이다. 더욱이 고려시대 조운로의 통과해역이자 병수처인 고만수영이 위치한 보령의 중요성을 고려할 때 김성우의 행적은 지역사 연구의 좋은 소재였고, 이것은 내가 평소 꿈꿔온 지역사 복원의 한 축이었다.

이렇게 해서 고려 말의 김성우에 대한 연구가 시작되었다. 막상 연구를 시작했지만 자료의 한계에 봉착하고 말았다. 이상하게도 김성우에 관한 기록은 쉽게 찾아볼 수 없었다.[2] 그래서 틈나는 대로 카메라를 걸머지고 전적지를 찾아 떠나는 현장답사와 병행하여 고증자료 발굴이라는 시공을 초월한 대장정이 시작되었다. 하지만 650여 년 동안 잊혀온 김성우의 보령전적을 복원하는 일은 생각보다 훨씬 힘들고 또한 더디었다. 김성우의 보령전적 복원을 위한 직 · 간접 사료의 수집을 위해서라면 그것이 국내 도서관의 자료이던지 아니면 외국의 자료이던지(예컨대 미국하버드 대학 엔칭 도서관 소장의 『보령군지(신안읍지)』) 모든 수단과 방법을 동원해야했다. 이런 각고의 노력 끝에 시간이 지날수록 하나둘씩 김성우에 대한 자료가 쌓여가면서 그간의 의혹이 서서히 풀리는 것을 느낄 수 있었다. 마치 헝클어졌던 실타래가 하나씩 풀리듯이. 이렇게 발품을 팔아가며 지난 이십여 년 동안 자료를 찾아 모으고 현장에서 채록하고 지리지형적으로 분석한 것이 바로 이 책이다.

2 이 연구를 시작할 때만해도 김성우에 관한 기록은 『광산김씨족보』를 비롯하여 『보령군지』 등의 인물조가 전부였다. 특히 인터넷에서의 김성우 관련 자료는 전무한 상태였다. 인터넷에서 김성우 관련 자료는 2003년 11월 1일 추모제향기사(『충청투데이』(2002.11.2일자)를 시작으로 2008년까지 추모제향 관련 몇 개의 기사가 전부이다. 자세한 것은 부록(홍보기사)을 참조.

말하자면 이 책은 내가 전공에서 벗어나 그동안 걸어온 연구과정에서 스스로 터득한 인문학적 관점으로 분석한 역사에서 사라진 고려 말의 한 장군에 관한 평전이다. 따라서 책의 중간 중간에 실증적 고증이 필요한 부분도 있을 것이다. 이것은 내가 역사학 전공자가 아니기에 어쩔 수 없는 나의 한계로 생각한다. 독자 여러분의 양해와 질정을 기다린다.

2017년 10월

이로재(履露齋)에서

저자

추기(追記)

원고를 대학출판사에 넘긴지 어언 2년이 지났다. 원고를 넘기면서 바로 출간으로 이어질 것으로 기대했으나 전혀 예상하지 못했던 일이 일어나 원고 교정 작업을 부득이 중단해야만 했다. 지난 20여 년 간 이 책의 집필에 쏟아온 노력이 폄훼되는 것을 더 이상 수용할 수 없었기 때문이다. 그러다보니 교정쇄를 바라보며 마음을 추스르지 못하는 상황이 연출됐고, 이로 인하여 결국 이 책의 출간이 늦어지고 말았다.

그렇게 낙담과 좌절 속에서 방황하던 중 최근묵 교수님의 격려에 힘입어 다시 용기를 내 이 책의 마지막 교정을 마친다.

부록

본 부록은 김성우의 보령 토왜활동과 관련된 직·간접자료들이다. 따라서 일부 내용은 본문에서 이미 언급되기도 하였으나 김성우 행적의 이해를 돕기 위해 자료를 중심으로 정리한 것이다. 본 부록은 다음과 같이 구성되었다.

<table>
<tr><th>순번</th><th colspan="2">자료 제목</th><th>비고</th></tr>
<tr><td>1</td><td colspan="2">가계 기록물</td><td>증조 김주정 등</td></tr>
<tr><td>2</td><td colspan="2">보령전적 관련 사료</td><td>각종 지리지 등</td></tr>
<tr><td>3</td><td colspan="2">전적지명</td><td>전승지명</td></tr>
<tr><td rowspan="4">4</td><td rowspan="4">추숭</td><td>전첩비, 전적사적비</td><td>고려충신 도만호 김성우 장군 추모위원회 건립</td></tr>
<tr><td>추모제향</td><td>주최 및 주관: 보령시, 고려충신 도만호 김성우 장군 추모위원회</td></tr>
<tr><td rowspan="2">학술대회</td><td>1회: 2010년 9월 3일(보령시문화예술회관)</td></tr>
<tr><td>2회: 2011년 11월 18일~19일(대천웨스토피아)</td></tr>
<tr><td>5</td><td colspan="2">교육자료 및 홍보기사</td><td>학교, 언론방송 매체</td></tr>
</table>

부록1: 가계(家系) 기록물

부록1은 김성우의 가계는 물론 김성우의 토왜활동과 관계되는 자료를 모은 것이다. 김성우의 증조 김주정을 비롯하여 큰 할아버지 김심, 종조 김태현, 당숙 김광재 등의 선계와 6촌 김종연, 현손 김극성, 9대손 김해수의 묘비명 등에서 김성우의 행적을 살필 수 있다.

번호	내용	전거	김성우와의 관계
1	김주정	『고려사』 104, 열전 17 김주정전	증조
2	김주정 묘지명	『역주 고려묘지집성』	〃
3	김 심 묘지명	『역주 고려묘지집성』	큰할아버지
4	김종연	『고려사』 104, 열전 17 김종연전	6촌
5	김태현 묘지문	『졸고천백』	종조
6	김광재 묘지명	『목은시고』	당숙
7	문생장시도가	『목은시고』	〃
8	김성우 묘비명	『광산김씨족보』	
9	김극성 〈행장〉 〈신도비명〉	『월사집』 『우정집』	4대손
10	김해수 묘갈명	『송자대전』	9대손
11	김성우 묘우 유허비	유허비명	19대손

▶ **김성우 선계 가계도**

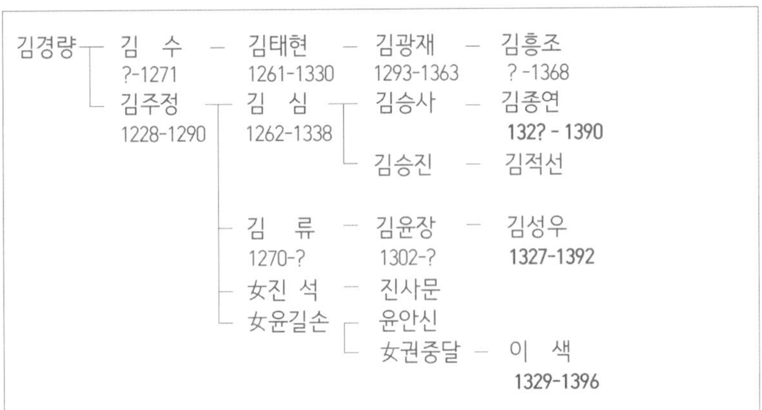

1. 김주정(金周鼎)(1228-1290)

김주정은 1228년에 태어나 1290년 타계한 김성우의 증조할아버지이다.

초명은 지숙(之叔)으로 1263년 문과에 장원급제하여 관군만호, 보문각태학사, 판삼사사, 상장군 등을 지냈다. 시호는 문숙(文肅)이다. 부인은 상질현 대부인 장씨로 판서 득구의 딸이다. 계배는 찬성사 김연의 딸이다. 슬하에 김심, 김류 형제와 평양군 진석, 전서 윤길손에게 각각 시집간 두 딸이 있다. 묘소는 개성 동문 밖 중서면 덕달곡 곤룡의 유좌 언덕에 있다.

숭모사 전경: 김주정과 두 아들 김심, 김류의 위패가 봉안된 숭모사 전경

(전남 장성군 동화면 동호리)

『고려사(高麗史)』 권104, 열전(列傳)17 김주정(金周鼎) 전

김주정은 광주(光州) 사람인데 어려서부터 학문을 좋아하고 성질이 침착하고 후하여 말이 많지 않았으며, 함부로 친구를 사귀는 일이 없었다.

그는 문음으로 부성위(富城尉)로 임명되었다. 당시 몽고군대가 대거하여 와서 전국이 놀라고 시끄러웠는데 김주정은 제 때에 적당한 조치를 취하였기 때문에 그의 위세와 혜택이 모두 현저하여 그 지방 사람들의 칭송을 받았다. 순문사(巡問使) 한취(韓就)가 그를 상부에 추천하였기 때문에 김주정은 권지도병마녹사(權知都兵馬錄事)로 임명되었다.

원종 5년에 장원급제하여 해양부(海洋府) 록사에 임명되고 또 전첨(典籤)으로 승진되었다. 해양공 김준(海洋公 金俊)이 그의 재간을 아끼어 내시(內侍)에 속하게 하였고 정방(政房)에 들어가서 일을 보게 하였다. 그 후 여러 번 조동되어 이부시랑(吏部侍郎)에까지 이르렀다.

충렬왕 원년에 태부경(太府卿) 좌사의대부로 임명되었다. 그 이듬해에 왕에게 글을 올려 안렴사 수령들의 근래 정형과 공부(貢賦)의 부과에서의 경중과 향리(鄕吏)들이 권세있는 자에게 아부하여 이역(吏役)을 도피하는 등의 일에 대하여 조사 규명하고 죄있는 자를 다스릴 것을 요청하였더니 왕이 그의 의견을 받아들였다. 그러나 측근자들이 방해하는바 되어 결국 실현되지 못하였다.

4년에 왕이 원나라에 가게 되었을 때 김주정은 행종도감사(行從都監使)로 되어 왕에게 우리나라에 와있는 달로화적(達魯花赤), 왕경 유수군(王京留守軍), 합포 진수군(鎭守軍), 황주, 봉주, 염주, 백주(黃鳳塩白)의 4개주의 둔전군(屯田軍)에 대한 각종 경비의 지출이 너무 번다하고 무거워서 백성들이 감당해낼 수 없다는 것과 또 김방경은 원나라 조정에 대해서도 큰 공로가 있는 사람인데 남의 무고를 받아서 먼 곳에 귀양가있다는 것들을 황제에게 잘 아뢰어 달라고 요청하였다. 왕이 원나라 조정에 가자 그것들을 황제에게 보고하였더니 황제는 모두가 좋도록 해주마고 승인하였다. 그래서 왕은 김주정을 더욱 더 중히 여기게 되었다.

귀국하자 그를 좌부승지(左副承旨)로 삼았다. 옛 제도에 무릇 국가적 사업은 재추(재상과 추밀)들의 회의에 붙였으며 승선(承宣)이 왕의 뜻을 받아서 연락을 하였었다. 김주정이 이에 대하여 말하기를

"지금 재추의 수효가 아주 많아서 정사를 토의함에 있어서 주되는 인물이 없습니다. 그러니 따로 필도적(必闍赤)을 설치하여 요긴한 사무는 그들에게 맡겨 처리케 함이 좋을 것입니다. 그리고 내료(內僚)가 모든 일을 왕에게 아뢰는 것도 좋지 않으니 몇 사람을 선택하여 신문색(申聞色)을 두고 나머지는 폐지하기를 바랍니다."라고 하였다. 그리고도 염승익(廉承益), 이지저(李之氐)를 시켜서 왕에게 귀띔하여 빨리 두자고 한 결과 왕이 드디어 필도적과 신문색을 두게 되었다. 그리하여 김주정, 참문학사 박항(朴恒), 밀직부사 설공검(薛公儉), 좌승지 이존비(李尊庇), 판예빈사 염승익, 대장군 인공수(印公秀), 조인규(趙仁規), 비서윤(祕書尹) 정흥(鄭興), 내시(內侍) 장군 이지저, 보문서대제(待制) 곽예(郭預), 태부 소윤 안전(安戩), 천우위(天牛衛) 녹사 이자분(李子芬), 첨사부(詹事府) 녹사 윤문옥(尹文玉), 태상부 녹사 정현계(鄭玄繼)는 필도적으로 되고 내료 낭장 정승오(鄭承伍), 김의광(金義光), 강석(姜碩), 이서(李揟), 하예(河汭)는 신문색(申聞色)으로 되었다. 이들은 항시적으로 궁중에 모여서 중요 사무를 처결하였는데 당시 이들이 모인 곳을 별청(別廳)이라고 불렀다. 그런데 재추들은 이것이 조상대대로 내려오던 옛 제도가 아니라 하였으며, 비난하는 사람들도 많았다.

당시 태부(太府)에서는 내료들의 구전(口傳-입으로 왕명을 전하는 것)과 내시원(內侍院)의 전청(傳請)으로 인하여 재원이 고갈되어 한 주부(注簿)는 개인이 꾸어다 대다가 지행할 수 없게 없어서 머리를 깎고 중이 되기까지 하였다.

김주정이 생각하기를, "지후(祗侯) 윤해(尹諧)는 그 전에 내시로 있었으니 반드시 전청(傳請)을 적당히 조절할 수 있을 것이고 또 대장군 김자정(金子廷), 장군 차득규(車得珪)는 내료의 우두머리이니 여러 내료들의 구전(口傳)

으로 재물을 요청하는 폐단을 억누를 수 있을 것이다"라고 하여 왕에게 요청하여 그들을 별감(別監)으로 삼아서 감찰별감과 더불어 서로 태부시의 세입을 각 방면으로 조사 대조하여 그 경비지출을 감축시키게 하였다. 그 후 구전은 더욱더 많아지고 전청도 더욱더 자자졌다. 그리하여 내료들은 제가끔 다른 사람의 실례를 원용하여 각사(各司)의 별좌(別坐)로 되기를 요구하였으나 아무도 그것을 금지해 내지 못하였다.

낭장 최종언(崔宗彦)이 공주(公主-충렬왕비)의 유모에게 부탁하여 견룡행수(牽龍行首)로 되었더니 김주정은 낭장 김희(金禧)를 그 대신으로 임명하였다. 김희의 형 김의(金儀)[1] 및 조순(曹淳)도 역시 낭장으로서 행수가 되었는데 그들은 모두 김주정과 옹서(翁婿) 간이 되는 사람이었으므로 당시 사람들이 한 집안에서 세 행수가 동시에 났다고들 하였다.

김주정이 일찍이 자기 딸을 대장군 윤수(尹秀)의 아들에게 출가시켰는데 윤수가 마침 그 장인의 사망으로 상복을 입게 되었다. 김주정은 윤수의 공무 보는 것을 면제시켜 줄 것을 왕에게 요청하였는데 그 말은 들은 승지 조인규는 그것이 절차에 맞지 않는다하여 왕에게 보고 하지 않았다. 그러나 김주정은 내료를 통하여 왕에게 그러한 요청을 하여 허락을 받았으므로 사람들이 김주정이 옳지 못하다고들 하였다.

또 그는 응방(鷹坊) 도감사로 되어 매와 개로왕에게 아첨하여 상당히 권세를 부렸다. 다른 사람에게 대하여는 "왕명이 있어서 할 수 없으나 그렇

1 김의는 김주정의 형인 김수(金須)의 차자 김태현의 초배의 부친이다. 따라서 김주정과 김의는 옹서간이다. 김태현의 묘지명은 졸옹(拙翁) 최해(崔瀣)(1287-1340)가 썼다. 계배는 개성군대부인 왕씨로 목은 이색이 묘지명을 썼다. 이것은 최해의 지공거가 바로 김태현이고, 이색의 지공거가 김태현의 아들인 김광재였기 때문으로 풀이된다. 최해가 보령에 죄친돼 와서 고만(高巒)에서의 감흥을 읊은 '고만감흥십이운(高巒感興十二韻)'이란 시가 <신증동국여지승람> 보령현조에 있다.

게 할 따름이다"라고 하였다.

원나라에서 장차 일본을 정벌하려 할 때 왕은 김주정에게 장군으로서의 능력이 있다하여 그를 만호를 삼고 중서성에 글을 보아여 호두패를 그에게 줄 것을 요청하였다. 원나라에서는 그를 소용(昭勇) 대장군, 우부도통(右副都統)으로 임명하고 호두 금패 및 인장을 주었다. 얼마 후에 동지밀직사사로 되었다.

일본 정벌에 나가게 되어 대명포(大明浦)에 도착하였는데 갑자기 폭풍이 불어 배들이 뒤집어지고 관군(몽고군)이 많이 물에 빠져죽었다. 김주정은 계책을 꾸며 내여 그들을 건져 내여 살리게 한 것이 많았다.

10년에 지도첨의사로 되었다. 왕이 일찍이 여러 신하들을 위하여 연회를 베푼 적이 있었다. 이 때 김주정은 왕에게 잔을 올려 그의 장수를 축원하고 물러가려 하는데 공주가 불러서 말하기를 "그대의 아들 김심(金深)은 자기 처에게 강박하여 목을 매여 죽게 하였다는데 그대는 아버지로서 아들을 징벌하지고 못하느냐?"라고 하였다. 김주정이 대답하기를 "범도 그의 새끼를 잡아먹지 않는답니다."라고 하니 공주가 좋아하지 않았다.

김주정이 물러가서 턱을 고이고 졸고 있었더니 공주가 사람들 시켜서 책망하기를 "그대는 취하였는가? 잠을 자는가?"라고 하였다. 김주정이 "저는 졸지 않습니다."라고 대답하니 공주가 크게 성을 내어 끌어내라고 명령하였고 이튿날에 그를 파직시켰다.

그러다가 갑자기 청주(清州)목사로 강직시키고 호두패는 빼앗아서 박지량(朴之亮)에게 주었다. 얼마 후 다시 불러올리고 패를 도로 내어 주었다.

16년에 그가 죽었는데 시호는 문숙(文肅)이며 아들은 하나인데 이름은 심이다.

金周鼎

金周鼎, 光州人, 少好學, 沈厚寡言, 不妄交游, 以蔭, 調富城尉, 時蒙兵大至, 國家驚擾, 周鼎, 措置得宜, 威惠並著, 一方稱之, 巡問使韓就, 薦之, 權知都兵馬錄事, 元宗五年, 擢魁科, 補海陽府錄事, 加典籤, 海陽公金俊, 器重之, 屬內侍, 入政房, 累遷至吏部侍郞, 忠烈元年, 拜大府卿左司議大夫, 明年, 上書, 請究理廉使 守令勤怠, 貢賦輕重, 鄕吏附勢逃役等事, 王納之, 爲左右所沮事, 竟不行, 四年, 王如元, 周鼎爲行從都監使, 建白, 本國達魯花赤 王京留守軍 合浦鎭守軍 黃 鳳 鹽 白四州屯田軍, 供億繁重, 民不堪命, 且金方慶, 有大功於朝, 被誣遠流, 請奏于帝, 王入朝奏帝, 皆允, 王益重之, 還國, 授左副承旨, 舊制, 凡國家事, 宰樞會議, 承宣稟旨而行, 周鼎言, 今宰樞甚多, 謀政無主, 宜別置必闍赤, 委以機務, 又內僚不可皆令啓事, 請擇人爲申聞色, 罷其餘, 令廉承益 李之氐, 諷王, 遂置必闍赤, 申聞色, 周鼎及叅文學事朴恒 密直副使薛公儉 左承旨李尊庇 判禮賓事廉承益 大將軍印公秀 趙仁規 秘書尹鄭興 內侍將軍李之저 寶文署待制郭預 大府少尹安戩 千牛衛錄事李子芬 詹事府錄事尹文玉 太常府錄事鄭玄繼, 爲必闍赤, 內僚郞將鄭承伍 金義光 姜碩 李恕 河汭, 爲申聞色, 常會禁中, 叅決機務, 時號別廳宰樞, 以非祖宗舊制, 人多譏議, 時大府, 以內僚口傳及內侍院傳請, 必能?節傳請, 且大將軍金子廷 將軍車得珪, 內僚之首, 可抑群竪口傳之弊, 請王爲別監與監察, 別監雜考大府歲入, 以減其費, 後口傳愈多, 傳請愈繁, 內僚爭援例, 求爲各司別坐, 莫之能禁, 郞將崔宗彦, 賴公主乳媼, 爲牽龍行首, 周鼎, 以郞將金禧, 代之, 禧兄儀及曹淳, 亦以郞將, 爲行首, 皆周鼎姻亞, 時號一門三行首, 周鼎嘗以女嫁大將軍尹秀子, 秀適遭舅服, 周鼎請王公除承旨, 趙仁規謂非禮不奏, 周鼎因內僚得請, 人非之, 又爲鷹坊都監使, 以鷹犬媚王, 頗張權勢, 語人曰, 有王命, 不

獲已耳, 元將征日本, 王以周鼎有將略, 拜萬戶, 上書中書省, 請賜虎頭牌, 乃授昭勇大將軍右副都統, 賜虎頭金牌及印, 尋同知密直司事, 及征日本, 至大明浦, 忽大風覆舟, 官軍多溺死, 周鼎, 以計拯活甚衆, 十年, 知都僉議事, 王嘗宴群臣, 周鼎上壽, 退, 公主呼謂曰, 卿子深, 逼妻縊死, 父不能懲子耶, 對曰, 虎且不食其子, 公主不悅, 周鼎退, 支?睡, 公主使人責曰, 卿醉耶睡耶, 曰, 臣無睡, 公主大怒, 命曳出, 明日罷職, 俄貶淸州牧使, 奪虎頭牌, 賜朴之亮, 未幾, 召還, 復賜牌, 十六年, 卒, 諡文肅, 一子深.

2. 김주정 묘지명(金周鼎 墓誌銘)[2]

생명이 있는 ▨ 것들 중에서 일찍이 오직 한 가지 면에서는 뛰어나지 않은 것은 없다. 그러므로 준마에는 난(鸞)새와 봉(鳳)새의 날개가 빠져 있고, 깃털이 아름다운 새에는 준마의 발굽이 없으니, 날개 달린 용[應龍]과 같은 경우는 드물다. 선비 역시 ▨와 같이 과거에 장원으로 급제하고 장차 ▨이 되는 것은 옛 부터 어려운 일이다. 황전(黃錢)과 청전(青錢)을 함께 가져 능히 둘 다 아름답게 하는 일은 드문데, 그것을 겸하여 지닌 자는 오직 우리나라를 통틀어 한 사람뿐이다.

공의 이름은 주정(周鼎)이고, 자는 ▨이며, 해양군(海陽郡) 사람이다. 증조 위(位)는 상서령(尙書令)에 추봉되고, 조부 광세(光世)는 상서우복야(尙書右僕射)에 추봉되었으며, 아버지 경량(鏡亮)은 조청대부 금오위대장군(朝請大夫 金吾衛大將軍)을 지냈다. 공은 젊은 나이[弱冠]에 아버지가 돌아가시자 장지(葬地)를 찾아 ▨제(兄弟?)들과 함께 갔는데, 공이 홀로 묘 안에서 복령(茯笭)

2 김용선(2006)에서 재인용.

버섯을 얻으니 이를 본 사람들이 기이하게 여겼다. 그 뒤 오랫동안 고향에서 힘써 공부하였는데, 글씨를 잘 쓰며 ▨문(文)에 ▨ 뛰어났다.

정사년(고종 44, 1257)에 부성현위(富城縣尉)가 되었다. ▨순문후(巡門侯) 한취(韓就)가 공이 고을을 다스린 치적을 으뜸으로 평가하여 천거하였으므로 권도병마녹사(權都兵馬錄事)에 임명되었다. 얼마 뒤 북조(北朝 : 元)에 행리서장관(行李書狀官)으로 다녀와 업무를 보고하니, 당시의 집정(執政)인 해양공(海陽公 : 金俊)이 그릇으로 여겼다. 지원(至元) 원년 갑자년(원종 5, 1264)에 과거[春場]에 응시하여 1등으로 뽑혔다. 여러 번 옮겨 해양부전첨(海陽府典籤)이 되었다가 드디어 내시(內侍)에 적(籍)을 두게 되고, 이로 말미암아 정사당(政事堂)에 들어갔다. 잇달아 합문지후 형부낭중 국학직강(閤門祗候 刑部郎中 國學直講)에 임명되고, 국자사업 보문대제 지제고(國子司業 寶文待制 知制誥)로 승진하였다.

갑술년(원종 15, 1274)에 ▨ 지금의 임금(忠烈王)이 즉위하자 곧 이부시랑 조정대부 대부경 보문각직학사 우사의대부(吏部侍郎 朝靖大夫 大府卿 寶文閣直學士 右司議大夫)에 임명되었다. 시무(時務)를 논하여 20여 조를 봉(封)하여 올리니, 임금이 가상하게 여겨 여러 가지를 시행하였다. ▨사(▨司)를 거쳐 사마시(司馬試)를 주관하였다. 무인년(충렬왕 4, 1278)에 임금을 호종하여 북조(北朝, 元)로 갔는데 임금이 심복으로 여겼다. 중찬(中贊 : 金方慶)의 죄가 없음을 밝히고, ▨ 다루가치[達魯花赤]의 아문(衙門)을 파하여 원래대로 환원하도록 하였다. 돌아와 중대부 우승지(中大夫 右承旨)에 임명되고, 잠시 뒤 밀직사부사 문한학사(密直司副使 文翰學士)가 되었다. 경진년(충렬왕 6, 1280)에 다시 호종하여 돌아오자 임금이 문무의 재능을 갖추었다고 하여 상장군(上將軍)을 제수하였다. 또한 상국(上國 : 元)의 선▨ 소용대장군 관군만호(宣授 昭勇大將軍 管軍萬戶)가 되면서 이에 금호부(金虎符)와 인신(印信)을 받았다.

신사년(충렬왕 7, 1281)에 우익만호(右翼萬戶)로서 ▨(倭를) 정벌할 때 군사들이 질병에 많이 걸려 ▨ 능히 서로 구휼하지 못하였는데, 공이 ▨군(▨軍)으로 공의 힘으로 군졸을 ▨ 보호하고, 온전하게 ▨ 도와준 것이 많았다. 또한 태풍으로 인하여 선박이 크게 부서져 사람과 물자들이 ▨ 바다에 빠져 떠다니자 ▨ 공이 ▨ 보고 ▨ 건져 실었는데, 목숨을 건진 사람이 또한 400여 명이나 되었다. 군사들이 이로 말미암아 더욱 따랐다. 돌아와 광정대부 판밀직사사 ▨감찰 ▨학사승지 겸 ▨장(匡靖大夫 判密直司事 ▨監察▨學士承旨 兼 ▨將)에 임명되었다. 갑신년(충렬왕 10, 1284)에 동남도 병마사(東南道 兵馬使)로서 ▨포(合浦?)로 출진(出鎭)하였다. 곧 지공거(知貢擧)로 공을 세우고 상▨(相府?)에 들어가 지첨의부사(知僉議府事)가 되었으며 나머지는 전과 같았다. 뒤에 불려와 ▨존(▨尊)을 뵙고 백성들의 어려움을 알리니, 임금이 가상하게 여겨 받아들이고 보문서태학사 세자이부(寶文署太學士 世子貳傅)를 더하여 주었다.

당시 ▨호(▨豪)들이 권세를 믿고 ▨하니 백성들이 견디지 못하였다. 임금이 ▨ 바로잡고자 하여 ▨ 다스리도록 하였다. 강관(絳灌)의 무리들이 더욱 해를 끼쳤으나, 능히 ▨ 훌륭하게 이루어내었다. 공이 마침 궁궐의 연회에서 술에 취하여 ▨ 못하였으므로, 이로 인해 죄를 받아 ▨상▨〈相府에서 내쫓기고?〉 이어 청주목사(淸州牧使)로 폄출되었으나, 반년도 되지 않아 ▨(복직되었다?).

3월에 처음 작은 병이 들었는데, 낫지 않아 경인년(충렬왕 16, 1290) 3월 23일에 세상을 떠났다. 임종하면서 미리 ▨일시(日時)와 ▨ 뒷일을 부탁하였다. ▨ 정신이 또렷하고 태연하고 ▨ 편안하게 돌아가시니, 얼굴빛이 맑고 깨끗하였다. 향년 63세이다.

공은 사람됨이 장중하고 바라보면 근엄하여 마치 두려울 정도였다. 그러나 그 성품은 ▨하여 평생 한 사람도 채찍질한 적이 없었다. ▨사(▨事)에 밝고 ▨학(▨學)에 힘쓰며, 무릇 정사를 맡은 것이 13년이다. 두 차례 문형(文衡)을 잡아 발탁한 인재가 모두 당시의 뛰어난 인물이었다. 금▨(金▨)를 차지 않았으나 넉넉하게 지낸 것이 또한 7년이었다. 돌아가시는 날까지 ▨금(十金?)의 재산이 없었으니, 공의 덕이야말로 밝다고 할 것이다.

아, 생전에 바로 현인이었으니 보통 사람들이 ▨(千?)에 한 번 만날 수 ▨ 있는 것으로 ▨ 더욱 ▨ 도움이 되었다. ▨보(宰輔)에 올랐으나 ▨ 생전에 그 복을 누리지 못하였으니, 만물이 ▨ 어찌 ▨ 알지 못하는가. ▨ 세상의 ▨ 백성과 ▨ 사람들에게 오랫동안 현인으로 남게 되었다.

장덕현 사호(章德縣 司戶) 장득구(張得球)의 딸을 아내로 맞아 1남 2녀를 두었다. 아들 심(深)은 지금 좌중금지유문(左中禁指諭文)이고, 장녀는 낭장(郎將) 진석(陳錫)에게 시집갔으며, 차녀는 장군(將軍) 윤길손(尹吉孫)에게 시집갔다. ▨ 찬성사(贊成事) 김연(金璉)의 딸과 결혼하여 1남을 낳으니, 가(珂)인데 지금 ▨녹사(錄事)이다. 뒤에 판합문사(判閤門事) 이신손(李信孫)의 딸과 결혼하였다.

▨ 장례를 치르면서 아들이 ▨ 행장을 갖추어 묘지명을 ▨(청하니), 대개 내가 일찍이 공에게 후한 대우를 받았기 때문이다. 그러므로 ▨ 훌륭한 전기를 보니 뛰어남이 ▨ 공과 같다.

명(銘)하여 이른다.

아, 우리 공이여, ▨ 장원으로 급제하여 ▨
▨ 나라의 문무의 재능을 ▨ 가졌으며
조정에 들어와 신률(神律)로 다스렸으며
과기[棘闈]를 주관하여 연(蓮)꽃 같은 많은 인재들을 뽑았도다.
일신(一身)이 ▨하였으니 그 덕에 힘입을 것이며

옥(玉)에는 본디 더러움이 없으나 소인(小人)들이 〈결락〉.

지원(至元) 27년 경인년(충렬왕 16, 1290)에 짓다.

-生▨類未嘗專美於一物故??乏鸞鳳之翼彩羽無駿逸之蹄其如應龍者鮮矣士亦」如▨龍頭將▨古難?黃錢青錢鮮能雙美其兼得而有之者惟我上國下人而已公諱」周鼎字▨海陽郡人也曾祖諱位皇追封尚書令祖諱光世皇追封尚書右僕射考諱鏡」亮皇朝請大夫金吾衛大將軍公弱冠喪父於卜葬地▨弟偕往公獨於墓中得茯?見」者異之厥後久閒桑梓力學工書▨文▨藝丁巳調富城縣尉▨巡問侯韓就以公政里」爲最而擧之權補都兵馬錄事俄以北朝行李書狀官使還陳事時之執政海陽公器之」至元元年甲子擧春場擢爲第一累遷海陽府典籤遂籍內侍因▨入政事堂連拜閤門」祇候刑部郎中國學直講累加國子司業寶文待制知制誥甲戌▨今上卽祚驟拜吏部」侍郎朝靖大夫大府卿寶文閣直學士右司議大夫論時務二十餘條上封事上嘉之多」所施行歷▨使典司馬試戊寅扈駕朝北上委以腹心明中贊之非罪▨罷達魯花赤之」衙門回還種▨還除中大夫右承旨俄拜密直司副使文翰學士庚辰復扈駕還上以有」文虎之才除上將軍又上國宣▨昭勇大將軍管軍萬戶仍授金虎符?印信辛巳以右」翼萬戶征▨軍中多疾▨不能相恤公▨軍以公力▨卒▨保護多護全▨又因大風船」艦大敗人物湮流於▨洋者▨公▨見▨而載出所全活亦四百餘人士卒由是益附還」拜匡靖大夫判密直司▨監察▨學士承▨兼▨將甲申以東南道兵馬使出鎭▨浦俄」以知貢擧功還入相▨知僉議府事餘▨故後因召見▨奐陳民間疾苦上嘉納之加寶」文署太學士世子貳傅時之所重▨豪多依勢而▨民不堪上▨正持▨事而鎭之絳灌」之徒曾害其能▨錦已成公適於內宴被酒不▨因罪之▨相▨仍貶爲清州牧使未半」▨三月始得微恙積至▨庚寅三月二十三日卒臨終預▨日時▨囑後▨英自若▨修」然而化顏色

鮮潔享年六十三公爲人莊重望之儼然如可畏然其性▨生平未嘗鞭一」人明▨事飭以▨學凡執政事肇者十三年再秉文衡所得皆當世俊不佩金▨沛者又」且七年屬▨之日▨無▨金之産公之德淸矣惜乎旣生是賢凡人之所遭▨一者北▨」若▨益基▨登▨輔則▨生之不蒙其福哉物▨豈不知▨世▨民▨人爲久留賢而▨」娶其▨以章德縣司戶張得球之女爲娶生一男二女男曰深今爲左中禁指諭文女長」適郎將陳錫次適將軍尹吉孫▨娶贊成事金璉之女生一男曰珂今爲▨錄事後娶」判閤門事李信孫▨葬也子▨具狀▨爲銘盍以予嘗爲公所厚得公之▨故▨見奇傳」 卓▨如公矣▨銘之曰?歟我公▨龍頭▨國文虎之▨之則入在廟堂神律衆蓮墓棘」圍一身▨賴其德玉本無▨蒼蠅▨ 至元二十七年庚寅誌」

3. 김심(金深)(1261~1338)

김심은 김성우의 큰 할아버지로 1261년에 태어나 1338년에 타계한 고려 말의 문신이다. 김주정의 장자로 충렬왕 때 원나라에 볼모가 갔다가 돌아와 낭장이 되었고 밀직부사 만호, 도첨의중찬(都僉議中贊), 수성수의충량공신 화평부원군(輸誠守義忠亮功臣化平府院君)을 지냈고 시호는 충숙(忠肅)이다. 부인은 변한국 대부인 왕씨, 진강군 부인 노씨, 영가군 부인 김씨이다. 슬하에 김석견, 김승사, 김승한, 김승진, 김승로 등 5형제와 판통례문사 오첨, 원나라 태정황제, 단양부원군 대군 왕유, 원대도유수 안동, 경주인 시중 정휘, 주부 최한에게 각각 시집간 여섯 딸이 있다. 묘지문은 대제학 윤선좌가 짓고 지제교 이훤이 썼다.

김심 묘지명[3]

명문거족이 장상(將相)을 겸하였으니 덕망은 높아 태산(泰山)과 화산(華山) 같고 위성(威聲)은 우렁차서 천둥소리 같도다! 명공(銘功)은 다 뛰어나고 유광(流光:조상 때부터의 은덕)은 역사에 기록하여 전해질만 하니 시종(始終) 결함이 없는 경우는 옛적에도 또한 드문 일인데, 이제 정승(政丞)이신 화평부원군(化平府院君) 김공(金公)에게서 볼 수 있다. 공(公)의 휘는 심(深)이오 자는 연수(淵叟)이시며 광주인(光州人)이시다. 증조부(曾祖父)는 휘 광세(光世)이시니 조의대부(朝議大夫) 신호위대장군(神號衛大將軍)에 추증(追贈)되셨고 조부는 휘는 경량(鏡亮)이시니 조정대부(朝政大夫) 홍위위대장군(興威威大將軍)이시며 부(父)는 휘 주정(周鼎)이시니 원정(元廷)으로부터 소용대장군(昭勇大將軍) 관군만호(官軍萬戶)를 제수 받은 광정대부(匡靖大夫) 지도첨의부사(知都僉議府事) 보문각태학사(寶文閣太學士) 동수국사(同修國史) 판삼사사(判三司事) 상장군(上將軍)이시며 시호는 문숙공(文肅公)이시다. 모(母)는 장씨(張氏)이시니 계출(系出)은 상질현(尙質縣) 정헌대부(正憲大夫) 군부판서(軍簿判書) 응양군상장군(鷹揚軍上將軍)에 추증(追贈)되신 휘 득구(得球)의 따님이신데 공(公)의 존귀(尊貴)로써 상질현대부인(尙質縣大夫人)에 봉(封)해졌다.

공의 나이 겨우 15세에 문음(門蔭)으로 이직(吏職)에 보임(補任) 되셨다가 바꾸어 별장(別將)으로 보충(補充)되시고 1278년(忠烈王 4년)에 공의 나이 17세에 고관자제(高冠子弟: 뚤루게)로서 원정(元廷)에 입시(入侍)하고 신사(辛巳)년에 낭장(郎將)을 배수(拜受)하셨으며 1287년(忠烈王 13년)에 서해도(西海道) 권농사(勸農使)로 명을 받고 환국(還國)하시어 금위(禁衛)의 수령(首領)이 되고

---

3 김용선, 앞의 책.

기축(己丑)년에 어가(御駕)를 호송하여 원정(元廷)에 조회(朝會)하시고 경인(庚寅)년에 어가를 따라 돌아오시어 사순위(司巡衛) 정용장군(精勇將軍)으로 승천되셨는데 이 해에 각산(角山)으로 출진(出鎭)하시매 군령이 엄숙하니 아버지의 기풍(氣風)이 있다하였다.

갑오(甲午)년에 지합문사(知閤門事)가 되셨는데 용모와 거동이 기위(奇偉)하고 주선(周旋)하는 것이 법도에 맞으니 임금이 크게 쓸 마음이 있었다.

1295년(忠烈王 23)에 원(元)으로부터 정략장군 고려우군만호부(高麗右軍萬戶府) 부만호(副萬戶)로 제수되셨으며 1297년(忠烈王 25) 홍위위 대장군으로 승진 제수되시고 다음해에 밀직사(密直司)의 우부승지(右副承旨)에 발탁 되셨다가 얼마 안 되어 순환 보직으로 우승지(右承旨) 지신사(知申事)가 되셨는데 임금에게 주대(奏對)함이 자상(仔詳)하여 임금의 칭찬을 받으셨다.

이어서 우상시(右常侍) 상장군(上將軍)으로 승천(陞遷)되시고 1301년(大德 5年)에 서북지방 도순사(都巡使)가 되어 이속(吏屬)을 규찰(糾察)하고 백성을 위문하니 그 지방이 편안하였다. 대덕(大德) 6년에 지사사(判司事)와 판사사(判司事)에 순환 보직되고 1305년(大德 9年)에 원에서 선정장군(宣正將軍) 고려우군만호(高麗右軍萬戶)에 제수하였는데 이 해에 나라에 재해(災害)를 받을 빌미가 있어 조야(朝野)가 흉흉하니 공(公)께서 네 분의 원로상신(元老相臣)과 더불어 대도(大都)에 가서 의견을 진주(陳奏)하여 공을 세우니 곧 평안하여졌다.

1307년(大德 11년)에 광정대부(匡靖大夫) 도첨의참리(都僉議參理) 상호군(上護軍) 판삼사사(判三司事)가 되셨으며, 1308년(충렬왕 34년) 원으로부터 진국상장군(鎭國上將軍) 고려병마도원수(高麗兵馬都元帥)로 제수되시고, 다음해(충선왕 원년)에 벽상삼한대광(壁上三韓大匡) 첨의중호(僉議中護) 영사복시사(領司僕侍事) 상호군(上護軍)이 되셨으며, 1310년에 도첨의찬성사(都僉議贊成事) 상호군(上護軍) 판민부사(判民部事)가 되셨다.

다음해에 여절보안공신(勵節保安功臣) 삼중대광(三重大匡) 밀직사(密直使) 영회의도감사(領會議都監事) 상호군(上護軍) 화평군(化平君)에 가자(加資)되시고, 1313년(충선왕 5)에 공이 행궁(行宮)을 받들고 대도에 계실 때, 머문 지 오래되고 심기(心機)가 미편하여 일행 신료(臣僚)들과 더불어 글을 올려 돌아갈 것을 청원하다가 충선왕의 노여움을 사서 임조부(臨洮府)에 유배(流配)되시니 맏아들 석견(石堅)이 찾아가 뵈었고 그 누이동생 영정옹주(永靖翁主)와 더불어 대궐에서 인종제(仁宗帝)를 가까이 모시면서 같이 성심(誠心)으로 애소(哀訴)하니 원제(元帝)가 이에 사면하였고 승지가 조서(詔書)를 가지고 가서 돌아오라 하니 이로써 상도(上都)로 돌아올 수 있게 되었다.

이는 맏아들의 힘과 옹주의 공이 없었으면 거의 위태한 지경에 이르렀을 것이니 참으로 지각한 효도였다. 1320년(충숙왕 7)에 공이 대도에 계셨는데 이 해에 충선왕이 서역(西域)으로 유배되어 갈 때 수종(隨從)하던 신료가 모두 도망갔으나 오직 공만이 분의(奮義)를 홀로 내어 시종 곁에서 모셔 먼 곳까지 다다르니 충선왕이 이에 감격하여 눈물을 흐리며 말씀하되 "전일에 공의 말을 듣지 않은 것을 후회한다. 이는 임금을 사랑하는 충성이다"라고 하셨다.

다음해인 1321년에 충숙왕이 공의 옛 덕을 생각하여 특별히 벽상삼한삼중대광(壁上三韓三重大匡) 도첨의우정승(都僉議右政丞) 판총부 사헌부사(判摠部 司憲府事) 상호군(上護軍) 화평부원군(化平府院君)에 제수하고, 1325년에 수성수의충량공신(輸誠守義忠亮功臣) 삼중대광(三重大匡) 수첨의정승(守僉議政丞) 판전리사사(判典理司事) 상호군(上護軍) 화평부원군(化平府院君)으로, 1330년(충숙왕17)에 수성수의협보충량공신(輸誠守義協輔忠亮功臣) 삼중대광(三重大匡) 도첨의중찬(都僉議中贊) 판전리사사(判典理司事) 화평부원군(化平府院君)으로 개수(改授) 되시고 다음해에 공의 나이 70세라 글을 올려 퇴직을 청원하니 임금이 거듭 그 뜻을 불윤(不允)하시다가 거듭하여 벽상삼한삼중대광(壁上三韓三重大匡) 화평부원군(化平府院君)을 제수(除授)하고 그 기무(機務)를 해제(解除)하니 공이 사은(謝恩)하고 집에 거처하시며 한적을 낙으로 삼고 성정(性情)을 이양한지 7,8년에 1338년(충숙왕 복위7) 10월 23일 자택에서 타계하시니 향년이 77세이시다.

임금이 부음을 듣고 탄식하여 유사(有司)에 명하여 명기(明器)를 갖추어 비호(庇護) 하였으며 봉국산의 동쪽 기슭에 안장하니 시호는 충숙(忠肅)이다.

공의 사람됨이 웅위엄중(雄偉嚴重)하니 사람들이 바라보고 두려워하며 굴복하였으나 빈객을 대접함에는 차별하지 않고 화락하였다. 집에 머무를 때에는 잔 일로 개의치 않았고 산업에 간섭하지 않으니 집에 남은 재산이 없었다. 또한 관직에 계실 때에는 경제를 자신의 임무로 삼아 조석으로 게으르지 않고 순역(順逆)을 한결같이 절조있게 하니 이 또한 왕신(王臣)으로써 바른말 하는 것이 아니랴! 맏아들은 석견(石堅)이니 지금 광정대부(匡靖大夫) 삼사우사(三司右使) 상호군(上護軍) 판사재시사(判司宰寺事)이다. 배위는 변한국부인(卞韓國夫人) 왕씨(王氏)이니 4녀 1남을 낳았다. 장녀는 선수(扇授) 현정장군(顯正將軍) 전라도진변만호(全羅道鎭邊萬戶)로 정순대부(正順大夫) 판통례문사(判通禮門事) 오첨(吳瞻)에게 출가하고, 차녀는 대원(大元)에 들어가 황후(皇后)가 되었으며, 3녀는 종실(宗室)의 단양부원군 비(丹陽府院君妃)로 복안옹주(福安翁主)가 되었고, 4녀는 대도유수(大都留守) 안동(安董)에게 출가하여 경녕택주(敬寧宅主)이며, 아들은 승사(承嗣)이니 중정대부(中正大夫) 응양군 대호군(鷹揚君 大護軍) 간판내시원사(幹辦內侍院事)이다. 뒤에 진강군부인(鎭江郡夫人) 노씨(魯氏)를 취하여 2남을 낳으니 맏이는 승한(承漢)으로 도재고판관(都宰庫判官)이요 다음은 승진(承晋)이니 벼슬이 없다. 또 영가군

부인(永嘉郡夫人) 김씨(金氏)를 취하여 1녀를 낳으니 나이가 어리다. 임조부(臨洮府)에 갔을 때 두 자녀가 있으니 아들은 승로(承魯)요 딸은 출가하지 않았다. 앞서 1녀가 있었으니 사재주부(司宰注簿) 최한(崔漢)에게 출가하였다.

아! 공의 아버지는 장원으로 급제한 명상(名相)으로써 원정(元廷)으로부터 만호(萬戶)를 받아 두 조정에서 명망(名望)이 두터웠고, 공 역시 만호(萬戶)가 되고 또 도원수(都元帥)가 되었으며, 본국 조정으로부터는 세 번을 정승(政丞)에 재배(除拜)되고 모두가 훈계(勳階)를 겸대(兼帶)하였으니 공신과 부원군의 칭호요, 장군과 상신(相臣)을 겸임하니 위품(位品)이 인신(人臣)으로써는 상한(上限)에 이르렀고, 가문은 성대하여 자식은 나란히 경(卿)과 상(相)에 오르고 딸은 황후(皇后), 옹주(翁主), 택주(宅主)를 두었으며, 수명은 길어 팔순에 가까우니, 그에게 인간 세상이 어찌 만족스럽지 않은 것이 있으며 어찌 그리 아름다울까? 장일(葬日)에 앞서 우사(右使)가 나에게 공의 거조전말(擧措顚末)을 상세히 갖추어 명(銘)을 청하니 사양하다 못해 드디어 다음과 같이 명(銘)하노라.

태산이 신(神)을 내려 우리 명공(明公)을 낳으시니 사직(社稷)을 책임지고 바른 말로 몸을 돌보지 않았네! 지위가 높아 정승이요 위엄이 소중하여 원수(元帥)이라. 정성을 다하여 나라 받드니 태산같은 공이로다. 칠순에 칠년을 더 하시니 늙으신 덕 더욱 높고 동국의 곽분양(郭汾陽)이라 인망(人望)이 우레 같구나! 푸른 하늘에 선유(仙遊)하니 아득하여 하늘 기러기 같아 조야에서 흠탄(欽歎)이 일고 삼한의 벼슬을 다 하였네. 백관이 모여 예장(禮葬)하니 마지막 보내는 의식 풍성도 하다! 평원이 아름답고 기봉(奇峰)은 총총하여 무덤이 편안하니 자손은 무궁하리라! 글을 새겨 후세에 보이고저 광중에 들이노니 천년 뒤에 그 아름다움 더 크리라!

1339년 정월 일

광정대부 첨의평리 예문관대제학 감춘추관사 상호군 치사 윤선좌 지음

통직랑 기거주 지제교 이 훤 씀

名家右族 兼資將相 德望巖巖如泰華 威聲??若雷霆 銘功鍾鼎 流光竹帛而終始無缺者 古亦罕焉 今於政丞 化平府院君 金公見之矣 公諱深 字淵叟光州人也 曾祖諱光世 贈朝議大夫 神虎衛大將軍 祖諱鏡亮 朝政大夫 興威衛大將軍 考諱周鼎 宣授 昭勇大將軍 管軍萬戶匡靖大夫 知都僉議府事 寶文閣太學士 同修國史 判三司事 上將軍 諡文肅公 母張氏 系出 尙質縣 贈正獻大夫 軍簿判書 鷹揚軍上將軍 得九之女也 以公貴封尙質縣大夫人 公年甫十五 以門蔭補吏職 俄改充別將 至元十五年戊寅 公年十七 以衣官子弟入侍天廷 辛巳拜郎將 丁亥以西海道勸農使 受命還國 首領禁衛 己丑扈駕朝上國 庚寅隨駕而還 遷司巡衛精勇將軍 是年出鎭角山 軍令嚴肅 有父豈焉 甲午知閤門 容儀奇偉 周旋中度 上有大用之心 元貞元年乙未 宣授正略將軍 高麗右軍萬戶副萬戶 大德元年丁酉 除興威衛大將軍 翌年 擢密直使右副承旨 未幾循資 爲右丞旨 知申事 奏對詳悉甚稱上旨 尋遷右常侍(又移)上將軍(四年進拜奉翊大夫同知密直司右常侍上將軍)　五年出爲西北面都巡(問)使 察吏問民一境晏然 六年循資爲知司事 判三司事 九年乙巳 宣授宣正將軍 高麗右軍萬戶是年也 國有階朝野懼 公與四老相赴大都 敷奏立功 乃平勃安劉也 十一年丁未 爲匡靖大夫 都僉議?理 上護軍 判三司事 至大元年戊申 宣授鎭國上將軍 高麗兵馬都元帥 二年爲壁上三韓大匡 僉議中護令司僕事 上護軍 三年爲都僉議贊成事 上護軍 判民部事 四年加勵 節保安功臣 三重大匡 密直司 領會議都監事 上護軍 化平君 皇慶二年癸丑 公奉行

宮在大都 留都歲久爲未便 與一行臣僚上書 乞還 因 上旨投于臨府會 嗣子石堅 與其妹永靖翁主 侍宸所 同誠哀訴 帝乃救之 遂丞詔往還之 回以還都是行也 無是子之力 翁主之功 幾乎殆矣 眞至孝也歟 延祐七年庚申 公在大都 是年 忠宣王有西域之行 隨從臣僚皆逃竄 惟公奮義獨出 終始侍側送至遠境 上乃感極流淚曰 悔不聽公之前言 此愛主忠誠也 至治元年辛酉 上以公有舊德 特授壁上三韓三重大匡 都僉議右政丞 判摠府司憲府事 上護軍化平府院君 泰定二年乙丑 輸誠守義忠亮功臣 三重大匡 守僉議政丞 判典理司事 上護軍 化平府院君 至順元年庚午 輸誠守義協輔忠亮功臣 三重大匡 都僉議中贊 判典理司事 化平府院君 歲在辛未公年七十 上書乞退 上重違其意 仍授壁上三韓三重大匡 化平府院君 解其機務 公得謝家居 以閒適爲樂怡 養情性者七八年及乎 後至元四年戊寅 十月二十三日卒于第 享年七十七 上聞訃震悼 命有司備明器 葬于奉國山之東麓(子坐午向之原) 贈諡曰忠肅公 公爲人雄威嚴重 人望而畏服 然待賓客 不施戟級 愉愉如也 其在家不以細勢介懷 不營産業 家無餘之財 其在官 以經濟爲己任 夙夜匪懈 夷險一節非易 所謂王臣 者歟 長嗣曰石堅 今爲匡靖大夫 三司右使 上護軍 判司宰寺事 配卞韓國夫人王氏 生四女一男 一適宣授顯正將軍 全羅道鎭邊萬戶 正順大夫 判通禮門事吳瞻 二入大元 (爲)皇后 三爲宗室 丹陽府院君妃 福安翁主 四適 大都留守安董 敬寧宅主 男曰承嗣 中正大夫 鷹揚軍大護軍 幹辦內侍院事 後娶鎭江郡夫人魯氏 生二男 長曰承漢 都宰庫判官 次曰承晉 無官 又娶永嘉郡夫人金氏 生一女 年少 臨卒之行 有二息 男曰承魯 女未適人 先是有一女 適司宰主簿崔漢 嗚呼公之先公 以龍頭名相 受宣爲萬戶 望重兩朝 公亦爲萬戶 又爲都元帥 本朝除拜三爲政丞 皆帶勳階 稱功臣府院君 兼資將相位極人臣 家門盛大 子姓登卿相 女有皇后翁主宅主享壽遐長 近於八旬 其於人世何慊之有 何其美哉 先葬日 右使以豫 備詳公

之擧措始末 請爲辭不獲 己遂銘之 曰

維嶽降神 生我明公 社稷爲任 匪躬 位高宰威 位重元戎

輸誠輔國 太山其功 七旬有七 耆德益崇 東國汾陽 人望雷同

子登相府 女配皇宮 門閥鼎盛 ?耀海東 仙遊碧落 杳若冥鴻

朝野興歎 三韓其空 百官會葬 送終禮豊 壽原撫撫 奇峰叢叢

宅兆旣妥 子孫無窮 鐫辭示後 納于?中 千載之下 厥美益洪

後至元五年正月 日

匡靖大夫 僉議評理 藝文館大提學 監春秋館事 上護軍致仕 尹宣佐 述通直郎 起居注 知製敎 李暄 書

4. 김종연(金宗衍)(132?~1390)

김종연은 김심의 손자이자 김승사의 아들로 1320년대에 태어나 1390년 태어난 고려 말의 무신이다. 전라도 도원수로 대마도 정벌에 참여하고 왜구토벌에 큰 공을 세웠으나 1390년 '윤이 · 이초 사건'의 주모자로 몰려 조선개창세력에 의해 죽임을 당했다.

『고려사』 권 제104, 열전 제17 김종연 전

아버지 밀직부사 김정(精)(=승사)은 신돈을 죽이려 꾀하다가 사전에 누설되어 신돈에게 살해당했다. 이 때 김종연은 도망하여 숨어있었는데 신돈이 처형되자 비로소 나와 다니게 되있다.

우왕 대에 여러 번 원수가 되어 왜구를 쳐서 공로를 세웠으며 공양왕 때에 왕방(王昉), 조반(趙胖)이 명나라 수도로부터 돌아왔을 때 윤이(尹彛), 이초(李初)의 옥사가 일어났는데 국가에서는 처음에 조반의 말을 듣고 그를 문초하려 하였으나 의심나는 바도 있어 결정을 짓지 못하고 있었다.

지용기(池湧奇)가 김종연과 사이가 좋았으므로 가만히 김종연에게 말하기를 "그대의 이름이 윤이, 이초의 글 가운데 있으니 그대의 일이 위태롭구나!"라고 하였다.

그래서 김종연이 겁을 먹고 밤에 도망을 갔다. 이에 국내 각지를 샅샅이 수색한 결과 봉주(鳳州)의 산 속에서 김종연을 붙들어 순군에 잡아가두고 대성과 형조의 관원들이 문초하였으나 그는 자복하지 않았다.

이튿날 밤중에 김종연이 뒷간의 구멍으로 빠져나가 그의 아들 김백균(伯鈞), 김맹균(孟鈞), 김중균(仲鈞) 및 종 몇 명을 데리고 달아났다.

그래서 성 안을 사흘 동안 뒤졌으나 잡지 못하였으므로 옥의 경비가 엄하지 못하였다는 죄로 당직이었던 영사(令史)를 참형에 처하고 진무 이사영(李士穎)을 순군에 구금하였다.

서경(평양)천호 윤구택(尹龜澤)이 천호 양백지(楊百之)와 더불어 술을 마셨는데 술이 얼큰하게 취하여 그에게 말하기를 "그대는 재상으로 될 뜻이 없겠는가? 하니 양백지가 "누가 그런 마음이 없겠는가? 다만 그렇게 되기가 어려울 뿐이지"라고 대답하였다. 윤구택이 말하기를 "김종연이 조유(趙裕)와 공모하여 이시중(이성계)을 해하려하니 그대가 만약 정예로운 군사들을 인솔하고 우리와 한마음이 되어 일한다면 재상은 얻어 할 수 있는 것이다. 심시중(심덕부)도 역시 이 음모를 알고 있다"라고 했다. 양백지가 겉은 이에 동의하는 체하였다.

윤구택은 음모가 누설될까 두려워하여 남경(서울)에 와서 이성계에게 고발하기를 "김종연이 서경에 도망와서 나와 함께 군대를 발동시켜 당신을 모해할 것을 약속했습니다. 김종연은 이미 송경(개성)에 들어와 시중 심덕부(沈德符), 판삼사사 지용기, 이전 판자혜부사 정희계(鄭熙啓), 문하평리 박위(朴葳), 동밀직사사 윤사덕(尹師德), 한양부윤 이빈(李彬), 나주도절제사 이무(李茂), 전주도절제사 진을서(陳乙瑞) 및 강릉도 절제사 이옥(李沃), 이전 밀직부사 진원서(陳元瑞), 이중화(李仲和) 등과 더불어 난을 일으킬 것을 음모하고 있습니다. 조유도 나에게 '심시중이 그 부하인 진무 조언(曹彦), 김조부(金兆府), 곽선(郭璇), 위충(魏种), 장익(張翼)으로 하여금 조유등과 함께 자기들의 지휘하에 있는 부대들을 동원하여 장차 이시중을 공격하려한다'고 말했습니다"라고 하였다.

이성계가 그 말을 그대로 심덕부에게 말하였더니 심덕부는 이성계와 상의하여 조유를 옥에 가두었고 천호 정을방(鄭乙邦)을 송경에 보내 김종연의 처와 장인 송호산(宋壺山), 김종연의 종 파두(波豆)를 순군에 잡아 가두었으며, 또 김종연의 친척 박천상(朴天祥), 박가흥(朴可興)도 아울러 구금하여 문초하게 되었다.

김종연의 처가 울면서 말하기를 "설령 내가 남편이 어디 있다는 것을 알기로서니 어찌 차마 그것을 대주어 남편을 잡아먹을 수 있겠소? 그런데 하물며 나는 그것을 모르니 어떻게 하라는 말이오?"라고 하였다.

또 종 파두는 "저의 상전 김종연은 상복을 입고 박가홍의 집에 가서 박가홍의 부부와 이야기를 주고받다가 나와 저에게 '윤구택이 군사를 거느리고 오면 일은 잘 수습될 것이다'라고 했습니다"하였다. 이에 박가홍을 고문하니 박가홍이 그제서야 그렇다고 시인하였다.

처음에 김종연이 안협현(安峽縣) 어떤 사람의 집에 숨어있었는데 군사들을 풀어 그 집을 포위하니 식굴속으로 달아나 들어갔나. 또 석굴을 포위하니 김종연은 검을 뽑아들고 군졸 하나를 쳐죽이고 포위를 뚫고 평양까지

달아나 이전 판사 권충(權忠)의 집에 숨어있었는데 권충의 아들 진사 권격(權格)과 사이가 좋았다. 이때에 와서 권격을 체포하여 고문하면서 김종연과 공동으로 음모한 자가 누구인가를 물었더니 권격은 지용기, 정희계, 박위, 윤사덕, 이빈 등이라 대었다.

사헌부에서는 왕에게 상소하여 지용기 등을 극형에 처하자고 요청하였는데 왕은 이를 믿지 않고 그들의 상소문을 궁중에 두어둔 채 내려 보내지를 아니하였다.

그래서 대간들이 며칠 동안 계속 궁문 앞에 엎드려 그들의 죄를 논하고 처벌할 것을 요청하였더니 그제야 지용기를 삼척에, 박위를 풍주(豊州)에, 정희계를 안변에, 윤사덕을 회양에 이빈을 안협에다 귀양보냈다.

대간들이 말하기를 "지용기 등은 이미 귀양갔으나 이무, 진을서, 진원서, 이옥 등의 범죄내용이 권격과 연결되어 그의 죄가 지용기 등과 같음에도 불구하고 죄를 받지 않고 있으니 그들의 죄도 옳게 밝히기를 바랍니다"라고 하였다. 그러나 왕은 이무, 진을서, 진원서, 이옥은 공로가 있는 사람들이며 또 김종연이 달아나기도 전에 벌써 지방관직으로 임명한 자들이니 그 정상이 의심할 바가 있다하여 진원서를 홍덕(興德)에 귀양보내는데 그쳤고 조유를 교형에 처하고 심덕부 및 조언 등을 유형에 처하였다.

이에 관한 말들은 심덕부 열전에 기록되어 있다.

또한 김종연의 일당인 김가물(金加物), 이방춘(李芳春) 등을 문초하니 김가물이 말하기를 "내가 서경에 도착하여 이방춘의 집에서 김종연을 만났는데 김종연이 나에게 이르기를 "내가 서울(개성)에 들어가 박가흥의 집에 기식하면서 김식(金軾), 이중화 등과 더불어 두 시중을 없애려 한다"라고 하였습니다. 김식과 이중화는 곧 이전에 김종연의 지휘하에 있던 진무들입니다"라고 하였다.

이방춘은 말하기를 "김종연이 두 번째 달아난 뒤 우리 집에 와서 나에게 말하기를 '이시중은 성품이 본래 인자하다. 그러나 그가 다만 정몽주(鄭夢周), 설장수(偰長壽), 조준(趙浚), 정도전(鄭道傳) 등의 유혹하는 바가 되었기 때문에 내가 이렇게 하게 되었다. 나는 권격과 함께 개성에 들어가 박가흥에 의거하여 정양군(定陽君) 왕우(瑀)(공양왕)에게 말씀드리고 지용기, 정희계, 박위, 윤사덕, 윤구택, 김식, 이중화, 정자련(鄭子連) 등과 함께 공모하여 이시중을 해하려한다'라고 말했습니다"고 하였다.

권격을 문초하니

"김종연이 나에게 말하기를 처음에 지용기가 김종연 더러 '그대의 이름이 윤이, 이초의 글 가운데 있으니 그대의 일신이 위태롭다'라고 하기 때문에 김종연이 화가 자기에게 미칠까봐 도망해온 것이다"라고 하면서 저의 집에 유숙하고 있었습니다. 그러다가 10월 초이튿날 저와 함께 서울(개성)로 가서 저의 여종인 칠보(七寶)의 집에 유숙하고 다시 평양으로 돌아왔습니다.

11월 초하룻날 이동지의 집에가서 잤는데 이튿날에 이동지(李同知)가 김종연을 칭찬하면서 "김종연은 대장부다. 어찌 이런 곳에서 우울한 생활을 하고 있겠는가? 여러 재상들을 없애버린다면 화를 면할 수 있을 것이다"라고 하였습니다.

그리하여 저는 김종연에게 "이동지는 군대를 가지고 있지 않은데 어떻게 여러 재상들을 살해할 수 있겠소?"라고 물으니 김종연이 대답하기를 "이 일은 다만 이동지 한 사람과만 의논한 것이 아니라 서경천호 양백지와 윤구택 등이 안주(安州), 서경에 군사를 보낼 것을 요청하였으니 나는 지용기, 박위, 정희계, 윤사덕, 진을시, 이빈, 진원서, 이옥, 이중화 등과 같이 모사하여 이시중 및 정몽주, 정도전, 설장수, 조준, 성석린(成石璘) 등을 죽이는 것이 무엇이 어려울 바 있겠는가?!'라고 하였습니다.

제가 또 "누가 그대를 따르려 하는가?!"라고 물으니 김종연은 "나와 양백지로 말하면 본래 사이가 좋지 못하였다. 그래도 양백지가 나를 따르거늘 다른 천호들이야 누가 감히 나를 따르지 않겠는가? 나는 서울(개성)에 있으면서 여러 군대들과 정변을 일으키기로 약속했으며 그 날짜도 이미 결정되어 있다"고 말하였습니다.

그런데 마침 진을서는 출타하고 없었기 때문에 출발하지 못하고 있었는데 그 뒤 이옥이 저의 집에 와서 의논하였으나 저는 응하지 않았습니다. 그랬더니 이옥이 성을 내어 문짝을 차고 나가버렸습니다. 저는 또 김종연더러 "그대가 만일 중흥공신을 해친다면 왕이 성을 내지 않겠는가?"라고 말한즉 김종연은 "여러 사람과 같이 큰일을 일으키는데 무엇 때문에 왕을 두려워하겠는가?"라고 대답했습니다.

라고 하였다.

박천상(朴天祥)을 문초하니 그가 말하기를 "오중화(吳仲華)가 저더러 '김종연이 순군옥에서 도망쳐서 지용기의 집에 4,5일간 숨어있었고 정희계네 집에 5,6일간 숨어있었으며 박가홍네 집에는 10여 일간 숨어있었는데 그 뒤에야 성밖에 나갔다'라고 하였습니다"고 하였다.

그리하여 이에 오중화를 쫓아 잡아다가 박천상과 대질시키니 박천상의 말은 허튼소리였다. 왕이 말하기를 "박천상이나 오중화의 사람됨이 부실한 것을 세상 사람들이 다 아는 바이다"라고 하면서 마침내 그들을 석방하였다.

순군진무 임순례(任純禮)를 시켜 서해도(황해도)에 가서 김종연을 체포케 하였다. 수색이 심하고 다급했으므로 김종연이 지나간 곳이면 곧 사람들을 고문하고 잡아 가두었는데 그 수가 수백 명에 달했다.

그들이 또 서로 연루자를 이끌어댔기 때문에 온 나라가 소란스러웠다. 김종연은 굶주리고 궁색하여 곡주(谷州)의 숲속에 숨어 있다가 지나가는 사람을 하나 보고 "나는 배가 고파 죽겠으니 나를 구원해주기를 바란다"라고 했다.

그 사람이 말하기를 "그럼 여기 있으라! 내 가서 죽을 쑤어가지고 오리라"라고 하고는 그 길로 관가로 가서 고발하여 습격 체포하여 왔다.

설장수, 조준에게 명하여 대간들과 함께 김종연을 문초하니 도망가서 숨고 유숙하였다는 장소들이 권격이 말하던 바와 똑같았다. 또 반란을 일으킬 것을 꾀한 일에 대하여 문초하니 김종연은 굶고 피곤해서 말을 잇지 못하였다.

옥관(獄官)이 질책하기를 "오늘 여기에서 심문하는 것은 국왕의 명에 의한 것인데 왜 말을 하지 않는가?"라 한즉 김종연이 목구멍에서 가느다란 목소리로 "나는 죽기 싫었고 또 나쁜 운수가 집중되어 이 지경이 되었을 뿐이며 사실인즉 아무 음모도 한 일이 없다"고 하였다.

또 질문하기를 "네가 음모한 것을 권격, 이천용(李天用)이 이미 말했는데 감추면 무엇하겠느냐"고 하니 김종연이 대답하기를 "권격, 이천용과 같은 자들과 공모하여 무슨 일을 하겠다는 말인가? 이로써도 역시 내가 음모한 바가 없다는 것을 알 수 있을 것이다"라고 하였다.

김종연이 대단히 굶주려 고문을 할 도리가 없었으므로 그에게 미음을 마시게 하고 따뜻한 방에 데려다 두었더니 즉시 죽어버렸다.

임순례는 길가는 도중에 밥을 먹이지 않았고 하룻밤 하루낮 사이에 3백 리를 달렸기 때문에 마침내 피곤하고 얼고 굶어서 죽어버렸다. 그래서 사람들이 모두 수상한 일이라 하였다.

그리하여 임순례를 탄핵하고 김종연의 사지를 갈라 여러 도에 조리돌렸으며 권충, 권격, 이방춘, 김가물, 이천용, 정보(鄭甫), 박원실(朴元實) 등을 참형에 처했고 박가홍, 오중화, 김식을 먼 곳으로 귀양보냈다.

또 윤구택의 공로를 평가하여 그에게 판서운관사의 벼슬을 주었는데 낭사(郎舍)들이 수개월간이나 그 임명장에 서명하지 않았다. 그래서 식목녹사가 낭사들이 김종연의 편에 들어 음모를 은폐하려하니 그들의 죄를 다스리고자 요청하였고 도당(都堂)에서도 글을 올려 그와 같은 요청을 하였다.

이에 상시 진의귀(陳義貴), 정습인(鄭習仁), 사의대부 이황(李滉), 권담(權湛), 사인 우홍부(禹洪富), 헌납 송우(宋愚), 맹사성(孟思誠), 정언 윤규(尹珪), 윤수(尹須)를 순군옥에다 가두고 문초하여 모두 지방에 귀양보냈다.

권담이 처음으로 윤구택의 임명장에 서명하지 말 것을 주장하였다하여 그의 고신을 회수하였다.

5. 김태현(金台鉉) (1321-1330)

김태현은 김성우의 고조 김주정의 형인 김수의 아들로 자는 불기(不器), 호는 쾌헌(快軒)으로 1321년에 태어나 1330년에 타계한 고려 말의 문신이다. 1275년 사마시에 장원하고 1276년 문과에 급제하여 밀직부사, 지첨의사사, 삼중대광 대제학 겸 전리사사를 지냈다. 시호는 문정(文正)으로 광산김씨 문정공파의 파조이다. 부인은 개성군 대부인 왕씨로 호조상서 정조의 딸이다. 슬하에 총부의랑(摠部議郎) 김광식, 화평군 김광철, 대제학 김광재, 가안부녹사 김광로 등 4형제와 정당문학 안목(安牧), 밀양군 박윤문(朴允文)에게 각각 시집간 딸 둘이 있다.

묘소는 황해도 풍덕군 덕중면 대지 덕운산의 자좌 언덕에 왕씨부인 묘와 쌍분이다. 묘지문은 졸옹(拙翁) 최해(崔瀣)(1287~1340)[4]가 짓고, 계배인 개성군대부인 왕씨의 묘지문은 목은 이색이 지었다.

김태현 묘지문[5]

공의 휘는 태현, 자는 불기(不器)이다. 김씨는 본래 광산(光山)의 망족(望族)으로 개국 초부터 벼슬을 하여 대대로 인물이 끊이지 않았다. 증조부 신호위 중랑장(神虎衛中郎將) 휘 광세(光世)는 상서좌복야(尙書左僕射)에 추증되었고, 조부 금오위 대장군(金吾衛大將軍) 휘 경(鏡)은 문하평장사(門下平章事)에 추증되었고, 부친 감찰어사(監察御史) 휘 수(須)는 누차 추증되어 문하시중(門下侍中)이 되었다.

시중은 일찍이 충헌왕(忠憲王 고종(高宗)) 을묘년(1255, 고종 42)에 진사시에 급제하였는데, 체격이 크고 용모가 수려하며 담력과 지략이 남보다 뛰어나 중앙과 지방의 벼슬에 종사하면서 청렴하고 능력 있다는 칭송을 받았다. 지원(至元) 기사년(1269, 원종 10)에 어사(御史)로 있다가 외직으로 나가 지영광군(知靈光郡)이 되었다. 이듬해에 삼별초(三別抄)가 반란을 일으켜 강도(강화도)에 있던 사람과 물자를 겁략하여 배에 태우고 남쪽으로 내려왔는데 탐라(耽羅)를 먼저 점거하는 데에 그 뜻이 있었다. 이에 본국에서는 장군 고여림(高汝霖)을 파견하여 쫓아가 토벌하게 하는 한편, 전라도에 첩문(牒文)을 내려보내 정관(正官) 가운데 평소 백성들이 신뢰하고 복종하던 사람

---

4 고려 충숙왕 때의 문신이자 학자로 자는 언명부(彦明父), 수옹(壽翁), 호는 졸옹(拙翁), 예산농은(猊山農隱)이다. 성균관대사성을 지냈다. 저서에 『농은집(農隱集)』, 졸고천백(拙藁千百)』 등이 있다. 보령현 고만으로 유배되었을 당시 지은 시가 전한다.

5 최해, 『졸고천백』 제1권, 한국고전번역원.

을 선정하여 군대를 이끌고 함께 진군하게 하였다. 시중이 거기에 선발되자 지체 없이 가서 군사를 뽑아 곧장 탐라에서 고여림을 만났는데, 역적들은 그때까지만 해도 진도(珍島)를 지키며 탐라에는 건너오지 않고 있었다. 이에 밤낮으로 보루를 쌓고 무기를 설치하여 공격로를 차단하여 적들이 쳐들어오지 못하게 하려고 하였다. 그러나 그곳의 지방관이 머뭇거리고 관망하며 힘을 쏟지 않는 바람에 적들이 다른 길로 공격해 오는 것도 알아채지 못하였다. 시중이 평소 대의(大義)로서 군사들을 격려하였으므로 군사들이 이에 감격하여 용기백배하여 고함을 치며 다투어 올라가 적의 선봉을 거의 다 살육하였다. 그러나 그곳의 토착민들이 적을 도와줌에 따라 중과부적의 상태가 되어 마침내 고여림 장군과 함께 싸움터에서 죽어 끝내 돌아오지 못하고 말았으니, 사람들이 지금까지도 이를 원통하게 여기고 있다.

공은 10세 때에 부친을 잃었다. 대부인(大夫人)은 고(故) 예빈경(禮賓卿) 고공(高公) 휘 정(挺)의 따님인데, 영광(靈光)에서 아비 잃은 자식을 이끌고 서울로 돌아와 법도에 따라 교육하였다. 이에 공이 평소의 생각을 바꾸어 글 읽기에 전념하였다. 겨우 14세에 숙부인 고상(故相) 문숙공(文肅公)[6] 밑에서 과거 공부를 하였는데, 문숙공이 공이 지은 사부(詞賦)를 보더니 기특하게 여겨 “우리 집안을 크게 만들 사람은 바로 너로구나. 우리 형님이 돌아가시지 않았도다.”라고 감탄하였다. 15세 때 단번에 사마시에 응시하여 장원을 하였으며, 이듬해에 또 예위(禮闈)[7]에 나아가 진사과에 합격하였다. 정축년(1277, 충렬왕 3)에 녹원사(錄苑事)가 된 뒤에 직강음목감(直江陰牧監)이

---

6 김성우의 증조인 김주정을 가리킨다.

7 과거의 회시(會試) 또는 그 회시를 보이는 장소를 지칭하며, 예조에서 주관하기 때문에 붙여진 이름이다. '예위(禮圍)'라고도 한다.

되었다가 얼마 뒤 녹첨사부사(錄詹事府事)가 되었다.

경진년(1280) 여름에 전시(殿試)에 합격하여 좌우위참군(左右衛叅軍) 겸(兼) 직문한서(直文翰署)에 제수되었으며, 이로부터 7년 동안 세 차례 바뀌어 관품이 7품에 올랐다.

무자년(1288)에 밀직당후관(密直堂後官)을 거쳐 권지통례문지후(權知通禮門祗候)가 되었으며 얼마 후 우정언 지제고(右正言知制誥)에 제수되고 우사간(右司諫)을 역임하여 은비(銀緋)를 입었고, 감찰시사(監察侍史)로 옮겨 금자(金紫)를 하사받았다. 기거랑(起居郞)으로 자리를 옮겼다가 기거주(起居注)를 거쳐 첨의사인(僉議舍人)에 제수되었고, 전법총랑(典法摠郞)으로 자리를 옮기고 품계가 조현대부(朝顯大夫)에 올랐다.

대덕(大德) 무술년(1298, 충렬왕 24) 봄에 덕릉(德陵 충선왕)이 선위를 받아 왕위에 오르자 공과(公過)로 면직되었다가, 가을에 덕릉이 원나라 조정에 불려 들어가고 충렬왕이 복위하게 되자 다시 기용되어 판도총랑(版圖摠郞)이 되었다가 전중윤(殿中尹)으로 자리를 옮겼다. 누차 자리를 옮겨 밀직우승지 판사재시 문한시독 사관수찬 지제고 지군부감찰사(密直右承旨判司宰寺文翰侍讀史館修撰知制誥知軍簿監察司)가 되었으며 조봉대부(朝奉大夫)와 중열대부(中列大夫)에 가자(加資)되었다.

경자년(1300, 충렬왕 26)에 봉익대부(奉翊大夫) 밀직부사(密直副使) 겸(兼) 감찰대부(監察大夫)가 되었고, 신축년(1301)에 왕명을 받들고 천수성절(天壽聖節)[8]을 축하하러 원나라에 갔다. 일행이 상도(연경(燕京))에 도착해 보니 마침

---

8 금나라와 원나라 때에 천자(天子)의 생일을 높여서 부른 이름이다.

성종(成宗)이 삭방(朔方)[9]에 행차하고, 유수성(留守省)[10]이 칙명을 받들어 각지의 사신들을 군사적으로 긴급한 일이 있는 경우가 아니면 일체 머물러 있게 하였다. 이에 공이 유수성에 나아가 말하기를, "하국(下國)이 대국(大國)을 섬긴 이래로 성절(聖節)을 축하드리는 사절을 한 번도 거른 적이 없었는데, 이번에 여기에 머물면서 더 이상 나아가지를 못하고 있으니 매우 황공합니다." 하여, 마침내 북쪽으로 가는 것을 허락받았다. 상도를 떠나 11개의 역참(驛站)을 지나 행재소(行在所)에 도착하여 성절을 맞이하니, 공이 관복과 홀(笏)을 갖추고 의식에 따라 하례를 드렸다. 황제의 장막 안에서 잔치를 열었는데, 황제가 멀리서 왔다 하여 특별히 어식(御食)을 하사하여 총애하는 뜻을 보였다. 이때 마침 황제의 군대가 친히 정벌을 하여 적을 물리쳤으므로 공이 이 기쁜 소식을 남보다 앞서 가지고 돌아오니, 이르는 곳마다 모두 경하하였다.

동지지사사(同知知司事)로 자리를 옮겨 문한승지(文翰承旨)를 겸대하였고, 또 황제의 명으로 승무랑(承務郞) 정동행중서성 좌우사낭중(征東行中書省左右司郎中)에 제수되었다. 밀직사사(密直司使)로 자리를 옮겨 대보문(大寶文)을 겸대하였고 광정대부(匡靖大夫)에 올랐다.

을사년(1305)에 첨의부(僉議府)에 들어와 지사사(知司事)가 되었으며, 병오년(1306)에 또다시 천수절(天壽節)을 축하하러 원나라에 들어갔다가 돌아왔

---

9 『고려사』 김태현 열전에는 '감숙(甘肅)'으로 되어 있다. 『원사(元史)』에 의하면, 성종이 대덕 4년(1300) 12월에 서남 지역, 즉 현재 태국(泰國)의 북부 지역에 있는 팔백식부국(八百媳婦國)의 정벌에 나서 대덕 6년까지 전쟁을 치른 것으로 되어 있다. 이로 인해 물자와 인력을 동원해야 하는 주변 지역의 이족(彝族), 묘족(苗族) 등이 반란을 일으켰고, 또 이들을 진압하기 위해 또다시 사천(四川), 섬서(陝西), 운남(雲南) 등지로부터 군대를 징발하는 등 전쟁이 확대되었다. 이러한 전쟁을 수행하기 위해 성종은 전쟁로의 초입에 해당하는 감숙 지역에 황제의 지휘부를 설치한 것으로 보인다.

10 『고려사』 김태현 열전을 참고해 볼 때 유수성은 중서성(中書省)에 해당한다.

다. 이때 충렬왕이 연경(燕京)에 가 있었는데, 무술년(1298, 충렬왕 24)에 복위한 후로 나라 사람들이 파당을 지어 부자간의 정이 서로 통하지 못하게 하였으나, 공이 두 왕 사이에서 주선하면서 한결같이 공정하게 일을 처리하자 사람들이 더 이상 다른 말을 하지 못하였다.

정미년(1307, 충렬왕 33) 봄에 덕릉(德陵 충선왕)이 인종황제(仁宗皇帝)를 받들어 내란을 평정하여 그 공이 천하에 드날리게 되자 본국의 신하들 가운데 왕에게 다른 마음을 품은 자들을 모두 제거하였다. 위로는 이부(二府)에서부터 아래로는 일반 관료에 이르기까지 주벌되거나 유배를 당해 거의 모두가 갈렸는데, 공만 홀로 남아 다시 지밀직사(知密直司)가 되었다가 여름에 밀직사가 혁파되자 자의찬성사(咨議贊成事)가 되었다.

지대(至大) 무신년(1308)에 충렬왕이 승하하고 덕릉이 즉위하였는데, 대신들을 각 도에 파견하여 민호(民戶)를 점검하고 호적을 정리하고자 할 때 공을 양광수길도계점사 행수주목사(楊廣水吉道計點使行水州牧使)로 삼았다. 각 도에서 첨의사(僉議司)에 첩보를 올려 지침을 요구하자, 첨의사에서는 정해진 지침이 없어 회답 공문을 보낼 때마다 "양광수길도가 하는 것에 따라 체례(體例)를 정하여 시행하라."고 하였으므로 모두들 관리들을 파견하여 본을 삼았다.

기유년(1309, 충선왕 1) 여름에 다시 판삼사사(判三司事)에 임명되었고 2년 동안 있다가 삼사(三司)를 혁파하자 대광(大匡) 상의찬성사(商議贊成事)가 되었다. 신해년(1311)에 또 상의(商議)를 없애자 관직도 규례에 따라 그만두었다. 이로부터 10년 동안 관직을 떠나 한가하게 지냈다.

신유년(1321, 충숙왕 8)에 다시 기용되어 첨의평리(僉議評理)가 되었고, 얼마 후 판삼사(判三司)가 되었으며 품계는 중대광(重大匡)에 올랐다.

연우(延祐) 말기에 덕릉이 토번(吐蕃)으로 유배를 떠나고 지치(至治) 초에 충숙왕이 입조(入朝)했다가 억류를 당하게 되자 본국에서 당론(黨論)이 갈리었다. 당시에 총재(冢宰)는 왕을 따라 수행 중이었고 공이 이부(二府)의 수장으로 있었는데, 아랫사람들이 도리어 나라의 권력을 장악한 채 한마음으로 합치되지 않았으므로 매사에 마찰이 있었다. 그럼에도 끝내 나라를 그르치지 않은 것은 공이 있었기 때문이다.

태정(泰定) 갑자년(1324)에 상왕(上王)이 다시 정사에 복귀하게 되면서 많은 것을 바꾸고 공을 파직시키려고 하였다. 그러자 왕이 이르기를, "이 원로는 시종 다른 마음을 품지 않았으니 파직해서는 안 된다." 하였으나 권력을 장악한 자들 가운데 왕의 말에 찬동하는 자가 없어 끝내 파직되고 말았다. 이듬해 왕이 귀국하자 첨의정승(僉議政丞)으로 치사(致仕)하였다. 이해에 대부인(大夫人)의 나이가 100세였으므로 국가에서 한 해에 30석(碩)씩 곡식을 하사하였다.

정묘년(1327)에 관호(官號)가 다시 바뀌어 삼중대광(三重大匡) 첨의중찬 수문관대제학 감춘추관사 상호군 판전리사사(僉議中贊修文館大提學監春秋館事上護軍判典理司事)가 되었고 이어 치사하였다. 이때에 대부인이 졸하니 나이가 102세였다. 국가에서 특별히 변한국대부인(卞韓國大夫人)을 추증하였다.

지순(至順) 경오년(1330, 충숙왕 17) 봄에 국왕(國王 충혜왕)이 왕위를 계승하라는 명을 받자 원나라 조정에서 객성사(客省使) 칠십견(七十堅)을 파견하여 금인(金印)을 가져가고 공으로 하여금 행성(行省)의 일을 임시로 맡게 하니[11], 공이 그 명을 어기기 어려워 잠시 다시 나와 서리(署理)하였다. 조사(朝使)

---

11 금인(金印)은 고려 국왕의 옥새를 가리키며, 객성(客省)은 중국에서 외교를 담당한 관청을 이른다. 『고려사』 충숙왕 세가 17년 2월조에 "초하루에 원나라가 세자 정(禎)을 왕으로 책봉하고 객성부사(客省副使) 칠십견(七十堅)을 파견하여 국새(國璽)를 가져갔다." 하였다. 국새를 가지고 간 것은 아마도 당시 충혜왕이 원나라에 체류해 있었기 때문인 것으로 보인다. 또한 역대 고려 국왕이 정동행성(征東行省)의 좌승상(左丞相)을 맡아왔으므로 이 직책

가 2월 2일에 돌아가자 29일에 당시 재상들이 순군소(巡軍所)에 모여 전왕(前王 충숙왕)의 명으로 공을 불렀다. 이에 공이 도착하자 성부(省府)에서 승상인(丞相印)을 압수하고 공을 축출하였다. 공이 명을 받고 집으로 돌아와 수개월 동안 달리 하는 일 없이 보내다가 4월에 가족들을 데리고 동쪽으로 금강산 유람을 떠났는데, 이는 혐의를 피하기 위한 것이었다. 5월에 충혜왕이 보낸 사신이 연경에서 도착하여 당시 재상들이 승상인을 마음대로 압수한 일을 질책하고 좌우사(左右司)[12]의 관원을 파직하여 모두 월봉(月俸)의 지급을 정지시킨 후, 사신 한 사람을 금강산으로 보내어 왕명을 전하였다. 그리하여 공이 역말을 타고 개경으로 돌아와 다시 정동행성의 일을 서리하였으니, 이는 공이 좋아서 한 일이 아니었다. 7월에 감기에 걸려 약을 써 보았으나 아무런 효험을 보지 못하고 10월 6일 계축일에 집에서 졸하니, 향년 70세이다.

공은 성품이 청렴하고 공평하며 외모가 준수하고 단정하였으며, 말과 행동이 모두 예법을 따랐다. 사람들이 멀리서 바라보고는 함부로 범접하지 못할 사람인 듯이 여기지만 일단 가까이에서 접해보면 따뜻하고 온화하여 내면에 지닌 인품과 도량을 헤아리지 못하였다. 공은 대부인(大夫人)을 효도로써 섬겼고, 부인에게는 예의를 갖추어 대하였으며, 자손을 가르칠 때는 법도 있게 하였고, 친척들과 화목을 유지하여 말을 하지 않아도 저절로 화합하였다. 남들과는 함부로 사귀지도 않았고 원한을 맺지도 않았으므로 이부(二府)의 수장으로 있을 때나 관직에서 물러나 한가롭게 지낼 때나 빈객(賓客)의 왕래가 늘어나거나 줄어들지 않았다.

을 충혜왕이 귀국하기 전까지 김태현에게 임시로 맡게 한 것으로 보인다.

12 정동행성의 좌승상 바로 밑에서 좌승상을 보좌하는 관원을 이른다.

평소에 아무 일이 없더라도 반드시 아침 일찍 일어나고 밤늦게 잠이 들었으며, 낮에는 드러눕지 않았고, 덥다고 옷을 벗지도 않았으며, 문 앞에 발이 쳐져 아무에게도 보이지 않는 곳에서도 엄숙한 자세로 옷깃을 여미고 단정히 앉아 있었다.

한창 젊은 나이에 내시부(內侍府)에 들어가 감창시(監倉寺)의 관직을 받았는데, 업무가 복잡하면 복잡할수록 더욱 잘 처리하자 경험이 많은 관리들까지도 자신들이 도저히 공을 따라잡을 수 없다고 말했다. 대간(臺諫)이 되어서는 진달하는 말이 모두 원대한 계책에서 나온 것이었으며, 외직(外職)으로 나가 충청도(忠淸道)와 경상도(慶尙道)의 안찰사(按察使)와 동계 안집사(東界安集使)가 되어서는 송사(訟事)가 공평하였고, 이로운 일을 만들고 해로운 일을 제거하기를 좋아서 하는 일처럼 하였다. 그래서 당시에 사람들이 이미 경국제세(經國濟世)할 인물로 기대하였다.

공은 세 분의 임금을 차례로 섬기면서 예법에 따라 관직에 나아가고 물러나 일찍이 조금의 실수도 한 적이 없었다. 역대의 전고(典故)에 대해서 말할 때는 마치 어제 일을 말하듯 입에서 줄줄 나왔으므로, 나라에서 미심쩍어 결정을 내리지 못하고 있는 중대사가 생길 때마다 공을 찾아가서 바로잡곤 하였다.

공의 저술은 교훈적인 내용이 요체를 얻었고, 시는 청수(淸秀)하고 미려(美麗)하여 애송할 만했다. 또 우리나라 문인들의 문장을 손수 수집하여 『동국문감(東國文鑑)』이라 이름을 붙임으로써 중국의 『문선(文選)』과 『문수(文粹)』에 견주려고 하였다.[13] 공은 스스로 쾌헌(快軒)이란 호(號)를 지어 불렀고

13 『문선』은 양나라 소명태자(昭明太子) 소통(蕭統)이 진한(秦漢) 시대 이후의 문(文)을 정선(精選)하여 편찬한 책이고, 『문수』는 송나라 요현(姚鉉)이 당나라 300년간의 문을 정선하여 편찬한 것으로 『당문수(唐文粹)』라고도 한다.

만년에는 또 설암(雪庵)이라고도 불렀다. 일찍이 성균시(成均試)를 주관하여 이천(李蒨) 등 70명을 선발하였고[14], 예위(禮闈)를 주관하여 박리(朴理) 등 30여 명을 선발하니[15], 당대의 이름난 선비들이 대부분 그 대상에 들었다.

공은 좌우위 낭장(左右衛郎將) 김의(金儀)의 따님에게 장가들었으나 일찍 세상을 떠났다. 또 신호위 낭장(神虎衛郎將) 왕단(王旦)의 따님에게 장가들었는데 개성군대부인(開城郡大夫人)에 봉해졌으며, 어질고 집안을 잘 다스려 경제적인 문제로 공의 마음을 어지럽게 하지 않았다. 그리고 세 아들을 모두 과거에 합격시켜 나라로부터 해마다 20석(石)의 곡식을 받았다. 공의 자제로는 아들 넷과 딸 둘이 있는데, 선부인(先夫人)이 아들 하나를 낳았고 나머지는 모두 후부인(後夫人)의 소생이다. 광식(光軾)은 갑오년(1294, 충렬왕 20) 과거에 합격하여 관직이 총부 의랑(摠部議郎)에 올랐으나 먼저 죽어서 자식이 없고, 광철(光轍)은 을사년(1305, 충렬왕 31) 과거에 합격하여 지금 군부총랑 진현직제학(軍簿摠郎進賢直提學)으로 있다. 광재(光載)는 계축년(1313, 충선왕5) 과거에 합격하여 지금 도관정랑(都官正郎)으로 있으며, 광로(光輅)는 정사년(1317, 충숙왕 4) 과거에 급제하였으나 장가도 들지 못한 채 요절하였고 관직은 가안부 녹사(嘉安府錄事)에 그쳤다. 딸은 전교령 예문직제학(典校令藝文直提學) 안목(安牧)에게 시집가서 익양군부인(翼陽郡夫人)에 봉해졌으며, 그 다음은 예문공봉(藝文供奉) 박윤문(朴允文)에게 시집갔다. 손자가 둘이 있는데, 장손 모(某)는 직책이 별장(別將)이며 그 다음은 아직 이름을 짓지 않았다.

국왕(충혜왕)이 어릴 때부터 평소 공의 큰 명성을 들었으므로 처음 왕에

---

14 『고려사』 권74 선거지(選擧志) 국자시(國子試)조.
15 『고려사』 권73 선거지 선장(選場)조.

봉해지자마자 곧바로 정동행성(征東行省)의 직임을 임시로 맡긴 것이니, 이는 다시 정승으로 복귀시키려는 뜻이 있었기 때문이나 본국에 돌아왔을 때는 공이 이미 병이 난 상태였다. 공이 졸하였다는 소식을 듣고는 슬픔에 잠겨 부의(賻儀)를 후하게 내리고 문정(文正)이란 시호를 내렸다. 그리고 다시 유사(有司)에게 명하여 11월 8일 갑신에 옛 덕수현(德水縣)의 읍치(邑治) 동쪽 풀이 많은 언덕에 장례를 지내도록 하였다. 이에 두 아들이 유명(遺命)을 받들어 문인(門人)인 최모(崔某)에게 묘지명을 부탁하여 왔다. 나는 근 30년 동안 공을 섬기면서 보잘것없는 능력으로 기대를 저버리지는 않을까 항상 두려워하였다. 이번에 공의 덕을 찬술하여 후대에 남기는 일을 마땅히 능력 있는 이에게 양보해야 할 것이나, 공께서 내리신 치명(治命)[16]이라 사양할 수가 없어 삼가 백번 절하고 울면서 명(銘)을 짓는 바이다. 명은 다음과 같다.

오호라 문정공이여
실로 나라의 원귀[17]로다
이제 갑자기 돌아가시니
의심나는 일 어디에다 여쭐까
산이 무너지고 들보가 부러지고
철인께서 시들었으니
공자를 잃은 자공보다
더 슬퍼하오이다.[18]

---

16 '이명(理命)'이라고도 하며, 사람이 죽음에 임박하여 정신이 맑은 상태에서 내리는 유언을 이른다. 반대로 정신이 혼미한 상태에서 내리는 유언을 '난명(亂命)'이라 한다.

17 고대에 점을 칠 때 사용하던 큰 거북을 이른다. 국가에 의심나는 일이 있을 때 김태현에게 물어서 결정한 일을 두고 한 말이다.

18 『예기(禮記)』 단궁상(檀弓上)에 의하면, 공자가 어느 날 일찍 일어나 손을 등 뒤로 지고 지팡

金文正公墓誌

公諱▣▣.字不器.金氏本光之望族.自國初已入仕.代不絶人.大王父神虎衛中郎將諱光世.贈尙書左僕射.王父金吾衛大將軍諱鏡.贈門下平章事.父監察御史諱須.累贈門下侍中.侍中嘗於忠憲王乙卯歲.登進士第.質貌偉麗.膽略過人.從事中外.以廉能稱.至元己巳.自御史出知靈光郡.明年.三別抄叛.掠江都人物.舟而南下.志在先據耽羅.本國遣將軍高汝霖追討.又牒下全羅道.選正官雅爲人所信服者領軍偕進.侍中當其選.不宿家遂行抄軍.亟會汝霖于耽羅.則賊猶保珍島未至.於是晝夜築堡設械.謀斷來道.使無得入.而守土者首鼠不爲力.賊由他道至.不覺.侍中素以大義勵士卒.人多感激.有百其勇.奮呼爭登.殺賊先鋒殆盡.然而土人資敵.衆寡不侔.竟與高將軍歿陣不還.人冤之至今.公年十歲而孤.大夫人.故禮賓卿高公諱挺之女也.自靈光挈孤以歸.教之有法度.而公能折節讀書.甫十四.從叔父故相文肅公學擧業.文肅見其詞賦.奇之曰.大吾門者汝乎.吾兄爲不亡矣.十五.一擧司馬試.果中恩.明年.又赴禮闈.第進士.丁丑.錄死事後.直江陰牧監.俄錄詹事府事.庚辰夏.中殿試.除左右衛叅軍.兼直文翰署.自此七年凡三更.官至七品.戊子.由密直堂後官.權知通禮門祗候.尋除右正言知制誥.歷右司諫.服銀緋.遷監察侍史.賜金紫.改起居郞.由起居注拜僉議舍人.改典法摠郞.階朝顯大夫.大德戊戌春.德陵受內讓嗣王位.以公過免.秋.德陵入侍闕庭.忠烈王復位.起

이를 끌면서 문 앞을 거닐며 "태산이 무너지는구나. 대들보도 쓰러지는구나. 철인도 시드는구나.〔泰山其頹乎 梁木其壞乎 哲人其萎乎〕" 하며 노래를 부른 후 방으로 들어갔다. 자공(子貢)이 이 노래를 듣고는 "태산이 무너지면 우리가 장차 어디를 우러러볼 것이며, 대들보가 쓰러지고 철인이 시들면 우리가 장차 어디에 의지하겠는가. 선생님께서는 아마도 병이 나실 모양이다.〔泰山其頹 則吾將安仰 梁木其壞 哲人其萎 則吾將安放 夫子殆將病也〕" 하였다. 공자는 그 후 7일 동안 병들어 누웠다가 타계했다.

爲版圖摠郞.轉殿中尹.累遷至密直右承旨，判司宰寺，文翰侍讀，史館修撰，知制誥，知軍簿監察司.加朝奉，中列二大夫.庚子.拜奉翊大夫密直副使兼監察大夫.辛丑.奉王命入賀天壽聖節.行至上都.適成宗幸朔方.留守省奉勑諸路使臣.除軍情開緊.一切停住.公詣省云.下國自事大來.朝賀年節.未嘗有闕.今留不進.實深恐懼.遂得許北.去上都.過一十一站達行在.値聖節.具袍笏拜賀如儀.起宴帳殿.上以遠至.特賜御食以寵之.時車駕親征却敵.公先奉喜音而回.所至皆慶.遷同知知司事.帶文翰承旨.又欽受宣命.授承務郞征東行中書省左右司郞中.遷密直司使.帶大寶文.轉匡靖大夫.乙巳.入僉議爲知司事.丙午.又入賀天壽節而回.是時忠烈朝覲在都.自戊戌復位之後.國人分曹.至使父子之情有所不通.公周旋其間.一以公正.人無異言.及丁未春.德陵奉仁宗掃淸內難.功高天下.而本國之臣有懷貳于王者.皆去之.上自二府.下逮庶僚.或誅或流.釐革且盡.獨留公復知密直司.夏罷密直.爲咨議贊成事.至大戊申.忠烈上昇.德陵卽位.分遣大臣諸道.計點民居.欲成靑籍.以公爲楊廣水吉道計點使.行水州牧使.諸道牒報僉議司.承受條畫.僉議無所定擬.回文每曰.當依楊廣水吉一道定體施行.故皆遣僚佐來取法焉.己酉夏.復命判三司事.居二年.罷三司.爲大匡商議贊成事.辛亥.又刪商議.官隨例罷.自是閑居者十年.辛酉.起爲僉議評理.尋判三司.階重大匡.延祐末.德陵有吐蕃之行.至治初.上王入朝見留.國中黨論起.時冢宰從于王所.而公首居二府.在下者反執國權.不與一心.故事皆扞格.然終不至誤國者.由有公也.泰定甲子.上王得復政.多所更改.而欲罷公.王曰.此老終始無他.不宜去.執政罔有贊者.卒見罷.明年.王歸國.以僉議政丞致仕.是年.大夫人年百歲.賜廩歲三十碩.丁卯.更革官號.就以三重大匡僉議中贊修文館大提學，監春秋館事，上護軍,判典理司事.仍致仕.及是.太夫人卒.年百二歲.特贈卞韓國大夫人.至順庚午春.國王受嗣封之命.朝廷遣客省使七十堅來取金印.而命公權行省事.公重違其命.且起署事.朝使以二月二日而回.至▩九日.時宰會坐巡軍所.以前王命召公.至則收丞相印于省府.出令.听命.敀家數月.別無行遣.四月.挈家東游金剛山.蓋避嫌也.五月.王使至自都.責時宰以擅收丞相印事而罷其左右司官.皆停月俸.遣宣使一人到山傳命.公乘驛還京.復署省事.非其好也.七月.氣疾作.藥治不效.至十月六日癸丑.卒于家.享年七十.公性資廉平.儀表秀整.言語擧止.動循禮法.人望之若不可犯.及乎一接聲氣.又溫然而和.莫知其有也.其事大夫人孝.待夫人以禮.教養子孫有方.親媚克睦.不言而化.與人無妄交.亦無與爲仇怨者.其居二府.至罷閑居.賓客往來.不爲之增減也.平生.無事必夙興夜寐.晝不偃臥.暑不袒裸.雖處簾閣.整襟危坐.肅肅如也.方其年少入內侍.奉命監倉寺.務繁愈辦.老事者以爲不可及.至叅臺諫.所陳皆遠謀.其出按忠淸，慶尙二道.安集東界.獄訟歸于平.興除利害.若嗜欲然.當時已以經濟期之.歷事三王.進退由禮.未嘗有絲毫之失.言歷代典故.班班如昨日事.每國有大疑.就訪而是正焉.其所著述.詞教得体.詩淸艶可愛.又手集東人之文.號東國文鑑.以擬配選粹.自號快軒.晚年又號雪庵.嘗主成均試.得李蒨等七十人.闢禮闈.得朴理等三十餘人.一時聞士多入選中.公娶左右衛郎將金儀之女.早逝.又娶神虎衛郎將王旦之女.封開城郡大夫人.賢而能家.不以有無溷于公.以三子皆登科.食國廩歲二十石.公子男四人女二人.先夫人生一男.餘皆後夫人生也.光軾登甲午科.官至摠部議郎.先卒無子.光轍登乙巳科.今爲軍簿摠郎進賢直提學.光載登癸丑科.今爲都官正郎.光輅登丁巳科.未娶而夭.官止嘉安府錄事.女適典校令藝文直提學安牧.封翼陽郡夫人.次適藝文供奉朴允文.孫男二人.曰某.職爲別將.次未名.國王自幼素聞重名.在初受封.卽以省權任之.蓋有復相意.及就國.公已病.聞其卒.爲之不懌.弔賻加厚.贈謚曰文正.更命有司.用十月八日甲申.葬于古德水縣東多草之原.二孤以遺命.屬門人崔某銘其墓.某事公近三十年.常懼無似有負知待.至如譔德.垂之不朽.宜讓能者.然公之治命.不可辭也.謹百拜泣而銘之.銘曰.

嗚呼文正.實國元龜.今而忽喪.于何質疑.山頹梁毁.哲人其萎.匪獨賜也.有感宣尼.

6. 김광재(金光載)(1294-1364)

김광재는 1294년에 태어나 1363년에 타계한 고려 말의 문신으로 자는 자여(子輿), 호는 송당거사(松堂居士)이다. 김수(金須)의 손자이자 김성우의 당숙이다. 1313년에 문과에 장원하여 전리판서, 예문관대제학을 지냈고 시호는 문간(文簡)이다. 이색의 지공거로 과거를 관장하여 많은 인재를 배출하였다. 부인은 평장사 양간공 김승택의 딸이다. 슬하에 아들 중현대부 군기감 김홍조와 내부부령 박문수에게 시집간 딸이 있다. 묘지문은 목은 이색이 지었다.

송당(松堂) 김광재 묘지명[19]

지정(至正) 신사년(1341, 충혜왕 복위 2)에 내가 나이 14세로 성균시(成均試)에

---

19 김광재는 목은 이색의 지공거였다. 이색은 김광재와의 이런 인연으로 김광재의 묘비는 물론 김광재의 모친 왕씨부인의 묘지문도 지었다. 이색이 지은 김광재 묘지명은 김성우의 선계는 물론 이색과 김성우와의 관계의 고증에서 중요한 자료로 여겨진다. 특히 김광재는 이색의 처조부 권한공이 지공거였기에 이색과의 관계에서 중요한 의미를 갖는다 하겠다. 권한공은 김광재에게 자신이 띠고 있던 홍정오서대(紅鞓烏犀帶)를 주었고, 이 홍정오서대는 후일 김광재가 자신의 제자였던 이색에게 전하게 된다. 이어지는 '문생장시도가(門生掌試圖歌) 병서'를 참조. 「송당선생김공묘지명병서(松堂先生金公墓誌銘 幷序)」, 『목은시고』 권17, 한국고전번역원.

응시하였다. 그때 뜰 안에서 멀리 선생을 바라보니, 조복(朝服) 차림에 홀(笏)을 쥐고 단정히 앉아 계신 모습이 마치 태산(泰山) 교악(喬嶽)처럼 엄연(儼然)하기만 하였으므로, 뭇 선비들이 숨을 죽이고서 감히 떠들지 못하였다. 그러다가 내가 문생(門生)이 되고 나서 왕래하며 선생의 가르침을 듣게 되었을 때에는, 온화한 말씨와 부드러운 낯빛으로 국전(國典)을 자세히 설명해 주고 인재를 장려하는 일에 쉴 새 없이 부지런히 힘쓰셨으며, 나라의 풍속이 날이 갈수록 퇴폐해지는 현상에 대해서 개연(慨然)히 탄식하곤 하였다.

집안에서는 산업을 경영하는 일 따위에는 관심을 두지 않은 채, 좌우에 거문고와 서책만 놔두고서 담담하게 지냈으며, 동쪽 언덕에는 소나무가 자라고 남쪽 못에는 연꽃이 피어 있었다. 그리고 해마다 정원에 모란꽃이 활짝 필 때면, 술과 음식을 마련하고 문생들을 불러서 태부인(太夫人)에게 축수(祝壽)를 올리곤 하였는데, 그때마다 형제와 자손들이 화기애애하게 어울리는 모습을 볼 수 있었다. 이러한 효제(孝悌)의 지극한 정성이 신명(神明)에 통하였는지, 태부인 역시 91세의 장수(長壽)를 향유하였으니, 아, 참으로 성대한 일이라고 하겠다.

병신년 3월에 태부인이 병으로 세상을 떠나자, 황고(皇考)인 문정공(文正公)의 묘역에 장례를 모시고는 그 옆에서 기거하며 복제(服制)를 마쳤다. 선생은 평소에 병이 있어서 걸음이 불편하였다. 하지만 아침저녁으로 전(奠)을 올릴 때면 쓸고 닦는 일까지 반드시 직접 하면서 잠시도 그만둔 적이 없었다. 당시 나라의 풍속을 보면, 부모의 분묘(墳墓)를 지키는 일을 대부분 노복(奴僕)에게 대신 행하게 하면서 사사로이 그 노복의 신역(身役)을 면제해 주곤 하였다. 그러나 선생은 어버이에 대해서 차마 무례하게 할 수 없다고 하여 직접 그 일을 행하였으니, 이는 근세(近世)의 재상 중에서는 대개 볼 수 없었던 일이다.

선생의 성은 김씨요, 휘(諱)는 광재(光載)요, 자는 자여(子輿)요, 호는 송당거사(松堂居士)이다. 본관은 광주(光州)로, 사공(司空) 김길(金吉)의 후손이니, 사공은 태조(太祖)를 도와서 공을 세운 분이다. 그 후예인 휘 광서(匡瑞)는 중랑장(中郎將)인데, 중랑장이 삼사사(三司使)인 휘 위(偉)를 낳고, 삼사사가 대장군(大將軍)인 휘 경량(鏡亮)을 낳았다. 대장군이 감찰어사(監察御史)인 휘 수(須)를 낳았는데, 원(元)나라 초기에 삼별초(三別抄)가 귀순(歸順)하려 하지 않고 반란을 일으켜 섬으로 들어갔을 때, 어사가 영광(靈光)을 지키고 있다가 전사하였다. 어사의 부인은 국자 좨주(國子祭酒) 고공(高公) 휘 형중(瑩中)의 손자인 모관(某官) 휘 몽경(夢卿)의 딸인데, 102세까지 수명을 누렸다.

처음에 고씨(高氏)가 품속으로 샛별이 들어오는 꿈을 꾸고는 아들을 낳았으니, 이분이 바로 쾌헌(快軒) 선생으로 문정공(文正公) 휘 태현(台鉉)이다. 문정은 4세의 왕조에 걸친 원로로서 국가의 시귀(蓍龜)로 대우를 받다가 정승으로 치사(致仕)하였다. 국초(國初) 이래의 문장을 모아서 『해동문감(海東文鑑)』이라는 책을 발간하였는데, 지금 세상에 전해지고 있다. 또 성균시(成均試)를 관장하고 지공거(知貢擧)를 맡으면서 선발한 인재 중에 저명한 인사가 많이 배출되었는데, 그중에서도 죽계(竹溪)의 안근재(安謹齋, 안축(安軸))과 최졸옹(崔拙翁, 최해(崔瀣))이 특히 걸출하였다.

문정의 첫째 부인은 행수낭장(行首郎將) 김의(金儀)의 딸로, 광식(光軾)을 낳았으니 관직이 선부의랑(選部議郎)에 이르렀다. 계실(繼室)은 태조(太祖)의 아들 효은(孝隱)의 후손인 시랑(侍郎) 휘 정단(丁旦)의 딸인데, 3남 2녀를 낳았다. 장남 광철(光轍)은 급제(及第)하고 나서 관직이 밀직사(密直使)에 이르렀고, 다음은 선생이고, 다음 광로(光輅)는 급제하였다. 장녀는 정당문학(政堂文學) 안목(安牧)에게 출가하였고, 다음은 밀양군(密陽君) 박윤문(朴允文)에게 출가하였다. 공의 형제 세 사람이 과거에 급제하였으므로 대부인(大夫人)이 종신토록 국가에서 늠료(廩料)를 받았으며, 여기에 또 박씨의 아들 4인과 안씨의 손자 3인이 모두 과거에 급제하자 세상 사람들이 부러워하였다.

공은 지원(至元) 갑오년(1294, 충렬왕 20) 정월 갑자일에 태어났다. 태어났을 때 신장이 2척(尺)이 넘자 부모가 기이하게 여기면서 지극히 사랑하였다. 관례(冠禮)를 마치고 나서 황경(皇慶) 계축년의 과거에 급제하였다. 이때 좌주(座主)였던 일재(一齋) 선생 권 정승(權政丞 권한공(權漢功))이 예법을 안다고 사랑하면서 후하게 대우하여 성균학관(成均學官)에 보임(補任)하였다. 지순(至順) 경오년(1330, 충혜왕 즉위년)에 충혜왕을 따라 경사(京師)에 갔다가 공로를 인정받아 사복시승(司僕寺丞)에 제수되었으며, 다시 도관정랑(都官正郞)으로 옮겨졌다.

그 뒤 지원 기묘년(1339, 충혜왕 복위년)에 충혜왕이 하마터면 조적(曺頔)에 의해 폐위될 뻔 하다가 다행히 이를 제압하긴 하였으나, 그의 패거리가 원나라의 권세가에게 많이 빌붙어서 반드시 분풀이를 하려고 하였으므로, 급기야는 왕이 경사(京師)에 불려가기에 이르렀다. 이에 공이 말하기를 "우리 임금님이 위태롭게 되었는데, 나만 차마 면할 수가 있겠는가." 하고는 왕을 수행하였는데, 천자가 밝게 살펴 준 덕분에 작위(爵位)를 회복하고 동방에 돌아오게 되었으니, 이것이 실로 경진년 7월의 일이었다. 군부총랑(軍簿摠郞)으로 있으면서 전선(銓選)의 일에 참여하였으며, 누차 전직(轉職)하여 성균좨주(成均祭酒)와 삼사좌윤(三司左尹)과 판전교시사(判典校寺事)를 역임하였는데, 그때마다 모두 관직과 지제교(知製敎)를 겸하였다. 이듬해 가을에 성균시(成均試)를 관장하여 지금의 지밀직사사(知密直司事) 성사달(成士達) 등 99인을 뽑았는데, 당시에 세내로 인재를 얻었나고 일컬었다.

충혜왕이 평소에 공이 엄한 것을 어렵게 여겼다. 그런데 좌우의 신하들이 또 많이 공을 시기하면서도 뭔가 트집 잡을 구실이 없자, 그들이 상에게 "김공은 조용한 것을 좋아하니, 벼슬길에 나오는 것은 그의 뜻이 아니다."라는 뜻으로 아뢰었다. 이에 상이 차츰 그 말을 믿게 되어 공을 체직(遞職)시키자, 뭇 소인배들이 더욱 기승을 부리게 되었다. 그리하여 계미년(1343, 충혜왕 복위 4) 겨울에 이르러서는 마침내 악양(岳陽)의 화[20]가 일어나고 말았다. 갑신년에 충목왕(忠穆王)이 즉위하여 공을 우부대언(右副代言)에 기용했다가 지신사(知申事)로 옮겨 주었는데, 당시에 권력을 장악한 대신이 자기에게 아부하지 않는 것을 미워한 나머지 상에게 아뢰어 판도판서(版圖判書)를 제수하였다. 그러나 얼마 지나지 않아서 상이 후회하고는 즉시 밀직부사(密直副使)와 제조전선사(提調銓選事)에 임명하고 지사(知司)로 승진시켰다.

기축년(1349)에 충정왕(忠定王)이 즉위하여 서연(書筵)을 열고 공을 사(師)로 삼았으나 공이 고사하였다. 첨의사(僉議司)에 들어가서 평리(評理)가 되고, 광정대부(匡靖大夫)로 예문관대제학 지춘추관사상호군(藝文館大提學知春秋館事上護軍)을 맡으면서 제조전선사를 겸임하였으며, 얼마 뒤에 삼사우사(三司右使)로 자리를 옮겼다. 이때 입대(入對)하여 왕에게 아뢰기를 "문관의 선임은 이조에서 관장하고, 무관의 선임은 병조에서 관장하게 되어 있습니다. 그런데 지금 정방(政房)에서 총괄하고 있는 것은 권신으로부터 시작되었으니, 이는 나라의 아름다운 법도가 아니라고 하겠습니다. 따라서 전하께서 신의 건의를 들어주시어 예전대로 행하게 하는 것이 온당하다고 여겨집니다." 하니, 상이 따랐다. 그러나 전선(銓選)이 반드시 공정하게 되도

20 충혜왕 복위 4년(1343) 11월에 원 순제(元 順帝)의 명으로 왕이 원나라로 잡혀 들어갔다가, 그 이듬해 정월에 게양현(揭陽縣)으로 귀양 가던 도중에 악양현(岳陽縣)에서 죽은 사건을 말한다. 이때 왕을 시종하는 신하가 한 사람도 없었다.

록 할 목적으로, 공에게 전리판서(典理判書)를 겸임하게 하였다.

신묘년(1351) 10월에 현릉(玄陵)이 왕위를 계승하자, 공이 두문불출하고 대부인을 봉양하였다. 그러다가 대부인이 세상을 떠나자 아침저녁으로 예법을 다하면서 대상을 마치니, 시중 홍양파(洪陽坡) 홍언박(洪彦博)) 선생이 당대의 명경(名卿)들과 함께 찾아가서 노고를 위로하였다. 이에 공이 말하기를 "내가 나이 63세 때부터 이곳에 거처를 정하였는데, 하루아침에 내 몸이 아침 이슬보다도 빨리 스러져서 종족의 수치가 되지나 않을까 하는 점이 항상 걱정이었다. 그런데 오늘날까지 살아남게 되었으니, 이는 돌아가신 부모님의 은혜 덕분이다." 하고는 말을 끝내자마자 눈물을 흘리니, 제공이 모두 함께 눈물을 떨구면서 탄복하였다.

그리고 여묘(廬墓)를 마치고 집에 돌아와서는, 대청 북쪽 모퉁이에다 위판(位版)을 마련해 놓고 행사를 할 때마다 곡읍(哭泣)을 멈추지 않았다. 공이 이때에도 예전부터 앓던 병 때문에 문밖을 나가지 않았는데, 현릉이 그 풍도를 듣고는 사신을 보내 공에게 유시(諭示)하기를 "공과 대화를 나눠 보려고 생각한 지가 오래되었다. 과인이 한번 만나 볼 수 있게 해 줄 수 없겠는가." 하였다. 이에 공이 황공한 심정으로 자질(子姪)의 부축을 받으며 들어가서 알현하자, 상이 이르기를 "용모를 보니 그다지 쇠하지도 않았는데, 어째서 이런 병에 걸렸을까." 하고는 한참 동안 탄식을 하며 아쉬워하였다. 그러고는 유사에게 명하여 공이 사는 동네를 영창방(靈昌坊) 효자리(孝子里)로 정표(旌表)하게 하고, 그 마을의 몇 호에 대해서 부역을 면제하여 제사를 받들게 하였다.

신축년(1361, 공민왕10) 11월에 홍건적(紅巾賊)을 피하여 고창현(高昌縣)까지 갔다가 거기에 그대로 버물러 거주하였다. 계묘년 봄 3월에 가벼운 병증을 보였으나 기거와 언어에는 조금도 변함이 없었다. 14일에 날이 이미 저

물었을 때 공이 부인에게 말하기를 "나의 나이가 올해로 70이니, 지금 죽은들 또 무슨 유감이 있겠소. 남자가 부인 앞에서 숨을 거두지 않는 것이 예이니, 여러 비첩(婢妾)들과 함께 물러가 계시오." 하고, 또 경계시키기를 "혹시라도 큰소리를 내거나 다급한 말을 하여 나를 동요시키지 말라." 하고는, 조금 있다가 숨을 거두었으니, 평소에 공이 얼마나 수양했는지를 이를 통해서도 알 수 있다 하겠다. 아들과 사위들이 영구(靈柩)를 받들고 개경으로 돌아와서, 모월 갑자일에 덕수(德水)에 있는 선영 아래에 안장하였다.

공은 문하평장(門下平章)으로 시호가 양간(良簡)인 김공 휘 승택(承澤)의 딸에게 장가들어 자녀 둘을 낳았다. 아들 홍조(興祖)는 기개있는 신념의 소유자로 벼슬이 중현대부(中顯大夫) 군기감(軍器監)에 이르렀으며, 수원과 해주의 부사를 역임하면서 치적(治績)이 자못 현저하였는데, 취성(鷲城 신돈(辛旽))의 손에 죽었으므로 사람들이 지금까지도 애처롭게 여기고 있다. 딸은 신라 시조 혁거세(赫居世)의 후손인 봉선대부(奉善大夫) 내부부령(內府副令) 박문수(朴門壽)에게 출가하였다. 손자와 손녀 약간 명이 있다. 군기(軍器)는 감찰대부(監察大夫) 신중전(申仲全)의 딸에게 장가들어 1녀를 낳았는데, 낭장(郎將) 송의번(宋義番)에게 출가하였다. 내부(內府)는 2남을 낳았다. 장남 총(叢)은 학문을 좋아하고 뜻이 고상한데 전에 봉선대부(奉善大夫)로 좌우위보승호군(左右衛保勝護軍)을 지냈으며, 막내 포(苞)는 진사 출신으로 전의녹사(典儀錄事)이다. 외증손 몇 명이 있는데 모두 어리다.

호군(護軍)이 공의 행장을 가지고 한산 이색을 찾아와서 명(銘)을 청하며 말하기를 "그대가 명을 지어 주어야 하겠다."고 하기에, 내가 그 부탁을 받아들여 이렇게 서술하였다. 아, 선생의 덕행과 정사(政事)가 이처럼 뚜렷하니, 자손들도 많이 두어야만 마땅할 것이다. 그런데 군기감에게 후사(後嗣)가 없으니, 이는 하늘의 뜻이 옳다고 단정 지을 수 없는 것이요, 하늘의 좋아하고 싫어함이 사람들과는 다르다는 것을 반증하는 것이라고 하겠다. 아, 슬픈 일이다. 그렇긴 하지만 다행히도 박씨(朴氏)가 있지 않은가. 선비가 공을 수립하여 자기의 외조부를 빛낸 경우가 역사의 기록에 끊이지 않고 있으니, 박씨는 힘쓰고 힘쓸지어다.

명은 다음과 같다.

동쪽 언덕 위의
푸르른 저 솔숲은
군자의 저택이요
못물 가득 채운
맑은 저 연꽃 향은
군자의 덕이로세.
나가서 임금 섬길 적엔
정사와 문장으로써
우리 왕국 바로잡았고
들어와 부모 섬길 적엔
늙을수록 더욱 참되어
우리 민속 교화시켰네.
선생의 그 드높은 풍도
해동에 널리 입혀져서
길이 대대로 본받으리니
내가 이렇게 명을 짓는 것도
사정(私情)에 끌림이 아니요
곧은 사필에 입각한 것이로세.

松堂先生金公墓誌銘 幷序

至正辛巳.予年十四.赴成均試.在庭中望見先生.具袍笏端坐.儼然如泰山喬嶽.群士屛氣不敢譁.旣爲門生.往來聽敎.則溫言柔色.推明國典.奬誘人材.亹亹不已.慨然有風俗日頹之歎.居家不理生産.左右琴書.澹如也.栽松東岡.植蓮南池.每歲庭中牧丹花開.具酒食召門生.上太夫人壽.兄弟子姓.怡怡愉愉.孝悌之至.通于神明.太夫人享九十一歲之壽.嗚呼盛矣.歲丙申三月.太夫人以病卒.葬于皇考文正公之墓次.居其傍終制.先生素以病艱於行步.然朝夕奠.洒掃必親.無少輟國.俗守父母墳.多以奴代.私爲復其身.先生不忍褻其親.躬行之.蓋近世宰相所未有也.先生姓金氏.諱光載.字子輿.號松堂居士.光州人.司空金吉之後也.司空佐大祖有功.其裔孫諱匡瑞.中郎將.中郎將生諱偉.三司使.三司使生諱鏡亮.大將軍.大將軍生監察御史諱須.元初.三別抄者不樂內附.叛入海島.御史守靈光死之.御史娶國子祭酒高公諱瑩中之孫某官諱夢卿之女.年至百二歲.初.高氏夢見明星入懷中.生快軒先生文正公諱台鉉.以四世元老.爲國蓍龜.政丞致事.嘗集國初以來文章.目曰海東文鑑.行于世.掌試成均.知貢擧.所取士多聞人.竹溪安謹齋，崔拙翁.尤其傑然者也.先娶行首郎將金儀之女.生一男.曰光軾.官至選部議郎.繼室以太祖子孝隱之後侍郎諱丁旦之女.生三男二女.長光轍.及第.官至密直使.次先生.次光軨.及第.女長適政堂文學安牧.次適密陽君朴允文.公之昆季三人旣登科.大夫人受廩祿終其身.朴氏子四人.安氏孫三人皆登科.時人歆之.公以至元甲午正月甲子生.旣生而身長二尺餘.父母異之.絶愛之.旣冠.中皇慶癸丑科.座主一齋先生權政丞愛其知禮.厚待之.補成均學官.至順庚午.從忠惠王京師.以勞授司僕寺丞.遷都官正郎.後至元己卯.忠惠王幾爲曺頔所廢而幸勝之.然其黨多附勢.必將甘心焉.及王如京師.公曰.吾君危矣.吾忍獨免乎哉.往從之.賴天子聖明.復爵東還.實庚辰秋七月也.以軍簿摠郎叅銓選事.累轉成均祭酒，三司左尹，判典校寺事.皆兼館職知製敎.明年秋.掌試成均.取今知密直司事成士達等九十九人.時稱得士.忠惠王素憚公嚴.左右又多忌之.顧無所藉口.迺曰.金公愛靜.仕進非其志也.上稍信之.乃褫其職.群小益張.癸未冬.岳陽之禍起矣.甲申.忠穆王立.起公爲右副代言.遷至知申事.用事大臣.惡不附己.自授版圖判書.未幾.上悔之.卽拜密直副使， 提調銓選事.陞知司.己丑.忠定王立.開書筵.以公爲師.公固辭.入僉議爲評理，匡靖大夫藝文館大提學，知春秋館事，上護軍.仍提調銓選事.俄改三司右使.入告于王曰.文選.吏曹掌之.虎選.兵曹掌之.摠于政房.自權臣始.非令典也.殿下如聽臣言.仍舊便.從之.然必▣▣公.命公兼典理判書.辛卯冬十月.玄陵嗣位.公杜門不出.奉養大夫人.朝夕盡禮.及其琴祥.侍中洪陽坡先生與一時名卿.往勞苦之.公曰.吾年六十三.始居于玆.常懼一旦身先朝露.以爲宗族羞.獲至今日.考妣之德也.言畢泣下.諸公皆泣下嘆服.旣還.設版位於堂北隅.每行事.泣不止.以舊病不出門.玄陵聞其風.使使諭公曰.思與公語久矣.不識可使寡人得見乎.公惶恐.子姪扶以入.上曰.年顔非甚衰也.而有斯疾.何耶.嘆惜者久之.命有司旌表所居曰靈昌坊孝子里.復其里若干戶以奉祀焉.辛丑冬十一月.避紅賊至高昌縣.因留居之.癸卯春三月.感微恙起居語言無少變.十四日旣晩.謂夫人曰.吾今年七十.死復何恨.男子不絶於婦人之手禮也.可與衆婢退矣.且戒無或高聲疾語以擾我也.俄而絶.平日所養.可知已.子壻扶柩還京.某月甲子.葬于德水先塋.公娶門下平章謚良簡金公諱承澤之女.生子二人.男曰興祖.倜儻有志.官至中顯大夫軍器監.歷使水原，海州.政績頗着.死於鷲城之手.人至今憐之.女適奉善大大內府副令朴門壽.新羅始祖奕居世之後也.孫男女若干人.軍器娶監察大夫申仲全之女.生一女.適郎將宋義番.內府生二男.長瓛.好學尙志.前奉善大夫左右衛保勝護軍.季苞.進士，典儀錄事.外曾孫若干人.皆幼.護軍以公行狀.徵銘於韓山李穡曰.子宜銘.乃受而敍之.嗚呼.先生之德行政事.表表如此.宜其子孫之多也.而軍器監無後.是天之未定也.是天之好惡與人殊也.嗚乎悲夫.幸而朴氏存焉.士之樹立.以顯其外大父者.史不絶書.朴氏其勉旃.其勉旃.銘曰.惟東有岡.有松蒼蒼.君子之宅.池水之盈.蓮香之淸.君子之德.出以事君.有政有文.正我王國.入以事親.愈老愈眞.化我民俗.先生之風.被于海東.永世攸則.我作斯銘.匪私先生.史筆之直.

7. 문생장시도가(門生掌試圖歌) 병서(幷序)[21]

국재(菊齋)[22] 권정승(權政丞)이 광묘(光廟)[23]가 처음 과거(科擧)를 설시한 이래 좌주(座主)와 장원(壯元)의 성명(姓名)을 모아서 한 권(卷)을 만들고, 또 부(父), 자(子), 손(孫)이 서로 이어 과시(科試)를 관장한 사람 및 좌주가 무양(無恙)한 때에 문생이 과시를 관장한 사람들을 모아서 책 후미에 도면(圖面)을 만들어 붙이고, 그 제목을 『계원록(桂苑錄)』이라 하였다. 그래놓고 보니 400여 년에 걸친 문사(文士) 회합(會合)의 성대함이 찬연히 한눈에 들어올 뿐만 아니라, 문생과 좌주 사이의 은의(恩義)의 온전함이 국가의 원기(元氣)를 배양하기에 충분하여, 시서(詩書)의 은택과 사한(詞翰)의 화려함이 백세(百世) 뒤에까지도 폐해지지 않게 되었다. 중찬(中贊) 유경(柳璥)이 일찍이 과시를 관장했을 적에 그의 좌주인 평장(平章) 임경숙(任景肅)이 자신이 띠고 있던 홍정오서대(紅鞓烏犀帶)를 끌러 유경에게 채워 주면서 이르기를 "경의 문하

21 『목은문고』 권26, 한국고전번역원.
22 권보(權溥)의 호이다.
23 고려 시대 처음으로 과거제를 실시한 광종(光宗).

(門下)에서 다시 경과 같은 사람이 나오거든, 비로소 나의 오늘 이 마음을 알게 될 것이다. 이 띠를 경에게 전해 주노라." 하였으니, 이것이 또 홍정 오서대를 서로 수수(授受)하게 된 시초이다. 그로부터 지금 계해년까지는 120여 년이 되었는데, 나의 문생 염정수(廉廷秀)가 성균시(成均試)를 관장하였으니, 그는 바로 예천정승(醴泉政丞)[24] 권공(權公)의 외손(外孫)이기도 하다. 그래서 나의 성균시 때 좌주였던 송정(松亭)[25] 김 선생(金先生)이 남겨준 서대(犀帶)를 그에게 주노니, 송정은 이것을 일찍이 예천에게서 친히 받았던 것이다. 짤막한 노래를 읊어 이루게 되니, 이는 늙은이의 지극히 다행스러운 일이며, 선진(先進)들의 남긴 업적이기도 한 것이다. 노래는 다음과 같다.

국가엔 원기를 배양하고
사문은 정맥[26]을 전하였네
깊고도 원대하신 우리 광묘께서
비로소 시서의 우로를 쏟아 내려
단계의 숲[27]을 흠뻑 적셔 주시매
깊은 풍로 속에 향기가 풍겼어라
뭇 인재들을 동량으로 작성하여
혁혁한 광채가 고금에 빛났도다

---

24 고려 후기에 벼슬이 도첨의정승(都僉議政丞)에 이르고 예천부원군(醴泉府院君)에 봉해진 권한공(權漢功)을 가리킨다. 권한공의 아들 권중달이 김성우의 조부인 김류(金流)의 매제이다.

25 이색이 성균시에 응시했을 때의 좌주(座主)였던 김광재의 호이다.

26 공맹(孔孟)의 도(道)의 정통(正統)을 말한다.

27 진 무제(晉武帝) 때 극선(郤詵)의 현량 대책(賢良對策)이 천하제일로 뽑혔을 적에 무제가 극선에게 이르기를 "경(卿)은 스스로 어떻게 생각하는가?" 하자, 극선이 대답하기를 "신의 현량 대책이 천하제일로 뽑힌 것은 마치 계림의 계수나무 한 가지, 곤산의 한 조각 구슬[桂林之一枝 崑山之片玉]과 같은 것입니다."라고 했던 데서 온 말로, 전하여 과거(科擧)에 급제한 인재들을 가리킨다.

좌주는 다행히 병 없이 건강한데
문생은 풍채가 화락한 모습으로
문생들 거느리고 가서 알현할 제
좌주는 기뻐하여 상을 내렸으니
무엇으로 진정을 표했는가 하면
무소뿔 장식이 홍정에 비치었네
재배하고 진귀한 선물 받고 나면
모두들 희세의 광영이라 했었지
이게 무엇이 다르랴 늙은 부모가
자식의 출세한 걸 놀라 기뻐함과
하루아침에 문생들을 거느리고
풍악 잡혀 축수를 드리니 말일세.
나 같은 사람 또한 다행하고 말고
세 번이나 과거 시험 주관했는데
어찌 기약했으랴 가장 연소자가
바로 제 문생을 거느리고 올 줄을
이 때문에 나의 붓 뽑아 들고
풍우처럼 신속하게 시를 쓰노니
행여 실추함이 없이 서로 전하여
의당 천지와 더불어 영원했으면

門生掌試圖歌 幷序

菊齋權政丞.集光廟設科以來座主壯元姓名爲一卷.又集父子孫相繼掌試者及座主無恙.門生掌試者.爲圖於後.題其目曰桂苑錄.四百餘年文會之盛.粲然在目.門生座主恩義之全.足以培養國家之元氣.而詩書之澤.詞翰之華.雖百世可無替也.柳中贊璥之掌試也.其座主任平章景肅.解所帶烏犀紅鞓以

帶之曰.卿門下有如卿者出.方知吾今日之心矣.其以此帶與之.此又紅鞓授受之所起也.距今癸亥.一百二十餘年.而吾門生廉廷秀掌試成均.醴泉政丞權公之外孫也.予以成均座主.松亭金先生所留犀帶與之.松亭所親受於醴泉者也.吟成短歌.老夫之至幸也.先進之餘烈也.歌曰

國家配元氣.斯文傳正脈.穆穆我光廟.肇泒詩書澤.浸漬丹桂林.香浮風露深.群村作棟樑.赫赫光古今.座主幸無恙.門生風彩暢.庭謁領門生.座主方喜賞.何以表眞情.犀銙映紅鞓.再拜荷珍錫.人曰稀世榮.何異老父母.驚喜子遭遇.一旦領門生.張樂斟壽酒.伊我亦幸哉.三見文闈開.何期最少者.乃率門生來.所以動我筆.題詩風雨疾.相傳庶無墜.當與天地畢.

8. 김성우 묘비명

절충장군 전라우도 도만호 지 초토영전사 김공 성우 지묘

공의 선대는 광산김씨로 고려의 시중을 지낸 주정(周鼎)의 후예이다. 시중의 차자가 문임랑 감찰어사를 지낸 류(流)이며, 어사가 봉익대부 판도판서 휘 윤장(允臧)을 낳았다. 판서가 고려 말 전라우도 도만호로 지금의 수군절도사인 공을 낳았다. 공은 일찍이 왕명을 받들어 왜구를 토벌하고 보령을 지나다가 보령 땅을 좋아하여 가계를 꾸리니 보령현 사람이 되었다. 공이 남호를 낳으니 이조판서에 추증되었다. 판서 남호가 5남을 낳았으니 중로, 선로, 숙로, 홍로, 계로 인바 중로는 두 차례 무과에 급제하여 사헌부 감찰을 지냈고 좌찬성에 추증 되었다. 찬성 중로가 2남을 낳으니 맹권, 공권이다. 맹권은 일찍이 진사에 발탁되었으나 세상을 은둔 종신하였으며 영의정에 추증되었었다. 의정 맹권이 3남 2녀를 두었으니 장남은 극신으

로 생진 양시에 합격하였고, 좌통례에 추증되었다. 차자는 극성으로 생원시와 문과 별시에 장원했으며 그 품계가 우의정에 이르렀다. 정국공신으로써 훈맹은 광성부원군에 봉하였다. 제3자는 극양으로 순창군수를 지냈다. 큰딸은 수원판관 이치에 시집갔고 차녀는 충순위 원이에 시집갔다. 좌통례 극신이 2남을 두었는데 장자는 문서로 무과에 급제하여 낙안현령을 지냈고 병조참의에 증직되었다. 차자 인서는 청추판관을 지냈다. 광성부원군 극성의 아들 인사는 양근군수를 지내고 팔십을 수하여 통정대부에 승차하였다. 이치가 3남을 낳으니 장남은 지번으로 내자정을 지냈고 증 영의정 한천부원군이다. 차자는 지무로 증 영의정 한창부원군이며, 막내가 지함으로 아산현감을 지냈다. 원이가 4남을 낳으니 충량은 만포첨사를 효량은 세 고을 현령을 지냈고 우량은 부장을 지냈으며 계량은 첨지를 지냈다. 증 병조참의 문서가 2남2녀를 두었는데 장자는 백간으로 안산군수에 증 이조참판이며, 차자는 중간이며 딸은 이간에게 시집보냈는데 그 아들이 홍로이다. 참판 백간이 3남을 낳았는데 장자인 태정은 문과에 올라 벼슬이 참판으로 후계가 없으며 차자 태국이 종사를 이어 받는다. 양근군수를 지낸 인사가 5남 3녀를 두었으며 아들은 내륜, 경록, 경지, 경상, 경조이다. 한천부원군 이지번이 1남을 낳았는데 산해로 일찍이 영의정을 지냈고 한창부원군이 아들 산보를 낳았으니 이조판서로 마침내 좌찬성에 추증되었다. 오호라! 공이 별세한지 이제 이백 여년인데 친손, 외손까지 벼슬이 끊이지 아니하여 저렇게 조존성, 이경전, 이경탁, 홍명원, 권진, 박율, 이후, 이구 등 모두가 명망 높은 관직에 올라있다. 지파를 기록치 아니함은 너무 번거로워서이다. 그 옛날 나의 조부 광성부원군이 이 상석을 판출하고도 묘갈명은 그 뜻을 이루지 못하고 세상을 떠났다. 이제야 어린 손자가 조부의 뜻을 받들어 추술하고자 정성을 꾀할 지음 이홍로가 마침 충청도절도사로써 출역하여 도우니 대략만의 원류계통을 서술하여 내가 친히 돌에 새김이여!

(만력 35년 정미년(1607) 봄에 삼가 정성으로써 묘전에 세운다. 칠대 손 경지가 삼가 글을 짓고 7대손 섭이 쓰다.)

折衝將軍 全羅右道 都萬戶 知 招討營田事 金公成雨之墓

公之先系光州人 高麗侍中諱周鼎之後 歷若干世 至文林郞監察御使諱流御使生諱允臧 奉翊大夫版圖判書 判書生公 麗季爲全羅右道都萬戶 卽今之水使也 嘗以王命討倭寇過保寧樂其土因家焉 遂爲縣人 公生南浩 贈吏曹判書 判書生五男 曰仲老善老叔老興老季老 仲老再中武科 仕至監察 贈左贊 成贊成生二男 曰孟權公權 孟權早擢進士 遯世終身 贈領議政 議政生三南二女 長克愼中生進兩試贈左通禮 次克成冠生員 試登文科壯元 位偉右議政 以靖國勳封光城府院君 次克讓淳昌郡守 一女適水原判官李穉 次適忠順衛元頤 通禮生二男 曰文瑞登武科樂安縣令 贈兵曹參議 曰麟瑞淸州判官 光城有一男麟士 楊根郡守年享八十陞通政 李穉生三男 曰之蕃內資正贈領議政韓川府院君 曰之茂贈領議政韓昌府院君 曰之菡牙山縣監元頤生四男 曰忠良滿浦僉使 曰孝良三登縣令 曰友良部長 曰季良僉知 參議生二男二女 長伯幹安山郡守贈吏曹叅判 次仲幹 女適郡守李侃 有子曰弘老 參判生三男 曰泰廷中文科官至參判無後 次泰國奉承宗祀 楊根生五男三女 曰乃崙景祿景祉景祥景祚 韓川生男曰山海曾經領議政 韓昌生一男山甫以判書卒贈左贊成 嗚呼 公之沒今已二百餘年而內外子孫簪纓不絶如 趙存性李慶全 李慶倬洪命元權縉朴㦿李厚李久 亦皆名登桂籍而不書支派者以其煩也 在昔祖光城君 辨誠床喝未成而卒 今乎小孫追述祖意方

謀有爲 適李弘老按節本道出力以助遂 畧叙源流親自鐫焉

萬歷 三十五年 丁未春 謹誠以堅墓前 七代孫 景祉 謹堅 七代孫 涉 謹書.

9. 김극성(金克成)(1474～1540)

김극성 부부 합장묘소(보령시 청소면 재정리 능동)

김극성은 1474년에 태어나 1540년에 태어난 조선중기의 문신이다. 자는 성지(成之), 호는 청라(靑蘿), 우정(憂亭)이다. 아버지는 진사 김맹권(金孟權)이며 김성우의 현손이다. 1498년(연산군 4) 별시문과에 장원으로 급제하여 전적, 헌납, 사인 등을 지냈다. 1506년 중종반정에 공을 세워 정국공신(靖國功臣) 4등에 녹훈되고 광성부원군(光城府院君)에 책봉되었다. 이어 예조판서, 대사헌, 평안도관찰사 등을 지냈다. 병조판서 겸 세자이사로 있던 1530년 김안로(金安老)의 탄핵으로 정광필(鄭光弼)과 함께 홍덕(興德)에 7년

간 유배되었다가 1537년 김안로가 사사되자 다시 기용되어 우의정에 올랐다. 시호는 충정(忠貞)으로 『우정집』이 있다. 부인은 신평이씨 부사직 이문충의 딸로 슬하에 양근군수 김인사, 판관 이좌명, 충의위 윤지양, 생원 이몽규에게 각각 시집간 딸 셋이 있다. 계배와의 사이에 아들 김원사, 용인인 이억장에게 시집간 딸이 있다.

묘소는 보령시 청소면 재정리 능동에 정부인 신평이씨와 합폄되었다. 김극성은 그의 사후 불천지위의 은전을 받았고 매년 9월 9일 사림봉사(士林奉祀)하고 있다. 그의 위패를 봉안한 사우는 1983년 충남문화재자료 제143호로 지정되었다. 신도비는 월사 이정구가 글을 짓고 보령현감 최응천이 글씨를 썼다.

김극성 사우(보령시 청소면 재정리 능동)

〈행장(行狀)〉

공(公)은 휘(諱)가 극성(克成)이고 자(字)가 성지(成之)이며 본관은 광주(光州)이다. 고려조에 시중(侍中)을 지낸 휘(諱) 주정(周鼎)의 후손이고, 몇 대를 지나 문림랑(文林郞)에 이르면 감찰어사(監察御史) 휘 류(流)가 있다. 어사공(御史公)께서 휘 윤장(允臧)을 낳았으니, 봉익대부(奉翊大夫) 판도판서(版圖判書)를 지냈다. 판도공(版圖公)께서 절충장군(折衝將軍) 전라우도 도만호(全羅右道都萬戶) 휘 성우(成雨)를 낳았는데, 공의 고조(高祖)가 된다. 이 분이 일찍이 어명을 받들고 왜적을 토벌하러 가는 길에 보령(保寧)을 지나다가 그 땅이 좋아서 그곳에 집을 짓고 살게 되어 드디어 보령 사람이 되었다. 증조 휘 남호(南浩)는 증(贈) 자헌대부(資憲大夫) 이조 판서 겸 지의금부사(吏曹判書兼知義禁府事)인데, 전에 도만호(都萬戶)공께서 자제들에게 타이르기를, "내 평생 기록할만한 덕이 없구나. 여러 차례 왜구를 무찔렀으니, 저들이 비록 추한 무리라 하나 살육을 너무 많이 하였구나. 살육은 도가(道家)에서는 꺼리는 것이니 너희들은 오직 덕을 수행하여 출세할 뜻을 깨끗이 없애면 대대로 덕을 보전할 수 있을 것이다."라 하셨다. 이 때문에 판서공께서는 가난한 이들을 구휼하고 환란을 당한 사람을 구제하는데 전념하였다. 한 번은 제주도에서 온 고씨(高氏) 부인이 있었는데, 흉년이 들어 성숙한 딸과 토마(土馬)를 몰고 바다를 건너 왔다. 서울에 이르러 공의 인자함을 알고는 딸과 말을 바치며 목숨을 의탁하려고 했다. 공은 주는 것을 받지 않고 그들을 집에서 보살펴 주었으며, 뒤에 보령(保寧) 강씨(姜氏)의 아들에게 그 딸을 시집보냈다. 딸이 나중에 아들 순(峋)을 낳았는데, 지위가 삼공에 이르렀으니 공의 음덕이 남에게 미친 것이 이와 같았다.

조부 휘 중로(仲老)는 무과에 거듭 합격하여 벼슬이 승의랑(承議郞) 사헌부감찰(司憲府監察)에 이르렀고, 숭정대부(崇政大夫) 의정부좌찬성 겸 판의금부사(議政府左贊成兼判義禁府事)에 추증되었다. 부친 휘 맹권(孟權)은 일찍이 진사에 뽑혀 세상에 중망이 있었지만, 영리를 좋아하지 않아 임천(林泉)에 물러나 살며 자제들을 가르치고 기르는 것으로 천수(天壽)를 마쳤으며, 순충보조공신(純忠補祚功臣) 대광보국숭록대부(大匡輔國崇祿大夫) 의정부영의정 겸 영경연 홍문관 예문관 춘추관 관상감사(議政府領義政兼領經筵弘文館藝文館春秋館觀象監事)에 추증되고 광산부원군(光山府院君)에 봉해졌다. 모친은 나주 전씨(羅州典氏)로 직장(直長) 휘 삼달(三達)의 따님으로 성화(成化) 10년 갑오(1474, 성종 5) 윤 6월 19일에 공을 낳았다.

홍치(弘治) 9년(1496, 연산군 2) 병진 생원시에 장원급제하였다.

11년(1498) 무오 문과에 제1인으로 발탁되어 전례대로 선무랑(宣務郎) 성균관전적 겸 종학사회(成均館典籍兼宗學司誨)에 제수되었다.

12년 사헌부 감찰(司憲府監察)로 전보(轉補)되었다.

13년 성절사(聖節使)의 서장관(書狀官)으로 북경에 갔는데, 돌아오는 길에 외간(外艱)을 당하였다.

15년 복제(服制)를 마치고 병절교위(秉節校尉) 함경남도평사(咸鏡南道評事)에 제수되었는데, 조정에서 공을 문무를 겸비한 유능한 재목으로 여겨 융막(戎幕)에서 시험해 보고자 했기 때문에 이 명을 받은 것이다.

17년 여름 임기가 차자 선교랑(宣敎郎) 성균관전적(成均館典籍)으로 옮겼다가 곧이어 홍문관 수찬 지제교 겸 경연검토관 춘추관기사관(弘文館修撰知製敎兼經筵檢討官春秋館記事官)에 전보되고, 얼마 안 되어 승훈랑(承訓郎) 사간원헌납 겸 춘추관기주관(司諫院獻納兼春秋館記注官)에 초배(超拜)되었다. 이때 연산(燕山)의 정치가 문란해져 터무니없는 죄로 심순문(沈順門)을 죽이고자 신하들에게 의견을 물으니, 삼공 이하가 모두 감히 다른 말을 하지 못하였다. 대사간(大司諫) 성세순(成世純)이 말하기를, "우리들은 간관(諫官)의 직책에 있으니 어떻게 처신해야겠소?"라 하니, 좌우의 사람들이 침묵하였는데, 공이 대답하기를, "관직이 임금께 간하는 것으로 이름을 삼았는데, 죄 없는 사람이 죽는 것을 보고도 자신의 몸을 아껴 말하지 않는다면 이 직책을 어떻게 맡을 수 있겠는가?"라고 하였다. 정언(正言) 이세응(李世應)은 "헌납(獻納)의 말씀이 옳습니다."라 말하고, 어떤 이는 "만약 교지를 따르지 않는다면 반드시 순문과 함께 죽어서 끝내 아무런 이익이 없을 것이다."라고 말하였다. 공과 성공(成公)은 태연자약하게 담소하며 말하기를, "사생(死生)은 큰 것이니, 각자 자기 뜻에 맡기면 될 것이오. 오늘 먼저 죽는 자는 필시 우리 두 사람일 것이고 다음은 정언이 될 것이니, 어찌 다른 사람에게 누를 끼치겠소?" 하고, 드디어 순문에게 죄가 없다는 정상을 아뢰었다. 연산은 그 말을 받아들이지 않았으나, 또한 죄를 내리지도 않았다.

18년 봄에 봉직랑 병조정랑지제교(奉直郞兵曹正郞知製敎)에 옮겼다가, 가을에 조산대부(朝散大夫) 사복시첨정 겸 지제교(司僕寺僉正兼知製敎)에 승진되고, 겨울에는 의정부사인 지제교 겸 춘추관수찬관(議政府舍人知製敎兼春秋館修撰官)에 선발되었다.

정덕(正德) 원년(1506, 중종 1) 병인 가을에 금상(今上)이 즉위하자 분의정국공신(奮義靖國功臣)의 호를 하사받고, 중직대부(中直大夫) 군기시정부정 지제교(軍器寺正副正知製敎)에 제수되었으며, 얼마 뒤 장악원 정(掌樂院正)에 승진하고 전과 같이 겸직하였다.

2년 봄에 절충장군(折衝將軍) 행용양위부호군 겸 선전관(行龍驤衛副護軍兼宣傳官)에 초배(超拜)되었지만, 겨울에 모친이 연로한 이유를 들어 고향에 돌아가 봉양할 수 있게 간청하였다. 그래서 고향과 가까운 곳의 수령에 임명되어 드디어 서천 군수(舒川郡守)를 맡았는데, 정사를 할 때 실혜(實惠)가 있게 힘쓰고 허문(虛文)을 사용하지 않으니, 군을 다스린 3년 만에 관리와 백성이 편안해 하였다. 그러나 공은 '상재(桑梓)[28]에 비록 가까이 있다고는 하나 직무에 얽매이게 되어 여전히 아침저녁으로 모친을 받들어 모실 수 없다.'고 여기고는 이에 벼슬을 버리고 고향으로 돌아가 감지(甘旨)로 모친을 받들었다. 3년이 지나 결국 내우(內憂)를 당하여 몹시 애통해하며 상례를 극진히 하니, 향리 사람들이 칭찬하였다.

8년 복제(服制)를 마치자, 첨지중추부사(僉知中樞府事)에 제수되었다.

9년 장례원 판결사(掌隷院判決事)에 옮겨졌다.

10년 을해 봄에 병조 참의(兵曹參議)에 전보되었는데, 이때 의주(義州)가 여러 해 흉년이 들어 수령이 잇달아 민심을 얻지 못하였다. 조정의 의론은 문무를 겸비한 사람을 뽑아 보내 군사와 백성을 돌보게 하려고 했는데, 중론이 모두 공에게 돌아가 특별히 가선대부(嘉善大夫) 의주목사(義州牧使)에 승진되고 광성군(光城君)에 봉해졌다. 공은 변방 백성들의 성격이 굳세고 사나워 다스리기 어려운 점을 생각하여 '성무(誠撫)' 두 글자를 미루어 그들의 마음을 복종시켰다. 법령을 어긴 자가 있으면 또한 용서하지 않고 말하기를, "내가 널 저버리지 않았는데, 너는 법을 저버렸구나." 하며 백성 중에 제 할 일을 못한 자는 특별히 그 일을 처리할 수 있게 해서 스스로 회복할 수 있게 하니 한 해 만에 고을이 크게 다스려졌다.

13년 무인 가을에 임기가 차자 내직으로 들어와 예조 참판 겸 오위도총부 부총관(禮曹參判兼五衛都摠府副摠管)이 되었고, 겨울에는 경상우도 병마절

28 『시경』「소아(小雅)」 <소반(小弁)>에 "부모가 심은 뽕나무와 가래나무도 공경한다.〔維桑與梓 必恭敬止〕"라고 한 데서 온 말로, 부모가 살던 고향을 뜻한다.

도사(慶尚右道兵馬節度使)에 제수되었다.

15년(1520) 공은 그 도의 관찰사(觀察使)가 되었는데, 송사를 밝게 처리하고 출척(黜陟)[29]을 엄중히 하여 온 도내가 숙연(肅然)해졌다.

16년 공조 참판(工曹叄判)에 체차(遞差)되고 어명을 받아 정조사(正朝使)로 북경에 갔는데, 진퇴(進退)에 법도가 있어서 중국 사람들이 공을 지목하여 예의를 안다고 하고, 예부(禮部)에서 접대와 예우를 더욱 융성하게 해주었다.

가정(嘉靖) 원년(1522) 임오에 북경에서 돌아와 사헌부 대사헌(司憲府大司憲)에 제수되고, 얼마 되지 않아 다시 공조 참판 겸 오위도총부 부총관 세자우부빈객(工曹叄判兼五衛都摠府副摠管世子右副賓客)에 옮겨졌다.

2년 여름에 특별히 자헌대부(資憲大夫) 예조 판서(禮曹判書)에 제수되고, 빈객을 겸대(兼帶)했다가 갑자기 의정부 우참찬 겸 지의금부사 동지춘추관사 세자우빈객(議政府右叄贊兼知義禁府事同知春秋館事世子右賓客)에 옮겨졌다. 가을에는 이조 판서(吏曹判書)에 전보되고 나머지는 전과 같다. 공은 주의(注擬)[30]할 적에 여러 관원의 천거를 널리 채택하였는데, 힘써 그 직임을 감내할 수 있는 자에게 매번 비목(批目)을 내렸으므로 안팎에서 공의 청렴함에 탄복했다. 이때 서북쪽의 오랑캐가 내려와 여연(閭延)과 무창(茂昌)에 거주하여 부락(部落, 마을)이 점점 많아졌다. 조정에서는 이 두 지역에서 오랑캐를 몰아내려고 하였는데, 공에게 장수의 재능이 있어서 큰일을 맡길만하다고 여겨 특별히 평안도 관찰사(平安道觀察使)에 제수하였다.

4년 내직으로 들어와 예조 판서 겸 동지춘추관사 오위도총부 도총관(禮

---

29 출(黜)은 벼슬자리를 좌천 또는 파면하는 것이고 척(陟)은 승진하는 것을 말함.

30 관원을 임명할 때 후보자 세 사람을 추천하여 임금에게 올리는 것으로 의망(擬望)이라고도 한다.

曹判書兼同知春秋館事五衛都摠府都摠管)에 제수되었다.

5년 계모상(繼母喪)을 당하였다.

7년 가을에 복제를 마치고 다시 예조 판서 겸 오위도총부 도총관 세자 좌부빈객(禮曹判書兼五衛都摠府都摠管世子左副賓客)에 제수되고, 겨울에는 사헌부 대사헌 겸 세자우부빈객(司憲府大司憲兼世子右副賓客)에 전보되었다.

8년 특별히 의정부 우찬성 겸 지경연사 세자이사(議政府右贊成兼知經筵事世子貳師)에 제수되었다.

9년 병조 판서 겸 지경연 춘추관사(兵曹判書兼知經筵春秋館事)에 전보되었다.

10년 여름에 의정부 좌찬성(議政府左贊成)에 옮겨지고 나머지는 전과 같다. 그해 겨울에 권신(權臣, 金安老를 말함)의 모함을 받았는데, 은밀히 대신을 얽어서 공에게까지 화를 미치게 하여 결국 홍덕(興德)에 유배되었다. 공은 허물을 자신에게 돌려 자책하고 7년 동안 두문불출하면서 친척이 지나가더라도 만나지 않고, 사람들이 혹 안부를 묻거나 선물을 보내와도 번번이 사양하고 받지 않았다.

16년 권신이 처형되자 공은 다시 의정부 좌참찬 겸 세자좌빈객(議政府左叅贊兼世子左賓客)이 되고, 곧이어 대광보국숭록대부(大匡輔國崇祿大夫) 의정부 우의정 겸 영경연감 춘추관사(議政府右議政兼領經筵監春秋館事)에 제수되고, 광성부원군(光城府院君)에 봉해졌다. 무릇 나라에 큰 의론이 있으면 반드시 옛 일을 증거(證據)로 삼고 시의(時宜)를 짐작하여 합당한데로 이끌어 갔다.

19년 경자에 병으로 집에 누워 있다가 4월 초 5일에 돌아가시니 향년 67세였다. 부고를 듣고 임금이 몹시 슬퍼하여 사흘 동안 조회를 중지하고, 특별히 승지(承旨)를 보내어 조상(弔喪)하였으며 사제(賜祭)와 부의(賻儀)를 후하게 내려주도록 유사(有司)에게 명하였다. 이해 8월 25일 보령현(保寧縣) 북쪽 청소리(靑所里) 오서산(烏棲山) 자락에 예장(禮葬)하였다.

공은 자질이 넉넉하고 빼어났으며 기국(氣局)이 넓고 굳셌고, 온화하면서도 근엄하여 평소 거동에 일정한 법도가 있으며 기쁨과 노여움을 얼굴에 드러내지 않았다. 처음 벼슬을 시작하여 늙을 때까지 벼슬살이를 하면서 나라를 걱정하는 마음은 시종 한결 같았다. 남을 대할 적에는 반드시 지성(至誠)으로 하였으며, 혹 저버린 자가 있더라도 처음처럼 그를 대하며 개의치 않았다. 비록 자제(子弟)가 잘못한 일이 있더라도 반드시 차분하게 옛일을 끌어와서 온화한 낯빛으로 깨우쳐 주며 다그치지 않은 것이 이와 같았다. 관직에 나아가선 또 지극히 신중하여 미결수(未決囚)를 만나면 죄의 정상을 알아내는데 힘쓰고 연체되는 것에 구애받지 않았다.

의주(義州)에 있을 적에 어떤 부인이 이웃 사람 아무개 갑을 고소한 일이 있었다. 갑은 그의 남편과 장사하였기 때문에 짝을 지어 함께 떠났는데, 그의 남편을 죽이고 시체가 있는 곳도 알지 못하였다. 증명이 자못 명백하였으나 공은 원한이 있을 것으로 의심하고 송사를 늦추어 은밀히 단서를 찾으며 하루도 빠짐없이 6개월을 조사하였다. 봄이 되어 얼음이 녹기 시작하자 국경을 망보던 자가 계상(界上)에서 돌아왔는데, 공은 그가 본 것에 대해 이것저것 자세히 물었다. 대답하기를, "강 가운데 빠져죽은 말이 있었는데, 반은 밖으로 나와 있었습니다."라고 하였다. 공은 몸소 가서 살펴보고는 이내 얼음을 깨라고 시켜 시체 한 구를 찾았다. 공이 기뻐서 말하길, "아무개 갑의 원한이 풀리겠구나."라 하고는 즉시 시체를 끌어다 친히 살펴보니 과연 그 남편이었다. 마침내 실토하기를, "공의 신명(神明)을 속이지 못하겠습니다. 제 남편은 한꺼번에 많은 물건을 홍정하여 판매하여 몰래 상국의 땅에 통행했는데, 반드시 밤을 타고 갔습니다. 그러다 잘못하여 여기에 빠져 얼어 죽은 것입니다."라고 하였다. 공의 침착한 기지와 명철한 판단이 이와 같았다.

공이 남쪽으로 유배 갔을 때 사람들은 공을 그리워하였는데, 공이 서울에 돌아오는 날이 되자 도성 안의 부로(父老)들이 다투어 좇아 나와 감격하여 눈물 흘리면서 따르며 말하길, "성인을 다시 보게 되었으니, 우리들은 죽어도 유감이 없다."라고 하였으니, 사람들이 공에게 받은 어진 은택이 또한 이와 같았다.

집에 있을 적에는 검소함을 스스로 실천하였으니, 어떤 이가 집에 단청을 칠하라고 권하자, 공은 "사치를 자손에게 남겨주는 것은 상서롭지 못하다."라고 말하였다. 일찍이 자제들에게 훈계하길, "사람들의 근심은 이기기를 좋아하는데 있다. 시비곡직을 말하는데 이르러서는 더욱이 굳이 분별할 필요가 없으니, 사람들이 비록 알지 못하더라도 나의 정직함에 무슨 해가 되겠느냐."라고 하였다. 평소 자제들을 대할 적에 의(義)를 지켜 외모를 단정히 하는 것으로 가르치고 일찍이 이익을 말한 적이 없었다.

공은 어모장군(禦侮將軍) 행 충무위 부사직(行忠武衛副司直) 이문충(李文忠) 공의 따님에게 장가들어 1남 3녀를 낳았다. 아들 인사(麟士)는 군기시주부(軍器寺主簿)이고, 장녀는 별좌(別坐) 이좌명(李佐明)에게 출가하였고, 둘째는 충의위 여절교위(忠義尉勵節校尉) 윤지양(尹之讓)에게 출가하였고, 셋째는 생원(生員) 이몽규(李夢奎)에게 출가하였다. 부실(副室)에게서 낳은 1남 1녀가 있는데, 아들 원사(猿士)는 참의(參議) 류인귀(柳仁貴)의 딸에게 장가들었고, 딸은 병절교위(秉節校尉) 이억장(李億長)에게 출가하였다. 주부(主簿)는 먼저 충의위(忠義衛) 권준(權準)[31]의 딸에게 장가들었지만 자식이 없어, 뒤에 현감

---

31 좌의정 권균(權鈞)(1464-1526)의 외동아들로 부인 전주최씨와의 사이에서 김인사에게 시

(縣監) 이참(李叄)의 딸에게 장가들어 1남 1녀를 낳았다. 별좌(別坐)는 1남 4녀를 낳았고, 여절(勵節)은 2녀를 낳았으며, 생원은 1남 1녀를 낳았는데 모두 어리다. 삼가 행장을 짓는다. 회재(晦齋) 이언적(李彦迪) 지음(1540)

후지(後識)

공이 돌아가신 지 72년 만에 공의 손자 경지(景祉)가 손수 조각하여 묘갈을 세우려고 나에게 글을 부탁하였다. 내가 말하길, "후학이라서 감히 선배의 경중(輕重)을 말하지 못하고 또 남에게 믿음을 줄 수도 없소. 애석하오. 공이 살았던 시대에 명현(名賢)과 대유(大儒)가 보고서 공의 경중을 알고, 또 후세에 믿음을 줄 수 있는 자가 붓을 잡은 게 없는지."하니, 경지가 말하길, "아! 회재(晦齋) 이언적(李彦迪) 선생이 왕부(王父, 조부)와 한 시대를 살면서 지은 행장이 있습니다. 하지만, 비문(碑文)과 행장(行狀)은 문체가 같지 않고 또 끝부분에 선생의 이름과 호가 없기 때문에 감히 비석에 새길 수가 없습니다."라고 하였다.

내가 그 글을 가져다 읽어보니 공의 관직 이력(履歷)과 언행 경개(梗槪)가 그 속에 갖춰 실려 있었다. 그래서 묻기를, "무슨 이유로 이 글을 회재 선생이 지었다고 알고 있는가?"물어보니, "왕부의 사위 생원(生員) 이몽규(李夢奎)가 일찍이 그의 아들 희삼(希叄)에게 말하기를 '그 당시 대사성(大司成) 회재 선생(晦齋先生)이 지은 것이다.'라고 하였답니다. 저는 직접 진사[희삼]께 들었습니다."라고 대답했다.

내가 "그렇다면 숙부(叔父)께서 친히 진사께 알려주고, 진사께서 집안에

집간 딸 하나를 두었다.

서 전했구려. 그리고 생원공(生員公)은 한 시대의 영걸(英傑)로 알려진 인물이며 실재로 상공(相公)의 상례를 주관하였으니, 그 글을 회재 선생이 지었다고 알고 있는 것을 의심할 것이 없겠소. 하물며 그 당시 만사(輓詞)와 제문을 상고해 보면 선생은 모두 자신을 대사성(大司成)이라 했으니 선생이 지은 것을 더욱 의심할 여지가 없소. 또 제문에서 말하길, '큰 재목과 큰 덕을 가지고 학업을 연마하여 풍부하면서 순수하다.'고 하여, 사의(詞意)가 행장과 더불어 칭송하는 것이 서로 표리가 되니 선생이 찬술 한 것을 더욱더 의심할 것이 없소. 아! 명현(名賢)과 대유(大儒) 중 직접 보고서 공의 경중을 아는 자는 선생만한 이가 없을 것이고, 후세에 믿음을 줄 수 있는 자도 역시 선생만한 이가 없을 것이오. 그리고 그 글을 선생이 지었다는 증거가 장구마다 이처럼 의심할 것이 없으니, 오늘 입석(立石)하여 후세에 전하는 글로 이 글을 버리고 무엇으로 하겠소? 문체는 따질 것이 못됩니다."라고 말하였다. 경지가 말하길, "맞습니다. 다만 왕부(王父)와 자손(子孫)들이 글을 잘하지 못하는 자들이라 당신께서 저를 위해 기록해 주십시오."라고 하였다.

삼가 살펴보건대, 주부(主簿)는 관직을 여러 차례 옮겨 양근 군수(楊根郡守)가 되고 통정대부(通政大夫)에 올랐으며, 이삼(李參)의 따님에게 장가들어 5남 3녀를 낳았다. 아들은 내륜(乃崙), 경록(景祿), 경지(景祉), 경상(景祥), 경조(景祚)이고 딸은 청원도정(靑原都正) 이간(李侃), 충의위(忠義衛) 이유(李兪), 찰방(察訪) 조후(趙翊)에게 출가했다.

별좌(別坐)의 1남은 운기(雲起)이고, 1녀는 현감(縣監) 홍일민(洪逸民)에게 출가했는데, 일민(逸民)의 손자 명원(命元), 명형(命亨)이 모두 문과에 급제하였다.

여절(勵節)의 2녀 중 장녀는 판서(判書) 이량(李樑)에게 출가했고, 차녀는 참봉(參奉) 최희령(崔希齡)에게 출가했다.

생원(生員)의 1남은 희삼(希參)으로 진사인데, 진사의 외손 권진(權縉)이 문과에 급제했고, 생원의 1녀는 조람(趙攬)에게 출가하였는데, 람(攬)의 아들 존성(存性)이 문과에 급제하였다.

내륜(乃崙)의 1녀는 이방헌(李邦憲)에게 출가하고, 2남은 정준(廷俊), 정걸(廷傑)인데 정준(廷俊)의 아들 지선(至善)은 참봉이 되어 공의 제사를 주관한다.

경록(景祿)의 1남은 정직(廷稷)으로 무과에 급제하여 현감이고, 2녀는 강신윤(姜信胤)과 조준경(趙俊卿)에게 출가했다.

경지(景祉)의 1남은 정엽(廷曄)이고, 2녀는 조원후(趙元厚)와 최여눌(崔汝訥)에게 출가했는데, 정엽(廷曄)의 아들은 명선(明善)으로 어리다.

경상(景祥)은 무과에 급제하여 판관인데, 1남은 정열(廷說)이다.

경조(景祚)의 2남은 정식(廷式), 정석(廷碩)이고 2녀는 박현(朴晛)과 전수(田穟)에게 출가했는데, 정식(廷式)의 아들은 낙선(樂善), 우선(優善), 종선(終善)으로 모두 어리다.

청원(靑原)의 2남은 광산수(光山守) 효윤(孝胤)과 금산도정(錦山都正) 성윤(誠胤)이고, 2녀는 강선(姜璿)과 심설(沈偰)에게 출가했다.

이유(李愈)의 2남은 수란(壽鸞), 수원(壽鵷)이다.

조후(趙詡)의 1남은 국필(國弼)로 군수이다.

오호라! 명공(名公, 훌륭한 재상)의 무덤에 비갈을 세우지 않아 매몰된 지 오래라. 백수(白首)로 경영하여 수년 만에 이뤄내니 공의 자손들이 정성스럽다. 회재 선생의 글을 얻어 후손에게 드리우니 광채가 빛을 내는구나.

가문을 욕되게 이어가 감히 완염(琬琰)[32]을 더럽히는 것은 후학의 참람이로다.

만력(萬曆) 39년 신해(1611) 봄에 봉정대부(奉正大夫) 전 사간원 정언 지제교(前司諫院正言知製教) 이경탁(李慶倬)은 삼가 발문을 짓노라.

行狀

公諱克成, 字成之, 其先光州人. 高麗侍中諱周鼎之後, 歷若干世, 至文林郎, 監察御史諱流. 御史生諱允臧, 奉翊大夫版圖判書. 版圖生折衝將軍全羅右道都萬戶諱成雨, 於公爲高祖. 嘗以王命討倭寇, 過保寧, 樂其土, 因家焉, 遂爲縣人. 曾祖諱南浩, 贈資憲大夫, 吏曹判書兼知義禁府事, 初, 都萬戶公, 戒子弟曰, "吾平生無德可紀. 累鏖倭寇, 彼雖醜類, 殺戮過多. 道家所忌, 汝輩能惟德是修, 而掃刮求世之念, 則庶保世德." 故判書, 專以恤窮匱救患難爲事. 嘗有濟州婦人高氏, 因歲饑, 率處女及家屬土馬, 浮海而來. 到京師, 見公慈仁, 願納女與馬而寄命焉. 公却其贈, 而屋食之, 仍令保寧姜氏子, 聘其女. 生子峋, 致位三公, 其陰德之及人, 類此.

祖諱仲老, 再中武科, 仕至承議郎司憲府監察, 贈崇政大夫議政府左贊成兼判義禁府事. 考諱孟權, 早擢進士, 有重名於世, 不樂榮利, 退卜林泉, 教養子弟, 以終天年, 贈純忠補祚功臣大匡輔國崇祿大夫議政府領義政兼領經筵弘文館藝文館春秋館觀象監事, 光山府院君. 妣羅州全氏, 直長諱三達之女, 以成化十年甲午閏六月十九日, 生公.

弘治九年丙辰, 中生員壯元.

---

32 주나라 묘당(廟堂)의 서쪽 행랑에 비치했던 보옥(寶玉)을 말한다. 여기서는 석비(石碑)를 이름. 『효경(孝經)』「서(序)」에 "寫之琬琰 庶有補於將來"라 하였음.

十一年戊午, 擢文科第一人, 例拜宣務郎成均館典籍兼宗學司誨.

十二年, 轉司憲府監察.

十三年, 以聖節使書狀官赴燕, 未還, 丁外艱.

十五年, 服闋, 授秉節校尉咸鏡南道評事, 朝廷以公有文武長材, 欲試於戎幕, 故有是命.

十七年夏, 秩滿, 遷宣教郎成均館典籍, 俄轉弘文館修撰知製敎兼經筵檢討官春秋館記事官, 未幾, 超拜承訓郎司諫院獻納兼春秋館記注官. 時燕山政亂, 欲以非罪, 殺沈順門, 問于群臣, 自三公以下, 皆莫敢異議. 大司諫成公世純曰, "吾等, 職在諫官, 處之何以?" 左右嘿然, 公答曰, "官以諫爲名, 見人無罪而死, 縱愛身不言, 奈負其職何?" 正言李世應曰, "獻納言, 是." 或曰, "若不順旨, 必與順門同死, 終無益也." 公與成公, 談笑自若曰, "死生大矣, 各任其志, 可也. 今日先死者, 必吾兩人, 次者正言也, 豈累他人?" 遂啓其無罪之狀. 燕山不聽用, 亦不之罪.

十八年春, 改奉直郎兵曹正郎知製敎, 秋, 陞拜朝散大夫司僕寺僉正兼知製敎, 冬, 選議政府舍人知製敎兼春秋館修撰官.

正德元年, 丙寅, 秋, 今上卽位, 賜奮義靖國功臣之號, 拜中直大夫軍器寺正副正知製敎, 俄陞掌樂院正, 兼職如故.

二年, 春, 超拜折衝將軍行龍驤衛副護軍兼宣傳官, 冬, 公以親老, 懇乞歸養. 命差近地守令, 遂補舒川郡守, 爲政, 務存實惠, 不用虛文, 在郡三年, 吏民便之. 公以謂'桑梓雖近, 而職事有縻, 猶未得朝夕侍奉.' 於是, 投紱而去, 以親甘旨. 過三年, 竟遭內憂, 哀毁盡禮, 鄕黨稱之.

八年, 服除, 拜僉知中樞府事.

九年, 改掌隷院判決事.

十年, 乙亥, 春, 轉兵曹叅議, 時義州屢經凶荒, 守宰連不得人. 朝廷議選有文武備具者, 往撫軍民, 衆論咸歸於公, 特拜嘉善大夫義州牧使, 封光城君. 公慮邊民强悍難御, 推誠撫字, 以服其心. 其有犯令者, 亦不之貸曰, "非我負汝, 汝有負法." 民之失所者, 特與經紀, 俾復其業, 期歲之間, 境內大蘇.

十三年, 戊寅, 秋, 秩滿, 入爲禮曹參判兼五衛都摠府副摠管, 冬, 拜慶尙右道兵馬節度使.

十五年, 移公爲其道觀察使, 聽理以明, 黜陟以嚴, 一道肅然.

十六年, 遞爲工曹參判, 命朝正于京師, 進退有儀, 華人目爲知禮, 禮部亦接遇有加.

嘉靖元年, 壬午, 還自燕京, 拜司憲府大司憲, 未幾, 復遷工曹參判兼五衛都摠府副摠管世子右副賓客.

二年, 夏, 特拜資憲大夫禮曹判書, 仍兼帶賓客, 俄改議政府右參贊兼知義禁府事同知春秋館事世子右賓客. 秋, 轉吏曹判書, 餘如故. 公於注擬之時, 博采僚佐之薦, 務得堪其任者, 每批目下, 中外服其公廉. 是時, 西北夷人, 來居閭延, 茂昌, 部落漸多. 朝廷令兩界驅逐, 以公有將帥才, 可寄大事, 特拜平安道觀察使.

四年, 入爲禮曹判書兼同知春秋館事五衛都摠府都摠管.

五年, 遭繼母喪.

七年, 秋, 服闋, 復拜禮曹判書兼五衛都摠府都摠管世子左副賓客, 冬, 轉司憲府大司憲兼世子右副賓客.

八年, 特拜議政府右贊成兼知經筵事世子貳師.

九年, 轉兵曹判書兼知經筵春秋館事.

十年, 夏, 遷議政府左贊成, 餘如故. 其冬, 會權臣斥外, 陰搆大臣, 以及於公, 竟坐配丁興德. 公引咎自責, 凡七年, 杜門不出, 雖親戚相過, 亦不之接, 人或問遺, 輒辭不受.

十六年, 權臣伏罪, 還公爲議政府左參贊兼世子左賓客, 俄拜大匡輔國崇祿大夫議政府右議政兼領經筵監春秋館事, 光城府院君. 凡有大議, 必證據古事, 斟酌時宜, 歸於合當.

十九年, 庚子, 寢疾于第, 以四月初五日卒, 享年六十有七. 訃聞, 上悼甚, 輟朝三日, 特遣承旨弔喪, 祭賻贈有加, 命有司. 是年八月二十五日, 以禮葬于保寧縣北靑所里烏棲山之麓.

公天資豊秀, 氣局弘毅, 和嚴簡重, 動靜有常, 喜怒不形於色. 自筮仕以至于老, 憂國之心, 終始如一. 待人必以至誠, 或有負者, 遇之如初, 不以介意. 雖子弟有過, 必從容引古, 和顔色以喩之, 其不迫如此. 莅官, 又極愼重, 凡遇決囚, 務欲得情, 不拘延滯.

其在義州也, 有民妻告隣人某甲. 與其夫, 因商賈作伴偕去, 仍殺其夫, 不知屍軀所在. 左驗頗明, 公疑其有冤, 故緩其獄, 密訪端由, 無虛日, 閱六箇月. 春氷初解, 有哨瞭人, 回自界上, 公備問所見. 答曰, “有死馬溺在江中, 其半在外.” 公親往審之, 乃令剖氷, 得一尸首. 公喜曰, “某甲之冤, 雪矣.” 卽招尸親視之, 果其夫也. 遂首實曰, “公神明, 不可欺也, 吾夫本以興販, 潛通上國之地, 必乘夜. 誤溺於此, 因而凍死云.” 其沈幾明斷, 類此.

公之謫南時, 人慕之, 還京之日, 都中父老爭趨, 感涕而隨之曰, “復見聖人, 吾儕死無憾矣.” 仁澤之浹人, 又如此.

居家以儉素自持, 或勸丹其舍, 公曰, “以奢侈遺子孫, 不祥.” 嘗語子弟曰, “人之患在於好勝. 至於曲直之際, 尤不必自辨, 人雖不知, 何害我直.” 平生對子弟, 敎以義方, 未嘗言利.

公娶禦侮將軍行忠武衛副司直, 李公諱文忠之女, 生一男三女. 男麟士, 軍器寺主簿, 女長, 適別坐李佐明, 次適忠義尉勵節校尉尹之讓, 次適生員李夢奎. 副室生有一男一女, 男曰猿士, 娶參議柳仁貴之女, 女適秉節校尉李億長. 主簿前娶忠義衛權準之女, 無後, 後娶縣監李叄之女, 生一男一女. 別坐生一男四女, 勵節生二女, 生員生一男一女, 皆幼. 謹狀,

後識 李慶倬

公歿之七十有二年, 公之孫景祉, 手自鐫琢, 將樹墓碣, 屬余文. 余曰, "後學也, 不敢道前輩輕重, 且無以取信也. 惜乎. 公之時, 其無名賢大儒見而知公之輕重, 且足取信於後者, 爲之操筆也." 景祉曰, "噫! 晦齋李先生與王父一時, 所撰行狀存焉. 而碑文, 行狀, 文體不同, 末端又無先生名號, 是以, 不敢入石." 余取讀其文, 公之官職履歷, 言行梗槩, 備載其中矣, 仍問曰, "何由知此文之爲先生撰歟?" 曰, "王父之贅李生員夢奎, 嘗語其子希叄曰, '其時大司成晦齋先生所撰云.' 景祉則親聞於進士." 余曰, "然, 叔父親聞於進士, 進士傳於家庭. 而生員公, 以一時英傑聞人, 實主相公之喪, 則知其文之爲先生, 無疑矣. 況考其時輓詞及祭文, 先生皆爲大司成, 則其爲先生撰, 又無疑矣. 且祭文有曰, '宏材碩德, 學富而醇.' 詞意與行狀所稱, 相爲表裏, 則其爲先生撰, 尤無所疑矣. 吁! 名賢大儒, 見而知公之輕重者, 莫如先生, 取信於後者, 亦莫如先生. 而其文之爲先生撰, 章章無疑如此, 則今日之立石傳後, 捨是文而何哉? 文體, 不足論也." 景祉曰, "兪. 第王父子孫之不及於文者, 子爲我記之."

謹按, 主簿累遷楊根郡守, 陞通政, 娶李叄女, 生五男三女. 男曰乃嵩, 景祿, 景祉, 景祥, 景祚, 女曰青原都正侃, 忠義衛李兪, 察訪趙詡也.

別坐一男, 雲起, 一女, 縣監洪逸民, 逸民之孫命元, 命亨, 皆文科.

勵節二女, 長適判書李樑, 次適叄奉崔希齡.

生員一男, 希叄, 進士, 進士外孫權縉, 文科, 生員一女趙攬, 攬生存性, 文科. 乃嵩一女, 適李邦憲, 二男, 廷俊, 廷傑, 廷俊之子至善, 叄奉, 主公之

祀.

景祿一男, 廷稷, 武科縣監, 二女, 適姜信胤, 適趙俊卿.

景祉一男, 廷曄, 二女, 適趙元厚, 適崔汝訥, 廷曄之男曰明善, 幼.

景祥, 武科判官, 一男廷說.

景祚二男, 廷式, 廷碩, 二女, 適朴晛, 適田稔, 廷式之男, 樂善, 優善, 終善, 皆幼.

靑原二男, 光山守孝胤, 錦山都正誠胤, 二女, 適姜璿, 適沈偰.

李兪二男, 壽鸞, 壽鵷.

趙詡一男, 國弼, 郡守.

嗚呼!

名公之阜, 無石之樹, 埋沒之久也.

白首經營, 數年乃成, 公孫之誠也.

得先生文, 以垂後昆, 光彩之奔也.

連門之忝, 敢瀆琬琰, 後學之僭也.

萬曆三十九年, 辛亥, 春, 奉正大夫, 前司諫院正言知製教李慶倬, 謹跋,

우의정 광성부원군 충정공 신도비

중종(中宗)이 즉위한 지 32년, 가정(嘉靖) 정유년(1537)에 상이 권행(權倖)[33]을

33 권세가로 여기에서는 김안로를 가리킨다. 김안로는 신묘년(1531)에 정광필(鄭光弼)과 함께 김극성을 무고하여 결국 공을 흥덕(興德)에 유배가게 했다. 이때 와서 김안로가 처형되고 김극성은 유배에서 풀려나게 되었다.

주벌, 유배하고 어진 기로(耆老)들을 대대적으로 조정에 불러들였다. 이에 전(前) 좌찬성(左贊成) 김공(金公)이 유배지에서 기용되어 다시 찬성(贊成)이 되고 얼마 뒤 의정부 우의정으로 승진되니, 상의 공에 대한 신임이 무거웠고 조야(朝野)가 공의 덕망을 흠모하였다. 그리고 3년 뒤 경자년(1540)에 공이 세상을 떠나니, 상이 매우 슬퍼하여 사흘 동안 조회를 중지하고 부의(賻儀)와 사제(賜祭)의 은전을 후하게 내렸다. 그해 8월에 공을 보령현(保寧縣) 오서산(烏栖山) 자락에 안장(安葬)하였다.

공이 세상을 떠난 지 지금 74년인데 공의 후손들이 비석을 세워 공의 사적을 길이 후세에 전하고자 하여 행장을 가지고 나에게 찾아와 말하기를, "우리 선조께서 다행히 장상(將相)의 지위에 올라 관직과 품계가 모두 1품이고 훈작(勳爵)도 충훈부(忠勳府)에 있으니, 법으로 보아 마땅히 비석을 세워야 합니다. 가령 그 입조(立朝) 사업은 후세에 전할 만하더라도 묘도(墓道)에 아직도 비석이 없으니, 후손들로서는 세월이 오래 흐를수록 더욱 사적이 없어질까 두렵습니다. 그래서 감히 그대에게 한마디 청합니다." 하였다. 내가 사양하였지만 어쩔 수 없었다.

삼가 살펴보건대, 고(故) 분의정국 공신(奮義靖國功臣) 대광보국숭록대부(大匡輔國崇祿大夫) 의정부우의정 겸 영경연감춘추관사(議政府右議政兼領經筵監春秋館事) 광성부원군(監春秋館事) 김공(金公)은 휘(諱)가 극성(克成)이고 자(字)가 성지(成之)이며 본관은 광주(光州)이다. 고려조에 휘 주정(周鼎)이란 분이 계시어 벼슬이 시중(侍中)에 이르렀는데, 이분이 비조(鼻祖)이다. 휘 류(流)에 이르러서는 벼슬이 감찰어사(監察御使)였고, 휘 윤장(允臧)은 판도판서(版圖判書)였다. 이분이 휘 성우(成雨)를 낳았으니, 전라도 도만호(都萬戶)였다. 이분이 바로 공의 고조(高祖)인데, 일찍이 어명을 받들고 왜적을 토벌하러 가는 길에 보령(保寧)을 지나다가 그 땅이 좋아서 그곳에 집을 짓고 살아 드디어 보령 사람이 되었다. 증조 휘 남호(南浩)는 증(贈) 이조 판서(吏曹判書)이고 조부 휘 중로(仲老)는 감찰(監察) 증 좌찬성(左贊成)이고 부친 휘 맹권(孟權)은 진사(進士) 증 영의정(領議政)이니, 모두 공이 귀해진 것으로 인해 증직되었다. 의정공(議政公)은 일찍부터 무거운 명망이 있어 문종대왕(文宗大王)께서 말년에 소대(召對)해 보고는 가상히 여겨 반궁(泮宮)에 선발하여 두었으나, 얼마 뒤 과거 공부를 그만두고 임천(林泉)에 돌아가 여생을 보내었다. 나주 전씨(羅州全氏)를 아내로 맞아 성화(成化) 갑오년(1474, 성종5)에 공을 낳았다.

공은 어릴 적부터 자품이 남달랐다. 병진년(1496, 연산군 2)에 사마시(司馬試)에 장원하였고, 무오년(1498, 연산군 4)에는 또 대과(大科)에 장원하였으니, 이때 겨우 25세로 전적 겸 종학사회(典籍兼宗學司誨)에 제수되었다. 경신년(1500, 연산군 6)에는 서장관(書狀官)으로 연경(燕京, 북경)에 갔고, 돌아오는 길에 모친상을 당하였다. 복제(服制)를 마치자 북평사(北評事)[34]에 제수되었으니, 조정에서 '공이 문무(文武)의 재능을 겸비했다' 하여 시험해 보고자 한 것이었다. 임기가 차자 옥당(玉堂)에 들어가 수찬(修撰)이 되었으며, 오래지 않아 헌납(獻納)으로 승진하였다. 이때 연산(燕山)이 터무니없는 죄로 심순문(沈順門)[35]을 죽이고자 신하들에게 의견을 물었는데, 모두 감히 다른 말을

---

34 조선 시대 함경도에 있는 북병영에 속한 정육품 무관 벼슬로 함경도 병마절도사의 보좌관이다. 인기 드라마였던 허준의 <동의보감>에서 김극성이 북평사로 있을 당시의 상황이 나온다.

35 연산군 때의 문신(1465-1504)으로 연산군 때 장령의 벼슬을 지냈다. 장령으로 재식 시 사신으로 중국에 다녀와 중국 황제의 어의를 보고 돌아와 연산군이 입고 있던 어의 폭의 짧고 좁음을 연산군에게 고한 것이 괘씸죄에 걸려 1504년 장 80의 형에 처해진 후, 제주로 유배되었다가 그 이후 처형되었다. 김극성은 사관원 헌납으로 대신들 모두가 입을 다물고 있는 상황에서 연산군의 심순문에 대한 이러한 단죄가 잘못되었다며, 심순문의 무죄를 끝까지 주장한 직언으로 오늘 날에도 널리 회자되고 있다.

하지 못하였다. 공이 대사간 성세순(成世純)[36]에게 이르기를, "관직이 간(諫)하는 것으로 이름을 삼았는데, 남이 죄 없이 죽는 것을 보고도 말하지 않는다면 비록 몸을 아낀다 하더라도 직책은 어이하겠소?" 하니, 좌우의 사람들이 침묵하였다. 어떤 이가 말하기를, "반드시 순문(順門)과 함께 죽을 것이니 무익할 것이다."라 하였는데, 공은 성세순과 태연자약하게 담소하며, "사생(死生)은 큰 것이니, 각자 자기 뜻대로 처신하면 될 것이오. 오늘 먼저 죽는 자는 반드시 우리 두 사람일 것이니, 어찌 다른 사람에게 누를 끼치겠소."라 말하고는 드디어 순문의 원통한 정상을 아뢰었다. 연산이 비록 그 말을 들어주지 않았으나, 또한 죄를 내리지도 않았다.

여러 차례 관직을 옮겨 병조 정랑, 의정부 사인(議政府舍人)이 되었고, 중종이 즉위하자 정국 공신(靖國功臣)으로 책록되어 장악원 정(掌樂院正)에 승진하였다. 이듬해 통정대부(通政大夫)로 자급이 올랐지만, 곧 모친 봉양을 위해 외직을 청하여 서천 군수(舒川郡守)가 되었다. 그리고 얼마 뒤 관직을 그만두고 고향으로 돌아갔다. 부친인 의정공이 세상을 떠나자 몹시 애통해하며 상례(喪禮)를 극진히 하니, 향리 사람들이 칭찬하였다.

판결사(判決事)와 병조 참의를 거쳐 가선대부(嘉善大夫)에 승진되고 의주 목사(義州牧使)가 되었다. 의주는 해를 이어 큰 흉년이 들었는데, 모두 공을 적임자로 천거하였다. 공이 부임하여 인의(仁義)로 위무(慰撫)하고 성심으로 백성을 심복시키니, 한 해 만에 고을이 크게 다스려졌다. 무인년(1518, 중종 13)에는 내직으로 들어와 예조 참판이 되었고, 그해 겨울에는 또 외직으로 나가 경상병사(慶尙兵使)가 되었다. 경진년(1520)에는 관찰사로 자리를 옮

---

36 연산, 중종 때의 문신(1463-1514)으로 형조참판, 충청도 관찰사, 대사헌을 지냈다.

기니, 묵은 송사(訟事)들이 시원스레 처결[37]되었고 탐관오리들이 저절로 위축되어 온 도내(道內)가 숙연해졌다. 이듬해 공조 참판에 제수되고 정조사(正朝使)로 북경에 갔으며 귀국해서는 대사헌 겸 세자빈객(大司憲兼世子賓客)에 제수되었다.

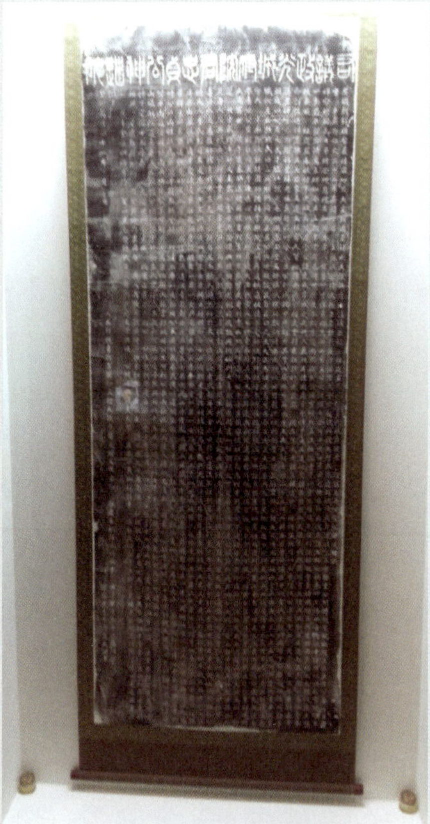

대전역사박물관에 전시된 신도비 탁본(2015.12.1.)

37 『진서(晉書)』「두예전(杜預傳)」에 "대나무를 자를 때 몇 개의 마디만 지나가면 모두 칼을 들이대는 대로 똑바르게 잘려 나간다(破竹 數節之後 皆迎刃而解)"는 말이 있는데, 여기에서는 쌓였던 송사들이 모두 쉽게 해결되는 것을 비유한 것이다.

계미년(1523, 중종18)에는 예조 판서에 초배(超拜)되었고, 우참찬 이조 판서(右叅贊吏曹判書)에 전보(轉補)되었다. 이때 서북쪽 변방에 경보(警報)가 있어 마침내 공을 평안도 관찰사에 제수하였다. 임기가 차자 다시 예조 판서가 되었고, 갑신년(1524)에는 계모상(繼母喪)을 당하였다. 상기(喪期)가 끝나자 다시 종백(宗伯)과 대사헌에 제수되었다. 기축년(1529)에는 찬성(贊成)으로 승진하고 대사마 지경연 세자이사(大司馬知經筵世子貳師)에 전보되었다.

신묘년(1531, 중종26)에는 또 이공(貳公, 찬성)이 되었는데, 김안로(金安老)가 은밀히 모함하여 공은 고상(故相) 정광필(鄭光弼)[38]과 함께 폄출되어 홍덕(興德)에 유배 갔다. 7년 동안 두문불출(杜門不出)하면서 친구들의 문안 편지나 선물조차도 일절 사절하였다. 정유년(1537)에 김안로가 처형되자 공은 의정부(議政府)로 돌아와 곧바로 우의정(右議政)에 제수되었다. 공이 소명(召命)의 받았을 때 도성의 부로(父老)들이 이마에 손을 얹고[39] 눈물을 흘리며 말하기를, "선인(善人)을 다시 보게 되었으니, 죽어도 유감이 없다."라고 하였다.

공의 자질은 넉넉하고 빼어났으며 기국(器局)이 크고 넓어, 사람들과 잘 어울리면서도 휩쓸려 빠지지는 않았다. 장중하고 근엄한 자세로 평소 거동에 일정한 법도가 있었으며 기쁨과 노여움을 드러내지 않아 사람들이 감히 그 내면을 엿볼 수 없었다. 남의 잘못을 보면 애써 덮어 주려 하였고, 비록 자제(子弟)가 잘못한 일이 있더라도 반드시 부드러운 말로 타이를 뿐

---

38 조선 전기의 문신(1462-1538)으로 자는 사훈(士勛)이며 호는 수천(守天)이다. 시호는 문익(文翼)이다. 기묘사화 때 조광조를 구하려다 파직되었으나 뒤에 복직하여 좌의정과 영의정을 지냈다. 저서로는 『정문익공유고(鄭文翼公遺稿)』가 있으며, 중종의 묘정에 배향되었다.

39 백성들이 멀리서 명망 높은 재상을 공경히 바라보는 것을 뜻한다. 송나라 사마광(司馬光)이 낙양(洛陽)에 사는 15년 동안 예궐(詣闕)할 때마다 낙양의 백성들이 모두 손을 이마에 얹고 공경스럽게 바라보면서, "이분이 사마 상공(司馬相公)이시다."라고 한 고사를 인용하였다. 『송사(宋史)』 336권 「사마광열전(司馬光列傳)」

일찍이 노여운 안색으로 대한 적이 없었으며, 남을 반드시 지성(至誠)으로 대하였다. 매양 말하기를, "사람들의 병통은 이기기를 좋아하는 데 있다. 잘잘못으로 말하자면 더욱이 굳이 밝힐 필요가 없다. 스스로 반성하여 떳떳하면 남이 알아주지 않더라도 나에게 무슨 손실이 있겠는가." 하였다. 성품이 검소하여 어떤 이가 집에 단청을 칠하라고 권하자, 곧 말하기를, "사치를 후손에게 남겨 주는 것은 상서롭지 못하다." 하였으며, 가정의 교육은 반드시 의(義)를 지켜 외모를 단정히 하는 것으로 가르치고 평소에 이익을 말한 적이 없었다. 관직 생활은 간결(簡潔)하였고, 관리 업무는 반드시 상세하고 신중히 판결하였으며, 옥사(獄事)를 결단하는 것은 신명(神明)과도 같았다.

부인 이씨(李氏)는 부사직(副司直) 문충공(文忠公)의 따님으로 숙덕(淑德)이 있었다. 1남 3녀를 낳았는데, 아들 인사(麟士)는 양근 군수(楊根郡守)이며, 장녀는 별좌(別坐) 이좌명(李佐明)에게 출가하였고, 둘째는 충의위(忠義衛) 윤지양(尹之讓)에게 출가하였고, 셋째는 생원 이몽규(李夢奎)에게 출가하였다.

양근 군수는 5남 3녀를 낳았는데, 장남은 내륜(乃崙)이고, 다음은 경록(景祿), 경지(景祉), 경상(景祥), 경조(景祚)이며, 장녀는 청원 도정(靑原都正) 이간(李侃)에게 출가하였고, 둘째는 이유(李愈)에게 출가하였고, 셋째는 찰방(察訪) 조후(趙詡)에게 출가하였다. 이좌명은 1남 4녀를 두었고, 윤지양은 2녀를 두었고, 이몽규는 1남 1녀를 두었다.

김극성 신도비 귀부

내륜은 2남 1녀를 낳았으니, 장남은 정준(廷俊)이고 차남은 정걸(廷傑)이다. 경록은 1남 2녀를 낳았으니, 아들은 정직(廷稷)이다. 경지는 1남 2녀를 낳았으니, 아들은 정엽(廷曄)이다. 경상은 1남을 낳았으니, 정열(廷說)이다. 경조는 2남 2녀를 낳았으니, 장남은 정식(廷式)이고 차남은 정석(廷碩)이다. 청원 도정은 2남 2녀를 낳았으니, 장남은 광산수(光山守) 효윤(孝胤)이고 차남은 금산군(錦山君) 성윤(誠胤)이다. 이유는 2남을 낳았으니, 장남은 수란(壽鸞)이고 차남은 수원(壽鵷)이다. 조후는 1남을 낳았으니, 국필(國弼)이다. 내외손(內外孫)은 모두 약간 명이다.

아, 공은 양과(兩科, 소과와 대과)의 장원으로 명성을 일찍부터 크게 떨쳤으나, 막상 조정에 나아가서는 조정이 문한(文翰)의 직책에만 공을 쓰지 않고, 혹 군막(軍幕)의 낮은 자리에 내보내기도 하고, 혹 변방 수령의 자리에 오래 두기도 하는 등 하루도 경악(經幄)에서 편안히 있을 수 없었다. 공의 경륜과 주략(籌略)은 본래 낭묘(廊廟)에 오를 국량을 갖추었고 조정이 공을 대한 것도 얕지 않았으니, 서쪽에 오랑캐가 쳐들어와 사정이 급박하면 공이 서쪽으로 가고, 남쪽에 왜적이 쳐들어와 사정이 급박하면 공이 남쪽으로 갔으며, 전례(典禮)의 자리에 공이 아니면 안 되었으므로 공이 세 차례나 종백(宗伯)이 되었고, 인물을 전형하고 국정을 관장하는 자리에 공이 아니면 안 되었으므로 공이 두 차례 이조 판서를 맡았다. 이렇게 외직으로 나갔다가 다시 내직으로 들어오고 내직으로 들어오자마자 다시 외직으로 나가곤 하여 국가의 경중(輕重)이 공에게 달린 것이 거의 30년이었으니, 실로 위대하다 할 만하다.

그러나 이 정도로 공의 개략(槪略)을 논할 수 없다. 연산(燕山)이 흉포하게 날뛸 때 그 뜻을 거스르는 자는 즉시 극형(極刑)을 받았는데, 공은 일개 간관(諫官)으로서 곧은 사람의 원통한 실상을 항변(抗辯)하여 죽음도 개의치 않았으니 여기서 공의 지조를 알 수 있으며, 간사한 소인을 멀리하다가 마침내 배척되어 7년이나 유배 생활을 하는 동안에도 그 지조가 변하지 않았으니 여기서 공의 대체(大體)를 볼 수 있다. 모두 명(銘)으로 기릴 만하다.

시중께서 훌륭한 후손 두셨으니,
선비로서 지조를 지키는 분이었네.
재능을 감추고 세상에 은거하며,
현실의 분수에 따라 살았다네.
덕을 쌓으면 반드시 복이 오는 법,
이에 상공을 낳았도다.
공은 가정의 훈육을 받아,
스스로 여경(餘慶)을 열었도다.
넉넉한 마음과 빼어난 풍모며,
그 인품은 온화한 봄바람이었네.

두 차례 과거에서 장원급제하여,
그 명성을 크게 떨쳤구나.
근신의 반열에 높이 오르니,
여망이 모두 공에게 쏠렸어라.
위태한 조정에서 바른말을 하여,
의로운 죽음을 두려워하지 않았네.
우리 중종의 반정을 도와서,
공훈이 이에 현저히 드러났네.
이에 대장군의 자리에 오르고,
이에 재상의 자리에 올랐도다.
내외직 거치며 험난한 길 걸으며,
때로는 낮은 관직에 좌천도 되었네.
예조 판서와 찬성 두 직책을,
어느 쪽이건 모두 잘 맡았으나.
참소하는 소인배가 모함하여,
7년 동안 남쪽 변방에 살았네.
공이 무참히 배척된 뒤에도,
성상께선 공의 충성 생각하셨으니.
공이 적소에서 돌아올 때에,
높고 큰 재상의 수레를 탔었지.
백성들은 저자에서 환호하고,
선비들은 조정에서 경하하였네.
이에 재상의 자리에 올라,
백관을 모두 총괄하였으니.
성상께서는 겸허히 공을 대했고,
어진 인재는 눈 비비고 공을 보았지.
나라 잘 다스릴 국가의 원로를,
하늘은 어찌하여 빨리 빼앗아 갔는가?

공이 재직 중에 세상을 떠나니,
애영(哀榮)[40]의 예가 참으로 극진하였네.
공의 명성은 오랑캐 땅에 떨쳤고,
공의 공적은 기상(旂常)[41]에 기록되었어라.
처음 출발부터 부지런히 노력하여,
마지막까지 복록을 잘 누리리라.
어둡지 않은 혼령이 계시니,
세월이 오랠수록 복록이 높으리라.
명으로써 기술해 두노니,
나의 말 엉터리가 아니라오.

숭록대부(崇祿大夫) 행 예조 판서 겸 홍문관대제학 예문관대제학 지경연 춘추관 성균관사 세자우빈객(行禮曹判書兼弘文館大提學藝文館大提學知經筵春秋館成均館事世子右賓客) 이정구(李廷龜)는 삼가 쓰다.

右議政 光城府院君 忠貞公 神道碑

當中廟卽位之三十二年嘉靖丁酉 上誅流權倖大徵召耆喆於是前左贊成金公起謫所復爲贊成我進拜議政府右議政 上方嚮重公朝野相望風采 越三年庚子公卒 上震悼命輟朝三日弔賻祭贈恩禮有加用其年八月葬公于保寧縣烏棲山麓盖公之歿距于今七十有四年 公之諸孫 相與伐石謀不朽以狀叩不

40 임금이 신하에 대해서 생전과 사후 모두 영광스럽게 해 주었다는 뜻이다. 『논어』 「자장(子張)」에 "살아계시면 사람들이 모두 영광으로 여기고, 돌아가시면 사람들이 모두 애통해 한다(其生也榮 其死也哀)"라는 말에서 나온 것이다.
41 주나라 때 사용하던 깃발로 기(旂)에는 교룡(交龍)을 그리고 상(常)에는 월일(月日)을 그렸는데, 여기에 큰 공이 있는 공신의 이름을 새겼다.

俊曰 吾先祖幸得備位將相官階皆第一勳爵在盟府法應立碑如 令其立朝事業 有足傳世 行後而顧墓道尙闕顯刻 諸孫重濯益泯 敢激惠子 一言不俊辭不獲則謹按故 奮義靖國功臣大匡輔國崇祿大夫議政府右議政兼領經筵監春秋館事光城府院君金公諱克成孜成之光州人 麗朝有諱周鼎官之侍中 是其鼻祖 至諱流監察御使 諱允臧版圖尙書生諱成雨全羅道萬戶實 公高祖嘗奉 命討倭過保寧樂其土因家焉遂爲保寧人 曾祖諱南浩 贈吏曹判書 祖諱仲老監察 贈左贊成 考諱孟權進士 贈領議政 皆以公貴 議政公 早 有重名 文宗大王末年 召對嘉賞選置泮宮 已而謝科業 歸老林泉 娶羅州全氏 生公於成化甲午 幼有異質 丙辰魁司馬 戊午又魁大科 年始 二十五 拜典籍兼宗學事誨 庚申以書狀官 赴燕還道丁 外艱服闋 授北評事 朝廷夷 公有文武才欲以試之也 秩蒲盛 玉堂爲修撰 俄擢拜獻獻納 時 燕山欲 以 非罪殺 沈順門 問 羣臣皆莫 敢異 辭 公 謂大司諫 成世純 曰 官以 諫爲名 見人死 無罪 而不言 縱愛身 奈負職何 左右默然 或 曰 必輿順門同死 無益 攻輿世純談笑曰 自若 曰 死生 大矣 各任其志加也 令日 先死者 必吾兩人 豈累他人 遂白 順門 寃狀 燕山 雖不廳 亦 不之罪累遷 兵曹正郎 議政府舍人中廟卽位 錄 靖國功臣 拜 掌樂院正 明年進秩 通政 便養乞 外補舒川郡守亡 何投紱歸 議政公 捐館哀毁盡禮 鄕黨稱之歷 判決事 兵曹叅議 陞嘉善爲 義州牧使 州連歲 大侵僉擧屬公 公 至則 仁煦義摩推亦心以 腹民朞年境大治 戊寅 入爲 禮曹叅判 其冬又出拜 慶尙兵使 庚辰移拜 觀察使 宿訟延刃貪吏 望風一路肅肬 翌年 拜工曹叅判 朝正于京歸還 拜大司憲兼 世子賓客 癸未超拜禮曹判書轉 右叅贊吏曹判書 西北有警遂 拜公平安道觀察使 秩滿復爲 禮曹判書 甲申遭繼母喪 公 除復拜宗伯都憲 己丑進贊成 轉人司馬知 經筵 世子貳師 辛卯又爲貳公 金安老陰潢與故 相鄭光弼 同貶配興德 杜門七年 雖親舊問遺 日遞謝絶之 丁酉安老伏罪 還公 政府卽進右

揆 公之被召也 都中父老 僨額流涕 曰 復見善人 死無憾矣 公神姿豊秀 器宇寬洪 和而流凝 重簡嚴居 恒動止 有常處 喜怒不形 人莫敢窺其涯涘 見人過專務掩盖之 雖 自製有失 必婉辭以喩 未嘗以色可之 待人必以至誠每曰 人之患在好 勝至於 曲直化不必辨 自反而縮 人雖不知於我何損 性儉素或勸丹其舍則 曰 侈以遺後 不祥訓 家庭必以 義方 平生未嘗言利 居官簡潔 判吏事 必詳必愼 斷獄 如神明 夫人李氏 副司直文忠之女 有淑德 生一男三女 男麟士楊根郡守 女長適別坐李佐明 次適忠義衛尹之讓 次適生員李夢奎 楊根生五男三女 男曰乃崙 次景祿景祉景祥景祚 女適靑原都正侃次適李愈 次適察訪趙詡 李佐明 有一男四女 尹之讓 有二女 李夢奎 有一男一女 乃崙 生二男一女 長廷俊 次廷傑 景祿 生一男二女 男曰 廷稷 景祉生一男二女 男曰 廷曄 景祥 生一男 曰廷說 景祚 生二男二女 長廷式 次廷碩 靑原都正 生二南二女 男長光山守孝胤 次錦山君誠胤 李愈 生二男 長壽鸞 次壽鵷 趙詡 生一男 曰 國弼 內外諸孫公若干人 嗚呼 公以 兩科壯元華聞早蔚而旣登朝 朝廷不專以文翰用 公或屈於戎幕 或淹以邊閫 不能一日安於經 幄盖 公之經綸籌畧己自廊廟之具 朝家之所以待 公者不淺 西急虜則 公西 南急倭則 公南 典禮 非公不可則 公三爲宗伯 衡人物 掌邦政 非公 不可則 公 長兩銓 旣出而復 入纔入而復出 國家以 公經重者殆 三十年可謂韙矣肬 此不可以論 公之槪 當燕山 熾酗焰 逆意慈 立見鼎鑊 公以一諫官 抗論直人寃 分死不顧 此可見公之 守 不與壬人 朋比竟爲其所擠流貶七年不變其操 此可見公之大 皆可銘

侍中有孫士而守志 潛光遯世以 全素 履旣蓄必 發乃 生相公 公 惟襲訓啓慶自躬豊中秀外穆如條風再魁多士大播其罄騫于通列輿望以傾正言 危朝不畏義死相我 中宗勳庸顯施乃登將壇乃秉國鈞出入險夷周旋屈伸秩宗弘化左右 俱宜讒ㅁ惎之七年南陲如距斯脫 上思公忠 公來自謫相車崇崇 民

抃於市士慶於朝爰卜金鉉以總百僚 聖心虛已賢路棫目宜國黃耇天 奪何速公歿于位禮盡哀榮名在四夷功紀旂常惟勤其始以享其終不昧者存愈遠彌隆銘以述 之我言匪侗

崇祿大夫 行 禮曹判書 兼 弘文館大提學 藝文舘大提學 知經筵春秋館事 世子右賓客 李廷龜 撰

10. 김해수(金海壽)(1581～1640)

김해수는 1581년에 태어나 1640년에 타계한 조선 중기의 문신으로 자는 심원(深源), 호는 나촌(蘿村)이다. 김성우의 9대손으로 1627년(인조 5) 정묘호란이 일어나 김장생이 의병을 일으키자 여러 고을의 창의관이 되어 많은 공을 쌓았다. 김장생의 천거로 사직서참봉이 되었으며, 사옹원봉사, 제용감직장을 거쳐 청산, 아산현감을 역임하였다. 좌승지에 추증되었다. 부인은 기묘당인 첨지 이홍간의 증손이자 감찰을 지낸 이정민의 딸이다. 묘소는 보령시 청라면 장산리 장곡에 숙부인(淑夫人) 용인이씨(龍人李氏)와 합폄되었다. 묘비는 명재 윤증(尹拯)이 지었고, 글씨는 금평위(錦平尉) 박필성이 썼다. 묘갈은 우암 송시열(宋時烈)이 짓고, 동춘당 송준길(宋浚吉)이 썼으며, 서석 김만기가 전액을 썼다. 슬하에 창릉참봉 김영후(金榮後), 참봉 김만후(金萬後) 등 아들 둘과 첨사 조시형(趙時亨), 좌랑 윤점(尹坫), 충의위 이후태(李後泰), 부사 민승(閔升)에게 각각 시집간 딸이 있다.

증 승정원 좌승지 행 아산현감 김공 묘갈명 병서

숭정대부 의정부 우찬성 겸 성균관 좨주 송시열 찬

정헌대부 의정부 좌참찬 겸 성균관 좨주 송준길 서

통훈대부 행 이조정랑 지제교 겸 춘추관기사관 서학교수 김만기 전

옛날 신라씨족 3성이 연달아 왕위에 올랐는데 김씨 왕자 중에 광중에 별도로 적을 가지고 있는 분이 있었다. 그 후 계속하여 8대가 평장사가 되었기 때문에 세상에서는 그 마을을 평장이라 칭했다. 공도 평장동 사람이다. 더불어 문원공[42] 선생도 같은 본관이나 그 처음의 분파는 알지 못한다. 도만호 김성우가 보령의 토속을 좋아하였고 드디어 청라동에 거주하였으며 왜구를 토벌한 공로로 장군으로 불려졌다. 이와같은 청라 세거로 청라 김씨로 오랫동안 불려졌다. 고조 극견은 생원이며 장자로 일컬었다. 증조는 인보로 부장이며 음주를 좋아하여 자신을 버렸다. 조부는 충서로 학행이 있었으며, 부친은 응천으로 공의 공훈을 따라 지평에 증직되었다. 지평이 토정 이지함 문하에서 놀았는데 이공이 원대한 인물로 기약했으나 양부모가 모두 일찍 죽었다. 어머니는 안씨인데 좌의정 정민공 당(瑭)의 증손이며 부친은 로(璐)로 학행으로 유명하였다. 공이 만력 신사년에 서울 청파리에서 태어났고 5세에 양친상을 당하여 할머니 윤씨가 거두어 길렀다. 명곡 이산보가 그 특이함을 기이하게 여겨 말하기를 내가 이 아이는 가히 가르칠만하다 하였다. 그러나 얼마 안가 이산보가 죽으니 공이 그의 아들 경탁과 종유하였다. 이로부터 명성과 명예가 더욱 현저하였다. 이미 향시에서 발탁되었는데 마침내 윤부인이 별세하였다. 공이 탄식하여 말하기를 또다시 누구를 위한 영화가 되겠는가. 하물며 세도가 크게 변했으니 몸을 더럽힐 수 없다하고 드디어 과거시험 보는 것을 그만두고 처사의 생활을 즐겼다. 이때는 광해군이 동생을 죽이고 어머니를 원수로 여기던 때였다. 향리에 무인이 있었는데 그 딸이 후궁으로 들어가서 위세와 복이 아주

---

42 사계 김장생을 말한다.

커져서 사람들이 모두 아첨했다. 공이 침을 뱉고 더불어 말하지 아니했다. 혹시 공에게 화와 복이 열려 있을 지라도 공이 말하기를 "운명에 달려있는 것이다"라고 했다. 이때 정홍명[43]이 명가자제로써 올곧아 교유하는 사람이 적었다. 오직 공과 더불어는 잘 아는 친구가 되었다. 또 문원공 문하에 놀 때 문원공이 아주 애지중지했다. 인조반정으로 향인들이 재행으로 천거했다. 이괄의 반란으로 이웃에서 적에게 응하는 자를 모으는 일이 있었다. 사람들의 마음이 거취를 잃고 있었다. 공이 순역의 이치를 명확하게 말하니 듣는 자들이 비로소 그 향배를 알고서 진땀을 흘렸다. 공이 드디어 동지들을 모아 이끌고 김장생을 따라서 대가를 맞이하여 배알하였다. 일이 마무리되고 나서 자신의 공으로 여기지 않았고 전에 난리를 기화로 여긴 사람을 공이 많이 숨겨주었으니 사람들이 더욱 어질다고 했다. 수몽 정엽이 천거해서 공이 조정에 들어갔는데 정묘년 호변에 김장생이 호소사가되어 공을 여러 고을의 창의관을 삼았다. 공이 힘과 정성을 다하였고 수고로움을 지극히 갖추었다. 김장생의 천거로 사직서 참봉을 제수받았고, 공이 비로소 서울로 들어가서도 사람들이 괴사(魁士)라고 부르는 사람과는 좋게 어울리지 않았다. 사옹원 봉사로 승진되어서는 본원에서 진상하는 물품을 전문적으로 담당했다. 공이 매번 감진(監進)하는데 이미 이루어진 것은 그 나머지를 묻지 않으니 관료들이 그 청신(淸愼)에 복종하였다. 제용감직장으로 옮겨서는 간사한 관리들이 속이는 것이 불가하여 공을 꺼려하니 이 일로 파면되었다. 공이 돌아오니 제공들이 그 파면을 안타까워해서 시주(詩酒)로 강상(江上)에서 보낸 자가 심히 많았다. 인목대비가 서거하자

43 자는 자용(子容), 호는 기암(畸庵)으로 아버지는 서인의 거두 우의정 정철(鄭澈)이다. 송익필(宋翼弼), 김장생에게 수학했고 수찬, 대제학 등을 지냈다. 시호는 문정(文貞)이다. 저서로 『기암집』, 『기옹만필』이 있다.

조정에서 국장도감을 차렸는데 공을 감조관(監造官)으로 삼았으니 이전의 일을 신원시켜준 것이었다. 동료들이 닦달하고 감독을 급히 하는 것을 능사로 삼았으나 공은 오직 목소리나 안색하나 변하지 않고 일을 처리했다.

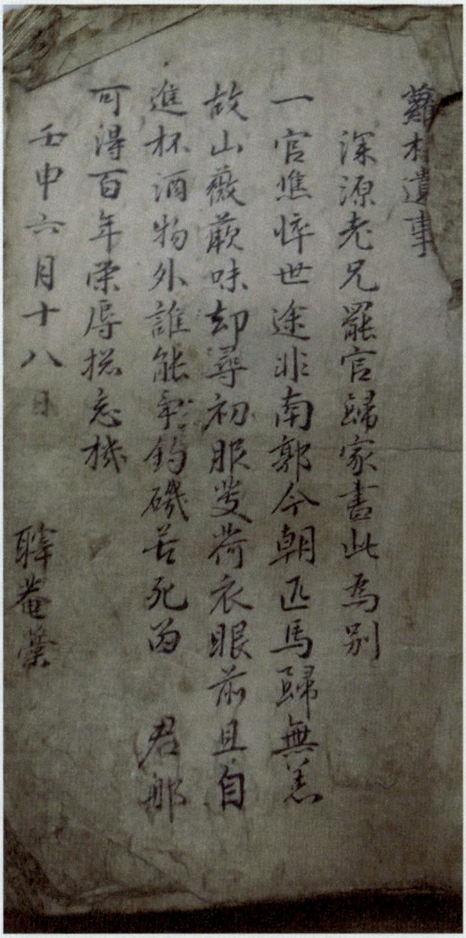
蘿村遺事
深源老兄罷官歸家書此爲別
一官進悴世途非南郭今朝匹馬歸無恙
故山薇蕨味却尋初服芰荷衣眼前且自
進杯酒物外誰能[illegible]釣磯若[illegible][illegible] 君[illegible]
可得百年榮辱揔忘機
壬申六月十八日 [illegible]菴稾

김해수 『나촌유사』(17세기 말)

활인서 별제로 승진하고 청산현감으로 제수되어서는 정무가 자상했으며 또한 권신을 꺼리지 않고 일에 불가함도 있었다. 비록 대관과 사귀는 말일지라도 하나같이 도탑지 아니했다. 국가가 이때 양전사업이 있어서 공이 그 상하의 등급을 정하는데 속이지 아니하고 실제로서 처리했다. 이로 인하여 간사한 무리들이 모함했고 백성들은 공이 파직되어 돌아간다는 소리를 듣고 늙은이와 젊은이들이 길을 막고 눈물을 흘렸다. 양사가 이 말을 듣고 그 간사한 무리들의 죄를 다스렸다. 이 때 조정에서는 여러 번 변고를 겪었으므로 중외가 서로 의심하고 호서에 무뢰배들이 모처에 모여 결당한다는 말이 있어 훈척(勳戚)들이 내지(內旨)로써 공에게 험문(驗問)하니 공이 무시로 대응했다. 가엾이 여겨 말하기를 다른 날 일은 알 수 없게 됨이 있는 것이니 그 때는 공의 죄가 헤아릴 수 없을 것이다 했다. 공이 말하기를 "비록 내가 죽는다 해도 어찌 비위를 맞추겠는가!"라고 했다. 의심나는 일로 사람을 무고하겠는가. 병자년의 난리에 김집(金集)이 장차 근왕병을 모병하는데 공과 더불어 일을 함께하기를 요청하였고, 또 어사가 공을 연산현감으로 임명했다. 이 때 적의 형세가 더욱 급해져 공이 이미 먼저 병사를 섬에 피신시키고 도로가 경색되어 오도가도못했다. 행재소의 일을 전하는 자가 있어 공이 북향하고 통곡하고 여러 날 음식을 폐했다. 이 때 호우지방이 병화의 피해가 극심하여 조정에서는 그 피폐해짐을 살리기 위해 염양리를 선발했는데 공이 아산현감이 되었다. 즉시 위형을 제거하고 오로지 택물에 마음을 두었다. 순사(巡使)가 인유(仁柔)가 너무 지나치다고 말해도 공은 고치지 않았다. 순사가 말하기를 "이 노인은 이해득실에 관심이 없다" 하였다. 대간들이 선하기만 하지 무능하다고 탄핵했다. 여론이 애석하게 여겼다. 공은 이미 돌아갔고 세상살이에 더욱 뜻이 없이 혹 사람들이 벼슬에 나가기를 권해도 즉석에서 말하기를 "어찌 다시 욕되게 살겠는가" 하였다. 경진년 2월 소현세자가 인질생활을 마치고 귀국하였다. 공이 말하기를 "신들의 슬프고 기쁜 마음은 스스로 억제할 길이 없습니다." 하고 드디어 떠날 차비를 차려 서쪽으로 가서 대가를 맞이하여 배알하고 앞질러 즉시 돌아왔다. 바로 이해 1640년 3월 20일 세상을 떠났다. 어린이 노인 양반 상민 모두가 와서 곡하며 조문하여 말하기를 "착한 사람이 죽었다"고 했다. 공이 일찍이 말하기를 "사람이 충효로서 마음을 삼는 것이 그 근본을 세우는 것이다."라고 했다. 그런 까닭으로 종신토록 선조의 교훈을 마음에 새겨 잊지 아니하고, 처음으로 원님이 된 것이 50여 세였다. 항상 미치지 못하는 비통함이 깊어 사람들과 더불어 말할 때도 반드시 눈물을 흘리고 그 몸을 지탱하는 데는 바름으로써 하고 사람을 대접하는 데는 화합으로 했다. 사람들이 범하는 자가 있어도 힘써 함인(含忍)하였다. 그러나 재리를 많은 사람이 쫓는 것은 즉시 조치하는 것이 심히 엄격하였다. 일찍이 토정 이지함의 사당을 세우는데 세력에 편승하는 사람들이 있어 평범한 사람을 향사하여 받드는 것은 불가하다고 하자 공이 준엄하게 배척하고자 했으니 사람들이 모두 대신 두려워했으나 공은 진실로 유유히 마음에 두지 않았다. 일찍이 하서 김인후(金麟厚)의 의를 흠모하였고 인조의 기일이 오면 반드시 검소한 밥을 먹었고 동생이 빈궁하고 의탁할 곳이 없어 취하여 기르고 사업(舍業)에 이르게 된 두에 그만두었다. 일찍이 그의 아들 영후(榮後)에게 일러 말하기를 "나와 너는 모두 고독한 몸이어서 선조 사당을 보살펴줄 의탁할 사람이 없다. 그러므로 순국하려는 뜻에 나갈 수 없다. 이것이 내가 한이 맺히는 것이다"라고 했다.

공의 휘는 해수이고 자는 심원이다. 부인은 용인이씨로 기묘당인 첨지 홍간의 증손이다. 부친은 정민으로 감찰인데 공이 일찍이 원종훈이 있어 승지에 증직되었다. 부인은 고신을 받았다. 장자는 영후로 참봉이다. 4녀를 두었는데 사위는 첨사 조시형, 좌랑 윤점(尹坫), 충의위 이후태, 부사 민승이다. 측실에서 아들 만후를 두었는데 참봉이다. 영후는 현감 최응하의 딸과 결혼하여 1남 3녀를 낳았다. 아들은 여남으로 봉사이며, 사위는 박태장, 구문해, 김두성이며, 첨사의 아들은 귀중이고 사위는 유증발이다. 좌랑의 아들은 세홍이고 사위는 이명심, 이유룡이며 나머지는 어리다. 충의위의 아들은 만일이다. 나의 종형 태복 송시영이 자기 다스림이 아주 엄하여 다른 사람을 보는데 구차스럽고 천한 것이 있으면 마치 자기까지 더럽혀질 것처럼 여겼다. 다만 공과는 서로 시골집을 지키면서 밤낮으로 즐거운 듯이 실증내지 않았다. 이로 인하여 내가 공에게 절을 올렸다. 적이 생각해보건대 공이 단아한 벗을 대하는데는 사랑과 꾸짖음이 심하였다. 후에 송시영 공이 마침내 강도에서 순절하니 얼마 안 있어 공도 세상을 떠났다. 오늘 참봉이 나에게 공의 묘지명을 부탁하였다. 옛날을 우러러 눈물을 흘리며 명한다. 명하여 말하기를,

김씨의 조상은 그 실체가 신라왕족이다. 광주에 적을 두기에 이르렀고 세상에 평장사가 있어 보령에 별도로 파를 만들었네. 이분이 장군이고 장군의 9세인 공이 이름을 드날림에 이르렀네. 들리는 소문은 무엇인가. 효도와 의리가 뿌리를 이루었다네. 이미 그 뿌리가 있어 줄기가 무성하고 가지는 번창했네. 가정에서는 가업을 이루었고, 행동이 무리 중에서 현저하네. 영예가 있어 존숭되었으나 남은 복이 없었네. 내가 공의 묘에 명하노니 내말에 부끄럽지 않으리라.

贈承政院左承旨行牙山縣監金公墓碣銘 幷序

崇政大夫議政府右贊成兼成均館祭酒宋時烈撰

正憲大夫議政府左叅贊兼成均館祭酒宋浚吉書

通訓大夫行吏曹正郎知制敎兼春秋館記事官西學敎授金萬基篆

有明朝鮮國通訓大夫行牙山縣監贈通政大夫承政院左承旨兼經筵參贊官金公墓碣銘幷書

昔新羅氏三姓相繼立　其金氏王子有別籍于光州者　其後連八代爲平章事世號其洞爲平章 公其平章洞人也 與文元公先生爲同貫 而莫知其始分 都萬戶成雨 樂保寧土俗 遂居于靑蘿洞 以討倭功 號稱將軍 自是世居靑蘿 靑蘿之金 其稱蓋久 高祖克堅生員 以長者見稱 曾祖鄰輔部將 善飮酒以自廢祖忠恕有學行 考應天 以公從勳 贈持平 持平遊土亭李公門 李公期以遠到兩世皆早沒 妣安氏 左議政貞愍公塘之曾孫 其考璐 以學行有名 公以萬曆辛巳 生於漢師之靑坡里 五歲 卽喪二親 祖妣尹氏鞠養之 鳴谷李公其異常而曰 此子可敎也 無何鳴谷沒 公從其子慶倬遊 自是聲譽益著 已而 中鄕解會尹夫人沒 公嘆曰 更爲誰榮 況世道大變 不可以汚身 遂廢擧弛置 蓋廢朝殺弟讐母時也 里閈有武人 其女入後宮 威福甚張 衆皆媚承 公唾鄙不與言 或以禍福開公 公曰 有命焉 時鄭畸翁弘溟以名家子弟 抗厲少許可 獨與公爲知己友 又遊文元公門 文元公甚愛重之 仁廟反正 鄕人薦其才行 李适叛 隣有聚徒應賊者 人心失其去就 公明言順逆之理 聽者喘汗 始知其向背焉 公遂倡率同志 從文元公迎拜大駕 事定 不以爲功 而向時幸亂之人 公多所掩匿覆蓋 人益賢之 守夢鄭公曄薦 公于朝 丁卯胡變 文元公爲號召使 以公爲數邑倡義官公竭力殫誠 勞勩備至 用文元公薦 授社稷署參奉 公始入京 聞人魁士 鮮不與遊 陞司饔院奉事 本院專掌進御之物 公每監進 旣已則不問其奇餘 吏輩服其淸愼 遷濟用監直長 奸吏憚公 不可欺誣 以事罷去 公將歸 諸公惜其去 以詩酒送于江上者甚衆 仁穆大妃死 國葬都監差公爲監

造官 蓋伸其前事也 同僚皆以捶楚督急爲能 公獨不動聲色而事集 陞爲活人署別提 除靑山縣監 政務慈詳亦不畏强禦 事有不可 雖大官交言 一不以綴意 國家時有量田之擧 公能第上下 以實不欺 因是爲奸猾所陷 民聞公罷歸 老幼攔道流涕 量使聞之 治其奸猾者罪 時朝廷屢經變故 中外相疑 有言湖西無賴輩結薰聚某處 動戚以內旨驗問公虛實 公對以無是 或恍之曰 他日事有不可知者 則公罪不可測 公曰 雖死 豈可希旨 以疑事誣人乎 丙子之亂 金文敬公將募兵勤王 要與公同事 又御史差公攝連山縣監 時賊勢益急 公已先避兵島中 道路梗塞 兩不得赴 俄有以行在事來傳者 公北向痛哭 屢日廢食 時湖右被兵尤甚 朝廷欲蘇其殘 選廉良吏 以公 爲牙山縣監 卽除去威刑 事以澤物爲意 巡使以過於仁柔爲言 公猶不改 巡使曰 此老不以得失關心者 已而臺諫以徒善無能劾罷 物論惜之 公旣歸 尤泊然無意於世路 人惑勸之仕 則曰 豈可再辱乎 庚辰二月 昭顯世子自質館東歸 公曰 臣子悲喜之心 自不能已 遂俶裝西行 迎拜於駕前卽還 以是年三月二十二日卒 老幼貴賤 咸來哭弔曰 善人沒矣 公嘗曰 人以忠孝爲心 其本立矣 故終身佩服其先訓 始爲縣 年已五十矣 常深不洎之悲 與人言必流涕 其持身以正以接人以和 人有犯之者 則務爲含忍 然於財利衆趨之途 則處之甚截然也 嘗爲土亭立祠有人乘勢 欲以不可於衆者腏享 公峻斥之 人皆代怖 而公固悠然不以爲意 嘗慕金河西義 遇仁廟諱辰 必素食 內弟有貧窮無託者 取而育之 以至舍業而後已 嘗語其子榮後曰 吾與爾俱以孤獨 顧先祀無託 故不能遂殉國之志 此吾所恨也 公諱海壽 字深源 夫人龍仁李氏 己卯黨人僉知弘幹之曾孫 父貞敏監察 公以嘗有原從勳 贈承旨 夫人受眞誣 男卽榮後叅奉 四女壻僉使趙時亨 佐郞尹坫 忠義衛 李後泰 府使閔昇也 側室 男曰萬後叅奉娶縣監崔應夏女 生一男三女 男曰汝南奉事 女適朴泰長 具文海 金斗星 僉使男曰貴中 女適柳重發 佐郞男曰世興 女適李命深 李猶龍 餘幼 忠義男曰萬

一 余從兄太僕宋公時榮律己甚嚴 見人有苟賤 若將浼焉 只與公相守窮 日夜若樂而不厭者 余因得納拜於公 竊意公取友端而愛剌甚也 後太僕公竟殉節於江都 未幾 公亦下世 今叅奉託余以公墓之銘 俯仰疇昔 爲之流涕而銘之 銘曰 金氏之先 其實羅王 及籍于光世有平章 波別于保是爲將軍 將軍九世 及公有聞 厥聞維何 孝義爲根 旣有其根 條茂枝繁業成于家 行著于群 存有令譽 沒有餘祉 我銘公墓 庶曰不愧

11. 김성우 묘우 유허비

김성우 묘우 유허비(보령시 청라면 나원리)

고려절충장군 전라우도 도만호 겸 초토영전사 광산김공성우 묘우 유허비

부군의 휘는 성우이고 자호(字號)는 전하지 않는다. 장군의 계출은 광산인으로 고려시중 문숙공 휘 주정의 후인으로 고려 말에 벼슬이 절충장군 전라우도도만호 겸 초토영전사에 이르렀다. 때마침 왜구가 호우(湖右)에 득실거려 왕명을 받들어 토평하였으니 호우(湖右) 민생이 장군의 이러한 공적을 받들어왔다. 배위는 정부인 진원박씨이다. 부군께서 이곳 보령 산수를 즐기어 집을 정하였으나 얼마 안 되어 은나라가 주나라로 세상이 변하자 몸을 숨기고 조선조에 불사했다. 전하여 내려오기를 이태조는 공이 절륜한 용력을 갖춘 훌륭한 인재임을 익히 알고 한 차례 두 차례 불렀으나 이에 응하지 않았다. 따라서 그 화가 장차 불칙임으로 스스로 자결하였다고 전해온다. 장군의 혼과 의백이 오래 오래 꺼지지 않고 기적같은 이야기가 현재까지 입으로 전승되어 올 뿐 그 역사는 사라지고 가문에서는 행장을 잃었으니 이 얼마나 분통한 일인가! 더구나 꺼리어 숨기다보니 그 당시 이름자조차 감히 기록으로 남기지 않았음이여! 그처럼 훌륭한 행적이 아니고 어찌 오백년을 없어지지 않고 구비로 전해오리오! 공의 휘는 집안의 노비를 통하여 알게 되었는데 이것은 참으로 의인지사의 귀감이 아닐 수 없다. 부군께서 일찍이 그 아들 후령호군 증 이조판서 휘 남호와 차윤 청단찰방 휘 남염에게 이르기를 "내 평생에 살생을 지나치게 하였는지라 비록 이 저 패류를 주살했으나 역시 도가에서 본다면 금기의 사항이다. 너희들은 덕을 쌓아 후손에게 전하라" 하니 판서공께서는 일생을 오직 덕을 쌓음에 힘썼다. 고로 내외의 여러 자손 중에는 어질고 덕이 헤아릴 수 없는 명공거경을 배출하였나. 이는 부군의 충효가 가계로 전해 내려온 결과이며 또한 자신의 욕심을 버리고 자손들에게 복을 준 것이다. 부군께서

풍수지정학에도 일가견이 있어 넓은 소나무가 펼쳐진 수장지지는 지금도 이 고을의 명소이다. 예법에 따라 사대부가에서는 4대봉사 밖에 못하게 되어 조가의 부조의 전은 4대가 지나면 당연히 신주를 땅에 묻어야 한다. 하지만 부군의 사당을 매안하려하면 맑은 하늘에 뇌성벽력이 일어 신주를 땅에 묻지 못하였다. 이렇게 신주를 땅에 묻지 못한 것이 몇 차례 있었기에 하는 수 없이 산소 옆에 별도의 사당을 세우고 제사지내왔다.

나의 5대조 성균진사 양흠 때에 사당이 붕괴직전에 이르러 진사공께서 민망스러워 종중의 일가들과 상의하여 증축하니 풍수의 조화에도 또한 부합하였다. 사당의 현판을 원모당이라 하고 약술하여 기록하니 사람이 그 누군들 그 조상을 영원히 추모하지 않겠는가! 유가의 예법이 4대봉사로 그치니 추모하는 마음이 미진한 것이 당연하나 덕망과 공덕이 국가민족에 있어 가히 잊을 수 없으면 백세의 먼 후대까지도 추모하지 아니하리오! 그러나 세대가 많이 변천하여 인사도 수시로 뒤바뀌니 갑오변란 후 모든 종인들이 모여 신위를 매안하고 다만 세시 묘제만 받들기로 하였으니 장군을 영원히 추모하는 정성에서 어긋났음을 어찌 말로써 다 표현하리오! 그러나 장군의 신주를 땅에 묻은 지 여러 해가 지났기 때문에 다시 신위를 복위하기도 어렵다. 장군의 사당만이 사십 여 년 동안 비어있어 비바람을 견디기 어려우니 이를 일찍이 말하지 않았던가? 다시 중수하여 공경할 지어다. 수백 년 동안 장군의 영혼을 모셨던 곳이다. 예전에 숙부께서 종종 발의하기를 "제사는 폐하였으나 사당은 철거할 수 없다"하니 모두가 옳다 승복하고 각자 형편대로 성의껏 성심을 다한 지 일 년이 경과한 오늘에 그 결실을 보게 되었다. 이것이 본 사당의 역사이다. 종친들이 이에 나에게 이 일의 전말을 위촉하는바 어찌 감히 사양하리요. 삼가 오른쪽과 같이 서차 한다.

1936년 2월

19대손 병현 삼가 지음.

高麗折衝將軍 全羅右道都萬兼 招討營田事 光山金公 廟宇遺墟碑

府君諱不傳 系出光山人 高麗侍中文肅公 諱周鼎之後也 當麗季夏至折衝將軍全羅右道都萬戶兼招討營田事 而時倭寇遍滿湖右奉 王命而討平之湖民因以奠安焉 配貞夫人珍原朴氏也 府君樂此保寧山水而因家矣未旣禹鼎遷周遂隱居不仕而世傳 李太祖素知其絶倫勇力卓越人才一徵二徵皆不就至於三徵則禍將不測矣 於是因爲自裁云而其後忠魂毅魂久而不泯 奇事異蹟尙爲鄕里之口碑而史沒其眞家失其狀卒年亦無記焉 此豈非憚畏時諱不敢記狀者耶 不然胡爲乎 五百餘載而口碑不滅者哉 嗚呼安得起府君家奴而問之也此蓋志人義士之不能無憾於世道者也 府君嘗戒子後領護軍贈吏曹判書 諱南浩靑丹察訪諱南滄 曰 吾平生殺戮太多雖曰 匪類亦犯道家所忌汝等必樹隱德以裕後昆所以 判書公一生以修德爲務故其後內外諸孫中宿德賢相名公巨卿可謂指不勝屈則此府君 忠孝傳家之致而抑亦碩果不食之報也 府君善於風水松匡之內基今壽藏之地蓋自爲而爲此鄕之名地矣禮士大夫家祀至四世不得奉 朝家不祧之典禮盡當埋而 府君之廟亦親盡之時欲爲祧埋則白日當霆不得奉埋如是者再三故墓所之傍側建一間廟宇而奉祀矣至 我五世祖成均進士諱亮欽之時廟宇頹圮進士公憫之謀於宗而新築此廟者亦因風水之設而故者也 因揭曰遠慕堂其記畧曰人於其先孰不追遠而永慕也 惟先王之禮廟止四代則遠而有限慕亦有分然然有功德之不可忘雖百世之遠不得不追而慕之旨哉言乎 雖然世故多變人事隨宜至於 甲午變亂僉宗會繁以禮奉埋 神位而只奉歲時墓祭則其於追遠之誠缺然者尙何言

哉然歲己久矣 今不可復位而祀之則廟屋獨存四十餘年不爲修補其所 風雨難支何哉詩不云乎 維桑維梓是恭敬止況此屢百年妥靈之所哉 故我叔父發議于宗中曰祀雖廢矣廟不可撤廟之不撤必以竪短碑 畧記其事一以寓今日吾輩追慕之誠一以示後世雲仍親戚之意云爾則僉曰諾乃畧隨誠稱力以以助其役今經一歲而碑役告成可見事之成立其難如是也 宗議囑余爲誌義不敢辭而謹次如右. 丙子年 二月 十九代孫 丙鉉 謹撰

부록2: 보령전적 관련 자료(資料)

순서	년대	제목	출처	내용
1	1501	김남호 묘비	『우정집』	以王命討海寇 師過保寧 見樂土爲墟 因家焉
2	1511	김흥로 묘비	『우정집』	都萬戶 成雨 因倭寇 北徙家保寧 今五世
3	1540	김극성의 '행장' (회재 이언적 찬)	『우정집』	嘗以王命討倭寇 過保寧 樂其土 因家焉 遂爲縣人 都萬戶公 戒子弟曰 吾平生無德可紀 累鏖倭寇 彼雖醜類 殺戮過多 道家所忌 汝輩能惟德是修 而掃刮求世之念 則庶保世德 故判書 專以恤窮匱救患難爲事
4	1582	김백간 묘지문	『가승』	麗運將窮島夷侵凌湖西一帶爲賊淵藪六代祖全羅右道都萬戶諱成雨奮義殲滅因卜築于保寧縣青蘿村子孫世居焉
5	1588	김태정 묘지석	『가승』	麗祚將替卉眼陸梁湖右一帶爲賊窟穴七代祖都萬戶諱成雨奮義剿滅師過保寧樂其土因家于青蘿里松山之陽寧之有金又如此焉
6	1607	김성우 묘비	『광산김씨족보』	嘗以王命討倭寇 過保寧 樂其土 因家焉 遂爲縣人
7	1613	김극성 신도비 (월사 이정구 찬)	『월사집』	嘗奉命討倭過保寧樂其土因家焉遂爲保寧人
8	1619	김극성 가장 및 시장 (만사 심지원 찬)	『우정집』 『만사고』	嘗奉命討倭 過保寧 樂其土 因家焉 遂爲保寧人
9	1619	『송고거사자지』	『가승』	有諱成雨爲全羅右道都萬戶剿滅倭寇樂其山水始卜居于保寧青蘿村子孫世家焉
10	1656	김맹권조	『동국여지지』	其先光州人曾祖都萬戶成雨麗季有征倭功賜田保寧子孫因家焉
11	1666	김해수 묘갈명	『송자대전』	都萬戶成雨 樂保寧土俗 遂居于青蘿洞 以討倭功 號稱將軍 自是世居青蘿 青蘿之金

12	1692	김여남 묘비명	『명재유고』	其先光州人 有諱成雨 始居于保寧青蘿洞 子孫因家焉
13	1748	김성우 (고려인물)	『신안읍지』	高麗 金成雨 光州人 侍中周鼎之曾孫版圖判書允藏之子 麗末以都萬戶 招討事奉命 討倭 師過保寧時 保寧 久爲倭寇巢穴公盡 剿滅之戰時神馬自來故峯曰玉馬 寶劍自出 故洞稱飛刀軍入海門而 有軍入浦之名 伏兵花厓而有伏兵坪之號 浦石 卸冠故 有冠巖 賊屍 屯蟻故 有蟻坪至今 人誦異蹟公樂其土 家于青蘿 故 子孫世居 人謂玆土之主人
14	1756	김성우 (고려인물)	『여지도서』	高麗 金成雨 光州人 侍中周鼎之曾孫版圖判書允藏之子 麗末以都萬戶 招討事奉命 討倭 師過保寧時 保寧 久爲倭寇巢穴公盡 剿滅之戰時神馬自來 故峯稱玉馬 寶劍自出 故洞稱飛刀軍入海門而 有軍入浦之名 伏兵花厓而有伏兵坪之號 浦石 卸冠故 有冠巖 賊屍 屯蟻故 有蟻坪至今 人誦爲蹟公樂其土 家于青蘿 故子孫 世人以爲玆土之主人.
15	영조 - 헌종	김성우 (고려인물)	『충청도읍지』	冠巖在縣南四十里大海邊其下卽軍入浦高麗金將軍成雨討倭內浦時卸冠于此岩故名之曰冠巖引兵于此浦故名之曰軍入浦
16	1781- 1844	관암	『규남문집』	舟到冠巖 巖是金將軍成雨 征倭時 免胄處風潮吼怒晝常昏 石載將軍免胄痕 遠島浮空吹蜃氣 明沙繞岸傍漁村 雕鎪頑骨勞神巧呑噬洪濤控海門 聖代卽今忘戰久 一盃惆悵酹英魂

17	1860	소원록 (16세 김성우)	『우정집』	麗朝折衝將軍 全羅右道都萬戶 卽今之水使 兼招討營田事 時倭蒲湖右 以王命討平之 過保寧樂其土仍家焉 子孫世居之 公之戰時 神馬自來 故峯曰玉馬 寶劍自出 故洞稱飛刀 入軍海門而有軍入浦 伏兵花崖 而有伏兵坪浦石御冠 故有冠巖 賊屍蟻屯故有蟻坪等地名 入我朝 不仕公之別廟在墓前 親盡後 禮當祧而將埋安 則霹雷大作 不得奉遷如是者以至再度 故尙今權奉 人頌爲異蹟 且曰 當血食而不得故也云云 配淑夫人珍原朴氏
18	1871	보령전적 전승 지명	『호서읍지』	蟻坪川在縣東二十里伏兵川在縣東十七里高麗金將軍成雨伏兵於此大破倭寇名曰伏兵其時蟻屯倭寇屍故名曰蟻坪.
19	1872	보령부지도	『1872년 지방도』	蟻平 自本府二十五里高麗金將軍成雨破倭寇時蟻屯倭死故名曰蟻平, 伏兵里. 自本府二十五里高麗金將軍成雨伏兵於此大破倭寇故名曰伏兵 冠巖 自本府四十里 其下卽軍入浦 高麗金將軍成雨討倭內浦時 御冠于此巖故名曰冠巖引兵于此浦故名曰軍入浦
20	1895	김성우 (고려인물)	『호서읍지』	高麗 金成雨 光州人 侍中周鼎之曾孫版圖判書允藏之子 麗末以都萬戶 招討事奉命 討倭 師過保寧時 保寧 久爲倭寇巢穴公盡 剿滅之戰時神馬自來故峯稱玉馬 寶劍自出 故洞稱飛刀軍入海門而 有軍入浦之名 伏兵花厓而有伏兵坪之號 浦石 卸冠故 有冠巖 賊屍 屯蟻故 有蟻坪至今 人誦爲蹟公樂其土 家于青蘿 故子孫 世人以爲玆土之主人

21	1900년 대초	김성우 (고려인물)	『신안읍지』	高麗 金成雨 光州人 侍中周鼎之曾孫版圖判書允臧之子 麗末以都萬戶 招討事奉命 討倭 師過保寧時 保寧 久爲倭寇巢穴公盡 剿滅之戰時神馬自來故峯曰玉馬 寶劍自出 故洞稱飛刀軍入海門而 有軍入浦之名 伏兵花厓而有伏兵坪之號 浦石 卸冠故 有冠巖 賊屍 屯蟻故 有蟻坪至今 人誦異蹟公樂其土 家于靑蘿 故 子孫世居 人謂玆土之主人.
22	1922	김성우 (고려인물)	『사가집』	金公成雨生質奇偉勇力絶倫當麗季爲全羅右道都萬戶兼招討營田事時海寇交斥湖右公奉命討平之新城之南迄今有軍浦伏兵之名盖誌公戰我之所也公嘗有神馬寶刀不求而自得者盖亦有天相者然也公明於知幾旣平海寇不振女還京遂屛處新城南嵁巖之間非爲樂土也蓋介石之志不俟終日故也
23	1910	김성우 (충신)	『조선 환여승람』	金成雨光州人興光后麗末爲全羅道萬戶兼招討營田事時倭敵蒲湖西 奉命討平 太祖革命憚其威勇屢召乘馬佩刀到甘峙 謂馬曰吾與爾去將安之馬亦不淚跑地因拔刀斬馬旋卽自處 事載保寧邑誌
24	1936	김성우	김성우 묘우유허비	倭寇遍滿湖右奉王命而討平之湖民因以尊安焉

부록3: 전적지명

유적	지명	내 용	전적지역
고만	고려군 병수처	고려 말 서천의 장암진과 더불어 보령연해의 수영	주교면
구성재	불무골	고려군이 무기를 제작했던 곳	주포면
	군량들	군대의 식량을 조달하던 들	
	군량	군사용 창고	
군입리	관암(갓바위)	김성우가 토왜활동 당시 갓을 벗어 놓았다는 바위	대천해수욕장, 대천어항인근 (군두리재: 대천여고 인근 고개)
	군입리	김성우 군대에 들어온 포구	
	군두리재	김성우 군대가 들어온 언덕	
	군헌(軍軒)	김성우 군대가 주둔한 곳	
	상주막	김성우 군대의 감시초소	
	흑포(거먹개)	전투 시 왜구가 흘린 피가 검게 흘렀다는 포구	
	해망산	김성우 군대가 바다를 감시하던 초소	
영전리	옥마산	김성우의 백옥마가 나왔다는 전설이 전해져오는 산	옥마산
	영전리	김성우가 영전한 곳으로 전승되어오는 지역	남포 월전리
	야동	김성우 군대가 무기를 만들었던 곳	남포 월전리
의평리	둔대	김성우의 예비 부대가 주둔했던 곳	청라 의평리
	백마총	김성우가 타던 백마의 무덤	청라 의평리
	의평리 (갬발, 개미뜰)	왜구의 시체가 개미떼처럼 쌓였다는 의미로 전승되는 청라면 의평리 지명	청라 의평리
	복병리	의평리 전첩 당시 김성우의 군대가 매복한데서 전승되는 지명.	청라 복병리
	불무골	김성우의 군대가 무기를 제조하던 곳	청라 향천리
	담금이	불에 벼린 무기를 물에 담갔다는데서 전승되는 지명	청라 향천리
	창터	김성우 군대가 군사훈련을 하던 곳	청라 향천리
	시루성	김성우의 지휘소가 있던 성(城)	청라 향천리
	병하지벌	김성우의 고려군 본부가 있던 곳	청라 향천리
고려향	월암	김성우가 성주산에서 던졌다는 바위	청라 나원리
	장군봉 (장군천)	김성우의 전설이 전승되고 있는 성주산 최고봉과 장군봉에 위치한 샘.	성주산 장군봉
	은선동	김성우가 자처하기 전에 피신한 곳	청라 은선동
	스무티 고개	김성우가 에마와 함께 자처한 곳으로 전해지는 청라와 화성 경계에 있는 고개.	청라, 화성 경계

부록4: 추숭(追崇)

김성우의 추숭은 1987년 보령시의 각 기관장 및 유림대표들이 발의하여 '고려충신 도만호 김성우 장군 추모위원회'(위원장 윤원석 대천문화원장)(이하 추모위원회)가 구성되면서 시작되었다. 이후 1992년에 보령시 청라면 향천리 병하지벌로 육군 제8361 부대가 이전하면서 이 부대 부대장으로 부임한 최학수 대령이 1993년에 김성우 관련 자료집을 정훈교재로 간행하면서 김성우의 추숭이 본격화되었다.

추모위원회는 육군 제8361부대의 협찬으로 김성우의 보령 전적지에 추모비와 전적사적비를 건립하였다. 하지만 비문의 일부 내용이 학계의 고증없이 기술되거나 윤색된 점이 아쉽다.

이를 시작으로 2000년 초부터 매년 11월 1일 김성우 묘역에서는 '고려충신 도만호 김성우 장군 추모제향'이 개최된다. 이 행사는 보령시가 주최하고 보령문화원이 주관하는 보령시의 연례행사이다.[44]

또한 김성우의 보령전적을 재조명하는 제1차 학술대회인 〈고려절신 김성우 장군 추모 학술대회〉가 2010년 9월에 충남대학교 인문학연구원(원장: 박찬인)의 주최 및 주관으로 개최되었고, 이어서 제2차 학술대회인 〈김성우 장군의 왜구토벌과 보령〉이 2011년 11월에 국방문화재연구원(원장: 이재)과 한국역사문화연구원(원장: 이성무)의 공동 주최 및 주관으로 개최되었다.

두 차례의 학술대회 개최 이후 보령시민들의 김성우에 대한 추숭사업은 계속하여 이어졌다. 2012년 6월 6일에는 청라면사무소(면장 임화빈)가 주관

44 보령시와 보령문화원은 매년 10월 22일 청산리 전투의 영웅 김좌진 장군 추모제향도 주최 및 주관하고 있다.

하고 청라면 새마을지도자협의회(회장 이풍호, 부녀회장 전옥자)가 주최한 '제1회 김성우 장군 추념행사'가 개최되어 김성우의 위민애국을 추모한 이래 청라면민의 추념행사로 자리 잡았다. 또한 같은 해 9월 12일 '제17회 만세보령제'에서 김성우의 기마행렬이 재현되기도 하였다.

1. 추모비 및 전적사적비

다음은 추모위원회와 육군 제 8361 부대에서 건립한 전첩비 및 전적사적비다.[45] 이 중에서 김성우의 토왜활동에 관련된 '전첩사적비'와 '관암사적비'를 편집하였다.

번호	비명	건립년도	주관	찬자	위치
1	김성우 장군 전첩사적비	1989	추모위원회	대천문화원장 윤원석	군입리
2	김성우 장군 진수유허비	1989	〃	대천문화원장 윤원석	주포면
3	김성우 장군 전첩비 추모사	1993	육군 제8361 부대	부대장 최학수	군입리
4	고려 의마암갈	1991	추모위원회	대천문화원장 윤원석	스므티고개
5	김성우 장군 관암사적비	1999	〃	대천문화원장 윤원석	대천 해수욕장
6	김성우 장군 관암 사적부비	1999	육군 제8361 부대	부대장 이병운	대천 해수욕장

45 이 외에도 광산김씨문중회에서 건립한 '김성우 장군 추모비'(1987)(청라면 나원리), '월암부비'(19870(청라면 나원리, 강신욱 찬), '백옥마총'(1998)(청라면 내현리) 등이 있다.

7	김성우 장군 왜구 소탕비	1999	〃	부대장 권혁순	김성우 묘역
8	성주산 장군봉 유래 안내판	2005	〃	부대장 이재준	성주산 장군봉

1) 김성우 장군 전첩사적비(金成雨 將軍 戰捷史跡碑)

김성우 전첩사적비(보령시 대천해수욕장 어항 군입리)(1989)

金成雨 將軍께서 剿滅倭寇하사 平定衛國하니 精忠大節은 並光日月이요 軍籌韜略은 不服世出이라 偉勳宏捷은 遺墟史跡이요 神劍靈馬는 地發天相이라 南征西伐에 水陸倭寇가 無頭孤魂이라 其不云乎아 自以光羅地城으로 亘轉湖西에 殲滅大捷하니 兩湖殘賊을 一網掃蕩이며 馬梁浦 鎮浦口之 壯快也며 武昌浦 濫浦鎮 冠巖波 軍入浦 裳駐幕 伏兵鎮 將軍峯 等 地誌洞號는 戰伐生史也라 百戰危陣하여 盡誠報國이요 一殉大義하야 烈魄塵土하니 身符國祚하고 志決天命이라 千秋忠節이요 萬世英驗이라 戰跡

陣域을 略述 如上焉이라.(추진위원장 대천문화원장 윤원석 · 육군 충성부대장 대령 최학수)

2) 김성우 장군 관암 사적비(金成雨 將軍 冠巖 史蹟碑)

김성우 관암사적비(보령시 대천해수욕장 신광장)(1999)

(...) 갓바위는 前朝麗末의 戰史遺墟之名으로 世宗 23年 西紀 1431年 辛亥에 縣守 鄭帶의 東軒記에 우리고장 保寧은 倭寇爲患으로 當時에 于先鳳堂城을 構築하였으니 1400年이라. 巡察使 崔潤德과 監司 朴安信이며

元戎 李興發에 이어 保寧縣을 新增 完工하였다. (...)'冠巖'은 『新安縣誌』에 '在縣南 四十里 麗末 金將軍 成雨 剿滅倭寇時脫冠此巖上因名焉 奇巖怪石屹立 海邊十里明沙萬里滄溟濶遠壯觀非永保亭比云'이라고 簡明하니 '在縣南四十里'란 卽 保寧縣에서 南方 40里 相距에 麗末은 高麗末葉에 金將軍은 都萬戶 兼 兩湖招討事로 當時에도 將軍은 國家의 棟樑이었다. '成雨剿滅倭寇時'란 卽 成雨將軍은 倭寇의 巢窟을 괴멸掃蕩이라 하였으니 이는 無數한 盜賊 떼가 우리고장 沿岸 淺水灣으로 侵入하여 巢窟據點으로 우굴 거리는 惡魔의 作態로 掠奪蠻行을 저질러 善良한 우리國民의 生存을 迫害莫甚이라.(...)脫冠此巖上이란 이때에 갓을 벗어 이 바위 위에 놓았다는 말로 大平定을 올린 後에 天要海域의 關門에서 當時에도 海水浴으로 戰塵에 찌든 心身을 鍊磨코자 將軍께서 麾下將捽과 같이 갓과 軍袍를 벗어 놓았으며, 因名焉은 이러한 인연으로 命名되었으며 奇巖怪石屹立海邊이란 기암과 괴석이 주위를 병풍처럼 둘렀으며 해변에 치솟은 산마루의 그 景觀이야 天下의 別勝名區가 아니라 陣地의 要塞요 秘景의 絶勝이라. '十里明沙萬里滄溟'은 十里 길의 明沙는 銀모래가 湖水가에 눈부시고 萬里에 아득한 푸른 바다 물너울은 하늘 끝에 連接 長平이라. '濶遠壯觀非永保亭比云'이란 그 廣闊이야말로 忠淸水營인 永保亭에 比할 바가 아니다. (...) 常駐幕 地域은 只今도 千年古鎭 그 鎭터이나 高麗軍士가 아닌 大韓國軍이 警戒의 要塞地로 鐵甕城 같으니 當時 職階에서 보듯이 都萬戶將軍으로서 位高責重하고도 高麗國祚의 崩壞를 막지 못하고 易朝의 現實 앞에 忠臣은 不事二君으로 將軍의 愛馬를 將軍의 寶劍인 飛刀로 베었다. 公亦自盡이라. 決意와 같이 歷史의 갈림길에 擇一의 處地일 뿐이다.(...)(西紀 1999年 月 日 金成雨 將軍 追慕事業推進委員長 大川 文化院長 尹源錫·육군 충성부대장 육군대령 김병운)

2. 추모제향

김성우의 추모제향은 보령시 차원의 11월 1일 '고려충신 도만호 김성우 장군 추모제향'과 청라면 차원의 6월 6일 '고려충신 도만호 김성우 장군 추념제'가 있다.

명칭	일시	주최 및 주관
고려충신 도만호 김성우 장군 추모제향	매년 11월 1일	보령시 · 보령문화원
고려충신 도만호 김성우 장군 추념제	매년 6월 6일	보령시 청라면 · 청라면 새마을지도자협의회

추모제향 홀기(笏記) 및 축문(祝文)

홀기와 축문은 매년 11월 1일 김성우 묘역에서 행해지는 추모행사에서 사용하는 홀기 및 축문이다.

1) 홀기(笏記)

지금부터 都萬戶 金成雨 將軍 追慕祭享을 奉行하겠습니다.

典祀官은 庶羞陳設을 살피고 行事進行을 初獻官에 告하시오. 祝官은 祝函을 받들고 諸執事와 같이 盥洗位로 나가 盥洗하고 墓前으로 나와 皆再拜하고 各就位하시오.

- 예총례는 2대대 장병들이 2발씩 발사하겠습니다.- 지휘자는 장병들에게 발사를 명하시기 바랍니다.- 지휘자는 예총발사를 마친 장병들의 복귀를 명하십시오.

降神禮를 行합니다.

初獻官은 盥洗位로 나와 盥洗하고 樽所로 나오시오. 司樽은 祭酒를 따르시오. 初獻官은 墓前에 跪하여 三上香하시오. 奉爵은 잔을 初獻官에 드리시오. 初獻官은 잔을 받아 세 번 灌地하고 俯伏하시오.

奠幣禮를 行합니다.

祝官은 幣帛을 初獻官에 드리시오. 初獻官은 幣帛을 祝官으로 하여금 祭床에 올리고 小退하시오.

參神禮를 行합니다.

初獻官은 參神再拜하시고 모든 祭官도 다같이 拜禮하시오.

(참제하신 분께서는 입례하시고 자리에서 일어나 입례하시오.)

初獻官은 降復位하시오.

(참제하신 분께서는 앉아주시기 바랍니다.)

初獻禮를 行합니다.

初獻官은 奠所로 나오시오. 司樽은 祭酒를 따르시오. 初獻官은 墓前에 跪하고 奉爵은 初獻官에 잔을 드리시오. 初獻官은 잔을 받아 奠爵에 올리도록 하시오. 執事는 肉炙을 올리고 飯蓋를 열고 삽시정저하시오. 祝官은 祝文을 받들고 初獻官 左로 나와 東向 跪하고 讀祝하시오. 祭官一同은 경건하시오. 初獻官은 再拜하고 降復位하시오.

亞獻禮를 行합니다.

亞獻官은 軍服正裝으로 盥洗位로 나와 盥洗하고 樽所로 나오시오. 司樽은 祭酒를 따르시오. 亞獻官은 墓前에 正立하시오. 奉爵은 잔을 亞獻官에 드리시오. 亞獻官은 잔을 받아 奠爵에 주어 올리도록 하시오. 執事는 魚炙을 올리고 정저하시오. 亞獻官은 擧手敬禮하고 降復位하시오.

終獻禮를 行합니다.

終獻官은 盥洗位로 나와 盥洗하고 樽所로 나오시오. 司樽은 祭酒를 따르시오. 終獻官은 墓前에 跪하시오. 奉爵은 終獻官에 잔을 드리시오. 終獻官은 잔을 받아 奠爵에 주어 올리도록 하시오. 執事는 鷄炙을 올리고 정저하시오. 終獻官은 再拜하고 降復位하시오.

侑食禮를 行합니다.

初獻官은 墓前에 跪하시오. 執事는 갱을 내리고 숙냉을 올리어 세 번 抄飯하시오. 執事는 飯蓋를 덮고 시저를 거두시오.

辭神禮를 行합니다.

初獻官은 辭神再拜하고 모든 祭官은 再拜하시오.(참제하신 분께서는 입례하시고 자리에 앉아 주시기 바랍니다.)

飮福禮를 행합니다.

執事는 初獻官을 飮福位에 모시고 福酒胙肉을 祝官에 주시오. 祝官은 福酒를 初獻官에 드리시오. 初獻官은 福酒를 받아 啐飮하고 受胙하시오. 初獻官은 降復位하시오.

望燎禮를 行합니다.

初獻官은 望燎位에 나가 北向立하고 祝官은 祝文과 幣帛을 加料하시오. 初獻官은 降復位하시오. 祝及諸執事以次降.

이상으로 도만호 김성우 장군 추모제향을 마치겠습니다.

2) **축문(祝文)**

維

檀君紀元 四千三00年 00月 00日 保寧市長 000 敢히 밝혀 告하나이다.

高麗忠臣 全羅右道 都萬戶 金成雨 將軍 英靈이시여! 高麗末 倭寇侵犯으로 民族受難에 際하여 國家를 守護하시니 戰捷地가 由來된 軍入里 常駐幕 거먹개 갓바위 무창포 玉馬山 將軍峰 창터 伏兵이 불무골 개미벌 사락배 등의 地域은 지금도 살아 숨쉬는 史蹟 現場으로 高麗가 衰하고 朝鮮開國하니 不事二君의 大義正命으로 戰馬를 斬하고 自盡하시니 只今 그곳 스무고개에 忠節의 遺蹟이 確然합니다.

將軍의 偉大하고 聖스러운 護國爲民의 精神을 이어받고자 保寧市民의 精誠을 모아 追慕奉奠하오니 英明하신 尊靈이시여, 歆饗하옵소서.

추모제향(2009.11.1.): 육군 제8361부대 장병들의 조총례

추모제향(2017.11.1.)

'제3회 김성우 장군 추념제'에 참석해 헌화순서를 기다리는 청라초, 청보초, 옥계초, 청라중 학생들과 시민들(2015.6.6.)

3. 학술대회

김성우의 보령 토왜활동 재조명을 위한 두 차례의 학술대회가 개최되었다.

1) 제1회 김성우 장군 추모기념 학술대회: "고려절신 김성우 장군 재조명"

일시: 2010년 9월 3일(금) 10:00~17:30
장소: 보령시 문화예술회관 소강당
주최 및 주관: 충남대학교 인문학연구원(원장: 박찬인)

<table>
<tr><th></th><th colspan="2">주제</th><th>발표자</th><th>소속</th></tr>
<tr><td>기조발표</td><td colspan="2">고려절신 김성우 장군과 보령</td><td>최근묵</td><td>충남대</td></tr>
<tr><td rowspan="3">영상 및 금석문으로 보는 김성우 장군</td><td colspan="2">영상으로 보는 김성우 장군</td><td>곽호제</td><td>충남도립대</td></tr>
<tr><td colspan="2">청라 광산김씨 묘비의 위상</td><td>조중헌</td><td>충남향토연구회</td></tr>
<tr><td colspan="2">보령 향천리 시루성의 성격</td><td>이 재</td><td>국방문화재연구원</td></tr>
<tr><td rowspan="4">연구발표</td><td colspan="2">고려 말 보령지역의 왜구와 김성우 장군</td><td>운용혁</td><td>공주대</td></tr>
<tr><td colspan="2">금석문 및 사료에 나타난 김성우 장군의 행적</td><td>황의천</td><td>서천여고</td></tr>
<tr><td colspan="2">김성우 장군의 후예 - 우정 김극성의 관료생활과 경세관</td><td>한기범</td><td>한남대</td></tr>
<tr><td colspan="2">보령광산김씨 사적과 그 문화사적 성격</td><td>이해준</td><td>공주대</td></tr>
<tr><td rowspan="2">종합토론</td><td>좌장</td><td colspan="3">최근묵(충남대)</td></tr>
<tr><td>토론자</td><td colspan="3">이재범(경기대), 이해준(공주대), 성봉현(충남대), 송하순(대천문화원), 운용혁(공주대), 황의천(서천여고), 한기범(한남대), 김영모(한밭대)</td></tr>
</table>

2) 제2회 김성우 장군 추모기념 학술대회: "김성우 장군의 왜구토벌과 보령"

일시: 2011년 11월 18일(금)~19일(토)

장소: 대천리조트 웨스토피아 대강당

주최 및 주관: 국방문화재연구원(원장: 이재)

한국역사문화연구원(원장: 이성무)

<table>
<tr><th></th><th colspan="2">주제</th><th>발표자</th><th>소속</th></tr>
<tr><td>기조발표</td><td colspan="2">고려 말 왜구격퇴의 초기 양상과 김성우 장군</td><td>민현구</td><td>고려대</td></tr>
<tr><td rowspan="6">연구발표</td><td colspan="2">14세기 후반 동아시아 국제정세의 변동과 김종연 · 김성우 장군의 왜구토벌</td><td>이 영</td><td>방송대</td></tr>
<tr><td colspan="2">고려 말 김성우 장군의 왜구토벌 전첩에 관한 군사학적 검토</td><td>이재준</td><td>전 육군 제8361 부대장</td></tr>
<tr><td colspan="2">김성우 장군의 전적지명</td><td>송백헌</td><td>충남대</td></tr>
<tr><td colspan="2">보령 광산김문의 유적과 유물</td><td>김영모</td><td>한밭대</td></tr>
<tr><td colspan="2">김성우 장군 유적의 활용과 정책제언</td><td>김경수</td><td>청운대</td></tr>
<tr><td colspan="2">보령지역의 성곽 - 김성우 장군 전적지 주변을 중심으로</td><td>권순진</td><td>국방문화재연구원</td></tr>
<tr><td rowspan="2">종합토론</td><td>좌장</td><td colspan="3">최근묵(충남대)</td></tr>
<tr><td>토론자</td><td colspan="3">이정신(한남대), 이현수(육군사관학교), 황의호(향토사학자), 최복규(강원대), 심정보(한밭대), 조유전(경기도박물관)</td></tr>
</table>

제1회 학술대회 종합토론
(우로부터: 윤용혁(공주대), 한기범(한남대), 황의천(서천여고), 이해준(공주대), 최근묵(충남대), 이재범(경기대), 성봉현(충남대), 송하순(대천문화원), 김영모(한밭대))

제2회 학술대회 종합토론(왼쪽부터)
이정신(한남대) 이현수(육군사관학교) 황의호(대천여고) 최복규(강원대) 심정보(한밭대)
조유전(경기도박물관장) 최근묵(충남대), 이영(경기대), 이재준(전 육군 제8361부대),
권순진(국방문화재연구원)

제1회 김성우 장군 추모기념 학술대회 특별전(보령문화예술회관)
특별전 컷팅 행사(좌로부터: 이해준(공주대교수), 석일정(천수암주지), 최근묵(충남대교수),
이시우(보령시장), 박찬인(충남대 인문학연구원장), 김경제(보령시의회의장),
구영회(보령교육지원청장), 구재서(육군 제8361부대장), 곽호제(충남도립대교수))

부록5: 향토사 교육자료 및 홍보기사

다음은 보령시 각 학교에서 실시한 보령시 향토사 교육자료 중에서 김성우 관련 자료와 각종 언론매체에서의 김성우 홍보기사를 모은 것이다.

1. 향토사 교육자료

번호	학교	날짜	내용
1	보령시 초등학교(3-1) 사회과 탐구 교재 『살기 좋은 보령』	2010.3.1.	고장을 지킨 김성우 장군
2	보령시 초등 전체 초등학교	2010.6.25.	보령교육청, 백일장 · 회화대회 숭고한 나라사랑 정신 펜끝에 담아…
3	옥계초등학교	2010.9.14.	김성우 장군 특별전 관람
4	청라초등학교	2010.9.15.	MBC 프라임: 〈사라진 역사의 미스터리-장군 김성우〉 전교학생 시청
5	청라초등학교	2010.9.16.	김성우 장군 묘소참배
6	청라중학교	2010.10.1.	MBC 프라임: 〈사라진 역사의 미스터리-장군 김성우〉 전교학생 시청
7	청라중학교	2010.10.4	김성우 장군 묘소참배
8	대천고등학교	2010.10.29.	MBC 프라임: 〈사라진 역사의 미스터리-장군 김성우〉 전교학생 시청
9	옥계초등학교	2010.11.1.	김성우 장군 추모제향 참석
10	청보초등학교 청라초등학교 옥계초등학교 청라중학교	2012.11.1.	김성우 장군 추모제향 참석

고장을 지킨 김성우

(『살기 좋은 보령』(3-1), 사회과 탐구)

옛날 우리 고장에 왜적이 침입했습니다. 왜적들은 곡식을 빼앗고 농민들을 괴롭혔습니다. 특히 남포지역의 피해가 심해 나라에서는 김성우 장군을 보냈습니다.

장군은 멀리 떨어진 곳에 진을 친 것처럼 속여 왜적을 안심시키고 새벽에 왜적의 배를 불태웠습니다.

장군은 왜적을 몰아낸 후 군사들에게 농사를 짓게 했습니다. 그러자 땅을 버리고 산 속에 숨었던 사람들이 마을로 돌아와 다시 살게 되었습니다.

바닷가도 튼튼히 지켜 왜적이 침입하지 못했고 사람들은 배를 타고 나가 고기잡이를 할 수 있었습니다.

보령 땅을 지켜낸 김성우 장군은 왜적에게는 호랑이요, 백성에게는 울타리였습니다.

청라초 전교생, 김성우 장군 묘소 참배

▲ 청라초 전교생은 16일 청라면 나원리 소재의 김성우 장군 묘소를 찾아 참배하고 환경정화 운동을 펼쳤다.

지난 16일 청라초등학교(교장 한상윤) 전교생은 청라면 나원리 소재의 고려 말 충신 김성우 장군 묘소를 찾아 참배하고 주변의 환경정화 운동을 펼쳤다. 청라초가 추진 중에 있는 '바른품성 5운동 나라사랑 실천대회'의 일환으로 실시된 이날 행사는 각 학년 담임선생님의 인솔 하에 전교생이 참석했다.

이날 김성우 장군묘소에 도착한 청라초 학생들은 한상윤 교장선생님으로부터 누란의 위기에서 보령을 지켜낸 김성우 장군에 관한 설명을 듣고 묘소로 이동해 참배했다. 참배를 마친 학생들은 왜구의 침탈로부터 보령을 지켜내 만세보령의 터전을 마련해준 김성우 장군의 애국위민의 정신을 되새기면서 김성우 장군의 전설이 깃든 성주산 장군봉을 향해 힘껏 함성을 지르면서 호연지기를 키우기도 했다.

이어 학생들은 김성우 장군 묘역 주변의 쓰레기를 수거하는 환경정화운동을 함께 펼쳤다. 한편 김성우 장군(1327-1392)은 불사이군의 고려충신으로 보령지역에 침구한 왜구를 토벌하여 보령을 지켜낸 수호자로 보령의 자랑스러운 역사인물로 조명되고 있다(보령시민신문: 2010년 11월 1일).

2. 홍보기사

언론매체에서의 김성우에 대한 첫 기사는 2002년 11월 2일자 『충청투데이』의 '김성우 장군 추모 제향'이란 기사이다. 이후 지역신문 등에서 김성우의 추모제향이 박스 기사로 실려 왔다.

그러던 중 2009년에 '고려충신 도만호 김성우 장군 추숭회'가 구성되어 추숭사업이 본격화되면서 2009년에는 15회, 2010년에는 35회의 김성우 관련 뉴스나 보도가 있었다. 이러한 김성우에 관한 언론매체의 반응은 2010년의 〈제1회 김성우장군 추모기념 학술대회〉의 영향이 컸다. 특히 MBC 프라임의 〈사라진 역사의 미스터리 - 장군 김성우〉(2010년 9월 16일)라는 역사 다큐가 방영되어 김성우의 보령전적을 전 국민에 알리는 계기가 되었다. 이 방송의 지역민의 뜨거운 관심은 대전 MBC의 앙코르 방송(2010년 10월 29일)으로 이어졌다.

또한 2011년 11월 18-19일 '제2회 김성우 장군 추모기념 학술대회'가 개최되어 김성우의 보령전첩의 시기 등이 학술적으로 고증되어 매스컴의 관심이 더욱 커졌다.

다음은 2002~2016년 사이의 각종 언론방송매체에 보도된 김성우 관련 홍보기사의 목록과 내용이다.

번호	이름	날짜	제　　목
1	충청투데이	2002.11.2.	김성우 장군 추모제향
2	보령신문	2002.11.10.	고려충신 김성우 장군 추모제향
3	보령신문	2003.11.3.	김성우 장군 추모제향
4	브레이크뉴스	2004.11.1.	김성우 장군 추모제향
5	대전일보	2004.11.2.	고려 말 충신 김성우 장군 추모제향
6	연합뉴스	2004.11.2.	김성우 장군 추모제향
7	조선 닷 컴	2005.6.22	김성우 장군과 우정
8	중도일보	2005.11.2.	고려 김성우 장군 추모제향 열려
9	충남디트뉴스	2005.11.14.	'불사이군' 장수의 절개
10	랜덤하우스	2005.12.14	「어설픈 애향심」『마음의 얼룩』
11	보령신문	2006.11.13.	여성 예비군의 중요성 · 역할'교육
12	충청일보	2007.11.1.	김성우 장군 추모제향
13	보령신문	2007.11.2.	김성우 장군 추모제향
14	엔싸이버	2008.2.25.	장산리, 의평리
15	대전포스트	2008.10.31.	김성우 장군 추모제향
16	충청투데이	2008.11.1	고려 말 김성우 장군 추모제향
17	대전일보	2008.11.2.	보령 청라면서 고려 말 충신 김성우 장군 추모제향
18	충청일보	2008.11.2.	보령, 김성우 장군 추모 제향
19	법률경찰신문	2008.11.2.	김성우 장군 추모 제향
20	충남도정신문	2009.1.2.	숫자 '500'에 얽힌 이야기들 -고려시대 500여척의 왜구 선단
21	보령신문	2009.6.30.	보령의 수호신 김성우 장군 [특집]역사 속 보령인물- 불사이군의 마지막 고려 충신
22	보령시민신문	2009.4.2.	불사이군의 고려충신 김성우 장군
23	보령신문	2009.8.25.	이소윤 KBS 작가, "문화유산을 스토리로 엮는 노력 필요"
24	충남영상뉴스	2009.9.23.	고려 말 충신 김성우 장군
25	충남도사이버 문화원	2009.10.19.	도만호 김성우 장군 추모제향
26	서해문화포럼 창간호	2009.10.24.	도만호 김성우 장군의 보령전첩 고찰
27	충남도정신문	2009.10.30.	보령의 수호자 김성우 장군 추모제향
28	뉴스매거진	2009.10.31.	보령의 수호신 도만호 김성우 장군
29	충청투데이	2009.11.1.	고려 말 김성우 장군 추모제향
30	신아일보	2009.11.1.	도만호 김성우 장군 추모제향

31	충남영상뉴스	2009.11.1.	고려충신 도만호 김성우 장군 추모제향
32	중도일보	2009.11.1.	수호자 김성우 장군 추모제향
33	대전일보	2009.11.2.	보령, 고려왕조 충신 김성우 장군 추모제향
34	보령신문	2009.11.4.	고려 충신 도만호 김성우 장군 추모제향
35	대전일보	2010.6.25.	보령교육청, 백일장 · 회화대회 숭고한 나라사랑 정신 펜끝에 담아…
36	대전KBS	2010.9.2.	팡팡뉴스 - 김성우 장군 인터뷰(최근묵 교수)
37	충남일보	2010.9.3.	이시우 보령시장: 김성우 장군 추모기념 학술대회
38	대전투데이	2010.9.6.	제1회 김성우 장군 학술대회 기념 특별전
39	보령시민신문	2010.9.6.	보령시 최초 역사인물 발굴차원의 학술대회로 눈길
40	보령신문	2010.9.7.	"고려절신 김성우 장군 사료적 가치 충분"
41	충남영상뉴스	2010.9.12.	김성우 장군 학술대회
42	중부매일	2010.9.14.	지자체 역사인물 문헌고증사업 활발히 참여
43	아시아투데이	2010.9.14.	충남 보령 고려 말 김성우 장군 문헌고증연구 진행 중
44	동아일보	2010.9.14.	고려 김성우 장군 보령서 왜구섬멸...『신안현지』 초고본 원본 첫 발견
45	MBC 프라임	2010.9.14.	사라진 역사의 미스터리 - 장군 김성우
46	충청타임즈	2010.9.14.	고려 김성우 장군 연구 '활기'
47	대전일보	2010.9.15.	1748년 작성 『보령군지』 초고본 원본 첫 발견 순천향대 이순신연구소 고증작업, 김성우 장군 왜구토벌 사실 기록
48	금강일보	2010.9.15.	고문서 번역 등 통해 고려 말 무장 김성우 장군 업적 일부 밝혀내
49	충청매일	2010.9.15.	고려절신 김성우 장군 문헌고증 연구 눈길
50	순천향대	2010.9.17.	순천향대 - 충남대 향토사 연구 결실
51	기호일보	2010.9.30.	순천향대 이순신연구소 지자체 역사인물 문헌고증사업 활발히 참여
52	충남교육청	2010.10.4.	역사 바로 알기, 김성우 장군의 발자취를 찾아서 -바른 품성 5운동 중 '나라사랑' 실천, 보령의 수호신 김성우 장군 묘소 참배-
53	보령신문	2010.10.19.	청라초, 김성우 장군 묘소 정화활동 애국위민 정신 기리며 호연지기 길러
54	대전투데이	2010.10.24.	제1회 김성우 장군 학술대회 기념 특별전
55	대전 MBC	2010.10.29.	대전 MBC 앙코르 방송: 사라진 역사의 미스터리 - 장군 김성우'
56	중도일보	2010.11.1.	도만호 김성우 장군 추모제향

57	충남넷	2010.11.1.	보령의 수호자 김성우 장군 추모제향
58	충남도정신문	2010.11.1.	보령의 수호자 김성우 장군 추모제향
59	신아일보	2010.11.1.	도만호 김성우 장군 추모제향 거행
60	CMB충청방송	2010.11.1.	고려 말 충신 김성우 장군 추모제향 거행
61	대전 MBC	2010.11.1.	도만호 김성우 장군 추모제향
62	멋진충남교육	2010.11.1.	〈옥계초〉 고려충신 김성우 장군을 기리며 경건한 마음으로 김성우 장군 추모 제사에 참여해
63	중앙매일	2010.11.1.	보령의 수호자 김성우 장군 추모 제향
64	보령시민신문	2010.11.1.	청라초 전교생, 김성우 장군 묘소 참배
65	보령신문	2010.11.2.	보령의 수호자 김성우 장군 추모 제향
66	충청투데이	2010.11.2.	편히 잠드소서!
67	보령시민신문	2010.11.8.	보령의 수호자 김성우 장군 추모 제향
68	보령뉴스	2010.11.12.	보령의 수호자 김성우 장군 추모 제향
69	KBS1	2011.2.26.	「풍경이 있는 여행」-〈겨울바다 그리고 오래된 도시 〉 - 충남 보령
70	중앙일보	2011.11.1.	보령의 수호자 김성우 장군 추모제향
71	대전일보	2011.11.1.	김성우 장군 추모제향 거행
72	iCNB	2011.11.1.	김성우 장군 추모제향
73	보령인터넷뉴스	2011.11.1.	김성우 장군 추모제향 거행
74	조인스엠에스엔	2011.11.1.	보령의 수호자 김성우 장군 추모제향
75	뉴시스	2011.11.1.	보령의 수호자 김성우 장군 추모제향
76	뉴스스토리	2011.11.1.	보령의 수호자 김성우 장군 추모제향
77	아시아뉴스	2011.11.1.	고려 말 충신 김성우 장군 추모제향 거행
78	뉴스충청인	2011.11.1.	보령의 수호자 김성우 장군 추모제향
79	드림엑스뉴스	2011.11.1.	보령, 김성우 장군 추모제향 거행
80	금강일보	2011.11.2.	보령시 김성우 장군 추모제향
81	코리아프러스	2011.11.2.	보령의 수호자 김성우 장군 추모제향
82	보령투데이	2011.11.7.	보령의 수호자 김성우 장군 추모제향
83	보령신문	2011.11.8.	보령의 수호자 김성우 장군 추모제향
84	경향신문	2011.11.17.	보령의 수호신 고려 말 김성우 장군 재조명 본격화
85	야후미디어	2011.11.17.	보령의 수호신 고려 말 김성우 장군 재조명 본격화
86	뉴스 줌	2011.11.17.	보령의 수호신 고려 말 김성우 장군 재조명 본격화
87	연합뉴스	2011.11.18.	김성우 장군 실존인물인가, 허구인가?

88	보령리뷰	2011.11.18.	김성우 장군 재조명 학술세미나 가져
89	보령인터넷뉴스	2011.11.18.	불사이군 김성우 재조명 세미나
90	열린방송신문	2011.11.18.	도만호 겸 초토사 김성우 장군 재조명 학술세미나 가져
91	동아닷컴	2011.11.18.	김성우 장군 실존인물인가, 허구인가?
92	충남인뉴스	2011.11.18.	도만호겸 초토사 김성우 장군 재조명
93	보령뉴스	2011.11.18.	김성우 장군 재조명 학술세미나 가져
94	아시아뉴스	2011.11.18.	국방문화재연구원 김성우 장군 학술세미나 개최
95	뉴스 충청인	2011.11.19.	김성우 장군 재조명 학술세미나 개최
96	대전일보	2011.11.20.	왜구격퇴 고려 호국정신 되새겼다. 김성우 장군 추모기념 학술세미나 보령서 성황
97	충민일보	2011.11.20.	도만호 겸 초토사 김성우 장군 재조명 학술세미나 가져
98	충청탑뉴스	2011.11.20.	보령, 도만호 겸 초토사 김성우 장군 재조명 학술세미나
99	신아일보	2011.11.20.	'고려 말 왜구격퇴의 초기양상과 장군' 대천리조트서 김성우 장군 학술세미나 전개
100	국방일보	2011.11.21.	왜구토벌 김성우 장군 재조명
101	중도일보	2011.11.21.	'보령지역 왜구토벌 기여' 김성우 장군 재조명 세미나
102	보령시민신문	2011.11.21.	도만호 겸 초토사 김성우 장군 재조명 학술세미나 열려
103	보령신문	2011.11.22.	김성우 장군 재조명 학술세미나 가져
104	중도일보	2011.12.21	보령역사문화대단 23일 창립, 초대이사장 김영진씨 ... 김성우 장군 장학금 전달
105	중도일보	2011.12.23.	왜구로부터 보령 지켜낸 수호신… 행적 곳곳 남아있어
106	보령신문	2011.12.27.	(재)보령역사문화재단 공식출범 23일, 창립 선포식 및 제1회 김성우 장군 장학금 전달
107	보령시장신문	2012.01.2.	(재)보령역사문화재단 공식출범 창립 선포식 및 제1회 김성우 장군 장학금 전달 초 · 중 · 고 88명에게 6천5백9십만원의 장학금 지급
108	대전일보	2012.6.7.	청라면 새마을協 김성우 장군 추념행사
109	뉴시스	2012.6.6.	제1회 도만호 김성우 장군 추념행사
110	뉴스스토리	2012.6.6.	보령 청라면, 제1회 도만호 김성우 장군 추념행사 개최
111	중도일보	2012.6.6.	청라면 김성우장군 추념행사
112	신아일보	2012.6.6.	'도만호 김성우 장군' 추념행사 열어
113	충청투데이	2012.6.7.	보령시 제1회 도만호 김성우 장군 추념행사
114	충청타임즈	2012.6.6.	보령 수호신 김성우 장군 추념
115	보령신문	2012.6.13.	청라면, 고려 말 충신 김성우 장군 기려
116	보령시민신문	2012.6.12.	청라면 '제1회 김성우 장군 추념행사' 거행

117	충남교육소식	2012.6.8.	옥계초 보령의 수호신 김성우 장군을 기리며 도만호 김성우 장군 추념식 참석
118	충남넷	2012.6.6.	제1회 도만호 김성우 장군 추념행사 개최
119	보령리뷰	2012.6.6.	청라면, 제1회 도만호 김성우 장군 추념행사 개최
120	중앙일보	2012.6.6	도만호 김성우 장군 추념
121	뉴스스토리	2012.11.1.	보령의 수호자 김성우 장군 추모 제향
122	충청투데이	2012.11.1.	보령시, 김성우 장군 추모제향
123	충청탑뉴스	2012.11.1.	보령의 수호자 김성우 장군 추모제향
124	뉴스충청인	2012.11.1.	보령의 수호자 김성우 장군 추모제향
125	중도일보	2012.11.2.	김성우 장군 추모제향 거행
126	보령시민신문	2012.11.6.	보령의 수호자 김성우 장군 추모제향
127	보령시민신문	2013.1.3.	보령역사문화재단, 제2회 김성우 장군 장학금 전달
128	대전KBS	2013.6.6.	〈생생뉴스〉 - 현충일 기념 김성우 장군 기획특집방송
129	대전KBS	2013.6.3~9	〈충청의 얼〉(김성우 장군 편)
130	보령신문	2013.6.11.	보령의 수호신 김성우 장군 기려:청라면, 장군묘역에서 제2회 추모행사 개최
131	보령시민신문	2013.6.12.	제2회 김성우 장군 추념행사거행
132	충청일보	2013.11.3.	보령의 수호자 김성우 장군 추모제향
133	보령시민신문	2013.11.6.	보령의 수호자 김성우 장군 추모제향
134	보령시민신문	2014.7.3.	제3회 김성우 장군 추념행사 거행
135	뉴시스	2014.11.2.	김성우 장군 추모제향
136	충남일보	2014.11.3.	보령의 수호자 김성우 장군 추모제향
137	보령시민신문	2014.11.6.	보령의 수호자 김성우 장군 추모제향
138	영남일보	2015.2.13.	충남보령 대천해수욕장
139	보령신문	2015.5.19.	왜구와 보령
140	충청매일	2015.6.3.	보령 청라면, 김성우 장군 묘소서 클린데이
141	신아일보	2015.6.3.	보령 청라면, 김성우 장군 묘소 일제 정비
142	충남일보	2015.6.4.	보령 청라면 클린데이
143	보령시민신문	2015.6.10.	보령 청라면, 도만호 김성우 장군 묘소 일제 정비
144	문화일보	2015.8.20.	『별의 별 나를 키운것들』
145	내일신문	2015.8.21.	『별의 별 나를 키운것들』
146	독서신문	2015.9.25.	『별의 별 나를 키운것들』
147	보령시민신문	2015.11.11.	만세보령의 터전을 마련한 보령의 수호자 김성우 장군 추모제향
148	보령시민신문	2015.11.11.	청라면 출신 김종광 소설가, "별의별 나를 키운 것들"

149	아주경제	2016.7.29.	보령시, 향토유적 3건 추가 지정
150	보령시장신문	2016.7.30.	보령시, 향토유적 3건 추가 지정
151	중도일보	2016.7.31.	보령시, 향토유적 3건 추가 지정
152	충청일보	2016.7.31.	보령시, 향토유적 3건 추가지정
153	전국매일신문	2016.8.1.	보령시, 지역대표 향토유적 3곳 추가
154	충남넷	2016.8.2.	향토유적보호위원회 위촉식 · 심의위개최
155	보령시민신문	2016.8.2.	보령시, 향토유적 3건 추가 지정 '경순왕 영모전', '김성우장군 묘비', 김남호 · 김문서 묘비 및 광산김씨 족보함
156	충청투데이	2016.11.1.	보령시, 김성우 장군 추모제향 거행
157	충남일보	2016.11.1.	보령시, 김성우 장군 추모제향 거행
158	뉴스스토리	2016.11.1.	보령시, 김성우 장군 추모제향 거행
159	보령시장신문	2016.11.1.	보령시, 김성우 장군 추모제향 거행
160	CMB대전방송	2016.11.1.	충남 보령시, 김성우 장군 추모제향 거행
161	충청매일	2016.11.1.	김성우 장군 고귀한 얼 기리다…보령문화원 추모 제향
162	대전일보	2016.11.2.	보령시, 김성우 장군 추모제향 거행
163	중도일보	2016.11.2.	보령시, 김성우 장군 추모제향 거행

보령의 수호자 김성우 장군 추모 제향

▲ 육군 군악대의 진혼곡 연주가 울려 퍼지고 있는 가운데 참석자들이 묵념을 올리고 있다.

고려 말 충신이며 보령의 수호자로 알려진 도만호 김성우 장군 추모제향이 지난 1일 오전 11시 보령시 청라면 라원리 소재 장군의 묘역에서 거행됐다. 김성우 장군 추모사업추진위원회(위원장 임기석) 주관으로 거행된 이날 제향에는 이홍집 보령시 부시장을 비롯한 각급 기관단체장, 광산김씨 문중 후손, 청라초등학교 학생 등 200여 명이 참석한 가운데 장군의 충절을 추모했다. 육군 8361부대 2대대 장병들의 조총 및 진혼곡이 울려 퍼지는 가운데 시작된 이날 제향은 장군의 고귀한 넋을 위로하기 위한 전통 제례의식에 이어 참석자들의 헌화가 이어졌다.

이어 2부 행사로 위원장 인사와 함께 추모사가 진행돼 장군의 위업을 되새겼다. 한편 김성우 장군은 고려시대 무장으로 전라우도 도만호 겸 초토사로서 보령지방에 침입한 왜구를 성주산과 청라 의평, 남포 등지에서 크게 무찔렀으며, 고려왕조를 멸망시키고 조선을 개국한 이성계의 청을 거절하고 '불사이군'의 충절로 청라면 스무티 고개에서 자진, 순국의 길을 택함으로써 고려왕조에 대한 마지막 충성을 다한 인물로 알려져 있다(보령신문 : 2010년 11월 02일).

"고려절신 김성우 장군 사료적 가치 충분"

충남대 인문학연구원, 추모 학술대회 열어

시루성 유적 발굴 - 『신안읍지』 등 사료 재조명

▲ 제1회 고려절신 김성우 장군 추모 학술대회에서 기조발표에 나선 최근묵 충남대 교수(오른쪽 두 번째)가 토론자들과 함께 종합토론을 벌이고 있다.

고려 말 창궐하던 왜구들로부터 보령지역을 지켜낸 것으로 전해지고 있는 '김성우(金成雨) 장군'을 재조명하는 학술대회가 열려 관련 사료들의 검증과 유적지 발굴 성과 등이 공개됐다.

특히 이날 학술대회를 통해 그동안 김성우 장군의 실체와 행적에 대한 논란들도 상당부분 의견 접근을 이뤄 향후 재조명 작업에 탄력이 붙을 전망이다.

충남대학교 인문학연구원(원장 박찬인)이 주최한 이날 학술대회는 최근묵 교수(충남대)가 '고려절신 김성우 장군과 보령'을 주제로 기조발표에 나서 "김성우 장군의 행적은 확정적인 인정을 받고 있는 조선전기의 김남호 묘갈(1501년) 등의 사료들을 통해 확인되고 있으며, 이후 조선후기 실학자들의 지방사 기술에서도 구체적인 역사적 사실로 표면에 떠올랐다"고 밝혔다.

최근묵 교수는 이어 "김성우 장군은 보령지방의 왜구를 섬멸하여 백성들이 편안히 삶을 영위할 수 있는 만세보령의 터전을 만들어 준 인물이었다"면서 "왜구 토벌 이후 조선왕조의 부름을 받았으나, 벼슬에 나가지 않고 불사이군의 충절을 지킨 무장으로 절신이라해도 손색이 없다"고 덧붙였다.

또, 이 재 국방문화재연구원장은 '보령 향천리 시루성의 성격'을 주제로 시루성 일대의 시굴조사 결과를 발표해 눈길을 끌었다. 이 재 원장은 "시루성은 대천천으로 들어오는 왜구를 정탐하거나 유인하기 위한 산성으로 추정되며, 성 둘레는 약 150m 내외일 것"이라면서 "산성의 정상부에서는 고급 청자편과 함께 기와편이 출토돼 고위급 군인이 머물던 건물이 있었음 짐작할 수 있다"고 말했다.

이밖에도 윤용혁 교수(공주대), 황의천 교사(서천여고), 한기범 교수(한남대), 이재준 교수(공주대) 등이 나서 김성우 장군과 관련한 사료들을 검증하였으며, 김성우 장군의 행적이 비교적 구체적으로 언급된 '신안읍지(1748년)'에 대해서는 일부 논란도 벌어졌다.

이날 기조발표와 주제발표에 나섰던 학계 관계자들은 종합 토론에서 "김성우 장군의 행적에 대해서는 확정적인 사료가 충분하지는 않지만, 현재까지 나타난 것만으로도 사료적 가치는 충분하다"고 의견을 모으면서 "향후 보령지역의 향토사 연구자들에 의해 더 많은 사료들이 발굴돼야 할 것"이라고 조언했다(보령신문: 2010년 9월 7일).

'보령 수호신' 고려 말 김성우 장군 재조명 본격화

보령시 청라면 라원리에 위치한 김성우 장군의 유허비. | 국방문화재연구원 제공

(재)국방문화재연구원과 (사)한국역사문화연구원은 18일 충남 보령시 대천리조트에서 '김성우 장군의 왜구토벌과 보령'을 주제로 학술대회를 개최한다. 중앙과 지방의 역사학자들이 대거 참여할 예정으로 문화재청 충청남도 보령시 육군 제8361부대 등이 공동 후원하고 있다.

고려 말 무장이었던 도만호 김성우 장군(1327~1392)은 충남 지역에서 '보령의 수호신'으로 알려진 역사적 인물이다. 탁월한 전략과 리더십으로 병사들을 이끌었을 뿐만 아니라 보령지역에 출몰한 왜구들을 크게 무찔러 백성들을 지켜냈기 때문이다.

그는 '불사이군(不事二君)'의 마지막 고려 충신으로도 불린다. 조선을 건국한 태조 이성계로부터 새로운 정권에 참여할 것을 끊임없이 요청받았지만 스스로 목숨을 끊어 고려왕조에 대한 마지막 충성을 다했을 정도다. 이 같은 김성우 장군의 업적과 삶에 대한 역사적 재조명 작업이 본격화된다. 역사학자와 국방분야 연구 종사자 등이 참여하는 학술대회를 통해서다.

(재)국방문화재연구원과 (사)한국역사문화연구원은 18일 충남 보령시 대천리조트에서 '김성우 장군의 왜구토벌과 보령'을 주제로 학술대회를 개최한다. 중앙과 지방의 역사학자들이 대거 참여할 예정으로 문화재청 충청남도 보령시 육군 제8361부대 등이 공동 후원하고 있다.

학술대회에서는 '고려 말 왜구 격퇴의 초기 양상과 김성우 장군'을 주제로 한 고려대 민현구 교수의 기조발표와 함께 방송통신대 이영 교수의 '14세기 후반 동아시아 국제 정세의 변동과 왜구토벌 활동'에 대한 연구발표가 진행된다.

또 이재준 전 육군 제8361부대장이 '왜구토벌 전첩에 관한 군사학적 검토'를 통해 김성우 장군이 주도한 왜구토벌 활동이 소개된다. 아울러 김성우 장군 전적지 주변을 중심으로 한 보령지역 성곽문화를 살펴보고 이러한 유적을 활용한 관광자원 활성화 방안도 심도있게 토의된다. 이와 함께 의평리 등 보령지역 지명(地名)과 김성우 장군과의 관계도 밝혀진다(경향신문: 2011.11.17.).

『중도일보』 기획특집

"왜구로부터 보령 지켜낸 수호신… 행적 곳곳 남아있어"

고려 말 왜구 침략 물리치고 '만세 보령' 터전 닦아

最古 역사지리지 '신안읍지'에도 전적지명과 소개 돼

1 · 2차 학술세미나로 보는 김성우 장군의 업적 재조명

▲ 지난 11월 18~19일 대천리조트 웨스토피아 대강당에서 '김성우 장군의 왜구토벌과 보령'이라는 주제로 제2회 추모기념 학술대회가 열렸다.

고려말 보령에 침구한 왜구를 물리치고 만세보령의 터전을 마련한 보령의 자랑스러운 역사적 인물인 김성우(1327~1392) 장군이 뜻있는 보령의 문화단체와 후손에 의해 뒤 늦게나마 재조명되고 있어 주목되고 있다. 장군의 기록은 '고려사'나 '고려사절요'와 같은 역사지에 등장하지 않고 조선전기 금석문이나 조선후기 지리지에 등장하고 있어 장군의 행적에 관해 여러 논란이 제기되어 왔다.

이러한 장군의 행적을 조명하기 위해 1차와 2차에 걸쳐 학술세미나가 개최되면서 역사인물로 다시 태어나고 있다. 이에 본보는 집중 조명된 장군의 추모기념 학술대회를 정리해 그동안의 학술적 성과 및 장군과 관련돼 제기되어온 문제를 검토해 봄으로써 김성우 장군의 위상을 제고해 본다. 〈편집자 주〉

▲김성우 장군은 누구인가?

1327년 개경에서 태어난 김성우 장군은 태조 이성계가 조선을 개창한 1392년 보령시 청라면 스무티 고개에서 불사이군(不事二君)의 절의(節義)를 지켜 자처한 것으로 전해지고 있다.

김성우 장군의 부친 김윤장(允藏)은 봉익대부 판도판서 밀직부사를 역임한 외교에 능한 인물이었다. 조부는 충렬왕 때 문하시중과 문임랑 감찰어사를 지낸 김류(流)다. 증조부 김주정(周鼎)(1228~1290)은 1264년 과거에 장원급제한 후 1280년 관군만호, 소용대장군으로 제2차 일본정벌에 참여하여 판삼사사를 지냈고, 시호는 문숙(文肅)이다. 이처럼 김성우 장군 선계의 가문 성향은 증조부 김주정 이후 만호를 세습하고 전라 서해안 등지에서 왜구토벌에 큰 공적을 세웠다.

▲ 고려 말의 정치상황과 보령의 왜구

잘 알려진 대로 1350년을 기점으로 1390년까지 약 40여 년 간 왜구의 침구는 최고조에 달했으며, 특히 1380년을 정점으로 우리나라 전역은 물론 중국 연해까지 왜구의 큰 피해를 입었다. 이 시기 보령도 왜구의 소굴이 되었고 보령은 살 수 없는 땅이 되었다. 이 누란의 위기에서 보령 및 서해안에 창궐한 왜구를 소탕하고 편안히 살 수 있는 터전을 마련한 이가 바로 전라우도 도만호 겸 초토영전사 김성우 장군이다.

김성우 장군은 서해에서 북상하며 내륙으로 상륙하여 노략질을 일삼는 왜구를 보령지방에서 격퇴하고 이곳에 정착하여 그 후손들이 보령지방의 문화를 성숙시키는 삶의 터전을 닦았다. 이처럼 김성우 장군은 왜구의 침구로부터 보령의 땅과 백성을 지켜내고 만세보령의 터전을 닦은 역사적으로 자랑스러운 인물이다.

▲ 제1회 학술대회 - 보령지역 토왜활동 고증의 계기

김성우 장군의 토왜활동을 조명하기 위한 제1회 김성우장군 추모기념 학술대회가 2010년 9월 3일 충남대 인문학연구원(원장 박찬인)의 주최, 주관으로 보령시 문화예술회관 강당에서 개최되었다.

이 학술대회에서 최근묵(충남대) 윤용혁(공주대) 이해준(공주대) 교수 등 학계의 전문가들은 김성우 장군의 보령지역에서의 왜구토벌 행적이 분명하다는 결론을 도출했다.

특히 이재 국방문화재연구원장은 시루성 지표조사를 통하여 고려군의 감시초소로 시루성이 의평리 전첩에서 결정적 역할을 하였음을 간접자료로 제시했다. 하지만 김성우 장군이 언제, 어떤 형태로 보령에서 왜구를 토벌했는지에 대한 접근이 이뤄지지 않아 아쉬움을 남겼다.

▲ 제2회 학술대회 - 장군의 왜구토벌 시기, 기록 배제원인 밝혀져

제1회 학술대회의 문제점을 보완하기 위한 제2회 김성우장군 추모기념 학술대회는 지난 11월 18일 대천리조트 웨스토피아에서 (재)국방문화재연구원(원장 이재)과 (사)한국역사문화연구원(원장 이성무 전국사편찬위원장)의 공동주최, 주관으로 개최되었다. 이날의 학술대회에서 민현구(고려대), 이재

준(전 육군제8361부대장), 송백헌(충남대), 권순진(국방문화재연구원), 김경수(청운대) 교수 등은 김성우 장군의 보령전첩을 현대적 군사전략차원, 전적지명, 성곽을 중심으로 분석하거나 향후 장군 유적의 활용과 정책을 제안하여 큰 호응을 얻었다.

특히 국내외 왜구연구의 석학 이영(방송대)교수는 전라도 도원수 김종연, 지용기 등의 휘하에서 활동하던 김성우 장군이 이들과 더불어 대마도 정벌(1389)은 물론 전라 서해안을 침구하던 왜구를 토벌에 참여했다는 새로운 사실을 밝혀냈다.

특히 그는 김성우 장군이 보령에서 왜구를 토벌한 것은 사서의 기록인 1381년(우왕7년)으로 김종연 휘하의 장군으로 왜구토벌에 참여한 것으로 분석했다. 또한 장군의 왜구토벌 공훈에도 불구하고 사서의 서술에서 빠진 것은 윤이, 이초의 사건(1390) 때문으로 이 사건에 6촌 김종연 장군이 연루되어 조선개창세력에 의해 제거됨으로써 김성우 장군의 행적이 매몰되었기 때문이라는 새로운 논지를 전개했다. 따라서 김성우 장군이 여말선초의 역사의 소용돌이 속에서 자연스럽게 역사에 묻히게 된 원인이라는 새로운 결론을 도출했다.

이로써 그동안 미진했던 여말선초와 왜구토벌사 연구의 새로운 장을 열었다는 평가를 받았다. 따라서 1, 2회 학술대회를 통하여 김성우 장군이 왜구의 침구로부터 보령을 지켜낸 수호자라는 사실이 분명하게 밝혀졌다.

▲ 보령 최고의 금석문 - 김남호 묘비(1501년)

김성우 장군의 토왜행적은 장군의 아들 김남호 묘비(1501)에 처음 등장한다. 이 묘비는 장군의 증손 우정 김극성(1474-1540)이 어머니 상을 당하여 시묘생활을 하면서 지은 묘비다. 이 묘비에 장군이 '왜구를 토벌하라는 왕명을 받고 장수로서 보령을 지나다가 폐허가 된 땅을 보고 가계를 꾸려 보령인이 되었다'고 기록되어 있다. 특히 4대가 이사하지 않아 보령인이 되었음을 명확하게 밝히고 있다. 김남호 묘비는 현존하는 보령 최고의 묘비라는 금석문적 가치도 있지만 무엇보다도 이 묘비가 조선전기의 금석문으로 1차 사료의 가치를 인정받고 있다는 점이다. 이 금석문은 장군의 실체와 토왜행적의 고증에서 결정적 역할을 했다.

▲ 김성우 장군의 보령 입성배경은 왜구침구 때문이다

김성우 장군의 보령에서의 토왜활동은 1381년과 1388년의 왜구침구로 입증된다. 김성우 장군의 보령입성 배경이 처변이나 외변이 아닌 왜구토벌에 있다는 사실은 유형원의 '동국여지지(東國輿地志)'(1656~1673)에서 분명하게 확인된다. 유형원은 이 지리지 인물조에서 장군의 증손 김맹권을 설명하면서 '장군이 왜구토벌의 공으로 사패지를 받아 보령에 입향했다'고 설명하고 있다. 특히 1540년 경 회재 이언적(李彦迪)이 지은 김극성의 행장에 김성우 장군이 아들 김남호에게 유언한 '내 평생 기록할만한 덕이 없구나. 여러 차례 왜구를 물리쳤으니, 저들이 비록 추한 무리라 하나 살육을 너무 많이 하였구나. 살육은 도가(道家)에서도 꺼리는 것이니 너희들은 오직 덕을 수행하여 출세할 뜻을 깨끗이 없애면 대대로 덕을 보전할 수 있을 것이다'라는 내용은 장군의 토왜활동을 고증하는 결정적인 자료로 평가된다.

▲ 김성우 장군의 보령 전적지명은 역사적 사실이다

보령 곳곳에는 의평리, 복병리, 관암 등 김성우 장군의 보령전적에 관련된 많은 전적지명이 전해오고 있다. 그런데 이런 지명들이 과연 장군의 보령지역에서의 토왜활동을 입증할 수 있는가라는 점이다. 지명은 일정지역의 지형적 특성이나 역사적 사실 등을 근거로 만들어진 오랜 세월의 결과로 보아야 한다. 따라서 보령에 전승되는 김성우 장군의 전적지명 또한 이러한 사회적 결과물로 보아야할 것이다. 김성우 장군의 전적지명의 특징은 관암, 군입, 의평, 복병리 등 보령의 해안선을 따라 왜구침구 경로와 정확하게 일치한다. 또한 군헌(군마루), 상주막, 해망산, 불뭇골, 시루성, 창터, 병하지벌 등 왜구를 감시하거나 전투가 벌어진 장소에 한정되어 있다.

▲『신안읍지』- 김성우 장군의 보령전적지명을 최초로 기록

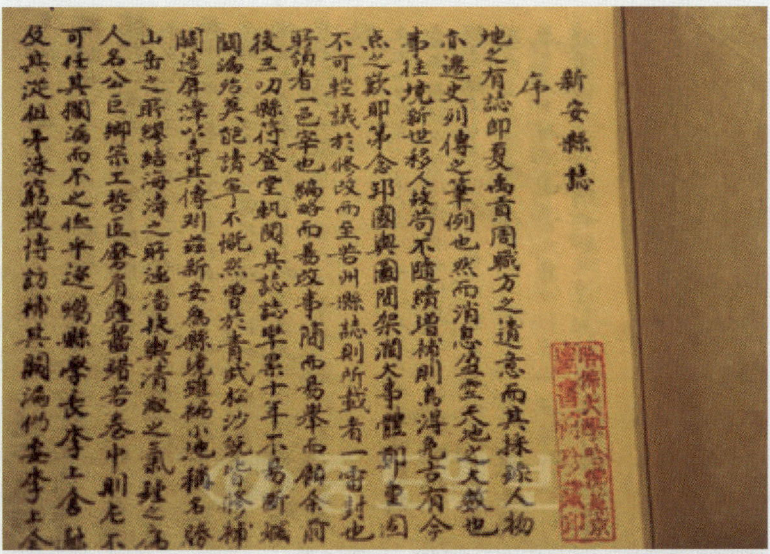
新安縣誌

序

地之有誌即夏商貢周職方之遺意而其採錄人物
亦邊史列傳之筆例也然而消息盈虛天地之大數也
事往境新世移人改苟不隨續增補則烏得免古有今

▲ 현존하는 최고의 보령현 역사지리지 '신안읍지'

'신안읍지'는 보령현감을 지낸 정권(鄭權)(1692~1757)이 우부승지로 승진하여 한양으로 올라가 편찬한 현존하는 최고의 보령현 역사지리지다. 정권은 이 지리지에서 약 253명의 보령현의 인물을 시대 순으로 기술하고 있는데 장군은 보령지역에서 왜구를 토벌한 보령현 최초의 역사인물로 전

적지명과 함께 소개되어있다. '신안읍지'의 중요성은 편찬의 객관성이다. '신안읍지'를 부정한다면 이 지리지를 편찬한 사람들을 비롯하여 당시 보령현의 재지사족 전체를 부정하는 일이며, 이것은 나아가 보령현의 정체성의 부정으로 이어진다.

▲김성우 장군은 보령의 역사인물이다

최근의 연구(황인덕, 2010)에서 확인할 수 있듯이, '동국여지승람', '여지도서'에 등장하는 백제시대의 성충, 계백, 홍수, 복신, 흑치상지, 지수신(이상 부여현), 고려시대의 이도(전의현), 우학유(목천현), 복지겸(면천현), 이자송(청양현), 김성우(보령현), 조선시대의 서익(은진현), 김시습(홍산현) 등의 역사 인물들이 전설유형화 되어있음이 주목된다. 만약 김성우 장군이 조작된 것이라면 위의 역사인물 모두가 조작된 인물이라는 큰 위험이 있다.

▲김성우 장군 위상 - 보령의 수호신이자 21세기 보령 정신문화의 연원

▲ 김성우 장군 추모제향 모습.

이처럼 김성우 장군의 위상에서 중요한 것은 보령지역에서의 왜구를 토벌하여 만세보령의 터전을 마련한 일일 것이다. 그러나 이보다 더 중요한 것은 장군 사후 후손들이 장군의 고향으로 돌아가지 않고 장군의 전적지인 보령에 뿌리를 내렸고, 현재의 많은 성씨들 예컨대 한산이씨, 한양조씨, 무주김씨, 원주원씨, 용인이씨, 인천채씨, 능성구씨, 경주이씨, 평강채씨, 전주이씨, 양주조씨, 전주류씨, 청해이씨, 평산신씨, 안동김씨 등이 장군의 후예와의 혼연을 통하여 보령에 입향하여 그 내외 후손들이 21세기 보령의 정신문화 형성에 결정적인 역할을 했다는 점이 아닌가 한다. 물론 이외의 보령의 다른 성씨들 또한 광김의 원외손으로 보령에 입향하여 오늘에 이르고 있다. 따라서 김성우 장군이 보령의 수호신이자 21세기 보령의 정신문화의 연원이라고 해도 과언이 아닐 것이다(중도일보: 2011.12.23.).

청라면 "제1회 김성우 장군 추념행사" 거행

▲ 청라면에서는 6월 호국보훈의 달을 맞아 6일 오전 10시 청라면 라원리 김성우 장군 묘역에서 '제1회 도만호 김성우 장군 추념행사'를 거행됐다

청라면(면장 임화빈)에서는 6월 호국보훈의 달을 맞아 6일 청라면 라원리 김성우 장군 묘역에서 '제1회 도만호 김성우 장군 추념행사'를 거행했다.

이날의 추념행사는 장군에 대한 묵념, 육군 제8361부대 보령 2대대의 조총례, 참석자 헌화와 분향, 한밭대 김영모 교수의 김성우 장군 소개 순으로 진행되었으며, 청라면사무소 구성진 주무관의 트럼펫 연주로 현충일 노래가 장군 묘역에 울려 퍼졌다.

이번 행사는 고려 말 탁월한 리더십으로 보령지역에 출몰한 왜구를 토벌해 '보령의 수호신'으로 알려진 보령의 역사인물 김성우 장군을 추모하기 위해 청라면민의 정성으로 마련됐다.

청라면이 주최하고 청라면 새마을지도자협의회(회장 이풍호, 부녀회장 전옥자)가 주관한 이날 행사에는 유족, 관내 기관 · 단체, 각 마을의 이장, 육군

제8361부대 장병, 학생, 주민 등 200여명이 참석했다.

▲ 육군 제8361부대 보령2대대 장병들의 조총례 장면

임화빈 청라면장은 "매년 11월 1일 장군의 묘역에서 추모 사업회 주관으로 제향을 올리고 있지만, 제57회 현충일에 제1회 도만호 김성우 장군 추모 행사를 가짐으로 장군의 업적과 우국충정을 기리게 돼 한층 뜻 깊은 현충일이 됐다"면서 "이 행사가 일회성이 아닌 청라면민과 나아가 보령 시민의 자긍심을 되찾는 연례행사가 되어야한다"고 강조했다.

한편 김성우 장군은 전라우도 도만호 겸 초토영전사로 6촌인 전라도 도원수 김종연 장군을 비롯하여 지용기 장군 등과 더불어 왜구토벌에 참여했으며, 서해에서 북상하며 내륙으로 상륙하여 노략질을 일삼는 왜구를 1381년과 1388년 보령지방에서 크게 무찔렀다. 이후 김성우 장군은 조선개창 세력의 거듭된 회유에도 불구하고 '불사이군'의 충절로 전적지인 청라에서 고려에 대한 절의를 마지막까지 지켰다.

이에 따라 최근 학술세미나 등을 통해 재조명 되면서 김성우 장군은 왜구의 침구로부터 보령의 땅과 백성을 지켜내고 만세보령의 터전을 마련한 역사적으로 자랑스런 인물로 평가받고 있다.(보령시민신문: 2012년 06월 12일).

『마음의 얼룩』

「어설픈 애향심」

고향은 사람이 살면서 보통 겪고 치르는 일에 한 원인으로 지목될 소지가 당초부터 마련된 곳이다. 고향은 무릇 터가 되고 수가 되고, 덕이 되고 흠이 되고, 탓이 되고 탈이 되고, 바탕이 되고 허방이 되고, 핑계가 되고 빌미가 되고 해 왔으니, 이로써 사람 나름 일 나름에 겉으로는 사는 티를 자아내기가 십상이요, 속으로는 삶의 결을 한 번 빚어 그대로 종신에 이르기가 쉬운 법인즉 이것이 곧 이른바 향토애의 연인이 되는지도 모르는 것이다.

(중략)

내 고향 대천은 본래 그리 유서 깊은 곳이 아니다. 『동국여지승람』에도 백월산에서 나와 해소포로 들어가는 고을(保寧縣) 남쪽 24리 지점의 큰 내라는 겨우 한 줄짜리 기록이 전부일 정도로, 예전에는 냇물과 갯물이 지금의 시가지 한복판에서 들고 쓰며 벌창을 이루어, 나그네 에워가는 갈 숲 사이로 다만 고기잡이 오막살이나 십 리 가다 하나 씩 숨어있던 벌판이었다. 그래서 내가 어렸을 적만 해도 대천은 그저 행정상의 법정 명칭에 지나지 않아 항간에서는 여전히 그냥 한내라고 이르던 것이 일반이었다.

(중략)

군두리의 어항은 역사가 있다. 고려 공민왕조에 왜구가 들어와 10년 남

짓 분탕질하여 인민이 모두 흩어졌는데, 그 후 도만호(都萬戶) 김성우 장군의 병선이 여기로 상륙하여 왜구를 치고 인민을 불러 다시 전과 같이 살게 해주었다는 것이다. 군두리(軍入里)는 관군이 들어온 곳이라 하여 이로부터 생긴 지명이요, 지금도 있는 갓바위(冠巖)는 이때 장수가 투구를 벗고 쉬었다는 데에서, 상주막(常住幕)과 군마루(軍軒)는 장수가 있던 자리라는 데에서 전해 오는 지명이며, 한내 상류에서 저수지에 매몰된 복뱅이(伏兵)는 관군이 매복해 있던 자리라는 데에서, 그 너머 갬발(蟻坪)은 즐비하게 쓰러진 왜구의 시체에 개미 떼가 모여들어 개밋둑처럼 보인 데에서 나온 동네 이름이었다. 이는 한내 시가지가 지도책만 하게 내려다보이는 옥마봉(玉馬峰)의 이름이 이 산의 신마(神馬) 한 필이 장수를 받들었다는 전설에서 나온 것과 때를 같이하는 것이기도 하다.

(중략)

대천은 고도성장 시대에 급조된 여타 산업도시들의 몸살을 타산지석으로 삼아서 돈을 벌면 뜨는 계절적 거점형 도시로 표박하지 않도록 경계함은 물론, 산업도시화 과정에서 굴절되어 무특징이 특징인 무성격의 도시형에 편입되지 않게끔, 지금부터 내용 있는 시민문화 창조에 스스로가 책임을 알지 않으면 아니 될 것이다.

(이문구[46], 「어설픈 애향심」, 『마음의 얼룩』, 랜덤하우스, 2005, 263쪽.)

46 이문구(李文求)(1941-2003): 보령 출신의 소설가로 서라벌예대 문창과를 졸업했다. 대표작으로 『관촌수필』, 『매월당 김시습』 등이 있으며, 만해문학상, 동인문학상 등을 수상하였다.

『별의별 - 나를 키운 것들』

「김성우 장군」

예나 지금이나 보령고을 청라면이 내세울 만한 최고의 역사 영웅은 김성우(金成雨) 장군이다.

역사 교과서에도 안 나오고, 속상하게도 『고려사』에도 안 나오고, 심지어 웬만한 역사책에도 안 나오는 분이다. 『신안현지(新安縣誌)』나 『여지도서(輿地圖書)』(1757~1765)라는 안 유명한 책에만 등장하는 분이다.

그래도 장군의 구비설화 무용담은 청라면 청소년들의 큰 자랑이 되기에 충분했다. 김성우 장군은 청라 청소년들에게 이순신 장군과 동급이었다.(중략)

왜구가 어찌나 많이 죽었던지 시체를 파먹는 개미 떼로 들판이 먹빛이었다. 그때부터 청라들판은 '개미벌'이라고 불렸다.(중략)

개미벌뿐만이 아니다. 청라면에는 김성우 장군을 되새길 수 있는 '명칭'이 숱했다. 군두굴, 군포, 시루성이, 불무골, 갓바위, 둔대, 복병이.(중략)

김성우 장군의 최후는 가슴이 아프다. 장군은 이성계의 쿠데타에 참여하지 않았을 뿐만 아니라 확실히 저항했던 모양이다. 이성계를 공격할 계획을 세우니 실행에 옮기지 못하고, 이성계가 보낸 군사들을 죽인 뒤에 성주산 속에 들어가 자결했다는 것이다. 장군의 졸년(卒年)은 서기 1392년이다. 조선이란 나라가 탄생하던 해.

장군이 남긴 가장 확실한 유적은 바로 당신의 무덤이었다. 봄 소풍 때면 나원리에 있는 장군의 무덤에 들렀다. 애향심 충만한 청소년들은 분통을 터트렸다. "이게 뭐여? 우리 위대한 장군님 무덤이 왜 이리 초라한 겨? 현충사 같은 거 지어놓고 경배해도 시원찮은 판에 이거 뭐 암것도 없네. 우리 할아버지 무덤이랑 꼭같잖여?"

지금은 시 차원에서 나름대로 성역화 하여 무덤 꼴이 보란 듯해졌지만, 1980년대엔 초라하기 그지없었다. 하지만 장군은 언제나 청라 청소년들의 거룩한 성웅이었다. 당시 대통령이던 전두환보다 김성우 장군을 존경하는 청소년이 훨씬 더 많았다.(김종광[47], 「김성우 장군」, 『별의별 나를 키운 것들』, 문학과 지성사, 2015)

47 김종광(金鍾光, 1971년~): 보령출신의 소설가로 중앙대 문창과를 졸업했다. 대표작으로 『경찰서여, 안녕』, 『별의별 나를 키운 것들』 등이 있다.

보령시, 향토유적 3건 추가 지정

29일 향토유적보호위원회 위촉식 및 심의위원회 개최

보령시가 선대로부터 전해오는 향토유적을 보호하고 향토문화 발전에 기여하고자 29일 시청 상황실에서 향토유적보호위원회 위원 위촉식 및 향토유적 보호위원회를 개최했다.

보령시 향토유적 보호조례에 따라 운영하는 향토유적 보호위원회는 위원장을 포함한 7인이 위원으로 있으며, 향토유적의 지정 · 해제, 향토유적의 환경보존을 위한 사항 등을 심의하고 있다.

이상영 부시장 주재로 열린 이번 회의는 위원 임기 만료에 따른 신규 위원 위촉과 향토유적 지정을 위한 심의위원회 순으로 진행했다.

이번에 위촉된 위원들은 민속학 분야의 충남역사문화연구원 오석민 연구실장, 문화재보존학 분야의 한서대학교 안덕임 교수, 충남도 문화재전

문위원이며 공예전문가인 한국서화연구소 손환일 소장, 향토사 전문가인 태안여자중학교 신재완 교장, 역사 교사인 대천고등학교 황의천, 보령중학교 구본태 씨 등 6명이다.

또 이날 향토유적 지정을 위한 심의위원회에서는 경주김씨 보령종친회의 '경순왕 영모전'과 김성우 장군 추숭회의 '김성우장군 묘비', 광산김씨 호군공파 종중의 '김남호 · 김문서 묘비 및 광산김씨 족보함' 등 3건의 신청사항에 대한 심의를 의결했다.

이에 따라 심의위원회는 이날 심의를 통해 향토문화유산 3건을 추가로 지정했다.

'경순왕 영모전'은 경순왕을 신격화하여 마을의 안녕과 대동단결을 위한 영모제를 지내고 있고, '김성우 장군 묘비'는 조선중기의 묘비로 원형이 잘 보존되어 있으며 김성우 장군의 왜적토벌의 고증자료로서 가치가 높고, '김남호 · 김문서 묘비 및 광산김씨 족보함'은 현재까지 발견된 보령시 묘비 중 최고(最古, 1501년 수립)는 물론, 상석 하단에 석함(石函)으로 만든 족보함의 문화적 가치가 높은 것으로 판단해 지정했다는 것이다.

이에 따라 보령시는 지난 7월 11일 '보령 원홍주 등 6군 상무사 임소'가 충남도로부터 도 기념물 제191호로 지정됐고, 이번 향토문화유산 3건을 추가 지정함에 따라 국가지정문화재 9건, 도지정문화재 44건, 등록문화재 1건, 전통사찰 5건, 향토문화유산 6건 등 모두 65건의 지정문화재를 보유하게 됨으로써 문화역사 고장의 위상을 드높였다.

김동일 시장은 "우리 보령을 대표하는 성주사지, 충청수영성, 토정 이지함묘 등 유구한 문화재의 지속 관리는 물론이고, 앞으로도 국가지정이나 도 지정으로 지정되지 않은 문화재 중 보존해야 할 가치가 있는 문화유산을 적극 발굴, 향토문화유산으로 지정해 적극 보존하겠다."고 말했

다.(보령시장신문: 2016.7.30)

색인